Stamatia Devetzi, Hans W. Platzer (Hg.)

Offene Methode der Koordinierung und Europäisches Sozialmodell

Interdisziplinäre Perspektiven

**AN INTERDISCIPLINARY SERIES
OF THE CENTRE FOR INTERCULTURAL AND EUROPEAN STUDIES**

**INTERDISZIPLINÄRE SCHRIFTENREIHE
DES CENTRUMS FÜR INTERKULTURELLE UND EUROPÄISCHE STUDIEN**

CINTEUS · Fulda University of Applied Sciences · Hochschule Fulda

ISSN 1865-2255

1   *Julia Neumeyer*
    Malta and the European Union
    A small island state and its way into a powerful community
    ISBN 978-389821-814-6

2   *Beste İşleyen*
    The European Union in the Middle East Peace Process
    A Civilian Power?
    ISBN 978-389821-896-2

3   *Pia Tamke*
    Die Europäisierung des deutschen Apothekenrechts
    Europarechtliche Notwendigkeit und nationalrechtliche Vertretbarkeit einer
    Liberalisierung
    ISBN 978-389821-964-8

4   *Stamatia Devetzi und Hans-Wolfgang Platzer (Hrsg.)*
    Offene Methode der Koordinierung und Europäisches Sozialmodell
    Interdisziplinäre Perspektiven
    ISBN 978-389821-994-5

Series Editors

Gudrun Hentges
Volker Hinnenkamp
Anne Honer
Hans-Wolfgang Platzer

Fachbereich Sozial- und Kulturwissenschaften
Hochschule Fulda University of Applied Sciences
Marquardstraße 35
D-36039 Fulda

cinteus@sk.hs-fulda.de
www.cinteus.eu

Stamatia Devetzi, Hans W. Platzer (Hg.)

OFFENE METHODE DER KOORDINIERUNG UND EUROPÄISCHES SOZIALMODELL

Interdisziplinäre Perspektiven

ibidem-Verlag
Stuttgart

Bibliografische Information der Deutschen Nationalbibliothek
Die Deutsche Nationalbibliothek verzeichnet diese Publikation in der
Deutschen Nationalbibliografie; detaillierte bibliografische Daten sind im
Internet über http://dnb.d-nb.de abrufbar.

Bibliographic information published by the Deutsche Nationalbibliothek
Die Deutsche Nationalbibliothek lists this publication in the Deutsche Nationalbibliografie;
detailed bibliographic data are available in the Internet at http://dnb.d-nb.de.

∞

Gedruckt auf alterungsbeständigem, säurefreien Papier
Printed on acid-free paper

ISSN: 1865-2255

ISBN-10: 3-89821-994-1
ISBN-13: 978-3-89821-994-5

© *ibidem*-Verlag
Stuttgart 2009

Alle Rechte vorbehalten

Das Werk einschließlich aller seiner Teile ist urheberrechtlich geschützt. Jede Verwertung
außerhalb der engen Grenzen des Urheberrechtsgesetzes ist ohne Zustimmung des Verlages
unzulässig und strafbar. Dies gilt insbesondere für Vervielfältigungen,
Übersetzungen, Mikroverfilmungen und elektronische Speicherformen sowie die
Einspeicherung und Verarbeitung in elektronischen Systemen.

All rights reserved. No part of this publication may be reproduced, stored in or introduced into a retrieval
system, or transmitted, in any form, or by any means (electronic, mechanical, photocopying, recording or
otherwise) without the prior written permission of the publisher. Any person who does any unauthorized act
in relation to this publication may be liable to criminal prosecution and civil claims for damages.

Printed in Germany

Editorial

This series is intended as a publication panel of the Centre of Intercultural and European Studies (CINTEUS) at Fulda University of Applied Sciences. The series aims at making research results, anthologies, conference readers, study books and selected qualification theses accessible to the general public. It comprises of scientific and interdisciplinary works on inter- and transculturality; the European Union from an interior and a global perspective; and problems of social welfare and social law in Europe. Each of these are fields of research and teaching in the Social- and Cultural Studies Faculty at Fulda University of Applied Sciences and its Centre for Intercultural and European Studies. We also invite contributions from outside the faculty that share and enrich our research.

Gudrun Hentges, Volker Hinnenkamp, Anne Honer & Hans-Wolfgang Platzer

Editorial

Die Buchreihe versteht sich als Publikationsforum des Centrums für interkulturelle und europäische Studien (CINTEUS) der Hochschule Fulda. Ziel der CINTEUS-Reihe ist es, Forschungsergebnisse, Anthologien, Kongressreader, Studienbücher und ausgewählte Qualifikationsarbeiten einer interessierten Öffentlichkeit zugänglich zu machen. Die Reihe umfasst fachwissenschaftliche und interdisziplinäre Arbeiten aus den Bereichen Inter- und Transkulturalität, Europäische Union aus Binnen- und globaler Perspektive sowie wohlfahrtsstaatliche und sozialrechtliche Probleme Europas. All dies sind Fachgebiete, die im Fachbereich Sozial- und Kulturwissenschaften der Hochschule Fulda University of Applied Sciences und dem angegliederten Centrum für interkulturelle und Europastudien gelehrt und erforscht werden. Ausdrücklich eingeladen an der Publikationsreihe mitzuwirken sind auch solche Studien, die nicht 'im Hause' entstanden sind, aber CINTEUS-Schwerpunkte berühren und bereichern.

Gudrun Hentges, Volker Hinnenkamp, Anne Honer & Hans-Wolfgang Platzer

Vorwort

Die Offene Methode der Koordinierung (OMK) hat sich im Laufe des vergangenen Jahrzehnts zu einem zentralen Steuerungsinstrument der Europäischen Union entwickelt.

Die integrationspolitische Bedeutung, die der Methode der offenen Koordinierung im Rahmen der Modernisierung des „Europäischen Sozialmodells" zugeschrieben wird und die Vielfalt ihrer Anwendungspraxis macht sie mittlerweile zu einem wichtigen Gegenstand der Europaforschung.

Das Centrum für interkulturelle und europäische Studien (CINTEUS) am Fachbereich Sozial- und Kulturwissenschaften der Hochschule Fulda hat sich dieses Forschungsgegenstandes angenommen. Eine von den Herausgebern dieses Bandes organisierte Fachtagung führte im Januar 2008 hochrangige Expertinnen und Experten aus Wissenschaft und Praxis zusammen. Der Autoren-Workshop galt in seiner Grundkonzeption zwei zentralen Desideraten der gegenwärtigen OMK-Forschung: zum einen der Notwendigkeit, die Steuerungsformen der OMK in verstärktem Maße interdisziplinär zu bearbeiten, d.h. die Perspektiven verschiedener sozialwissenschaftlicher Disziplinen – Rechtswissenschaften, Politologie, Soziologie und Gesundheitsökonomie – zusammenzuführen; zum anderen dem Bedarf eines intensivierten Erfahrungsaustausches zwischen Wissenschaft und Praxis durch die systematische Einbeziehung der Sicht der in die OMK-Prozesse involvierten Akteure aus dem Bereich der Ministerien und Verbände.

Die Erträge des so konzipierten Projektes sind in diesem Band versammelt. Damit liegt ein Forschungsbeitrag vor, der neben einer interdisziplinären Auseinandersetzung mit Grundsatzfragen der OMK und der empirischen Analyse ausgewählter Handlungsfelder auch „Innenansichten" zu ausgewählten Teilprozessen und Verfahrensproblemen der OMK aus der Perspektive relevanter Akteure bietet.

Die Herausgeber sind den Autorinnen und Autoren dieses Bandes zu großem Dank verpflichtet. Unser herzlicher Dank gilt auch der Friedrich Ebert Stiftung, die dieses Projekt finanziell unterstützt hat. Darüber hinaus bedanken wir uns bei unseren wissenschaftlichen Hilfskräften Simone Killinger und Katharina Möhlendick für ihre engagierte Mitarbeit bei der Fertigstellung des Manuskripts. Ganz besonderen Dank schulden wir unserem Kollegen und Mitherausgeber der Reihe Volker Hinnenkamp, der die mühevolle editorische Kleinarbeit auf sich genommen hat, diesen Band druckfertig zu gestalten.

Fulda, im Januar 2009   Stamatia Devetzi, Hans-Wolfgang Platzer

Inhaltsverzeichnis

Vorwort 7

Stamatia Devetzi, Hans-Wolfgang Platzer
Die Offene Methode der Koordinierung als interdisziplinäre
Herausforderung. Zu diesem Band 11

I. Die Offene Methode der Koordinierung: integrationspolitische Entwicklungszusammenhänge und Gesamtperspektiven

Klaus Busch, Björn Hacker
Die Offene Methode der Koordinierung:
Entwicklungen, Perspektiven und Grenzen 27

Berndt Schulte
Die rechtlichen Rahmenbedingungen der Offenen Methode
der Koordinierung und ihr Einsatz in den unterschiedlichen
Aktionsfeldern 51

Hans-Wolfgang Platzer
Europäisches Sozialmodell und sozialpolitisches Regieren (in) der EU.
Zum integrationspolitischen Kontext und den Perspektiven der
Offenen Methode der Koordinierung 83

II. Die Offene Methode der Koordinierung im Bereich der Arbeitsmarkt- und Beschäftigungspolitik

Antje Stephan
Die Europäische Beschäftigungsstrategie: Anspruch, Grenzen
und Perspektiven 123

Constanze Abig
Möglichkeiten und Grenzen der Umsetzung der
beschäftigungspolitischen Leitlinien in nationales Recht 161

Renate Hornung-Draus
Europäische Beschäftigungsstrategie – was gibt der
Flexicurity-Ansatz her? 183

III. Die Offene Methode der Koordinierung im Bereich der Gesundheitspolitik

Thomas Gerlinger
Die Offene Methode der Koordinierung in der Gesundheitspolitik.
Zur Ambivalenz und zu den Implementationsproblemen eines neuen
Regulationsmodus 193

Stefan Greß, Jürgen Wasem
Indikatoren zur Leistungsfähigkeit von Gesundheitssystemen
und die Offene Methode der Koordinierung 221

Friederike Botzenhardt
Offene Methode der Koordinierung für Gesundheit und
Langzeitpflege – sind quantifizierte Ziele der richtige Weg? 251

IV. Ausgewählte Handlungsfelder und Steuerungsfragen der Offenen Methode der Koordinierung

Jenny Preunkert, Sascha Zirra
Soziale Eingliederung in Deutschland, Frankreich und Italien 267

Gabriele Bischoff
Das „Voneinanderlernen" verbessern – Debatten und Vorschläge
im Rahmen der ersten Trio-Präsidentschaft 2007/2008 301

Volker Schmitt
Die Offene Methode der Koordinierung im Bereich Alterssicherung:
Über Ziele zu Gemeinsamkeiten 321

Verzeichnis der Autorinnen und Autoren 335

Stamatia Devetzi, Hans-Wolfgang Platzer

Die Offene Methode der Koordinierung als interdisziplinäre Herausforderung.
Zu diesem Band

Mit der Offenen Methode der Koordinierung (OMK) hat die Europäische Union einen Steuerungsmodus etabliert und ein flexibles Instrumentarium zur Bearbeitung von Interdependenzproblemen entwickelt, die unterschiedlichen – unter dem Leitbegriff des „Europäischen Sozialmodells" gebündelten – Integrationszielen dienen sollen.

Der gesamte OMK-Prozess weist eine beträchtliche Wachstumsdynamik der einbezogenen Politikfelder auf und unterliegt – bei einer im Kern gleich bleibenden Problemlösungsphilosophie – zugleich einem permanenten inhaltlichen und prozeduralen Gestaltwandel. Die Dynamik des OMK-Prozesses zeigt sich darin, dass die bereits im Maastrichter Vertrag (1993) für die wirtschaftspolitische Koordinierung und die im Amsterdamer Vertrag (1997) für die Arbeitsmarkt- und Beschäftigungspolitik verankerten Koordinierungsverfahren mit der im Jahr 2000 in Gang gesetzten „Lissabon-Strategie" in ihrer Grundlogik übernommen und auf weitere Politikbereiche übertragen wurden; darunter insbesondere die Bereiche soziale Eingliederung (2000), Renten (2001) sowie Gesundheit und Langzeitpflege (2001). D.h., die OMK fand sukzessive auch in Politikfeldern Anwendung, in denen die EU keine oder nur geringe „originäre" Kompetenzen besitzt.

Der Gestaltwandel der OMK manifestiert sich in wiederholten Anpassungen der Ziele, der institutionellen und inhaltlichen Zuschnitte der Politikfelder und der jeweiligen verfahrenstechnischen Ausgestaltung der OMK nach einzelnen Anwendungsfeldern. Stand die OMK nach einer negativen Ergebnisbilanz der ersten Lissabonphase (siehe dazu: Bericht der Hochrangigen Sachverständigengruppe 2004) in den Jahren 2004/05 sogar kurzzeitig vor ihrem „Aus", wurden in der Folgezeit die Ziele und Verfahren gestrafft, neu ausgerichtet und wiederholt angepasst. So wurde beispielsweise der Fokus der 2005 neu ausgerichteten Lissabon-Strategie (Rat der Europäischen Union 2005) auf die Wachstums- und Beschäftigungspolitik gelegt und die OMK im Bereich

Sozialschutz und Eingliederung nicht mehr als integraler Teil der Lissabon-Strategie sondern als eigenständiges Handlungsfeld gestaltet. Dabei sollen nach den Vorstellungen von Kommission und Rat die verschiedenen Teilprozesse der OMK durch ein „feeding- in" und „feeding-out" aufeinander bezogen sein, um sich wechselseitig zu ergänzen und zu befruchten.

Diese Entwicklungsmerkmale des gesamten bisherigen OMK-Prozesses – Dynamik und Gestaltwandel – sind der „Offenheit" der Methode, also den Möglichkeiten einer Extensivierung und Intensivierung ihrer Anwendungsbereiche geschuldet und sie sind der Verfahrenslogik der OMK immanent. Denn das Verfahren basiert auf permanenten Rückkopplungsschleifen zwischen europäischer und nationaler Ebene, in denen Lernprozesse geniert werden sollen, die wiederum die Politikgestaltung auf mitgliedstaatlicher Ebene und die gemeinschaftliche Politiksteuerung beeinflussen und verändern sollen. Die Steuerungsform der OMK zielt (idealiter) auf ein europäisches „framing" nationaler Reformprozesse, die zwischenstaatlich zu einer „horizontalen" Europäisierung beitragen und die sozial-ökonomische Kohärenz in der Union befördern sollen. Sie basiert gleichzeitig auf einem ebenenübergreifenden „uploading" und „downloading" von Erfahrungen und Handlungsorientierungen, also auf einer iterativen Prozesslogik, in der die Mitgliedstaaten zugleich in einer Doppelrolle als „takers" wie auch als „shapers" europäischer Politik agieren.

Allein diese wenigen einleitenden Hinweise mögen andeuten, warum die neue Steuerungsform der OMK „zu den rechtlich wie politisch spannendsten, komplexesten und vielschichtigsten Vorgängen in der EU von heute (gehört)" (Höchstetter 2007: 22) und warum die OMK seit geraumer Zeit ein wachsendes Interesse der sozialwissenschaftlichen Forschung auf sich gezogen hat. Es sind sowohl der Governance-Modus der OMK selbst als auch die nach diesem Verfahren bearbeiteten materiellen Politikfelder, also die Frage nach den Ziel-Mittel-Relationen, den empirischen Steuerungseffekten und Politikergebnissen der OMK, die eine Fülle wissenschaftlicher Problemstellungen aufwerfen.

Der mittlerweile enorm gewachsene Stand an grundlegenden Arbeiten zur OMK (u.a. Büchs 2007) wie an Untersuchungen zu Detailfragen dieses Steuerungsmodus kann und soll an dieser Stelle nicht gewürdigt werden; wohl aber lassen sich einige der zentralen Forschungsinteressen und -richtungen benennen und jene Desiderate herausarbeiten, die für die Konzeption und inhaltliche Ausgestaltung dieses Bandes maßgebend sind:

- Zu den in der „Natur" des Steuerungsmodus der OMK liegenden Forschungsfragen, die von rechtwissenschaftlicher Seite behandelt werden, zählt zuvorderst der Komplex des „soft law" in seinen juristischen Qualitäten und Wirkungen und in seinen Bezügen zum nationalen wie zum Gemeinschaftsrecht.

- Politikwissenschaftliche Forschungsbeiträge zur OMK konzentrieren sich auf den Komplex der „Governance", also auf Fragen nach den Voraussetzungen, Steuerungseffekten und demokratiepolitischen Folgen dieses Steuerungsmodus mit seinen Instrumenten des Erfahrungs- und Informationsaustausches, der Indikatoren und Leitlinien, der *peer-review*-Verfahren und best-practice-Vergleiche.

- Integrationswissenschaftliche, auf das EU-Integrationssystem bezogene Untersuchungen thematisieren den integrationspolitischen Stellenwert, den Innovationsgehalt und die Leistungen der OMK im Gesamtgefüge gemeinschaftlicher Problemlösungsverfahren und Politiken. Sie reflektieren u.a. das Verhältnis der OMK zu sonstigen intergouvernementalen Praktiken der EU einerseits und zur sog. „Gemeinschaftsmethode", also der hierarchischen Steuerung und supranationalen Rechtsetzung durch die EU andererseits. Und sie fragen nach dem Beitrag, den die OMK zur Verwirklichung wirtschaftspolitischer und sozialpolitischer Ziele der Union und zur Überwindung der Ungleichgewichte zwischen „Marktschaffung" und „Markteinbettung" leisten kann.

- Komparative Forschungsansätze gehen der Frage nach, ob und in welcher Weise der gemeinschaftliche Steuerungsrahmen der OMK auf nationalstaatlicher Ebene „sichtbar" wird, sich mithin in konkreten Reformmaßnahmen oder in veränderten Problemlösungsdiskursen niederschlägt.

- Schließlich hat die Ausweitung der in die OMK-Verfahren einbezogenen Politikfelder dazu geführt, dass sich weitere Forschungsrichtungen – von der vergleichenden Wohlfahrtsstaatsforschung bis zur Gesundheitsökonomie und Soziologie des Gesundheitswesens – in verstärktem Maße dem Gegenstand der OMK zuwenden.

Dieser disziplinären Vielfalt in den Herangehensweisen und Problemstellungen und der mittlerweile multi-disziplinären Forschungslandschaft zur OMK versucht der Band in seiner Grundkonzeption wie folgt Rechnung zu tragen:

Zum einen versammelt er Beiträge, die in den oben skizzierten Forschungsfeldern den jeweiligen Forschungsstand in „exemplarischer" Weise präsentieren und problematisieren. Des Weiteren bietet er Analysen, die zwei Anwendungsfelder der OMK, die Beschäftigungspolitik und die Gesundheitspolitik, empirisch eingehender beleuchten. Dabei stehen diese beiden ausgewählten OMK-Prozesse zugleich für unterschiedliche Erfahrungszeiträume, wie auch für eine je spezifische instrumentelle und prozedurale Ausgestaltung der OMK, die wiederum in exemplarischer Weise die Bandbreite der Steuerungsformen, Zielsetzungen, Erwartungshorizonte und Binnendynamiken der OMK-Verfahren sichtbar macht.

Schließlich bietet der Band Analysen, die in unterschiedlichen Feldern der OMK verortetet sind, zugleich aber ausgewählte Kernfragen der gegenwärtigen und künftigen OMK-Entwicklung berühren; darunter Analysen zur Problematik der Indikatorenbildung, zur Frage wie das „Governance-learning", als zentrale Zielsetzung der OMK, politisch orchestriert wird und wie sich in der Entwicklungsdynamik der OMK neue Problemlösungsstrategien wie das „Flexicurity-Konzept" – auch unter Beteiligung der europäischen Sozialpartner – herausbilden.

Da gerade die zuletzt genannten Themen aus der Perspektive der in die OMK-Prozesse involvierten Akteure, also von AutorInnen aus dem Bereich der Ministerien und Verbände behandelt werden, reichern diese Beiträge den Band empirisch-analytisch und politisch um authentische „Innenansichten" an.

Auf diese Weise eröffnen die Beiträge dieses Bandes eine Theorie, Empirie und politische Praxis verbindende Gesamtperspektive auf die Offene Methode der Koordinierung.

Der Band vermittelt auf einer multi-und interdisziplinären Grundlage den gegenwärtigen „state of the art" in relevanten Feldern der OMK-Forschung. Er unterzieht den bisherigen OMK-Prozess in seinen Voraussetzungen, Potentialen und Grenzen einer kritischen Würdigung und er macht das Spektrum konkurrierender Bewertungen sichtbar.

Dadurch will dieses Buch nicht zuletzt empirische und theoretische Grundlagen für weitergehende Forschungsanstrengungen legen, die allein schon durch die eingangs hervorgehobenen Prozessmerkmale der OMK – Offenheit, Dynamik und Gestaltwandel – auch künftig angezeigt sind.

Im ersten Teil des Bandes sind drei Beiträge versammelt, die aus einer politikwissenschaftlich-vergleichenden, einer juristischen und einer politologischintegrationswissenschaftlichen Perspektive die politischen Grundlagen und materiellen Ergebnisse der OMK analysieren und die integrationspolitischen Kontextbedingungen und den Stellenwert der OMK im Gesamtzusammenhang der EU-Rechtssetzung und des Regierens (in) der EU thematisieren.

Klaus Busch und *Björn Hacker* eröffnen den Band mit einer Analyse, die sich auf der Grundlage wohlfahrtsstaatlicher Entwicklungen in Europa den OMK-Prozessen in den Bereichen der Rente, der Gesundheitsversorgung und der Armutsbekämpfung/ sozialen Eingliederung widmet. Die Autoren gehen davon aus, dass die politische Ökonomie des EU-Integrationsprozesses in Gestalt des liberalisierten Binnenmarktes und der Währungsunion auf mitgliedstaatlicher Ebene eine Tendenz zum „Wettbewerbsstaat" befördert und sie thematisieren unter diesen Vorzeichen grundlegende Fragen des OMK-Prozesses, darunter die Frage nach der Bedeutung der europäischen Koordinierungsebene für die nationalen Sozialschutz- und Armutsbekämpfungspolitiken und nach den Steuerungseffekten und der „Angemessenheit" der OMK. In der empirischen Gesamtbilanz kommen die Autoren zu dem Ergebnis, dass die OMK zwar im Bereich der sozialen Eingliederung gewisse Erfolge gezeitigt und als Katalysator für ohnehin geplante nationale Reformschritte gedient hat, insgesamt aber als weiche Steuerungsform nicht die Potentiale entwickeln kann, ein Gegengewicht zur Vorherrschaft der Wirtschafts- und Finanzpolitik in der EU zu bilden und wohlfahrtsstaatliche Abbauprozesse zu korrigieren.

Bernd Schulte analysiert in seinem Beitrag auf breiter historischer und rechtssystematischer Grundlage die Entwicklung des gemeinschaftlichen Primär- und Sekundärrechts im Bereich der Sozialpolitik und thematisiert deren Relevanz für die mitgliedstaatliche Wohlfahrtspolitik. Er steckt damit zugleich den rechtlichen und politischen Rahmen ab, in dem sich die unterschiedlichen OMK-Prozesse entfalten.

Ausgehend von der Prämisse, dass eine weitreichende soziale Harmonisierung oder gar die Schaffung eines Europäischen Sozialstaates zu keinem Zeitpunkt auf der politischen Tagesordnung der EU gestanden habe und auch gegenwärtig nicht stehe, es aber gleichwohl – bei aller Unbestimmtheit – ein „Europäisches Sozialmodell" gebe, erfülle die OMK im Rahmen einer europäischen Mehrebenenpolitik spezifische Aufgaben. Der Autor beleuchtet die zentralen sozial- und gesundheitspolitischen sowie gemeinschaftsrechtlichen Kontexte der OMK und thematisiert – auch unter Einbeziehung der jüngsten (sozial-)politischen Agenda der EU – die Grenzverläufe, Grenzziehungsprozesse und Interdependenzen zwischen der supranationalen Rechtsetzung und den „soft law"-Qualitäten und Effekten der OMK. Demnach ist die OMK ebenso Ausdruck wie Vehikel einer zunehmenden Europäisierung der nationalen Sozialstaaten in der EU.

Hans-Wolfgang Platzer verfolgt in seiner Analyse ein zweifaches Ziel. Zum einen setzt sich der Autor mit der vielschichtigen Debatte um das „Europäische Sozialmodell" auseinander, wobei er den offiziellen politischen Selbstanspruch der EU an das Europäische Sozialmodell und die diesbezügliche Bedeutungszuschreibung der OMK einer kritischen empirischen Würdigung unterzieht. Zum anderen reflektiert der Autor die Entwicklung und Ausformung der OMK im Kontext längerfristiger Trends des sozialpolitischen Regierens (in) der EU. Diese aus einer politik- und integrationswissenschaftlichen Perspektive unternommene Kontextanalyse der OMK führt zu dem Ergebnis, dass die OMK paradigmatisch für einen Wandel des sozial- und arbeitspolitischen Regierens der EU seit der Jahrtausendwende steht. Dabei sind die neu entwickelten Instrumente und Verfahren des Governance-learning, der „soft regulation" und der Rahmenkoordination einerseits eine Reaktion auf die mit der Währungsunion gewachsenen und mit der Osterweiterung komplizierter gewordenen Anforderungen eines sozial-ökonomischen Interdependenzmanagements in der EU. Zugleich sind sie, so die These des Autors, aber auch Ausdruck einer Kompetenztransferfalle, in der sich die EU letztlich seit dem Maastrichter Vertrag befindet. D.h., die OMK stellt den Versuch dar, Interdependenzprobleme in Feldern zu bearbeiten, in denen die EU- Mitgliedstaaten zu keinem substantiellen Kompetenztransfer auf die Ebene der EU bereit sind. Unter diesen Vorzeichen erscheine die OMK zwar umso unverzichtbarer, als sie eine Art „Notausgang" aus der Kompetenztransferfalle oder eine „Umgehungsstrecke" darstelle. Letztlich aber seien die Steuerungspotentiale der OMK nach aller Voraussicht nicht hinreichend, um die Ungleichgewichte zwischen Marktintegration und (Sozial-)Politikintegration in der EU längerfristig austarieren und die sozial-ökonomische Kohärenz und Konvergenz in der Union nachhaltig befördern zu können.

Die Beiträge im zweiten Teil dieses Bandes widmen sich der OMK im Bereich der Beschäftigungspolitik, mithin einem Handlungsfeld, das den bislang längsten Erfahrungszeitraum aller OMK-Prozesse aufweist und das zudem durch ein reichhaltiges und wiederholt angepasstes Steuerungsinstrumentarium gekennzeichnet ist. Noch vor Inkrafttreten des Amsterdamer Vertrags – allerdings schon auf der Basis der neuen Bestimmungen des Vertrags – rief der Europäische Rat von Luxemburg im November 1997 die Europäische Beschäftigungsstrategie (EBS), die auch als „Luxemburg-Prozess" bekannt ist, in ihrer heutigen Form ins Leben. Die EBS ist das wesentliche Instrument zur Koordinierung der beschäftigungspolitischen Prioritäten, die die Mitgliedstaaten auf europäischer Ebene vereinbaren.

Antje Stephans Beitrag reflektiert den Anspruch, mit dem die EBS gestartet ist und gibt eine Übersicht über ihre Charakteristika und Ziele. Charakteristisch für die EBS sei der geringe Vergemeinschaftungsgrad; dies liege daran, dass die beschäftigungspolitischen Bestimmungen des Amsterdamer Vertrages keine genuin europäische Beschäftigungspolitik schaffen. Auch die rechtliche Reichweite der EBS sei gering: Verankert ist sie zwar in Art. 128 EGV, die Vorschrift sieht aber lediglich eine Berichtspflicht für die Mitgliedstaaten vor, keine Umsetzungspflicht. Zu den Zielen der EBS gehörten einerseits allgemeine politische Ziele, wie etwa die Überwindung der Legitimationskrise der EU; andererseits werden konkrete beschäftigungspolitische Ziele formuliert, namentlich Vollbeschäftigung, Steigerung der Arbeitsproduktivität und Stärkung des sozialen Zusammenhaltes. Zum Schluss werden Anspruch und Wirklichkeit der EBS anhand des Zielerreichungsgrades im Jahr 2008 bilanziert. Die Autorin kommt zu dem Ergebnis, dass sich die EBS im Hinblick auf ihre formelle Durchsetzung und Verankerung als Politiksteuerungsinstrument auf europäischer Ebene erfolgreich durchgesetzt habe. Der substantielle Erfolg der EBS hingegen sei, gemessen an den selbstgesteckten Zielen, bislang nur unzureichend. Dies resultiere vor allem aus dem unzureichenden Engagement der Mitgliedstaaten und dem Fehlen eines effektiven Sanktionsmechanismus.

Der Beitrag von *Constanze Abig* widmet sich der juristischen Analyse der Europäischen Beschäftigungsstrategie. Ihr Interesse gilt den Möglichkeiten und Grenzen der Umsetzung der beschäftigungspolitischen Leitlinien in nationales Recht. Bei der EBS und ihren Leitlinien handle es sich nicht um einen klassischen Rechtssetzungsakt des europäischen *hard law*; vielmehr sei das gesamte offene Koordinierungsverfahren durch „weiche" Mechanismen gekennzeichnet. Nach einer inhaltlichen Darstellung der Leitlinien untersucht die Autorin, welche rechtliche Tragweite dieser „weiche" Mechanismus besitzt und welche Anforderungen an die Umsetzung der beschäftigungspolitischen Leitlinien zu stellen sind. Das Offene Koordinierungsverfahren sei einerseits primärrechtlich hinreichend verankert, andererseits spreche ein Vergleich mit anderen Normen des EG-Vertrags gegen die inhaltliche Verbindlichkeit der beschäftigungspolitischen Leitlinien; diese legten lediglich einen Rahmen fest, der von den Mitgliedstaaten erst auszufüllen sei. Bei der Umsetzung der Leitlinien dürften die Mitgliedstaaten indes bestimmte Anforderungen nicht ignorieren: Zum einen sei das höherrangige Recht – v.a. das Primärrecht – stets zu beachten. Zum anderen seien bei der Übernahme von *best practices* auch die nationalen Kontexte zu berücksichtigen: Nicht nur die rechtlichen Rahmenbedingungen der einzelnen Staaten seien zu analysieren und zu vergleichen, auch andere Faktoren, wie z.b. die finanziellen Ressourcen oder die sozialpolitischen Traditionen der betreffenden Staaten seien von entscheidender Bedeutung für die Übertragbarkeit von erfolgreichen Arbeitsmarktpolitiken.

Renate Hornung-Draus analysiert einen der wichtigen jüngeren Problemlösungsansätze im Bereich der Europäischen Beschäftigungspolitik, nämlich das sogenannte Flexicurity-Konzept. Erarbeitet wurde „Flexicurity" in den Jahren 2006 und 2007. Die Kernaussage dieses Ansatzes sei, dass unter den Bedingungen der Globalisierung der Begriff der Sicherheit und sein Verhältnis zum Flexibilitätsbegriff neu definiert werden müssten. Im Flexicurity-Ansatz stellten Sicherheit und Flexibilität keine Gegenpole mehr dar; man gehe vielmehr davon aus, dass Beschäftigungssicherheit durch größere Flexibilität gepaart mit Unterstützungsmaßnahmen erreicht werden könne und zur Optimierung der Übergänge auf dem Arbeitsmarkt beitrage. Die Autorin betont, dass vom Flexicurity-Ansatz nicht erwartet werden sollte, die Arbeitsmarktprobleme der Mitgliedstaaten zu lösen. Flexicurity könne dazu beitragen, dass Wettbewerbsfähigkeit und Wirtschaftswachstum sich möglichst optimal in Arbeitsplätzen und Beschäftigungssicherheiten für Arbeitnehmer niederschlagen. Neue Arbeitsplätze aber könnte dieser Ansatz nicht schaffen.

Im dritten Teil des Bandes wird das Themenfeld „Offene Methode der Koordinierung im Bereich der Gesundheitspolitik" systematisch aufgearbeitet. Die Analysen vermitteln zum einen profunde Einsichten in die Bedeutung des EU-Integrationssystems für die Gesundheitspolitik der Mitgliedstaaten und in den Entwicklungsverlauf, in die Reichweite und die Grenzen der OMK im Bereich der Gesundheitspolitik und Langzeitpflege. Zum anderen wird einem gerade im Gesundheitsbereich methodisch wie politisch zentralen Problemkreis der OMK besonderes Augenmerk geschenkt, nämlich der Frage einer Steuerung vermittels qualitativer Ziele und/ oder quantitativer Indikatoren.

Thomas Gerlingers Analyse der OMK im Gesundheitsbereich ist zweifach eingebettet: zum einen in eine Auseinandersetzung mit den grundlegenden, im Laufe des EU-Integrationsprozesses gewachsenen Spannungsfeldern zwischen der mitgliedstaatlichen Zuständigkeit im Gesundheitswesen und den Wirkungen des liberalisierten Binnenmarktes auf die nationalstaatlichen Handlungsfreiheiten; zum anderen in eine Erörterung der Spannungsfelder zwischen der institutionellen Systemvielfalt der mitgliedstaatlichen Gesundheitspolitiken und den vergleichbaren gesundheitspolitischen Problemlagen und gemeinsamen Herausforderungen (u.a. Alterung der Gesellschaft, Dominanz chronisch-degenerativer Erkrankungen, Ausgabenanstieg). Orientiert an regulationstheoretischen Erklärungsansätzen des EU-Integrationsprozesses arbeitet der Autor die Besonderheiten der OMK heraus und zeigt, dass hierdurch ein neuer Regulierungsmechanismus mit einem eigenen transnationalen Verhandlungsregime, definierten Akteuren, spezifischen Verfahrensregeln und politischen Zielen etabliert wurde. Eine entwicklungsgeschichtliche und empirische Analyse des OMK-Prozesses im Gesundheitsbereich führt zu dem Ergebnis, dass seit 2000 nur zähe Fortschritte gemacht wurden und substantielle Auswirkungen auf die Gesundheitssysteme in den Mitgliedstaaten bislang ausgeblieben seien. Gleichwohl berge die OMK im Zusammenhang einer liberal geprägten Wirtschafts- und Finanzpolitik der EU nach wie vor das Potential für weitreichende – auch problematische – Veränderungen.

Stefan Greß und *Jürgen Wassem* stoßen mit ihrer Analyse in ein Feld vor, das seit kurzem im Zentrum der verfahrenstechnischen und politischen Auseinandersetzungen um die OMK-Prozesse im Bereich der Gesundheitspolitik steht und für deren weitere Entwicklung von zentraler Bedeutung sein dürfte: die Indikatorenproblematik. Die Autoren ordnen die entsprechende EU-Debatte, die durch einen 2006 vom zuständigen Sozialausschuss vorgelegten Indikatorensatz ausgelöst wurde, in eine Analyse ein, die die existierenden gesundheitspolitischen Benchmarking-Ansätze internationaler Organisationen (u.a. WHO, OECD) und Forschungsinstitute systematisch darstellt und bewertet. Dabei wird die Indikatorenproblematik zur Messung der Leistungsfähigkeit von Gesundheitssystemen sowohl von der Finanzierungsseite als auch der Leistungsseite thematisiert. Auf dieser Grundlage kommen die Autoren zu dem Ergebnis, dass die (bislang) vorgelegten Indikatoren für die OMK im Bereich der Gesundheitspolitik allenfalls begrenzt aussagefähig seien, weil sie u.a. in methodischer Hinsicht auf vorliegende Ansätze und Informationen (der OECD) nicht umfassend zugreifen. Insgesamt sei es mehr als zweifelhaft, ob die gewählten Indikatoren das Zielssystem der OMK – Zugang, Qualität, Nachhaltigkeit – umfassend abzubilden in der Lage seien.

Friederike Botzenhardt verbindet in ihrem Beitrag eine erfahrungsgesättigte Perspektive politischer OMK-Praxis mit einer politikanalytischen Betrachtung, in der grundlegende Fragen der Kompromissbildung in EU-Entscheidungsprozessen ebenso behandelt werden, wie die in der institutionellen Vielfalt der nationalen Gesundheitssysteme begründeten methodischen Probleme und politischen Grenzen der OMK im Gesundheitsbereich. Die Autorin konstatiert zunächst, dass die OMK-Praxis insgesamt die hohen Erwartungen nicht einlösen könne, die vielfach in der akademischen Debatte mit diesem Steuerungsansatz und „Modell" einer supranationalen Zusammenarbeit in national autonom bestimmten Politikfeldern verbunden seien. Der Beitrag kommt zu dem Ergebnis, dass ein Steuerungsansatz über quantitative Zielfestlegungen und Indikatoren zwar für einzelne OMK-Felder – etwa die Investitionsniveaus für Forschung und Bildung im Rahmen der Lissabon-Strategie oder die Emissionsreduktionen im Rahmen der EU-Nachhaltigkeitsstrategie – methodisch angemessen und politisch zielführend sein könne, nicht aber im Bereich der Gesundheitspolitik. Hier gehe der Anspruch einer Gesamtsteuerung der mitgliedstaatlichen Gesundheitspolitiken mittels quantifizierter Zielvorgaben nicht nur über geltende Kompetenzverteilungsregeln hinaus, sondern sei auch angesichts divergierender Ausgangsbedingungen in den einzelnen Mitgliedstaaten derzeit nicht einlösbar, es sei denn um den Preis, eine abstrakte „Parallelwelt" bürokratischer und selbstreferenzieller Prozesse zu schaffen.

Im vierten und abschließenden Teil dieses Bandes sind Beiträge versammelt, die Problemstellungen in ausgewählten Anwendungsfeldern der OMK aufgreifen, die für eine politische und wissenschaftliche Gesamtbeurteilung der Steuerungsleistungen und Schwächen der OMK von zentraler Bedeutung sind: Hierbei handelt es sich zum einen um die Frage der empirisch messbaren Effekte auf mitgliedstaatlicher Ebene und der möglichen Steuerungsimpulse der OMK in Abhängigkeit von unterschiedlichen wohlfahrtsstaatlichen Systemen. Des Weiteren geht es um die Frage, ob tatsächlich ein „policy-learning" der Regierungen stattfindet, worauf es basiert und wie dieses übergreifende Ziel aller OMK-Prozesse politisch-operativ gestaltet wird. Schließlich ist die Frage der inhaltlichen und prozeduralen Ausgestaltung des benchmarking von zentraler Bedeutung, da die Festlegung von Zielgrößen und Indikatoren nicht nur einer methodischen Verständigung, sondern auch eines politischen *bargaining* bedarf.

Jenny Preunkert und *Sascha Zirra* untersuchen die Auswirkungen eines speziellen OMK-Aktionsfeldes – der sogenannten OMK/ Inklusion – in drei verschiedenen Ländern (Deutschland, Frankreich und Italien) in den Jahren 2000 bis 2007. Zwar sei der Schutz der BürgerInnen vor Armut ein originäres Aufgabenfeld der Nationalstaaten. Gleichwohl definierten die Staats- und Regierungschefs im Jahr 2000 auf dem Gipfeltreffen in Lissabon die soziale Ausgrenzung als europäisches Problem und entschieden sich, die nationalen Reformbemühungen durch die Einführung der OMK im Bereich der sozialen Eingliederung (OMK/ Inklusion) zu stärken. Die Autoren gehen der Frage der empirisch messbaren Effekte des „Lernens" – von einander und vom OMK-Prozess im Allgemeinen – nach. Die vergleichende Analyse zeige, dass die OMK/ Inklusion keinen radikalen Wandel auslösen konnte. Zwar konnten in allen drei Staaten sowohl auf Seiten der Regierung als auch im nichtstaatlichen Sektor individuelle Lernprozesse angestoßen werden. Dennoch wurde deutlich, dass dieses individuelle Lernen nicht automatisch zum institutionellen Lernen führt; institutionelle Lernprozesse würden oftmals von den nationalen Leitbildern und Kommunikationsstrukturen behindert. Schließlich benennen die Autoren Faktoren, die für einen Erfolg der OMK/ Inklusion entscheidend sind: Unter anderem müsste die OMK als Chance bewertet werden; darüber hinaus hänge der Erfolg einer OMK von der Existenz durchsetzungsstarker Akteure und Organisationen ab, die den Prozess wirkungsvoll und nachhaltig umsetzen können.

Mit der Frage des „Policy Learning", also des „Lernens" und vor allem des „Voneinanderlernens", beschäftigt sich auch der Beitrag von *Gabriele Bischoff*. So lag ein Schwerpunkt der „Trio-Präsidentschaft" (Deutschland, Portugal, Slowenien, 2007-08) auf der Verbesserung des „Voneinanderlernens". Während das Voneinanderlernen zunächst als Prozess des „Lernen von Anderen" eingeführt wurde, entwickelte es sich dann auch zu einem Prozess des „Lernen mit Anderen". Während der Trio-Präsidentschaft wurde in erster Linie die Bedeutung der „Kontextinformationen" unterstrichen (z.B. sozioökonomischer Hintergrund, Größe und Struktur des Arbeitsmarktes, Steuerpolitik). Durch diese Kontextinformationen sollte erkennbar gemacht werden, warum bestimmte Maßnahmen in einem Land funktionieren. Außerdem sollten kausale Zusammenhänge zwischen der politischen Herangehensweise und den Ergebnissen herausgearbeitet werden. Als wichtig wurde darüber hinaus eine breitere Beteiligung von Interessengruppen erachtet, um die Identifikation mit dem OMK-Prozess zu verbessern. Zum Schluss fasst die Autorin verschiedene Vorschläge für künftige Verbesserungen des „Voneinanderlernens" zusammen. So sollte etwa der politische Kontext der Beispiele stärker in die Lernprozesse integriert werden. Auch Ministerien sollten sich zu „lernenden Organisationen" entwickeln; darüber hinaus sollte die europäische Agenda besser mit den nationalen Agenden verzahnt werden und Lern-Netzwerke sollten ausgebaut werden.

Im letzten Beitrag des Buches widmet sich *Volker Schmitt* grundlegenden Problemen der Indikatorenbildung und verdeutlicht dies im Bereich der OMK-Alterssicherung. Der Autor stellt nach einer kurzen Darstellung des OMK-Verfahrens zunächst fest, dass sich die OMK-Alterssicherung in die bereits bestehenden Prozesse auf europäischer Ebene einfügt. Für die Ausgestaltung der Indikatoren im Bereich Alterssicherung bestünden schon Vorgaben durch die Arbeiten anderer Ausschüsse. Allerdings hieße das nicht, dass die vorgegebenen Indikatoren ungeprüft zu übernehmen seien. Es seien vielmehr eigene Anforderungen an die Indikatoren zu formulieren. Der Autor argumentiert, dass die Indikatorenbildung im Rahmen der OMK Teil eines „politischen Benchmarking" ist, also eines Politikstils, der Entscheidungen im Rückgriff auf *best practices* formuliert und begründet. Allerdings unterliege der Prozess der Indikatorenbildung einem politischen *bargaining*-Prozess: Im Rahmen der zwischenstaatlichen Verhandlungen werden Interessen soweit austariert, bis (im Erfolgsfall) allseits akzeptierte Indikatoren vereinbart werden. Damit könne im Bereich der OMK nicht von einer quasi-objektiven und wissenschaftlichen Methode gesprochen werden. Vielmehr bedürfe es eines Prozesses der ständigen Hinterfragung der Ergebnisse, damit die OMK wirklich zu einer Methode des „policy learning" werden kann. Es müssten sowohl die möglichen Nebenfolgen der beobachteten Ergebnisse als auch ihr Entstehungskontext reflektiert werden. Die OMK biete folglich keine passfertigen Lösungen. Stattdessen müssten diese in je spezifischen nationalen Kontexten sowie in politischen Aushandlungsprozessen stets individuell erarbeitet werden.

Bibliographie

Bericht der Hochrangigen Sachverständigengruppe unter Vorsitz von Wim Kok (2004): Die Herausforderungen annehmen – die Lissabon-Strategie für Wachstum und Beschäftigung, Brüssel

Büchs, Milena (2007): New Governance in European Social Policy – The Open Method of Coordination, New York

Höchstetter, Klaus (2007): Die offene Methode der Koordinierung. Bestandsaufnahme, Probleme und Perspektiven. Baden-Baden

Rat der Europäischen Union (2005): Schlussfolgerungen des Vorsitzes vom 22. und 23. März 2005, Brüssel

I.

Die Offene Methode der Koordinierung: integrationspolitische Entwicklungszusammenhänge und Gesamtperspektiven

Klaus Busch, Björn Hacker

Die Offene Methode der Koordinierung: Entwicklungen, Perspektiven und Grenzen

1. Einleitung

Dieser Artikel wird nicht die Entstehungsgeschichte, die Struktur und den Wandel der Offenen Methode der Koordinierung (OMK) seit der Einführung der Europäischen Beschäftigungsstrategie erläutern, sondern vielmehr versuchen, auf der Grundlage der Entwicklung der Wohlfahrtsstaaten in Europa einige Bewertungen der Entwicklung der OMK im Bereich des Sozialschutzes und der sozialen Integration vorzustellen. Dabei erfolgt eine Konzentration auf die OMK im Bereich der Renten, der Gesundheitsversorgung und der Armutsbekämpfung/ sozialen Eingliederung und eine Bewertung deren Entwicklung unter folgenden Fragestellungen:

- Konnten die Ziele, die für die jeweiligen Bereiche formuliert wurden, realisiert werden? Gibt es Konflikte innerhalb des Zielkatalogs, vor allem zwischen finanz- und sozialpolitischen Zielsetzungen? Welche Auswirkungen hatten diese Zielkonflikte?
- Wie autonom war das jeweilige Politikfeld bei der Realisierung der Zielkataloge? Gab es Begrenzungen aufgrund der Einbettung in übergeordnete Politikkontexte, z.B. in wirtschafts- und arbeitsmarktspezifische Kontexte?
- Lassen sich Aussagen darüber treffen, ob die Koordinierung des Politikbereichs durch die europäische Ebene Einfluss auf die nationalen Sozialschutz- und Armutsbekämpfungspolitiken hatte? Anders gefragt: Wären die nationalen Reformen in den jeweiligen Bereichen auch ohne die OMK ähnlich verlaufen?
- Ist die weiche Methode der OMK geeignet, die Probleme, vor denen die Sozialschutzpolitiken aufgrund ihrer Einbettung in den Prozess der europäischen Integration stehen, angemessen zu lösen? Erfordert nicht vielmehr die Einbettung in das harte Korsett des Systems der Wettbewerbsstaaten, das Binnenmarkt und Wirtschafts- und Währungsunion (WWU) geschaffen haben, auch harte Regulierungen der Sozialschutzsysteme auf der euro-

päischen Ebene, um den weiteren Abbau der Wohlfahrtsstaaten einzudämmen und Sozialdumping zu vermeiden?

Die Bewertungen der Fragen nach den Zielen und der Autonomie des Politikfeldes werden hier jeweils nacheinander für die drei Politikfelder Rente, Gesundheit und Armut getrennt untersucht. Daran anschließend werden die Fragen nach der Bedeutung der europäischen Ebene und nach der Angemessenheit der OMK angesichts des Systems der Wettbewerbsstaaten für alle Bereiche übergreifend beantwortet.

2. Die OMK im Bereich der Renten

Im Bereich der Altersrenten liegen bereits zwei vollständige Verfahrensdurchläufe vor. Auf dem Gipfel von Laeken 2001 wurden drei übergeordnete und 11 Einzelziele beschlossen, worauf hin die Mitgliedstaaten ihre Nationalen Strategieberichte im September 2002 vorlegten. Sie mündeten in einem Gemeinsamen Bericht von Kommission und Rat im Frühjahr 2003. Die zweite Runde der OMK im Rentensektor begann mit Erstellung der Nationalen Strategieberichte bis Juli 2005, die in einem Synthesebericht im Jahr 2006 reflektiert wurden. Die 11 Ziele der OMK wurden für die zweite Berichtsrunde nicht verändert, im Leitfaden zur Erstellung der Strategieberichte werden die Mitgliedstaaten 2005 jedoch erstmals aufgefordert, die bis dahin entwickelten Indikatoren für neun der 11 Ziele zu verwenden. Im Rahmen der Straffung des OMK-Prozesses könnte man gar von einer dritten Runde der rentenpolitischen Koordinierung in den Jahren 2006 und 2007 sprechen, die Länderberichte hatten hier jedoch mehr ergänzenden Charakter und waren darauf angelegt „to be very light in nature" (Europäische Kommission 2006: 12).

Neben der Modernisierung der Rentensysteme wird der Zielkatalog im Bereich der Rentenkoordinierung von zwei großen Zielen dominiert: dem Ziel, die finanzielle Nachhaltigkeit der Rentensysteme angesichts vor allem der demographischen Herausforderungen zu sichern, sowie dem sozialpolitischen Ziel, auch langfristig ein angemessenes Niveau der Renten zu gewährleisten, um insbesondere Altersarmut zu verhindern (Europäischer Rat 2001b; Rat der EU 2001). Es ist unmittelbar deutlich, dass zwischen diesen beiden Hauptzielen ein *Trade-off* besteht. Je mehr das eine Ziel realisiert wird, desto mehr ist die Realisierung des anderen Ziels gefährdet.

Bevor hier näher auf die Realisierung dieser beiden Zielsetzungen in den EU-Staaten eingegangen wird, ist ein kurzer summarischer Blick auf die Rentenreformen in Europa zu werfen. Noch bevor die EU Anfang dieses Jahrhunderts die OMK im Bereich der Renten eingeführt hat, sind in sehr vielen Staaten Europas Reformen durchgeführt worden. Initiatoren radikaler Reformmaßnahmen, durch die der Übergang von leistungsbezogenen Systemen (*defined benefit*, DB) zu beitragsbezogenen Systemen (*defined contribution*, DC oder *notional defined contribution*, NDC) vollzogen wurde, waren im Westen Schweden und Italien, im Osten Polen, Lettland und Ungarn. In der Folge sind in vielen Staaten folgende wichtige Reformelemente verabschiedet worden:

- Einführung einer kapitalgedeckten Rentenkomponente, insbesondere in Systemen, die traditionell auf der Umlagefinanzierung basieren.

- Entwicklung von gemischten Rentensystemen, die auf drei Säulen beruhen: einer beitragsfinanzierten ersten Säule, einer kapitalgedeckten zweiten Säule und kapitalgedeckten Zusatzvorsorgungen als dritte Säule.

- Mischfinanzierung der Rentensysteme durch Beiträge und Steuern, wobei die Dominanz ursprünglicher Finanzierungsformen reduziert wird.

- Stärkung der Äquivalenz zwischen den Rentenleistungen und den gezahlten Beiträgen, was durch das Vordringen der *defined contribution schemes* in der ersten Säule zur Annäherung an die versicherungsmathematische Fairness in den kapitalgedeckten Systemen der zweiten Säule führt.

- Einheitlich höheres Renteneintrittsalter von häufig mindestens 65 Jahren und Gleichstellung von Männern und Frauen in Bezug auf diese Frage.

- Absenkung des zukünftigen Rentenniveaus, unter Anderem durch Veränderung der Anwartschaften und durch Einbau von demographischen oder umfassenden Nachhaltigkeitskomponenten in die Rentenformel.

- Abbau von Frühverrentungspolitiken, die in vielen Staaten, gerade auch in Mittel- und Osteuropa ein Vehikel waren, um die Massenarbeitslosigkeit zu reduzieren.

- Maßnahmen zur Steigerung der Beschäftigungsraten, insbesondere der Beschäftigungsraten der Gruppe der 55- bis 64 Jährigen.

Schaut man sich die Berechnungen der EU-Kommission über die Entwicklung der Rentensysteme in der EU-25 über 2030 bis 2050 an, dann kann im

Hinblick auf die Realisierung der beiden Hauptziele der Rentenreformen im Rahmen der OMK Folgendes gesagt werden:

1. Die Reformmaßnahmen tragen dazu bei, die finanzielle Nachhaltigkeit zu verbessern. Ohne diese Maßnahmen würde der Anteil der öffentlichen Rentenausgaben am BIP für die EU-25 von heute bis 2050 um 8,5 Prozentpunkte steigen. Durch die Reformeingriffe, also die Niveauabsenkung der Renten, die Verschärfung der Anwartschaften und die Steigerung der Beschäftigungsraten, kann dieser Anstieg um gut 6 Prozentpunkte, d.h. auf gut 2 Prozentpunke des BIP reduziert werden (EPC 2006).

2. In vielen Staaten gefährden diese Maßnahmen aber auch das Ziel der Angemessenheit der Altersrenten. Berechnungen der Netto-Lohnersatzraten für den Eckrentner zeigen, dass auch unter Berücksichtigung der Rentenbezüge aus der zweiten und dritten Säule das relative Niveau in mehreren Staaten radikal sinkt. Das gilt insbesondere für Polen, Estland, Litauen und Malta, wo 2050 Werte von unter oder knapp 50% erreicht werden, aber auch für die Slowakei (64%), Slowenien (60%), Schweden (57%), Finnland (64%), Frankreich (63%) und Deutschland (67%). Zu berücksichtigen ist bei diesen Werten vor allem, dass sie für den Eckrentner gelten, also denjenigen, der den Durchschnittslohn erzielt, erst mit 65 Jahren in Rente geht und 40 Jahre lang in das System eingezahlt hat. Angesichts der hohen Arbeitslosigkeit in den letzten Jahrzehnten, der hohen Quote an Langzeitarbeitslosen und vor allem der rapiden Zunahme der prekären Beschäftigungsverhältnisse sowie des Niedriglohnsektors wird auch in Ländern, die hohe Lohnersatzraten für die Eckrentner erreichen, ein wachsender Anteil der Rentner von Altersarmut betroffen sein (ISG 2006).

Zentral im europäischen Koordinierungsverfahren ist der Befund eines besonderen Konkurrenzverhältnisses zwischen ökonomisch und sozialpolitisch orientierten Akteuren, das sich im finanziell besonders schwergewichtigen Bereich der Rentensysteme deutlicher artikuliert als in anderen Koordinierungsverfahren. Die „Basislager" der Kontrahenten sind dabei im Institutionengefüge der EU der Ausschuss für Wirtschaftspolitik (EPC) als koordinierendes Organ des Ecofin-Rates und der Ausschuss für Sozialschutz (SPC) als im Jahr 2000 neu eingesetzte Arbeitsgruppe aus Vertretern der Mitgliedstaaten und der Europäischen Kommission.

Die Einführung der OMK im Bereich der Renten ist von vielen Sozialpolitikern begrüßt worden, weil sie hofften, so die Dominanz des EPC und damit die einseitige Bewertung von Rentenfragen aus der Optik der Finanzökonomie brechen zu können. Im Jahr 2001 hat der belgische Minister für Soziales und Renten, Frank Vandenbroucke, ein bekennender Unterstützer der OMK, als „political entrepreneur" (Natali 2007: 14) eine wichtige Rolle bei der Überzeugung kritischer Mitgliedstaaten gespielt, die OMK im Rentenbereich einzuführen (Vandenbroucke 2002; Vanhercke 2006: 16; De la Porte/ Pochet 2003: 14). Dabei nutzte er David Natali zufolge ein „window of opportunity", in dem eine Mehrheit von Mitte-Links-Regierungen in der EU Ende der 1990er Jahre die soziale Dimension gegenüber der ökonomischen Integration stärken wollte und in der Ausweitung des Koordinierungsverfahrens auf den Sozialbereich eine Möglichkeit hierzu sah.

Doch schon die Verständigung beider konkurrierender Lager auf elf Einzelziele unter den drei übergreifenden Zielsetzungen der Angemessenheit der Renten, der Gewährleistung finanzieller Nachhaltigkeit der Rentensysteme und deren Modernisierung im Jahr 2001 spiegelte den Vorrang fiskalpolitischer Interessen wider. Dies wiederholte sich 2005 bei der Neudefinition der Ziele im Rahmen der Straffung des OMK-Prozesses (Laitinen-Kuikka 2006). Dabei ist offensichtlich, dass die Interessenskonflikte zwischen ökonomisch und sozialpolitisch orientierten Akteuren auf die Indikatorenbildung verlagert werden. Deren Konzeption kann einen erheblichen Einfluss auf die Ergebnisse des Koordinierungsprozesses haben. Sind die Indikatoren vor allem finanzpolitisch ausgerichtet, stehen beispielsweise zwischen den Generationen umverteilende Alterssicherungssysteme mit hohem Leistungsniveau immer schlechter da als kapitalgedeckte Systeme, die durch ein hohes Maß an Individualisierung eine geringere Belastung für die öffentlichen Haushalte bedeuten (Vandenbroucke 2002; Husmann 2002; Schmähl 2003).

> „Offensichtlich handelt es sich bei der Wahl der Indikatoren und der Definition der Benchmarks um politische Entscheidungen, die keineswegs neutral sind und deshalb nur konsensual getroffen werden können" (Kern/ Theobald 2005: 306).

Diese Sichtweise wird bestätigt durch die vergleichsweise langsame Entwicklung einsatzfähiger Indikatoren für die OMK im Rentensektor. Quantifizierbar sind zumeist nur jene Indikatoren, die den *Input* messen, und so zeigt auch der erste Gemeinsame Bericht von Kommission und Rat über die OMK im Rentensektor von 2003 eine Fixierung auf den Aspekt der finanziellen Nachhaltigkeit. Dabei werden einzelne Reformen als besonders vorbildlich herausgestellt, die eine Gewichtsverlagerung von der öffentlichen, umlagefinanzierten zur privaten, kapitalfundierten Altersvorsorge vorgenommen haben. Im Bereich der *Outputs* bleibt als relativ leicht messbare Größe dagegen oft nur der Beitrag der Systeme zur Altersarmut, die darüber hinaus reichende Ziele in den Hintergrund treten lässt (Schmähl 2005; Wehlau/ Sommer 2004: 28ff.; Deutsche Rentenversicherung 2003). Damit Länder, in denen das Rentensystem vornehmlich der Lebensstandardsicherung und nicht der Armutsvermeidung dient, im europäischen Vergleich nicht automatisch schlecht abschneiden, wäre es notwendig, mittels der Indikatoren die Leistungsseite stärker zu betonen. Dazu werden im SPC seit 2004 Projektionen der Entwicklung von Lohnersatzraten äquivalent zu den Prognosen über die finanzielle Tragfähigkeit der Systeme bis 2050 vorbereitet.

Im ersten Gemeinsamen Bericht wird trotz des Verzichts auf ein formales Ranking der Staaten nach dem Grad der Erfüllung der Ziele dennoch eine Rangordnung bezüglich des Ziels der finanziellen Nachhaltigkeit der Systeme sichtbar. So werden Schweden und Großbritannien für ihre Rentensysteme gelobt. Demgegenüber wird in Griechenland, Spanien, Frankreich und Österreich ein hoher Reformbedarf diagnostiziert (Schludi 2003: 28ff). Das unterschiedliche Design der nationalen Rentensysteme wird dabei nur unzureichend berücksichtigt. Die entwickelten qualitativen Indikatoren werden nie völlig systemneutral sein können, sondern jeweils bestimmte Strukturen in der Bewertung bevorteilen (Schulte 2002: 23ff.). Eine „Quasi-Objektivität" lässt sich in der Folge nur durch ein möglichst umfangreiches Indikatorenbündel herstellen (Schmitt 2005). Dabei bleibt das Problem, dass die Aufnahme quantifizierbarer Größen in der Regel von der Öffentlichkeit gegenüber komplexen qualitativen Informationen bevorzugt wird (Schludi 2003: 33).

In der Realität zeigt sich, dass in vielen Staaten die Reformen das Ziel der Angemessenheit verletzt haben und das Ziel der finanziellen Nachhaltigkeit weiterhin vorherrscht. Dass die OMK in der Rentenpolitik tatsächlich zu einem Korrektiv der in der EU dominierenden finanzökonomischen Interessen werden kann, ist darüber hinaus aus strukturellen Gründen zu bezweifeln. In welche Richtung sich die Waage im Konflikt zwischen Haushaltsökonomie und Sozialpolitik neigen wird, ist nicht nur eine Frage der politischen Kräfteverhältnisse in den jeweiligen Mitgliedstaaten, es ist im System der Wettbewerbsstaaten vor allem eine Frage der strukturellen Zwänge. In einer Wirtschaftszone mit einem einheitlichen Binnenmarkt und einer gemeinsamen Währung sind die Sozialkosten eine wichtige Standortvariable, absorbieren doch die öffentlichen Rentenausgaben in der EU-25 im Durchschnitt mehr als

10% des BIP. Unter diesen Bedingungen ist es für die Wettbewerbsfähigkeit und die Standortfrage nicht unerheblich, ob es den Staaten gelingt, diese Kosten um einige Prozentpunkte zu reduzieren. Dieser Faktor ist nach der Osterweiterung noch relevanter geworden, zumal damit zu rechnen ist, dass viele mittel- und osteuropäische Staaten in absehbarer Zukunft Mitglieder der Eurozone werden. Unter diesen Rahmenbedingungen ist es zwingend, dass auf Dauer das Ziel der Finanzierbarkeit Priorität erlangen wird. Damit sind auch in Ländern wie Belgien, Spanien, Portugal, Italien, Griechenland, Ungarn und Tschechien, wo jetzt noch hohe Ersatzraten avisiert sind und auch deshalb die Belastungen des BIP durch die Rentenausgaben stark steigen werden, weitere Reformmaßnahmen zu Lasten der sozialpolitischen Ziele absehbar.

3. OMK im Bereich Gesundheit und Langzeitpflege

Im Unterschied zur OMK im Bereich Renten sowie Armut/ Soziale Eingliederung ist der Prozess der Einführung der OMK in der Gesundheitsversorgung und der Langzeitpflege sehr schleppend verlaufen. Explizit hat der Europäische Rat auf dem Gipfel von Göteborg im Juni 2001 den Rat aufgefordert, einen ersten Bericht über Leitlinien im Bereich des Gesundheitswesens und der Langzeitpflege zu erstellen (Europäischer Rat 2001a). Der daraufhin erstellte, nur achtseitige Bericht (Rat der EU 2002), der sich vor allem auf eine Mitteilung der Kommission zur Zukunft des Gesundheitswesens aus dem Jahr 2001 stützt (Europäische Kommission 2001), wurde vom Gipfel von Barcelona im März 2002 zur Kenntnis genommen (Europäischer Rat 2002). Damit wurde für den Gesundheitssektor der Vorschlag dreier sehr allgemeiner Ziele für ein Koordinierungsverfahren übernommen, mit denen die Zugänglichkeit, die Qualität und die langfristige Finanzierbarkeit der Gesundheitsversorgung gewährleistet werden sollen.

Ein erster, nur 36 Seiten umfassender Gemeinsamer Bericht von Kommission und Rat wurde im März 2003 auf der Grundlage eines Fragebogens an die Mitgliedstaaten veröffentlicht (Rat der EU 2003; SPC 2002). Er enthält im Wesentlichen – gegliedert nach den drei Zielen Zugang, Qualität und Finanzierbarkeit – eine kurze Darstellung der Situation in den Mitgliedstaaten, eine Auflistung von Herausforderungen und geplanten Maßnahmen. Doch erst im Oktober 2004 wurde vom Rat auf Grundlage einer neuerlichen Mitteilung der Kommission aus dem gleichen Jahr, in der die Ziele der OMK präzisiert wurden (Europäische Kommission 2004a), offiziell beschlossen, die OMK auch auf den Bereich „Gesundheit und Langzeitpflege" auszudehnen. Die Mitgliedstaaten haben daraufhin im Frühjahr 2005 vorläufige Berichte vorgelegt, die in einem Memorandum des Ausschusses für Sozialschutz aus dem gleichen Jahr in knapper Form kompiliert wurden (SPC 2005). Schließlich wurde im Jahre 2006 ein Konsens über eine noch unvollständige Liste von Indikatoren für diesen Sektor hergestellt, die dann erstmals im Gemeinsamen Bericht über Sozialschutz und Soziale Integration von 2007 Berücksichtigung gefunden hat.

Im Unterschied zu den Bereichen Renten sowie Armut/ Soziale Eingliederung hat es im Bereich Gesundheit und Langzeitpflege damit vor der Straffung der OMK, die 2005 einsetzte, weder einen differenzierten Zielkatalog, noch einen Indikatorenkatalog, noch ausführliche Nationale Strategieberichte, noch einen ausführlichen Gemeinsamen Bericht von Kommission und Rat gegeben. Die ersten in das reguläre Verfahren einbezogenen Daten stammen aus den Strategieberichten der Mitgliedstaaten für die Restlaufzeit des Lissabonzyklus in den Jahren 2006-2008. Die OMK Gesundheit und Langzeitpflege befindet sich damit noch *in statu nascendi*, wobei ihre Genese durch den parallel begonnenen Prozess der Straffung der OMK, also der Zusammenführung der hier zu untersuchenden drei Sektoren, gelitten hat.

Wie im Rentenbereich hat auch im Gesundheitssektor der Reformprozess in den Mitgliedstaaten angesichts des demographischen Wandels und der Kosten treibenden, technologischen Veränderungen lange vor der Einführung der OMK eingesetzt. Um den Zielkatalog der OMK in diesem Sektor besser beurteilen zu können, wird im Folgenden zunächst ein knapper Überblick über wesentliche Reformmaßnahmen in der Gesundheitspolitik gegeben. Zu unterscheiden ist dabei zunächst zwischen den Ländern mit staatlich finanziertem Gesundheitssystem, dem National Health Service System (NHS), und Ländern mit beitragsfinanziertem System, dem Social Health Insurance System (SHI).

Zur Reduzierung der Kosten ist in allen Staaten, unabhängig vom Systemtyp, der Leistungskatalog der kostenfreien Gesundheitsversorgung reduziert worden. Vermehrt wird mit dem Instrument privater Selbst- und Zuzahlungen gearbeitet. Mit wenigen Ausnahmen liegt der Anteil der privaten Ausgaben an den gesamten Gesundheitsausgaben in der EU-15 zwischen 20 und 30 Prozent. In den Ländern Mittel- und Osteuropas ist dieser Trend zur Privatisierung der Kosten zum Teil noch stärker ausgeprägt als in den EU-15 (Hacker 2008). Zur Dämpfung der Ausgaben wird in vielen Staaten das Instrument der Budgetierung für einzelne Segmente des Gesundheitssektors eingesetzt (Krankenhäuser, Bezahlung der Ärzte, Arzneimittel). In den NHS-Ländern ist dies ohnehin schon längere Zeit Praxis, viele SHI-Länder haben in den letzten Jahren begonnen, mit dem Einsatz dieses Steuerungsinstruments Erfahrungen zu sammeln. Im stationären Bereich wird zunehmend mit betriebswirtschaftlichen Managementmethoden gearbeitet. Gleichzeitig wird auch in den NHS-Ländern, vor allem Großbritannien, versucht, den Wettbewerb zwischen den Krankenhäusern zu intensivieren. Um das betriebswirtschaftliche Handeln zu stärken, führen viele Staaten, auch in Mittel- und Osteuropa, in der Vergütung der Krankenhäuser zunehmend das Instrument der DRG's (*Diagnosis Related Groups*, Fallkostenpauschalen) ein. Überall gibt es starke und erfolgreiche Bemühungen, die Zahl der Krankenhausbetten je Einwohner sowie die mittlere Verweildauer in den Krankenhäusern zu reduzieren. In den mittel- und osteuropäischen Ländern haben die Krankenhäuser in der Gesundheitsversorgung nach wie vor eine Dominanz, dennoch sind auch hier in den letzten zehn Jahren die Anzahl der Betten je Einwohner und die Aufenthaltsdauer in den Krankenhäusern stark gesunken (WHO 2007). Im ambulanten Bereich kennen die NHS-Länder seit langem die „gatekeeper-Funktion" der Allgemeinmediziner. In den SHI-Ländern wird jetzt dieses Steuerungsinstrument zunehmend entdeckt, um mehr Transparenz in der Versorgung der Patienten zu erreichen und damit auch Mehrfachuntersuchungen zu vermeiden. Patientenchipkarten sind hier als ergänzende Steuerungsform zu nennen, die viele Länder bereits verwenden oder beginnen einzuführen. Zur Verbesserung der Kooperation zwischen dem stationären und dem ambulanten Bereich übernehmen viele SHI-Länder das in den NHS-Ländern bekannte System der „Integrated Care" (*Managed Care*). Hierbei kooperieren Krankenhäuser, Pflegeeinrichtungen, Fachärzte und Allgemeinmediziner in der Versorgung des Patienten, um die Qualität der Leistungen zu verbessern und gleichzeitig Kosten einzusparen. Allgemeinmediziner übernehmen im System der „Integrated Care" häufig die Koordinatorenfunktion.

In den SHI-Ländern gibt es starke Bemühungen, den Anteil der Steuern an der Finanzierung der Gesundheitsausgaben zu steigern, um den Druck auf die Arbeitskosten zu mildern. In den NHS-Ländern steigt dagegen die Bedeutung der Beiträge in der Finanzierung der Systeme. Einige Staaten, wie Frankreich und Österreich, können unter diesem Aspekt schon als Mischsysteme bezeichnet werden. In den mittel- und osteuropäischen Ländern sind ausschließlich SHI-Systeme anzutreffen, die jedoch durch hohe staatliche Zuschüsse alimentiert werden (Baum-Ceisig et al. 2008).

Trotz dieser starken Konvergenzprozesse im Zuge der Gesundheitsreformen bestehen zwischen den NHS- und den SHI-Ländern nach wie vor große Unterschiede. Dies betrifft die relative Höhe der Gesundheitsausgaben, die in den staatlich kontrollierten Systemen im Mittel niedriger sind als in den SHI-Ländern und bezieht sich auf die sehr unterschiedliche Bedeutung der Krankenhäuser im Gesundheitssystem sowie die relativen Bettenzahlen und mittleren Verweilzeiten im stationären Bereich. Auch in der Organisation des Facharztsystems weichen die NHS- und die SHI-Länder zumeist stark voneinander ab. In den staatlichen Systemen sind die Fachärzte überwiegend in den Krankenhäusern angestellt, eine Organisationsform, die erheblich zur Reduktion der Ausgaben beiträgt. In den SHI-Ländern sind die Fachärzte dagegen private Unternehmer, denen es erfolgreich gelingt, sich große Teile der finanziellen Ressourcen des Systems anzueignen.

Dieser kurze Überblick über relevante Reformtendenzen zeigt, dass es zwar etliche Maßnahmen gibt, die auf die Verbesserung des Zugangs zum Gesundheitssektor und die Erhöhung der Qualität der Versorgung abzielen (integrated care, Verkürzung der Wartezeiten, Prävention). Im Vordergrund stehen aber ganz überwiegend Maßnahmen der Kostendämpfung (Leistungskatalog, Zu- und Selbstzahlungen, Strukturmaßnahmen in den Krankenhäusern, Budgetierungen). Damit haben wir es auch im Gesundheitssektor mit demselben Zielkonflikt zwischen finanz- und sozialpolitischen Zielsetzungen zu tun wie im Rentenbereich. Angesichts der demographischen Trends, des technologischen Wandels (neue Medikamente, neue Therapien, neue Operationsverfahren) und insbesondere der zunehmenden Anforderungen im Bereich der Langzeitpflege wird sich dieser Zielkonflikt in Zukunft noch weiter zuspitzen.

Die nur zögerliche Anwendung der OMK im Gesundheitssektor erklärt sich zum Teil auch aus seiner inhärenten und im Vergleich zu anderen Politikfeldern großen Komplexität. Während in der Arbeitsmarktpolitik und der Alterssicherung monetäre Transfers und Umverteilung die zentralen Mechanismen darstellen, steht im Zentrum der Gesundheitssysteme die Organisation der Erbringung personenbezogener Dienstleistungen. Daher gilt es, bei der Koordinierung drei Komponenten zu beachten, die der Natur der Gesundheitssysteme entsprechen: den *Input* aus finanziellen Ressourcen, Arbeit und Technologie, den *Output* in Form der Dienste der Gesundheitsversorgung und den *Outcome*, gemessen im Gesundheitszustand und der Qualität der Leistungen (Schulte 2005: 21; Schreiber 2005: 151). Dabei zeigt sich aber, dass ein quantitativ messbarer Vergleich nur im Bereich der Inputs sinnvoll möglich ist. Im Bereich der *Outputs* und *Outcomes* können die multikausalen Wirkungszusammenhänge kaum auf einen allgemein verbindlichen, einheitlichen Nenner gebracht werden. Die Identifizierung von *Best practices*-Modellen, die europaweit Maßstäbe einer effektiveren und effizienteren Leistungserbringung setzen können, ist daher nur schwer vorstellbar (Gerlinger/ Urban 2004: 275). Schon in der Bewertung der Nationalen Aktionspläne der OMK für den Bereich Armut/ Soziale Eingliederung, der den Gesundheitssektor streifte, zeigte sich dieses Problem. So wurden beispielsweise NHS-Länder wie Großbritannien im Gemeinsamen Bericht von Kommission und Rat für die Verbesserung des Zugangs zu Gesundheitsleistungen durch die Reduzierung von Wartelisten ausdrücklich gelobt.

„Hierdurch erscheinen diese Länder als Benchmark – ohne dass erwähnt würde, dass es in einigen Ländern gar keine (offiziellen) Wartelisten gibt" (Sundermacher 2005: 307).

In der immer noch unvollständigen Entwicklung und Anwendung von Indikatoren für die OMK im Gesundheitssektor bildet sich der Grundkonflikt zwischen finanzieller Nachhaltigkeit und hoher Versorgungsqualität ab. Die beiden Ziele „Zugang für alle unabhängig von Einkommen und Vermögen" und „Gewährleistung einer qualitativ hochwertigen Gesundheitsversorgung" stehen im Konflikt zum dritten Ziel „langfristige Finanzierbarkeit der Gesundheitssysteme". Zwischen der Realisierung dieser Ziele besteht ein eindeutiger *Trade-off*. Dabei scheint der kleinste gemeinsame Nenner und am einfachsten zu quantifizierende Aspekt der OMK im Gesundheitswesen im Bereich der finanziellen Nachhaltigkeit der Systeme zu liegen. Damit verbunden ist jedoch die Gefahr einer einseitigen Ausrichtung, die den Zielkonflikt zwischen hohen Gesundheitsausgaben für einen umfangreichen Gesundheitsschutz und fiskalpolitischen Zwängen allein zugunsten der Kostenreduzierung entscheiden könnte. Das Problem des Vorrangs konsolidierungspolitischer vor versorgungspolitischen Zielen bestätigen erste Analysen der OMK im Gesundheitssektor (Urban 2003; Gerlinger/ Urban 2004; Hervey 2004). Verstärkt wird diese Ausrichtung durch das Gesamtdesign der Lissabonstrategie selbst, die einen hohen Sozialschutz bei zeitgleicher Kostendämpfung der öffentlichen Hand propagiert.

Man muss nicht so weit gehen wie die Spitzenverbände der deutschen Krankenkassen, die in einer Stellungnahme äußern, dass „Anstoß und Motivation für die Einführung der Methode (...) die Anwendung und Kontrolle der Stabilitätskriterien zur Verwirklichung der europäischen Wirtschafts- und Währungsunion (waren)" (Arbeitsgemeinschaft der Spitzenverbände 2002: 6). Jedoch ist ohne Zweifel feststellbar, dass durch den Fokus der OMK auch die Gesundheitspolitik verstärkt in die Strategie der rigiden Haushaltskoordinierung im Rahmen des Stabilitäts- und Wachstumspaktes eingebunden werden soll. Die Überführung der nationalen Gesundheitspolitiken in ein europäisches Wettbewerbssystem könnte dabei über strukturelle Zwänge Strategien der Deregulierung, Risikoindividualisierung und Privatisierung stärken. Hans-Jürgen Urban bezeichnet dies als „wettbewerbsgetriebene Harmonisierung über Umwege" (Urban 2003: 50). Wolfram Lamping hält einen solchen weiteren Verlauf der OMK für Gesundheit und Langzeitpflege angesichts der gegebenen Rahmenbedingungen für wahrscheinlich, macht aber darauf aufmerksam, dass die Perspektive der gesundheitspolitischen Koordinierung „als Appendix der Binnenmarktintegration" angesichts fehlender empirischer Evidenz heute allenfalls Spekulation sein kann (Lamping 2006: 15).

4. Die OMK im Bereich Armut und Soziale Eingliederung

Auf dem Gipfel von Lissabon 2000 hat der Europäische Rat einen „größeren sozialen Zusammenhalt" neben einem „dauerhaften Wirtschaftswachstum mit mehr und besseren Arbeitsplätzen" als strategisches Ziel für die Europäische Union formuliert (Europäischer Rat 2000). Als geeignete Methode hat der Lissabonner Gipfel auch für dieses Politikfeld die OMK festgelegt. Der Europäische Rat verständigte sich zugleich auf ein mehrdimensionales Konzept von Armut und ihrer Bekämpfung, das sich in der Formulierung der Leitlinien niedergeschlagen hat:

> „Die komplexen und vielfältigen Formen der Armut und der sozialen Ausgrenzung machen den Einsatz einer breit gefächerten Politik im Rahmen dieser globalen Strategie erforderlich. Neben der Beschäftigungspolitik kommt dem Sozialschutz hierbei eine besonders wichtige Rolle zu; zudem ist auch die Bedeutung anderer Faktoren anzuerkennen wie etwa Wohnung, Bildung, Gesundheit, Information und Kommunikation, Mobilität, Sicherheit

und Justiz, Kultur und Freizeit. Es ist daher angebracht, das Ziel der Bekämpfung der Armut und der sozialen Ausgrenzung auf nationaler und gemeinschaftlicher Ebene in die verschiedenen politischen Maßnahmen einzubeziehen ('mainstreaming')" (Rat der EU 2000: 3).

Als „Ziele bei der Bekämpfung der Armut und der sozialen Ausgrenzung" wurden gemäß diesem multidimensionalen Konzept formuliert:

„1. Förderung der Teilnahme am Erwerbsleben und des Zugangs aller zu Ressourcen, Rechten, Gütern und Dienstleistungen

1.1. Förderung der Teilnahme am Erwerbsleben

1.2. Förderung des Zugangs aller zu Ressourcen, Rechten, Gütern und Dienstleistungen

2. Den Risiken der Ausgrenzung vorbeugen

3. Für die sozial Schwachen handeln

4. Alle Akteure mobilisieren" (Rat der EU 2000: 7ff.).

Gleichzeitig wurde beschlossen, dass

- die Mitgliedstaaten auf ihrer Ebene geeignete Indikatoren und Modalitäten für das weitere Vorgehen festlegen und Nationale Aktionspläne zur Umsetzung der Leitlinien für einen Zeitraum von zwei Jahren verabschieden;

- die Kommission auf der Basis der Nationalen Aktionspläne einen Synthesebericht erstellt, der insbesondere auf bewährte Verfahren und innovative Ansätze verweist;

- die Mitgliedstaaten und die Kommission zusammenarbeiten, um u.a. eine Angleichung und Harmonisierung der Indikatoren zu erreichen (Rat der EU 2000: 6).

Dieses OMK-Konzept wurde in der Folgezeit sehr konsequent umgesetzt. Ein Set von zehn Primärindikatoren – an oberster Stelle die Armutsschwelle von 60% des Äquivalenzeinkommens – und acht Sekundärindikatoren konnte auf Vorschlag des Ausschusses für Sozialschutz schon 2001 verabschiedet werden. Die Nationalen Aktionspläne und die Gemeinsamen Berichte von Kommission und Rat wurden 2002 und 2004 vorgelegt, bis 2005 der Übergang in die gestraffte und integrierte OMK im Bereich des Sozialschutzes und der Sozialen Eingliederung vollzogen wurde. Seit 2005 erschien im Rahmen des neuen Verfahrens jährlich ein Gemeinsamer Bericht.

Im Unterschied zu den Zielkatalogen in den Bereichen Rente sowie Gesundheitsversorgung und Langzeitpflege enthält der Katalog im Sektor Soziale

Eingliederung keine Zielkonflikte. Auf die Verabschiedung eines Zieles zur finanziellen Nachhaltigkeit, der im Konflikt mit den sozialpolitischen Zielen gestanden hätte, wurde hier verzichtet. Das hat zum einen damit zu tun, dass der Bereich Armut mit einem Anteil von drei bis vier Prozent aller Sozialausgaben der EU-Staaten eine wesentlich geringere Bedeutung hat als die Sektoren Rente und Gesundheit, die im Mittel ca. 75% aller Sozialausgaben in der EU absorbieren. Es liegt zum anderen auch daran, dass im Bereich Armut der demographische Wandel nicht annähernd so Kosten treibend sein wird wie in den beiden Sozialschutzsektoren.

Es ist als Erfolg der OMK im Bereich Soziale Eingliederung zu werten, dass sich die Mitgliedstaaten auf ein mehrdimensionales Konzept sowie gemeinsame Ziele und Leitlinien für die Strategie der Armutsbekämpfung verständigt haben. Positiv ist auch, dass ein sehr differenziertes Bündel an Primär- und Sekundarindikatoren entwickelt worden ist, dass eine gute Grundlage für die Bewertung der Fortschritte in der Realisierung der gemeinsamen Ziele in den Mitgliedstaaten bietet. Auf dieser Basis konnten umfangreiche komparative Datensätze für zunächst 15 und jetzt 27 EU-Staaten erhoben werden.

Als gravierende Schwäche der OMK Soziale Eingliederung ist allerdings zu werten, dass bei dem zentralen Indikator, der Armutsgefährdungsquote, die von 1998 bis 2001 in der EU im Durchschnitt stagnierte, seit der Einführung der OMK eine Verschlechterung zu beobachten ist. Die Daten für 2006 zeigen gegenüber den Daten von 2001 in der EU-15 einen Anstieg der Armutsgefährdungsquote nach Sozialtransfers von 15% auf 16%. Überdurchschnittlich ist der Anstieg in Deutschland (13% statt 11%), den skandinavischen Ländern, Belgien und Luxemburg. In einigen mittel- und osteuropäischen Ländern – in Lettland, Litauen, Ungarn und Polen – liegt der Anstieg der Armutsgefährdungsquote im gleichen Zeitraum zwischen drei und sieben Prozentpunkten. Eine überdurchschnittliche Verbesserung der Werte verzeichnen Irland, Portugal und Bulgarien (Eurostat 2008). Auch wenn die Daten von 2001 und 2006 wegen des Übergangs der statistischen Erfassung vom Haushaltspanel ECHP zum neuen Instrument SILC nicht ohne weiteres vergleichbar sein dürften, ist die Zuspitzung der Armutsproblematik in der EU in der ersten Hälfte der 2000er Jahre aufgrund der Veränderung entscheidender sozioökonomischer Parameter sehr plausibel. Schon im Gemeinsamen Bericht 2004, als die neuen Daten noch nicht vorlagen, warnten Kommission und Rat mit deutlichen Worten vor einer Verschärfung der Armutsproblematik aufgrund der strukturellen Veränderungen auf den Arbeitsmärkten, dem steigenden Altersquotienten, der Zunahme der Migration und der veränderten Familienstrukturen (Europäische Kommission 2004b).

Demgegenüber findet in den integrierten Sozialschutzberichten seit 2005 die Tatsache, dass viele Mitgliedstaaten der EU durch ihre makroökonomische Politik, ihre Lohnpolitiken, ihre Arbeitsmarktreformen und die Reformen ihrer sozialen Sicherungssysteme die Armutsproblematik verschärfen und damit die sozialpolitischen Ziele des Lissabonprozesses verletzen, kaum eine Erwähnung. Makroökonomische Politiken, welche die Krise nicht aktiv bekämpfen, dämpfen die Wachstums- und Beschäftigungsentwicklung und erhöhen damit das Armutsrisiko. Lohnpolitiken, die das Ziel verfolgen, dass die Reallöhne nicht mit der Produktivitätsentwicklung Schritt halten und eine Spreizung zwischen oberen und unteren Lohngruppen unterstützen, verschärfen das Armutsrisiko. Arbeitsmarktreformen, die den Niedriglohnsektor, Teilzeitarbeit und befristete Arbeitsverhältnisse fördern sowie Leistungen für Langzeitarbeitslose kürzen (wie etwa die sog. „Hartz IV"-Reform in Deutschland), produzieren Armut, insbesondere auch Kinderarmut. Der Abbau von Umverteilungsmechanismen in der Rentenpolitik, die Verschärfung von Anspruchsvoraussetzungen und Leistungskürzungen erhöhen das Risiko von Altersarmut. Die Reduktion der Leistungskataloge in der öffentlichen Gesundheitsversorgung und der Ausbau von privaten Zuzahlungen verschlechtern tendenziell den Gesundheitszustand ärmerer Schichten und perpetuieren damit das Armutsrisiko.

Obwohl der Rat für Beschäftigungs- und Sozialpolitik zu Beginn der OMK-Strategie im Bereich Armut/ Soziale Eingliederung formuliert: „Wirtschaftliches Wachstum und sozialer Zusammenhalt verstärken sich gegenseitig. Eine Gesellschaft mit stärkerem sozialen Zusammenhalt und geringerer Ausgrenzung ist die Voraussetzung für eine leistungsfähigere Wirtschaft" (Rat der EU 2000: 3), sind die makroökonomischen Politiken der EU und vieler Mitgliedstaaten bis vor kurzem nicht wachstumsfördernd gewesen. Vielmehr gefährden die Lohn-, Arbeitsmarkt- und Sozialpolitiken vieler Mitgliedstaaten bis heute nachhaltig den sozialen Zusammenhalt. Angesichts dieser strukturellen Barrieren, die die Entwicklungen in anderen Politikfeldern ihr setzen, erweist sich die OMK im Bereich der Sozialen Eingliederung trotz der erwähnten positiven Aspekte bislang als äußerst ohnmächtig.

5. Zum Einfluss der OMK auf die nationalen Politiken

Die Frage, ob die OMK Einfluss auf die nationalen Reformpolitiken genommen hat, ist nicht leicht zu beantworten. Selbst im Bereich der Beschäftigungspolitik mit der längsten OMK-Tradition ist ein dezidierter Einfluss schwer nachzuweisen. Wären die Hartz-Reformen in Deutschland auch ohne die OMK gekommen? Diese Frage ist sicherlich positiv zu beantworten. Wenn in verschiedenen Staaten ähnliche sozioökonomische Probleme bestehen, wie z.B. eine hohe Arbeitslosigkeit oder ein demographischer Wandel, der die Sozialschutzsysteme tangiert, wenn darüber hinaus die ideologische Sichtweise dieser Probleme international sehr ähnlich ist, dann kann es auch ohne eine institutionalisierte internationale Politikkoordinierung zu ähnlichen Reformansätzen kommen. Der Boden für eine Diffusion bestimmter Lösungskonzepte ist unter diesen Bedingungen sehr fruchtbar.

So ist es im Bereich der Rentenreformen sehr auffällig, dass sich längst vor der Einführung der OMK bestimmte Konzepte (vor allem das Drei-Säulen-Modell), die unter anderem die Weltbank unterstützt hat, Verbreitung gefunden haben. Die sozioökonomische Belastung der Rentensysteme war international sehr ähnlich, der Neoliberalismus war längst zum dominierenden wirtschafts- und gesellschaftspolitischen Leitbild geworden, und die Reformen nahmen deshalb überall sehr ähnliche Züge an (Abbau von Umverteilungselementen, engere Verknüpfung von Beiträgen und Leistungen, Einführung kapitalgedeckter Systeme in Ergänzung zur Umlagefinanzierung). Der Eindruck, dass die zentralen Reformschritte in der Rentenpolitik von den Mitgliedstaaten bereits vor Einführung der OMK im Rentensektor aufgrund eines gemeinsamen Problemdrucks durch die demographische Entwicklung, steigende Arbeitslosenraten und eine hohe öffentliche Verschuldung auf den Weg gebracht wurden (De la Porte 2003; Lodge 2007: 356f.), scheint sich in den ersten vorliegenden Länderanalysen zu bestätigen. Kevin Featherstone konstatiert in einer Analyse der Einflüsse der OMK-Ziele auf die Bestrebungen zu Rentenreformen in Griechenland zwar die Stimulierung des nationalen Interesses an Reformen aus Gründen der Reputation. Doch sind die nationalen Widerstände letztlich größer, da die OMK nur beschränkt Druck ausüben kann:

> „The empowerment offered by the EU is limited in nature: it lacks precision; sufficient temporal discipline; and the costs of non-compliance are too low" (Featherstone 2005: 734).

Dagegen war der Druck zur Erfüllung der Konvergenzkriterien zum Beitritt zur WWU sehr hoch und hat in Griechenland stark zur Veränderung der nationalen politischen Agenda beigetragen. Die Durchsetzung von Rentenreformen, deren Ziel eine Reduzierung der öffentlichen Ausgaben war, konnte im Zuge des Konvergenzdrucks durch die WWU auch in Italien, Schweden und Deutschland festgestellt werden (Anderson 2002).

Für den Bereich der Gesundheit gilt Ähnliches. Die OMK ist hier bislang kaum vollständig entwickelt und dennoch gibt es angesichts der sozioökonomischen Herausforderungen und vorherrschender Sichtweisen zur Lösung der Probleme schon seit langem Reformen in den Mitgliedstaaten, die große Ähnlichkeit haben. Selbst der Systemunterschied von NHS und SHI wird dabei überbrückt. Im Bereich Gesundheitsversorgung und Langzeitpflege haben folglich sehr ähnliche Reformen in den Mitgliedstaaten auch ohne die OMK stattgefunden. Die Dominanz der Finanzpolitik ergibt sich aus den Bedingungen der WWU und dem System der Wettbewerbsstaaten, sie ist auch ohne Vermittlung durch die OMK zwingend gegeben.

Wenn für die OMK aber bestenfalls festgestellt werden kann, dass sich ihre Ziele im Einklang mit ohnehin vorbereiteten nationalen Reformvorhaben befinden (Natali/ De la Porte 2004: 15), bestätigt sich Ihre Definition als „leichte" Koordinierungsmethode. Mehr noch: Die OMK wird damit degradiert zu einem institutionellen Rahmen, der schlicht dem Austausch von Informationen dient (Eckardt 2005: 259). Dies würde bedeuten, dass die OMK im Bereich des Sozialschutzes heute als Instrument definierbar ist, in dem sich sozialpolitischer Anspruch und ökonomische Realität des europäischen Integrationsprozesses gegenseitig neutralisieren (Busch 2005: 41). Anders ausgedrückt gibt es bislang kaum Hinweise auf politische Effekte der OMK, die sich in den nationalen Politiken der Mitgliedstaaten widerspiegeln, von intendierten gegenseitigen Lerneffekten ganz zu schweigen. Die OMK wird stattdessen von den Mitgliedstaaten benutzt, die Kernelemente der eigenen Renten- und Gesundheitssysteme und die jüngsten Reformvorhaben in diesen Sektoren im Sinne einer scheinbaren Übereinstimmung mit den vereinbarten europäischen Zielkriterien neu verpackt zur Schau zu stellen. Sollte sich dieser erste empirische Eindruck einer weitgehenden Irrelevanz der OMK im Bereich des Sozialschutzes in weiteren Analysen bestätigen, wäre sie in der Tat nicht mehr als „cheap talk" (Borrás/ Greve 2002) oder „des Kaisers neue Kleider" (Chalmers/ Lodge 2003).

Und dennoch hat die OMK durchaus das Potenzial, dauerhaft einen Katalysator für bereits auf nationaler Ebene oder in internationalen Organisationen entwickelte Antworten auf gemeinsame externe Herausforderungen zu repräsentieren (Büchs 2007: 123). Allerdings nicht im Sinne eines kognitiven Austauschs über nationale Grenzen hinweg, sondern durch Verstärkung einzelner nationaler Reformlinien und der sie vertretenden Gruppen durch ständige Wiederholung bestimmter Paradigmen. Diese Beschreibung entspricht zwar nur noch in Teilen der OMK ursprünglich zugedachten Funktion als europäische „new mode of governance", würde die EU durch eine Zuspitzung des Interessengegensatzes zwischen markttreibenden und marktkorrigierenden Kräften (Scharpf 2002) im Bereich der Offenen Koordinierung allerdings vor eine richtungweisende Wahl stellen: Entweder die sich widersprechenden Ziele zwischen angemessenen und nachhaltigen Renten sowie qualitativ hochwertigen und finanziell tragfähigen Gesundheitssystemen werden zur Entdeckung von Synergien und win-win-Lösungen genutzt (Armstrong/ Begg/ Zeitlin 2008: 441). Oder der ganze Koordinierungsprozess verkommt endgültig zur überflüssigen Fleißarbeit, die lediglich dazu dient, die ohnehin fortschreitende ökonomische Integration der EU – ähnlich dem „Dekorieren eines Weihnachtsbaums" – sozial auszuschmücken. Mit der Neuformulierung der Lissabonstrategie zu ihrer verheerenden Halbzeitbilanz 2005 und der Eingliederung und Unterordnung der Sozialpolitiken in die Fokussierung von Wirtschaftswachstum und Beschäftigung scheint ein weiterer Schritt in Richtung der letzteren Option getan.

6. Die OMK als grundsätzlich zu weicher Regulierungsansatz

Die beiden OMK-Verfahren für den Sozialschutz im Renten- und Gesundheitssektor weisen mit einem *Trade-off* zwischen primär marktorientierten und primär sozialpolitisch orientierten Zielen ein gleiches grundsätzliches Problem auf. Die anders als ihre sozial orientierten Gegenspieler besser vorbereiteten ökonomischen Akteure, ihre leichter messbaren politischen Ziele der finanziellen Nachhaltigkeit und die Unterstützung dieser Ziele durch die strukturellen Rahmenbedingungen und den öffentlichen Reformdiskurs haben dazu geführt, dass in der OMK bislang vor allem ökonomische Zwänge aus Binnenmarktintegration und Währungsunion abgebildet werden.

Feststellbare Erfolge in der OMK im Bereich Armut/ Soziale Eingliederung können nicht darüber hinwegtäuschen, dass dieser Politikbereich gegenüber dem Renten- und dem Gesundheitssektor als fundamentalen und finanziell schwergewichtigen Komponenten des Wohlfahrtsstaatsdesigns nur eine nachgeordnete Rolle spielt:

„The fight against poverty remains in a non-controversial but separate compartment from the mainstream debate around the European economic and social model." (De la Porte/ Pochet 2003: 15).

Ob es der Sozialpolitik mittels der OMK gelingt, die Vorherrschaft der Wirtschafts- und Finanzpolitik zu mildern, ist zu bezweifeln und lässt sich in den bisherigen Renten- und Gesundheitsreformen nicht nachweisen. Die Methode scheint in ihrer existierenden Form nicht in der Lage zu sein, die Abbauprozesse in der wohlfahrtsstaatlichen Politik, die wir in der EU seit längerem erleben, korrigieren zu können (Busch 2006). Diese Abbauprozesse haben mit den beschriebenen sozioökonomischen Problemen, der Vorherrschaft des Neoliberalismus und dem System der Wettbewerbsstaaten in Europa zu tun. Sie sind nicht primär Folge der Globalisierung. Binnenmarkt und WWU sind europäische Kompetenz. Sollen vor diesem Hindergrund Dumpingprozesse in den nationalen Lohn-, Steuer- und Sozialpolitiken verhindert werden, müssen auch diese Politikbereiche europäische Kompetenz werden. Nur mit europäischen Regulierungen in der Tarif-, Steuer- und Wohlfahrtsstaatspolitik lässt sich das System der Wettbewerbsstaaten, das seit Anfang der 1990er Jahre vorherrscht, auf gleicher Augenhöhe eindämmen. Die weiche Politikform der OMK stellt dabei keinen geeigneten Ansatzpunkt zur Realisierung eines sozialen Europas dar, das der weit fortgeschrittenen Wirtschaftsintegration der EU und der durch sie geschaffenen harten soziökonomischen Fakten ebenbürtig ist.

Bibliographie

Anderson, Karen M. (2002): The Europeanization of Pension Arrangements: Convergence or Divergence? In: De la Porte, Caroline; Pochet, Philippe (eds.): Building social Europe through the open method of Co-ordination. Bruxelles [u.a.]: PIE Lang (Work & society, 34), 253-285.

Arbeitsgemeinschaft der Spitzenverbände der Krankenkassen (2002): Die offene Methode der Koordinierung im Bereich des Gesundheitswesens. Februar 2002.

Armstrong, Kenneth A.; Begg, Ian; Zeitlin, Jonathan (2008): JCMS Symposium: EU Governance after Lisbon. In: JCMS – Journal of Common Market Studies 46 (2), 413-450.

Baum-Ceisig, Alexandra; Busch, Klaus; Hacker, Björn; Nospickel, Claudia (2008): Wohlfahrtsstaaten in Mittel- und Osteuropa. Entwicklungen, Reformen und Perspektiven im Kontext der europäischen Integration. Baden-Baden: Nomos (forthcoming).

Borrás, Susana; Greve, Bent (2004): Concluding remarks: New method or just cheap talk? In: Journal of European Public Policy 11 (2), 329-336.

Büchs, Milena (2007): New governance in European social policy. The open method of coordination. Basingstoke: Palgrave Macmillan (Palgrave studies in European Union politics).

Busch, Klaus (2005): Die Perspektiven des europäischen Sozialmodells. Expertise im Auftrag der Hans-Böckler-Stiftung. Düsseldorf: Hans-Böckler-Stiftung (Arbeitspapier/ Hans-Böckler-Stiftung).

Busch, Klaus (2006): Die Methode der offenen Koordinierung in der Beschäftigungspolitik und der Sozialpolitik der europäischen Union. Düsseldorf: Hans-Böckler-Stiftung (Arbeitspapier/ Hans-Böckler-Stiftung).

Chalmers, Damian; Lodge, Martin: The open method of co-ordination and the European welfare state. [Elektronische Ressource]. London: CARR. (CARR discussion papers, 11).

De la Porte, Caroline (2003): How relevant is the pensions OMC to the reform of pension systems in EU member states? In: Degryse, Christophe; Pochet, Philippe (eds.): Social Developments the European Union 2002. Fourth annual report. Brussels: ETUI-REHS, 258-278.

De la Porte, Caroline; Pochet, Philippe (2003): The Participative Dimension of the OMC. Conference Paper: "Opening the Open Method of Co-ordination", 4-5 July 2003, European University Institute, Florence.

Deutsche Rentenversicherung (Hg.) (2003): Offene Methode der Koordinierung im Bereich der Alterssicherung – Quo Vadis? Internationale Tagung am 26. und 27. März 2003 in Berlin (47).

Eckardt, Martina (2005): The open method of coordination on pensions. An economic analysis of its effects on pension reforms. In: Journal of European social policy 15 (3), 247-267.

EPC (2006): The impact of ageing on public expenditure: projections for the EU25 Member States on pensions, health care, longterm care, education and unemployment transfers (2004-2050). Report prepared by the Economic Policy Committee and the European Commission (DG ECFIN).

Europäische Kommission (2001): Mitteilung der Kommission an den Rat, das Europäische Parlament, den Wirtschafts- und Sozialausschuss und den Ausschuss der Regionen. Die Zukunft des Gesundheitswesens und der Altenpflege: Zugänglichkeit, Qualität und langfristige Finanzierbarkeit sichern. KOM (2001) 723 endgültig, vom 05.12.2001.

Europäische Kommission (2004a): Mitteilung der Kommission an den Rat, das Europäische Parlament, den Wirtschafts- und Sozialausschuss und den Ausschuss der Regionen. Modernisierung des Sozialschutzes für die Entwicklung einer hochwertigen, zugänglichen und zukunftsfähigen Gesundheitsversorgung und Langzeitpflege: Unterstützung der einzelstaatlichen Strategien durch die „offene Koordinierungsmethode". KOM (2004) 304 endgültig, vom 20.04.2004.

Europäische Kommission (2004b): Gemeinsamer Bericht über die Soziale Eingliederung 2004.

Europäische Kommission (2006): Guidelines for preparing National Reports on Strategies for Social Protection and Social Inclusion.

Europäischer Rat (2000): Schlussfolgerungen des Vorsitzes (Lissabon), 23. und 24. März 2000.

Europäischer Rat (2001a): Schlussfolgerungen des Vorsitzes (Göteborg), 15. und 16. Juni 2001.

Europäischer Rat (2001b): Schlussfolgerungen des Vorsitzes (Laeken), 14. und 15. Dezember 2001.

Europäischer Rat (2002): Schlussfolgerungen des Vorsitzes (Barcelona), 15. und 16. März 2002.

Featherstone, Kevin (2005): 'Soft' co-ordination meets 'hard' politics: the European Union and pension reform in Greece. In: Journal of European Public Policy 12 (4), 733-750.

Gerlinger, Thomas; Urban, Hans-Jürgen (2004): Auf neuen Wegen zu neuen Zielen? Die Offene Methode der Koordinierung und die Zukunft der Gesundheitspolitik in Europa. In: Kaelble, Hartmut; Schmid Günther (Hg.): Das europäische Sozialmodell. Auf dem Weg zum transnationalen Sozialstaat. Berlin: Edition Sigma (WZB-Jahrbuch 2004), 263-288.

Hacker, Björn (2008): Langsamer Abschied von der Universalität? Gesundheitsreformen in Mittel- und Osteuropa und ihre geschlechterspezifischen Folgen. In: Klenner, Christina; Leiber, Simone (Hg.): Wohlfahrtsstaaten und Geschlechterverhältnisse in Mittel- und Osteuropa. Wiesbaden: VS-Verlag (forthcoming).

Hervey, Tamara K. (2004): The European Union and the governance of health care. Conference Paper, New Governance and Constitutionalism in Europe and the US, 19-20 July 2004, Cambridge.

Husmann, Jürgen (2003): Die offene Methode der Koordinierung im Bereich der Alterssicherung. Eine neue Strategie in der Europäischen Sozialpolitik. In: Aktuelles Presseseminar, 1-14.

ISG (2006): Current and prospective theoretical pension replacement rates. Report by the Indicators Sub-Group (ISG) of the Social Protection Committee (SPC). May 19th 2006.

Kern, Kristine; Kern, Theobald (2004): Konvergenz der Sozialpolitik in Europa? Transnationalisierung der Rentenversicherung und der Altenbetreuung. In:

Kaelble, Hartmut; Schmid Günther (Hg.): Das europäische Sozialmodell. Auf dem Weg zum transnationalen Sozialstaat. Berlin: Edition Sigma (WZB-Jahrbuch 2004), 289-315.

Laitinen-Kuikka, Sini (2006): Modernizing the European social model and the common objectives for pension policy. Paper presented at the fourth ESPAnet annual conference, 21-23 September 2006, Bremen.

Lamping, Wolfram (2006): Smoke without fire? Sozialstaatliches Policy-Making im europäischen Mehrebenensystem. Das Beispiel Gesundheitspolitik. Paper für den 23. wissenschaftlichen Kongress der DVPW, 25.-29. September 2006, Münster.

Lodge, Martin (2007): Comparing Non-Hierarchical Governance in Action: the Open Method of Co-ordination in Pensions and Information Society. In: JCMS – Journal of Common Market Studies 45 (2), 343-365.

Natali, David (2007): Pensions OMC: Why did it emerge and how does it evolve? Paper for the annual EUSA Conference, May 2007, Montreal.

Natali, David; De la Porte, Caroline (2004): OMC Pensions: What role for Europe in Co-ordinating the reform of different pension systems? The cases of France and the Netherlands. Paper for the ESPAnet Conference "European Social Policy: Meeting the Needs of a New Europe", 9-11 September 2004, Oxford.

Rat der Europäischen Union (2000): Bekämpfung der Armut und der sozialen Ausgrenzung. Festlegung von geeigneten Zielen. 14110/ 00, vom 30.11.2000.

Rat der Europäischen Union (2001): Gemeinsamer Bericht des Ausschusses für Sozialschutz und des Ausschusses für Wirtschaftspolitik über Zielsetzungen und Arbeitsmethoden im Bereich der Renten: Anwendung der offenen Koordinierungsmethode. 14098/01, vom 23.11.2001.

Rat der Europäischen Union (2002): Erster Bericht über Gesundheitswesen und Altenpflege. 6361/02, vom 25.02.2002.

Rat der Europäischen Union (2003): Joint Report by the Commission and the Council on supporting national strategies fort he future of health care and care fort he elderly. 7166/03, vom 10.03.2003.

Scharpf, Fritz W. (2002): The European social model. Coping with the challenges of diversity. In: Journal of common market studies 40 (4), 645-670.

Schludi, Martin (2003): Chances and limitations of "benchmarking" in the reform of welfare state structures – the case of pension policy. [Elektronische Ressource]. Amsterdams Instituut voor ArbeidsStudies. Amsterdam. (Working paper/ Amsterdam Institute for Advance Labor Studies). Online verfügbar unter http://www.uva-aias.net/files/aias/WP10.pdf.

Schmähl, Winfried (2005): Nationale Rentenreformen und die Europäische Union. Entwicklungslinien und Einflusskanäle. Bremen: Zentrum für Sozialpolitik Univ. (ZeS-Arbeitspapier 2005, 3).

Schmitt, Volker (2005): Gestaltung der europäischen Alterssicherungssysteme mit Hilfe von Benchmarkingprozessen und Indikatoren. In: Sozialer Fortschritt, Jg. 54, H. 5/6, S. 121–126.

Schreiber, Arnold (2005): Die Offene Methode der Koordinierung im Gesundheitswesen und zur aktuellen Situation. In: Sozialer Fortschritt 54 (5/6), 149-152.

Schulte, Bernd (2002): Die "Methode der offenen Koordinierung". Eine neue politische Strategie in der europäischen Sozialpolitik auch für den Bereich des sozialen Schutzes. In: Zeitschrift für Sozialreform 48 (1), 1-28.

Schulte, Bernd (2005): Europäsche Vorgaben für die nationalen Gesundheitssysteme. Ziele und Instrumente. In: Gesundheit und Gesellschaft 5 (4), 15-25.

SPC (2002): Questionnaire on Health and Long-Term Care for the Elderly. [Elektronische Ressource]. Online Verfügbar unter http://ec.europa.eu/employment_ social/spsi/docs/soc-prot/healthcare/questionnaire_en1.pdf.

SPC (2005): Review of Preliminary National Policy Statements on Health Care and Long-term Care. Memorandum of the Social Protection Committee, vom 30.11.2005.

Sundmacher, Torsten; Schreiber, Arnold (2005): Die Offene Methode der Koordinierung im Gesundheitswesen. Folgenlose Verschwendung oder Gewinne jenseits ausgetretener Pfade? Eine Erwiderung auf den Beitrag von Arnold Schreiber. In: Sozialer Fortschritt 54 (12), 304-310.

Urban, Hans-Jürgen (2003): Europäisierung der Gesundheitspolitik? Zur Evolution eines Politikfeldes im europäischen Mehrebenen-System. Berlin: WZB (Veröffentlichungsreihe der Arbeitsgruppe Public Health, Wissenschaftszentrum Berlin für Sozialforschung, 2003-303).

Vandenbroucke, Frank (2002): Open Co-ordination on Pensions and the Future of Europe's Social Model. In: Revue Belge de Sécurité Sociale, 3e trimestre, 533-543.

Vanhercke, Bart (2006): Variations in Institutionalisation of hybrid social protection OMC's: The choice for non-constitutionalisation and the emergence of 'hard soft law'. Paper presented at the 2006 ESPAnet Conference, 21-23 September, Bremen.

Wehlau, Diana; Sommer Jörg (2004): Pension policies after EU enlargement. Between financial market integration and sustainability of public finances. Bremen: Zentrum für Sozialpolitik Univ. (ZeS-Arbeitspapier 2004,10).

WHO (2007): Health for all Database. [Elektronische Ressource]. Online Verfügbar unter http://data.euro.who.int/hfadb.

Bernd Schulte

Die rechtlichen Rahmenbedingungen der Offenen Methode der Koordinierung und ihr Einsatz in den unterschiedlichen Aktionsfeldern

1. Vorbemerkung

Weder eine durch Rechtsvereinheitlichung oder Rechtsangleichung herbeizuführende *soziale Harmonisierung* noch gar die Schaffung eines *Europäischen Sozialstaats*[1] standen in der Vergangenheit oder stehen heute oder in absehbarer Zukunft überhaupt auf der Europäischen Sozialagenda – auch nicht auf der „erneuerten Sozialagenda" vom 2. Juli 2008[2] oder auf der politischen Tagesordnung im Europa des Europäischen Staatenverbundes der Europäischen Union/ Europäischen Gemeinschaft. Solche Schritte ließen sich weder mit den Vorstellungen und Wünschen der Mehrheit der Bürger der Mitgliedstaaten der Europäischen Union und den gewachsenen wohlfahrtsstaatlichen Strukturen in den Mitgliedstaaten vereinbaren noch entsprächen sie dem – bisher sehr begrenzten (etwa im Vergleich der deutsch-deutschen zumal im Rahmen der Sozialversicherungssysteme praktizierten Solidarität nach der Vereinigung seit 1989) – transnationalen Solidaritätsgefühl zwischen den Völkern der Mitgliedstaaten.

Dass gleichwohl ein historisch gewachsenes Europäisches Sozialmodell[3] – trotz aller Unbestimmtheiten – existiert, zeigt insbesondere ein Vergleich mit

---

[1] Vgl. zu dieser Fragestellung Zacher, H., Wird es einen europäischen Sozialstaat geben? in: Europarecht (EuR) 37 (2002), S. 147ff.; dazu Schulte, B., Nochmals: Wird es einen europäischen Sozialstaat geben? in: Zeitschrift für internationales Arbeits- und Sozialrecht (ZIAS) 17 (2003), S. 391-403.
[2] Kommission der EG, Mitteilung „Eine erneuerte Sozialagenda": Chancen, Zugangsmöglichkeiten und Solidarität im Europa des 21. Jahrhunderts, Brüssel, den 2.7.2008 (KOM (2008) 412 endg.).
[3] Vgl. dazu für den Bereich der Geschichts-, Politik-, Rechts- und Sozialwissenschaften exemplarisch die Beiträge in: Kaelble, H./ Schmid, G. (Hg.), Das europäische Sozialmodell. Auf dem Weg zum transnationalen Sozialstaat (WZB-Jahrbuch 2004), Berlin 2004; unter aktuellen politischen Vorzeichen vgl. die Beiträge in: Friedrich-Ebert-Stiftung (Hg.), Das Europäische Sozialmodell im 21. Jahrhundert. Ein Diskussionspapier, Bonn 2005.

Nicht-EU-Staaten – beispielsweise den USA und Japan als weiteren Mitglieder der klassischen „Triade" (die mittlerweile u.a. wegen des Aufstiegs Chinas „überholt" ist, wenn auch nicht in sozialpolitisch-wohlfahrtsstaatlicher Hinsicht). Dieses Europäische Sozialmodell, das auch die Diskussionen um die Charta der Grundrechte der Europäischen Union (Europäische Grundrechtscharta), den – gescheiterten – Vertrag über eine Verfassung für Europa und jüngst auch den an die Stelle des gescheiterten Verfassungsvertrags getretenen Vertrag von Lissabon („Reformvertrag") geprägt hat, gilt es nicht nur zu bewahren, sondern auch fortzuentwickeln. Dabei muss im Vordergrund an erster Stelle das Bemühen stehen, die überkommene nationale Sozialstaatlichkeit und zugleich die sozialpolitische Handlungsfähigkeit der nach wie vor für die Sozialpolitik primär zuständigen Mitgliedstaaten angesichts von Globalisierung, Internationalisierung und – im Prozess der Europäischen Integration – „Kontinentalisierung" in Gestalt von Europäisierung zu erhalten.

Eine besonders wichtige Rolle fällt in diesem Zusammenhang der auf dem Europäischen Rat von Lissabon im März 2000 nach dem Vorbild der Europäischen Beschäftigungsstrategie[4] auch für den Sozialschutz vereinbarten politischen Strategie der sog. *Offenen Methode der Koordinierung* (OMK) zu, durch welche die Mitgliedstaaten der Europäischen Union nach dem Vorbild der Wirtschafts- und Beschäftigungspolitik nunmehr auch für den Sozialschutz gemeinsame Ziele festlegen, deren Verwirklichung an vereinbarte Leitlinien und genaue Zeitpläne und ggf. auch ein indikatorenbasiertes Benchmarking gebunden ist. Dabei ist das „Wie" der Zielerreichung aufgrund der Kompetenzverteilung zwischen Europäischer Union/ Europäischer Gemeinschaft einerseits und Mitgliedstaaten andererseits Angelegenheit der Mitgliedstaaten.[5]

Aus *politikwissenschaftlicher Sicht* ist die OMK als „eine potenziell wertvolle Ergänzung der Modalitäten europäischer Politik" bezeichnet worden, „flexibler als die Politikverflechtung und die intergouvernementalen Verhandlungen, die (...) sich zu einer wichtigen Reaktion auf die Anpassungszwänge entwickeln"

---

[4] Vgl. z.B. Héritier, A., Die Europäische Beschäftigungsstrategie. Ihre Auswirkungen und Politikergebnisse, politische Strukturen und Prozesse. Düsseldorf (Hans-Böckler-Stiftung) 2005.
[5] Vgl. dazu Schulte, B., „Die Methode der offenen Koordinierung" – Eine neue politische Strategie in der Europäischen Sozialpolitik auch für den Bereich des Sozialschutzes, in: Zeitschrift für Sozialreform *(ZSR)* 48 (2002), S. 1ff.

(könnte), "denen die europäischen Wohlfahrtsstaaten durch die ökonomische Integration ausgesetzt wurden und weiter ausgesetzt sind."[6]

Die OMK, die für die Bereiche soziale Ausgrenzung, Alterssicherung und Gesundheits- und Langzeitpflegepolitik angewendet wird, ist konzipiert worden als ein Schritt in Richtung auf eine stärker "europäisierte" Sozialpolitik, die den Erfordernissen der Modernisierungsstrategie von Lissabon Rechnung trägt und die von der *Europäischen Kommission* wie folgt definiert worden ist:

> "Die offene Methode der Koordinierung anzuwenden bedeutet, dass alle Mitgliedstaaten in einem bestimmten Politikbereich gemeinsame Ziele festlegen, nationale Aktionspläne ausarbeiten, ihre jeweiligen Leistungen unter Anleitung der Kommission gegenseitig überprüfen und aus ihren Erfolgen und Misserfolgen lernen. Dies ist eine neue Art der Zusammenarbeit in der EU – nicht mehr allein durch Rechtsetzung, sondern auch durch eine flexible, aber doch strukturierte Kooperation zwischen den Mitgliedstaaten. Diese Methode wird nun auch auf dem Gebiet des Sozialschutzes angewandt."[7]

Die OMK wird seit dem Europäischen Rat Lissabon im Jahre 2000 projektiert und praktiziert, nachdem die Koordinierung der einschlägigen nationalen Politiken in der Vergangenheit bei der Entwicklung der Wirtschaftspolitik sowie im Anschluss daran im Sozialbereich in Gestalt der *Europäischen Beschäftigungsstrategie* erfolgreich gewesen ist und dort mittlerweile rechtliche Gestalt erhalten hat durch Einfügung in den EG-Vertrag (Art. 125–130 EG).

Als *politische Strategie*[8] wird die OMK im Sozialrecht in den Bereichen *Soziale Eingliederung/ Armutsbekämpfung, Alterssicherung (Renten)* und – jüngst auch – *Gesundheitsversorgung und Langzeitpflege* praktiziert, und zwar bewusst und gezielt als Alternative zur Europäischen Rechtsetzung dort, wo und soweit diese mangels Gemeinschaftskompetenz nicht in Betracht kommt,

---

[6] So Scharpf, F.W., Regieren im europäischen Mehrebenensystem – Ansätze zu einer Theorie, in: Leviathan 30 (1), 2002, S. 65ff., 87.
[7] Europäische Kommission/ Beschäftigung und Soziales, Sozialagenda, April 2002, S. 7.
[8] Vgl. beispielsweise Gesellschaft für Versicherungswissenschaft und -gestaltung (GVG), Die Methode der "Offenen Koordinierung" in der Europäischen Sozial- und Gesundheitspolitik: Prozessgesteuerte Konvergenz der Sozialsysteme durch Vereinbarung gemeinsamer Ziele und Indikatoren (Informationspapier – Stand 22. Mai 2001 –, Köln 2001; zu einer Charakterisierung siehe auch Steinmeyer, H.-D., in: Hanau, P./ Steinmeyer, H.-D./ Wank, R. (Hg.), Handbuch des europäischen Arbeits- und Sozialrechts, München 2002, S. 1158f. (§ 28, Rz. 180ff.); zu einer breiten Diskussion vgl. die Beiträge von B. Karl, R. Eichhorst, T. Rhein, W. Streinz, S. Devetzi und G. Danner, in: Deutscher Sozialrechtsverband (Hg.), Offene Methode der Koordinierung im Sozialrecht (Bundestagung 2004), Wiesbaden 2005.

wo der demographische, gesellschaftliche, technologische und wirtschaftliche Wandel jedoch gleichwohl eine Modernisierung der Systeme der sozialen Sicherheit und deren Abstimmung durch die Mitgliedstaaten auf europäischer Ebene verlangen, um diese Systeme weiter funktionsfähig, nachhaltig und zukunftssicher zu halten.

Es ist angesichts der bestehenden Kompetenzverteilung zwischen Mitgliedstaaten und Europäischer Union/ Europäischer Gemeinschaft Angelegenheit der Mitgliedstaaten selbst, auf diese Veränderungen zu reagieren. Da die Herausforderungen des Sozialstaats jedoch europaweit einander ähnlich sind, ja einander weitgehend entsprechen, und die wirtschaftlichen, rechtlichen und politischen Verflechtungen zwischen den Mitgliedstaaten ständig zunehmen und dadurch immer stärker Interdependenzen entstehen, bietet es sich an, sich bei der Modernisierung des Sozialschutzes mit anderen Staaten abzustimmen, nicht zuletzt auch aus Wettbewerbsgründen, da Sozialschutzausgaben die Unternehmen belastende Sozialkosten sind und niedrige Sozialkosten ein Wettbewerbsvorteil, hohe ein Wettbewerbsnachteil sind. Die Europäische Union unterstützt diesen Prozess.

Hier wird die den Mitgliedstaaten der Europäischen Union abverlangte Mehrebenensozialpolitik – nationale Ebene und supranationale Ebene – Realität, wird der deutsche Sozialstaat zum „deutschen Sozialstaat in Europa", der seine Ziele vermehrt unter europäischem Vorzeichen und auf EU-Ebene anstreben muss.

Schwächen der Offenen Methode der Koordinierung waren in der Vergangenheit vor allem die mangelhafte, zumal nicht obligatorische Partizipation des Europäischen Parlaments und der nationalen Parlamente, in Deutschland auch der Länder und Kommunen, sowie der nichtstaatlichen Akteure – Sozialpartner, Sozialleistungsträger und sonstiger Akteure – als Ausweis sowohl eines demokratischen Defizits als auch eines Mangels an Einbeziehung fachlicher Kompetenz. Auch hat es bislang an einer hinreichenden rechtlichen Festlegung der „Spielregeln" dieser Strategie gefehlt.

Mit der im Mai 2003 vorgelegten Mitteilung der Europäischen Kommission *Stärkung der sozialen Dimension der Lissabonner Strategie: Stärkung der offenen Koordinierung im Bereich Sozialschutz*[9] ist eine Straffung („streamlining") des OMK-Prozesses auf den Weg gebracht worden.

---

[9] KOM (2003) 261 endg. vom 27. Mai 2003.

Zentrales Instrument dieses neuen „gestrafften" OMK-Prozesses ist ein *Gemeinsamer Sozialschutzbericht*, der die Fortschritte in sämtlichen von den gemeinsamen Zielen und Maßnahmen abgedeckten Bereichen abbilden und bewerten soll und der von Kommission und Rat auf der Grundlage eines von der Kommission ausgearbeiteten Entwurfs erstellt wird, und zwar zeitgleich mit den Berichten in den Bereichen *Wirtschafts- und Beschäftigungspolitik*, und dies jeweils im Vorfeld der Frühjahrstagung des Europäischen Rates.

Die *Gruppe XI Soziales Europa* des *Europäischen Verfassungskonvents* hatte sich in ihrem Schlussbericht an die Mitglieder des Verfassungskonvents auch mit der Frage befasst, ob und wenn ja, wo die OMK im künftigen Verfassungsvertrag der Europäischen Union verankert werden solle.[10] Sie hatte sich schlussendlich, allerdings letztlich erfolglos für die Aufnahme einer Bestimmung in den Verfassungsvertrag ausgesprochen, in welcher auch ausdrücklich festgelegt werden sollte, dass die OMK nur in den Bereichen zur Anwendung gelangt, in denen der Europäischen Union im Vertrag keine Gesetzgebungsbefugnisse zugewiesen sind und für welche die Koordinierung der Politik der Mitgliedstaaten auch nicht in einer besonderen Vertragsbestimmung über die Koordinierung geregelt ist, wie dies im Beschäftigungsbereich der Fall ist. Hier ist durch ein EG-vertraglich vorgeschriebenes Verfahren eine Koordinierung der Beschäftigungspolitiken der Mitgliedstaaten obligatorisch und die Europäischen Organe, namentlich die Kommission können Empfehlungen an die Mitgliedstaaten richten und ggf. sogar Sanktionen gegen solche Mitgliedstaaten verhängen, welche die gemeinsam festgelegten Vorgaben nicht einhalten. Die OMK soll hingegen flexibel sein und bleiben und auf freiwilliger Basis in den Bereichen angewandt werden, in denen der EG-Vertrag eine Koordinierung der Politiken der Mitgliedstaaten vorsieht, ohne die Modalitäten hierfür festzulegen.[11]

---

[10] Europäischer Konvent/ Sekretariat, Bericht der Gruppe XI „Soziales Europa" (CONV 516/1/03), Brüssel, den 4. Februar 2003.
[11] Zu weiteren Einzelheiten der OMK vgl. Schulte, B., Die Methode der offenen Koordinierung – Eine neue politische Strategie in der europäischen Sozialpolitik auch für den Bereich des sozialen Schutzes, in: Zeitschrift für Sozialreform (ZSR) 48 (2002), S. 1ff.; ders., Die „offene Methode der Koordinierung" eine neue politische Strategie auf EU-Ebene, in: Informationsdienst Europäisches Arbeits- und Sozialrecht (EuroAS) 2003, S. 126ff.; ferner die Beiträge in: Verband Deutscher Rentenversicherungsträger (VDR) (Hg.), Offene Koordinierung in der Alterssicherung in der Europäischen Union (Internationale Tagung am 9. und 10. November 2001 in Berlin), Frankfurt a.M.: (VDR), 2002; Prunzel, R., Der „Europäische Sozialkonsens" als Instrument zur Stärkung des „Europäischen Sozialmodells". Vom politischen Postulat zur eigenständigen sozialpolitischen Säule, Berlin 2007, S. 255ff.

Von dieser Entwicklung geht ein „spürbarer transnationaler Rechtfertigungszwang" aus, und die neue Strategie entfaltet zumindest auch eine gewisse "soft law-Wirkung", die langfristig zu einer stärkeren Angleichung der Sozialschutzsysteme und auch zu gemeinschaftsrechtlichen Rechtsetzungsmaßnahmen führen könnte.[12]

2. Rechtsetzung in der Europäischen Gemeinschaft

Das Spezifikum des Europäischen Gemeinschaftsrechts – und hierdurch unterscheidet sich das Europäische Gemeinschaftsrecht von sonstigem internationalen Recht – besteht in seinem überstaatlichen *(supranationalen) Charakter* und dem damit verbundenen grundsätzlichen V*orrang des Gemeinschaftsrechts vor dem nationalen Recht der Mitgliedstaaten* einschließlich des Verfassungsrechts; dieser Vorrang gewährleistet, dass das Europäische Gemeinschaftsrecht in den Mitgliedstaaten einheitlich ausgelegt und angewendet wird und von den Gemeinschaftsorganen durch die Setzung *sekundären Gemeinschaftsrechts* auch fortgeschrieben werden kann.

Anwendungsvorrang bedeutet, dass dem Gemeinschaftsrecht entgegenstehendes nationales Recht unabwendbar ist, aber nicht nichtig, sondern fortgilt und weiterhin dort Anwendung findet, wo der Vorrang des Gemeinschaftsrechts nicht „greift", z.B. im Verhältnis zu Drittstaaten und Drittstaatsangehörigen.

Maßgebliches Rechtsetzungsorgan der Europäischen Gemeinschaft ist – heute im Zusammenwirken mit dem Europäischen Parlament – der Ministerrat, der sich aus den Fachministern der Mitgliedstaaten zusammensetzt; dieser Rat ist zu unterscheiden vom Europäischen Rat, dem die Staats- und Regierungschefs der Mitgliedstaaten sowie der Präsident der Europäischen Kommission angehören und der auf seinen regelmäßigen, i.d.R. zumindest halbjährlichen Treffen die allgemeinen politischen Zielvorhaben für die Politik der Europäischen Union und Europäischen Gemeinschaft entwickelt, aber nicht gesetzgeberisch tätig wird.

Der Europäischen Kommission steht das „Monopol" für politische Initiativen der Europäischen Gemeinschaft zu, mit der Folge, dass Rat und Parlament

---

[12] So zu Recht Terwey, F., Tendenzen der Entwicklung einer Europäischen Sozialunion, in: Internationale Revue für Soziale Sicherheit (I.R.S.S.) 57 (2004), S. 133ff.

als Gesetzgeber nur auf der Grundlage von Vorschlägen der Kommission tätig werden können.

Dem Europäischen Gerichtshof obliegt gemäß Art. 220 EG die Wahrung des Rechts, er entscheidet über die Gültigkeit des sekundären Gemeinschaftsrechts und legt das Gemeinschaftsrecht verbindlich aus.

3. Prinzipien des Europäischen Gemeinschaftsrechts

Zentrales Ziel des *Vertrags über die Gründung der Europäischen Wirtschaftsgemeinschaft (EWGV)*, der am 1.1.1958 in Kraft getreten ist, war die Errichtung eines *Gemeinsamen Marktes*. Der *Vertrag über die Europäische Union* von Maastricht aus dem Jahre 1991, der 1993 in Kraft getreten ist, stellte einen weiteren wichtigen Schritt zur Vertiefung der Europäischen Integration in Gestalt einer Verstärkung der intergouvernementalen Zusammenarbeit der Mitgliedstaaten dar. Die durch diesen „Maastricht-Vertrag" vorgenommene Umbenennung des *Vertrags zur Gründung der Europäischen Wirtschaftsgemeinschaft* in *Vertrag zur Gründung der Europäischen Gemeinschaft* spiegelt die Erweiterung der Zielsetzungen dieses Vertrages dergestalt wider, dass er nicht mehr allein auf die Herstellung einer Wirtschaftsgemeinschaft gerichtet ist, sondern die Schaffung eines Staatenverbundes in umfassenderem Sinne anstrebt bis hin zu einer Wirtschafts- und Währungsunion, einer Politischen Union und last but not least einer Sozialgemeinschaft (da von einer „Sozialunion" zu sprechen angesichts des geringen Grades der sozialen Integration in der Europäischen Union verfrüht wäre).

Die drei Europäischen Gründungsverträge (Europäische Gemeinschaft für Kohle und Stahl, Europäische Wirtschaftsgemeinschaft, Europäische Atomgemeinschaft) einschließlich ihrer „Revisionen" durch die Einheitliche Europäische Akte, den Vertrag über die Europäische Union, die Verträge von Amsterdam, Nizza und jüngst Lissabon, sonstige völkerrechtliche Vereinbarungen zwischen den Mitgliedstaaten sowie die allgemeinen Grundsätze des Gemeinschaftsrechts, die vom Europäischen Gerichtshof (EuGH) entwickelt worden sind, bilden das *primäre Gemeinschaftsrecht;* die Rechtsakte der Europäischen Gemeinschaft, die auf der rechtlichen Grundlage der in den Gründungsverträgen und den sie ändernden und ergänzenden Verträgen enthaltenen Ermächtigungen gesetzt worden sind, das *sekundäre Gemeinschaftsrecht.*

Die Europäische Gemeinschaft ist vor allem auch eine *Rechtsgemeinschaft*, die auf Recht gründet und auch durch die Setzung von Recht handelt, wofür spezifische Rechtsinstrumente zur Verfügung stehen: *Verordnungen* sind abstrakt-generelle Regelungen – und insofern Gesetzen im materiellen Sinne im Recht der Mitgliedstaaten vergleichbar –, die in allen ihren Teilen unmittelbar in jedem Mitgliedstaat gelten und die deshalb auch keine Umsetzung durch nationales Recht der Mitgliedstaaten erfordern. *Richtlinien* sind hingegen nur im Hinblick auf die von ihnen angestrebten Ziele verbindlich und überlassen es im Übrigen den Mitgliedstaaten, die zur Verwirklichung dieser Ziele geeigneten und notwendigen Mittel, d.h. die geeigneten Umsetzungsmaßnahmen zu ergreifen. *Empfehlungen* und *Stellungnahmen* sind unverbindliche Rechtsakte („soft law").

Der *sachliche Geltungsbereich* des Europäischen Gemeinschaftsrechts und die *Kompetenzen* der Organe der Europäischen Gemeinschaft werden durch die Vorschriften des Europäischen Primärrechts bestimmt; dazu gehören auch Protokolle zu den Europäischen Verträgen.

Zentrale Bedeutung kommt dem sog. *Prinzip der begrenzten Einzelermächtigung* (Art. 5 Abs. 1 EG) zu, wonach sich die Zuständigkeiten der Europäischen Gemeinschaft auf diejenigen beschränken, die ihr von den Mitgliedstaaten übertragen worden sind. Diese Kompetenzregelung erhellt, dass der Europäische Staatenverbund[13] aus Europäischer Union und Europäischer Gemeinschaft – nach Inkrafttreten des Vertrags von Lissabon: allein der Europäischen Union – im Unterschied zu einem Staatswesen keine originäre „Allzuständigkeit" hat, sondern dass die Kompetenzen dieses *Europäischen Staatenverbundes* sich grundsätzlich auf diejenigen Zuständigkeiten beschränken, die ihr von den Mitgliedstaaten qua in den Zustimmungsgesetzen zu den Europäischen Gründungsverträgen ausgesprochenem Souveränitätsverzicht übertragen worden sind.

Die *Abgrenzung der Kompetenzen zwischen Europäischer Gemeinschaft und Mitgliedstaaten* vollzieht sich demgemäß in der Weise, dass die Europäische Gemeinschaft innerhalb der Grenzen der ihr im EG-Vertrag zugewiesenen Befugnisse und gesetzten Ziele tätig wird, während die Mitgliedstaaten im Grundsatz weiterhin „allzuständig" sind und frei darüber befinden können,

---

[13] Vgl. zu dieser Begrifflichkeit BVerfGE 89, 155ff. (Urteil zur Verfassungsmäßigkeit des deutschen Zustimmungsgesetzes zum Vertrag über die Europäische Union).

welche Ziele sie anstreben und welche Aufgaben sie übernehmen. Dies gilt vor allem auch für den Bereich der Sozialpolitik.

Allerdings sind die der Mitgliedstaaten verbliebenen Kompetenzen unter Berücksichtigung der gemeinschaftsrechtlichen Vorgaben – in diesem Zusammenhang vor allem Grundfreiheiten, Diskriminierungsverbote, Wettbewerbsregeln – auszuüben.

4. Entstehung und Entwicklung der Europäischen Sozialpolitik

Was die *Entstehung und Entwicklung der Europäischen Sozialpolitik* (Arbeits- und Sozialrecht nach deutscher Begrifflichkeit und Systematik) angeht, so war in einer *ersten Phase* der Europäischen Integration – von 1958 bis 1972 – das *„Soziale"* der Sache nach letztlich lediglich ein Annex *zur Wirtschaftspolitik,* d.h. soziale Zielsetzungen wurden lediglich insofern verfolgt, als es die Schaffung des Gemeinsamen Marktes erforderte. Die Koordinierung der Systeme der sozialen Sicherheit der Mitgliedstaaten zur Verwirklichung der Freizügigkeit der Arbeitnehmer sowie der Grundsatz des gleichen Entgelts für Männer und Frauen und – darüber hinausgehend – die Gleichbehandlung von Männern und Frauen waren seinerzeit Schwerpunkte des Europäischen Arbeits- und Sozialrechts.

In einer *ersten Phase* der Europäischen Integration – von 1958 bis 1972 – war das „Soziale" der Wirtschaftspolitik untergeordnet, einem berühmten Dictum zufolge „für den Arbeitnehmer wenig oder nichts".[14] Sowohl die Vorschriften über die *Koordinierung der Systeme der sozialen Sicherheit im Interesse der Verwirklichung der Freizügigkeit der Arbeitnehmer (*Gegenstand ursprünglich der Verordnungen (EWG) Nrn. 3 und 4 aus dem Jahre 1958, heute der Verordnungen (EWG) Nrn. 1408/71 und 574/72, demnächst – voraussichtlich ab 2010 – der die geltenden Verordnungen ersetzenden Verordnung (EG) Nr. 883/2004 und ihrer noch zu erlassenden Durchführungsverordnung), als auch der *Grundsatz des gleichen Entgelts für gleiche Arbeit für Männer und Frauen* (ex Art. 119 EWGV, heute Art. 141 EG und künftig – nach Inkrafttreten des Vertrags von Lissabon des Art. 157 AEUV) sowie die Richtlinien zur *Gleichbehandlung von Männern und Frauen,* die im Grundsatz der Ent-

---

[14] Vgl. dazu Schulte, B., „...und für den Arbeitnehmer wenig oder nichts"? In: Kritische Justiz (KJ) 1990, S. 79ff. (unter zitierender Bezugnahme auf Ipsen, H.-P., Das Europäische Gemeinschaftsrecht, Tübingen 1972).

geltgleichheit ihren primärrechtlichen Ausgangspunkt hatten, waren ursprünglich aus wirtschaftlichen Gründen – zur Vermeidung von Wettbewerbsnachteilen zum einen für inländische Arbeitnehmer, zum anderen für (seinerzeit französische) Unternehmen und Arbeitgeber, die in Bezug auf von ihnen beschäftigte Arbeitnehmerinnen in erhöhtem Maße bereits den Grundsatz der Lohngleichheit von Mann und Frau praktizierten – in den EWG-Vertrag aufgenommen worden. Sie haben erst in der Folgezeit im Lichte ihrer integrationsfreundlichen, grundrechtlichen und sozialen Auslegung durch den Europäischen Gerichtshof – seit „Defrenne II" aus dem Jahre 1972 – ihren heutigen auch individual(grund)rechtlichen und sozial(politisch)en Inhalt erhalten.

Auch der in einer *zweiten Phase* Europäischer Sozialpolitik, die 1972 mit dem Gipfel von Paris und dem dort von den Staats- und Regierungschefs der Mitgliedstaaten bei der Europäischen Kommission in Auftrag gegebenen und 1974 von ihr vorgelegten *Ersten Sozialpolitischen Aktionsprogramm* der Gemeinschaft begonnen hat und bis Ende der 1980er Jahre und dem Inkrafttreten der Einheitlichen Europäischen Akte (der „Blaupause" des Binnenmarkt-Projekts) gereicht hat, hinzutretende und eine deutliche gesundheitspolitische Dimension aufweisende *Arbeitsschutz* verdankte seine Akzentuierung in erster Linie wirtschaftlichen Überlegungen. Demnach sollten Wettbewerbsnachteile für Unternehmen aus Staaten mit einem vergleichsweise hohen – und zugleich entsprechend kostenträchtigen, weil die Lohnnebenkosten erhöhenden – Schutzniveau vermieden werden. Auch im Zusammenhang mit der sog. „EU-Osterweiterung" um 10 (im Jahr 2004) und 2 weitere (im Jahr 2007) mittel- und osteuropäische Staaten und dem von diesen zu übernehmendem sozialpolitischen *acquis communautaire* als arbeits- und sozialrechtlichem Rechtsbestand der Gemeinschaft haben ähnliche Erwägungen – neben den primär proklamierten sozialen Zielsetzungen – durchaus eine ausschlaggebende Rolle gespielt.

Erst in einer *dritten Phase* Europäischer Sozialpolitik, beginnend mit der rechtlich unverbindlichen, für die Herausbildung einer genuinen Europäischen Sozialpolitik aber sehr bedeutsamen *politischen Erklärung der Gemeinschaftscharta der sozialen Grundrechte der Arbeitnehmer* aus dem Jahre 1989 und dem sie begleitenden Aktionsprogramm hat nicht zuletzt aufgrund der die Schaffung dieser Rechtsinstrumente begleitenden politischen Diskussion eine Stärkung der sozialen Dimension auf Gemeinschaftsebene eingesetzt.

Die *Empfehlung des Rates vom 27. Juli 1992 über die Annäherung der Ziele und der Politiken im Bereich des sozialen Schutzes (92/442/EWG)*[15] – ergänzt durch die *Empfehlung des Rates vom 24. Juli 1992 über gemeinsame Kriterien für ausreichende Zuwendungen und Leistungen im Rahmen der Systeme der sozialen Sicherung*[16] war dann Ausgangspunkt einer Politik der Europäischen Gemeinschaft zur sog. *sozialen Konvergenz* (siehe dazu unten 8.), welche die Mitgliedstaaten u. a. dazu anhielt, unbeschadet ihrer fortbestehenden Zuständigkeit für die Bestimmung der Ziele, Grundsätze und des Auf- und Ausbaus ihrer Sozialschutzsysteme einschließlich ihrer Gesundheitssysteme diese an bestimmten freiwillig konsentierten gemeinsamen Zielsetzungen zu orientieren.

Für den *Funktionsbereich Krankheit* ist den Mitgliedstaaten seinerzeit vorgeschlagen worden, den Gesundheitsschutz, d.h. Krankheitsversorgung, Gesundheitsvorsorge (Prävention), Rehabilitation u.a., so zu organisieren, dass dem Ziel entsprochen wird, allen rechtmäßig im Hoheitsgebiet eines Mitgliedstaats ansässigen Personen unter den von jedem Mitgliedstaat festgelegten Bedingungen Zugang zur notwendigen Gesundheitsversorgung sowie zu Krankheitsvorsorgemaßnahmen zu ermöglichen. Die in der Folgezeit weiter entwickelten Ansätze zu einer Europäischen Gesundheitspolitik sind seinerzeit zu Recht als „unvollständiges gesundheitspolitisches Mosaikgebilde" sowie als „akzessorische Regelungskompetenz" auf dem Feld der Gesundheitspolitik qualifiziert worden.

Seit Inkrafttreten des Vertrags von Amsterdam am 1. Mai 1999 und damit dem Beginn einer *vierten Phase* Europäischer Sozialpolitik kann man zwar noch nicht von einer Europäischen Sozialunion sprechen – ein Begriff, der im Zusammenhang mit dem Pariser Gipfel 1972 erstmals verwandt worden ist,[17] der aber auf den gegenwärtig erreichten Grad der sozialpolitischen Integration in der Europäischen Gemeinschaft noch nicht passt, weil der Begriff „Union" vor dem Hintergrund der Wirtschafts- und Währungsunion und der Politischen Union auf Europäischer Ebene sowie auch angesichts des Grades der Integration der Wirtschafts- und Sozialunion im deutsch-deutschen Einigungsprozess wohl ein größeres Maß an Harmonisierung voraussetzt. Doch

---

[15] ABl. EG 1992, Nr. L 245 v. 26.8.1992, S. 49.
[16] ABl. EU 1992 Nr. L 245 v. 24.7.1992.
[17] Vgl. André, A., in: Bundesarbeitsblatt 1972, S. 113.

die Sozialpolitik im Allgemeinen und auch die Gesundheitspolitik im Besonderen haben insofern auf Gemeinschaftsebene eine neue Qualität erhalten, als *Europäische Gemeinschaft und Mitgliedstaaten gemeinsam* die Aufgabe haben, die in Art. 136 EG verankerten sozialpolitischen Ziele zu verfolgen: Förderung der Beschäftigung; Verbesserung der Lebens- und Arbeitsbedingungen, um dadurch auf dem Wege des Fortschritts ihre Angleichung zu ermöglichen; angemessener sozialer Schutz; Sozialer Dialog; Entwicklung des Arbeitskräftepotentials im Hinblick auf ein dauerhaft hohes Beschäftigungsniveau; Bekämpfung von Ausgrenzungen.

Auch waren seinerzeit und sind auch heute noch die Mitgliedstaaten für Auf- und Ausbau sowie Umgestaltung und Umsetzung ihrer Systeme der sozialen Sicherheit einschließlich ihrer Gesundheitssysteme zuständig, da das primäre Europäische Gemeinschaftsrecht in Gestalt der Gründungsverträge der Europäischen Gemeinschaft insofern keine unmittelbaren Kompetenzen einräumt. Allerdings haben die Mitgliedstaaten auch im Rahmen der Ausgestaltung ihres Systems der sozialen Sicherheit den Anwendungsvorrang des Europäischen Gemeinschaftsrechts zu beachten. So findet beispielsweise das *Verbot der Diskriminierung wegen der Staatsangehörigkeit* (Art. 12 EG) Anwendung, und auch gelten grundsätzlich die Vorschriften des Europäischen Wettbewerbsrechts – Europäisches Kartell- und Beihilfenrecht (Art. 81 – 89 EG-Vertrag) und des sekundärrechtlich geregelten Europäischen Vergaberechts –, sofern, solange und soweit im Bereich der sozialen Sicherheit wirtschaftlich gehandelt wird.

Die Verabschiedung des Europäischen Verfassungsvertrages, der mittlerweile (im Oktober 2007) ersetzt worden ist durch den – aufgrund des ablehnenden irischen Plebiszits prekären (d.h. Anfang 2009) – Vertrag von Lissabon, sowie die Erweiterung der EU um 12 weitere Mitgliedstaaten mit ihren sozial-(politisch)en Konsequenzen können als Beginn einer weiteren – fünften – Phase der Europäischen Sozialpolitik angesehen werden.

Der *Europäische Konvent*[18] hatte am 18. Juli 2003 den *Entwurf eines Vertrags über eine Verfassung für Europa* (VVE) vorgelegt, der auf der Regierungskonferenz der Staats- und Regierungschefs der seinerzeit 25 Mitgliedstaaten der Europäischen Union in Brüssel am 18. Juni 2004 verabschiedet

---

[18] Zur sog. Konventsmethode vgl. z.B. Einem, C., Die Konventsmethode – Schlussfolgerungen nach zwei Erfahrungen, in: Freiheit, Sicherheit und Recht. Festschrift für Jürgen Meyer, Baden-Baden 2006, S. 27ff.

und am 29. Oktober 2004 in Rom unterzeichnet worden ist. Im Anschluss daran fand in den Mitgliedstaaten der Ratifizierungsprozess statt. Der Verfassungsvertrag sollte ursprünglich am 1. November 2006 in Kraft treten. Durch die negativen Referenden in Frankreich und den Niederlanden ist dieser Prozess bekanntlich aufgehalten worden. Der sog. Reformvertrag, verabschiedet als *Vertrag von Lissabon* auf dem Europäischen Rat Lissabon im Oktober 2007, ist an seine Stelle getreten.

Aus den Vorschriften dieses Lissabon-Vertrages über Sozialpolitik lässt sich ableiten, dass sich gegenüber dem bisherigen Recht des EG-Vertrages kaum Grundsätzliches geändert hat.

Maßnahmen zur Koordinierung der Systeme der sozialen Sicherheit sollen künftig mit qualifizierter Mehrheit im Rat – statt gegenwärtig noch nur einstimmig – und wie heute bereits mit dem Europäischen Parlament im Mitentscheidungsverfahren verabschiedet werden.

Die für alle EU-Kompetenzbereiche geltende Querschnittsklausel zu den sozialen Werten und Zielen der Europäischen Union soll die Europäische Union dazu verpflichten, bei allen Politiken aus den Zielen der Förderung eines hohen Beschäftigungsniveaus, der Gewährleistung eines angemessenen sozialen Schutzes, der Bekämpfung der sozialen Ausgrenzung sowie mit einem hohen Niveau der allgemeinen und beruflichen Bildung und des Gesundheitsschutzes Rechnung zu tragen.

Die allgemeinen Bestimmungen des Vertrags haben keine neuen kompetenzbeschneidenden Wirkungen für die Mitgliedstaaten zur Folge und neue Gemeinschaftskompetenzen sind gleichfalls nicht in nennenswertem Umfang begründet worden. Entgegen mancher Kritik haben auch die „sozialen Komponenten" des Europäischen Verfassungsvertrags keinen sachlichen Grund für seine Ablehnung geliefert. Allerdings enthielt Art. III-278 Abs. 2 und enthält heute Art. 168 Abs. 2 AEUV gegenüber Art. 152 Abs. 2 EG für den Bereich der Gesundheitspolitik geringfügige Konkretisierungen und Erweiterungen:

> „Die Mitgliedstaaten koordinieren untereinander im Benehmen mit der Kommission ihre Politik und ihre Programme in den in Absatz 1 genannten Bereichen. Die Kommission kann in enger Verbindung mit den Mitgliedstaaten alle Initiativen ergreifen, die dieser Koordinierung förderlich sind, insbesondere Initiativen, die darauf abzielen, Leitlinien und Indikatoren festzulegen, den Austausch bewährter Verfahren durchzuführen und die erforderli-

chen Elemente für eine regelmäßige Überwachung und Bewertung auszuarbeiten. Das Europäische Parlament wird in vollem Umfang unterrichtet."

Im Vertrag von Lissabon ist der Begriff „Verfassung" fallen gelassen worden. Es wird auch künftig kein einheitliches primärrechtliches Rechtsinstrument geben, das die Inhalte des EU- und des EG-Vertrages sowie die Charta der Grundrechte der Europäischen Union miteinander verbindet. Der EU-Vertrag wird durch mehrere neue Abschnitte ergänzt. Der EG-Vertrag wird gleichfalls modifiziert und in Vertrag über die Arbeitsweise der Europäischen Union umbenannt. Die Europäische Gemeinschaft wird durchgängig zur Europäischen Union. Die Grundrechtcharta wird nicht Bestandteil der Verträge; der EU-Vertrag wird aber mit einem Querverweis auf die Grundrechtecharta versehen, die auf diese Weise mit Inkrafttreten des Vertrags von Lissabon gleichfalls Rechtsverbindlichkeit erhalten wird.

Rhetorischer Natur ist die Rücknahme der im Europäischen Verfassungsvertrag ursprünglich festgelegten Terminologie der Rechtsakte („Europäisches Gesetz statt Verordnung, „Europäisches Rahmengesetz" statt Richtlinie).

Auch aus den einzelnen Vorschriften des an die Stelle des Europäischen Verfassungsvertrages getretenen *Vertrags von Lissabon* über die Sozialpolitik lässt sich insgesamt ableiten, dass sich gegenüber dem bisherigen Recht des EG-Vertrages kaum Grundsätzliches geändert hat. Maßnahmen zur Koordinierung der Systeme der sozialen Sicherheit sollen allerdings künftig mit qualifizierter Mehrheit im Rat statt gegenwärtig nur einstimmig und wie heute bereits im Mitentscheidungsverfahren verabschiedet werden.

Die Europäische Integration geht aber nicht nur einher mit dieser aus der Übertragung entsprechender rechtlicher Kompetenzen seitens der Mitgliedstaaten in den Europäischen Verträgen auf die Organe und Institutionen der Europäischen Gemeinschaft als des supranationalen Kerns des „Europäischen Systems" resultierenden rechtlichen *Souveränitätseinbuße* der Mitgliedstaaten (die deswegen nunmehr „postsouveräne" nationale wohlfahrtsstaatliche Staaten sind). Sie hat zugleich eine *Einschränkung der faktischen Handlungsautonomie* dieser Staaten auch im Bereich der Sozialpolitik zur Folge. Deshalb kann die Sozialpolitik heute in Deutschland wie in den anderen Mitgliedstaaten der Europäischen Union nicht mehr als eine rein oder wenigstens primär nationale Domäne angesehen werden, sondern sie ist notwendigerweise transnational: die Globalisierung der wirtschaftlichen Märkte und die sich intensivierende Mobilität der Menschen führen allgemein und weltweit zu einer zunehmenden Transnationalisierung auch der sozialpolitischen Herausforderungen und sonstigen Fragestellungen, machen doch Bevölkerungswanderungen, ökologische Belastungen, Krankheiten und Seuchen vor nationalen Grenzen nicht Halt und lassen sich in vielen Fällen nur grenzüberschreitend bewältigen. „Aids", „BSE" und „Sars" mögen insofern als Chiffren für diese Transnationalisierung von Problemen wie auch von möglichen Lösungen stehen.

Sowohl das gemeinsame Band des supranationalen Rechts als insbesondere auch die weitgehende Entsprechung demographischer, ökonomischer, gesellschaftlicher und kultureller Herausforderungen legen ganz allgemein die Berücksichtigung internationaler und innerhalb der Europäischen Union insbesondere „Europäischer" (EU/EG-spezifischer) politischer und auch rechtlicher Vorgaben nahe, – ein Prozess, den man als Europäisierung (im Sinne von „EUisierung") auf den Begriff bringen mag. Insofern liegen die originären sozialpolitischen Kompetenzen weiterhin bei den Mitgliedstaaten, doch ist ein Trend, in begrenztem Umfang bestimmte sozialpolitische Zuständigkeiten nach „Europa" zu verlagern, unübersehbar und nehmen auch die erwähnten mittelbaren Einwirkungen des Europäischen Gemeinschaftsrechts zu.

Das wichtigste Feld, auf dem Europäische Union und Mitgliedstaaten vor diesem Hintergrund heute einen Ausgleich suchen müssen, ist derjenige des Zusammentreffens von Gemeinsamem Markt und Europäischem Wirtschaftsrecht bzw. Binnenmarktsrecht einerseits und national gestalteter und auch künftig national verantworteter Sozialstaatlichkeit, nationaler sozialer Daseinsvorsorge und nationalem Sozialrecht andererseits.

Die Sozial- und insbesondere Sozialstrukturpolitik der Mitgliedstaaten unterliegt gegenwärtig einer neuen Verantwortungsteilung zwischen Staat, Markt und – vor allem hierzulande – Institutionen „zwischen Staat und Markt" die schlagwortartig als Übergang vom intervenierenden und nachsorgenden Sozialstaat zum gewährleistenden und vorsorgenden Sozialstaat, der beispielsweise in der Beschäftigungspolitik auf „Aktivierung" setzt, auf den Begriff gebracht werden.

Diese im Gesundheits- und Sozialbereich zunehmenden Tendenzen in Richtung auf Deregulierung, Liberalisierung und Privatisierung führen dazu, dass der Markt auch im Sozialbereich an Bedeutung zugenommen hat und die Sozialwirtschaft gewachsen ist.

Sowohl die *wirtschaftlichen Grundfreiheiten des Gemeinsamen Marktes* – Kapitalverkehrsfreiheit und Warenverkehrsfreiheit sowie Personenverkehrsfreiheiten, d.h. Freizügigkeit der Arbeitnehmer, Niederlassungsfreiheit der Selbständigen und Dienstleistungsfreiheit – als auch die Wettbewerbsregeln des Europäischen Gemeinschaftsrechts – Verbot wirtschaftsbeschränkender Vereinbarungen und abgestimmter Verhaltensweisen und Verbot der missbräuchlichen Ausnutzung einer marktbeherrschenden Stellung sowie Beihilfenrecht, d.h. die Kontrolle staatlicher Beihilfen an Unternehmen – und das Vergaberecht treten in zunehmendem Maße in ein Spannungsverhältnis nicht nur zu Bund, Ländern und Gemeinden sowie zu den Institutionen der öffentlichen sozialen Sicherheit, sondern auch zu den frei-gemeinnützigen Institutionen.

Zu betonen ist in diesem Zusammenhang, dass nicht eine Ausweitung des Aufgaben- und Anwendungsbereichs des Europäischen Binnenmarkt- und Wettbewerbsrechts, sondern die stärkere Marktorientierung der Sozialpolitik der Mitgliedstaaten diese Entwicklung befördert: Letztere trägt entscheidend dazu bei, dass das *Europäische Wettbewerbsrecht* und hier insbesondere auch das *Europäische Beihilferecht* sowie in zunehmendem Maße auch das *Europäische Vergaberecht* eine immer größere Rolle spielen; und zwar im Zusammenhang mit der Erbringung von Sozialleistungen überhaupt, wie im Bereich Gesundheitsschutz und Sozialdienstleistungen im Besonderen.

Damit erlangt das *Europäische Gemeinschaftsrecht* – in seiner Ausprägung als *Europäisches Binnenmarktrecht* – wachsende Bedeutung auch für die *soziale Daseinsvorsorge*.

Im Gefolge der „Decker/ Kohll u.a."-Rechtsprechung des Europäischen Gerichtshofs zur Geltung der *wirtschaftlichen Grundfreiheiten* namentlich der *Warenverkehrs- und Dienstleistungsfreiheit* im Gesundheitsbereich ist diese Entwicklung offenkundig geworden. Bei den *Gesundheitsleistungen*, die diesbezüglich eine Vorreiterrolle auch für soziale Dienstleistungen einnehmen, gibt es nicht nur in bestimmten Bereichen Patienten- und Klientenmobilität aus anderen Mitgliedstaaten nach Deutschland – etwa wegen Spezialbehandlungen – sondern über Deutschland hinaus in andere Mitgliedstaaten. Die große Mehrheit der Patienten in der EU nehmen Gesundheitsdienstleistungen in ihrem eigenen Land in Anspruch und ziehen dies ausländischen Alternativen vor. Unter bestimmten Umständen können Patienten jedoch bestimmte Formen der Gesundheitsversorgung im Ausland suchen.

Deshalb hat die Kommission 2008 eine Mitteilung und eine Empfehlung des Rates zu Patientensicherheit und Qualität von Gesundheitsdienstleistungen vorgelegt. Ausgehend von der Judikatur des Europäischen Gerichtshofs soll mit dieser Initiative ein klarer und transparenter Rahmen für die grenzüberschreitende Gesundheitsversorgung innerhalb der EU geschaffen werden, d.h. für die Fälle, in denen die Behandlung, die ein Patient benötigt, in einem anderen Mitgliedstaat nicht zur Verfügung steht. Dieser grenzüberschreitenden Gesundheitsversorgung sollen keine ungerechtfertigten Hindernisse entgegenstehen. Die Versorgung soll sicher und hochwertig, Verfahren für die Kostenerstattung sollten klar und transparent sein. Unter Wahrung der Grundsätze Universalität, Zugang zu qualitativ hochwertiger Versorgung, Gleichbehandlung und Solidarität soll der rechtliche Rahmen ausreichende Klarheit über den Anspruch auf Kostenerstattung für die in einem anderen Mitgliedstaat erbrachte Gesundheitsversorgung bieten und gewährleisten, dass die erforderlichen Voraussetzungen für eine hochwertige, sichere und effiziente Gesundheitsversorgung auch bei grenzüberschreitenden Gesundheitsdienstleistungen gegeben sind.

Der Vorschlag für eine *Richtlinie des Europäischen Parlaments und des Rates über die Ausübung der Patientenrechte in der grenzüberschreitenden Gesundheitsversorgung*[19] beruht auf Artikel 95 EG-Vertrag. Danach erlassene Maßnahmen sollen die Errichtung und das Funktionieren des Binnenmarktes zum Gegenstand haben. Dabei wird berücksichtigt, dass die Zuständigkeit für Gesundheitsdienstleistungen primär bei den Mitgliedstaaten liegt. Die Verantwortung der Mitgliedstaaten für die Organisation des Gesundheitswesens und die medizinische Versorgung wird gemäß Artikel 152 EG in vollem Umfang gewahrt. Art. 152 Abs. 5 EG schließt allerdings nicht aus, dass die Mitgliedstaaten nach anderen Vorschriften des Vertrags, z.B. Art. 49 EG, oder nach Gemeinschaftsmaßnahmen, die auf der Grundlage des EG-Vertrags angenommen worden sind, verpflichtet sind, ihre Systeme der Gesundheitsversorgung anzupassen, was als Eingriff in ihre souveräne Zuständigkeit in dem betreffenden Bereich anzusehen wäre.

Hiermit befördert das Europäische Gemeinschaftsrecht auch den Trend zu einer de facto-Konvergenz, d.h. zur Anpassung der mitgliedstaatlichen Sozialschutzsysteme an EG-rechtliche und -politische Vorgaben sowie auch zu einer darüber hinausgehenden freiwilligen Abstimmung der Sozialleistungs-

---

[19] KOM (2008), Brüssel/ 2.7.2008.

systeme, möglicherweise bis hin zur Leistungsinfrastruktur, d.h. der Leistungserbringung ihrer Trägerschaft, ihrem Inhalt und ihrer Form.

5. Instrumente für die Gestaltung der Sozialpolitik

Es gibt ein breites Spektrum möglicher Instrumente, um auf Gemeinschaftsebene im Bereich der Gesundheitsdienstleistungen tätig zu werden. Rechtssicherheit würde am besten durch ein verbindliches Rechtsinstrument erzielt. Dies könnte eine Verordnung oder eine Richtlinie sein (beispielsweise auf der Grundlage des Artikels 95), obwohl die geeignete Form erst nach Berücksichtigung der Ergebnisse dieser Konsultation erwogen werden sollte. Auch wird das System der Koordinierung der Systeme der sozialen Sicherheit (siehe dazu unten 7.) durch die Ersetzung der Verordnungen (EWG) Nr. 1408/71 und Nr. 574/72 durch die Verordnung (EG) 883/2004 und ihre noch zu erlassende Durchführungsverordnung modernisiert.

Es gibt noch weitere nichtlegislative Optionen, wie die praktische Zusammenarbeit in der Hochrangigen Gruppe für das Gesundheitswesen und die medizinische Versorgung. Die offene Koordinierungsmethode wird eingesetzt, um einen gemeinsamen Rahmen zur Unterstützung der Mitgliedstaaten bei der Reform und der Weiterentwicklung der von den Sozialversicherungssystemen getragenen gesundheitlichen Versorgung und der Langzeitpflege bereitzustellen.

6. Rechtsetzung im Bereich der Sozialpolitik

Was die Gestaltung der Europäischen Sozialpolitik angeht, so hat der Europäische Gesetzgeber (Rat und Europäisches Parlament) die Möglichkeit, auf der Grundlage der vertraglich eingeräumten Zuständigkeiten, Sekundärrecht zu setzen.

So sind die Verordnungen (EWG) Nr. 1408/71 über die soziale Sicherheit der Wanderarbeitnehmer auf der Grundlage des Art. 42 EG (ex Art. 51 EWGV) erlassen worden und haben das europäische koordinierende Sozialrecht (vgl. unten 7.) als den Kernbereich de87s Sozialrechts ins Leben gerufen.

Gemäß Art. 130 EG verfolgen die Gemeinschaft und die Mitgliedstaaten folgende soziale Ziele: Die Förderung der Beschäftigung, die Verbesserung der Lebens- und Arbeitsbedingungen, um dadurch auf dem Wege des Fortschritts ihre Angleichung zu ermöglichen, einen angemessenen Sozialschutz, den Sozialen Dialog, die Entwicklung des Arbeitskräftepotentials im Hinblick auf ein dauerhaft hohes Beschäftigungsniveau und die Bekämpfung von Ausgrenzung. Zu diesem Zweck führen sie Maßnahmen durch, die der Vielfalt der einzelstaatlichen Gepflogenheiten sowie der Notwendigkeit, die Wettbewerbsfähigkeit der Wirtschaft der Gemeinschaft zu erhalten, Rechnung tragen. Gemäß Art. 137 Abs. 1 EG unterstützt und ergänzt die Gemeinschaft zur Verwirklichung der Ziele des Art. 136 EG die Tätigkeit der Mitgliedstaaten auf folgenden Gebieten:

„a) Verbesserung insbesondere der Arbeitsumwelt zum Schutz der Gesundheit und der Gesundheit der Arbeitnehmer,
b) Arbeitsbedingungen,
c) soziale Sicherheit und sozialer Schutz der Arbeitnehmer,
d) Schutz der Arbeitnehmer bei Beendigung des Arbeitsvertrags,
e) Unterrichtung und Anhörung der Arbeitnehmer,
f) Vertretung und kollektive Wahrnehmung der Arbeitnehmer- und Arbeitgeberinteressen, einschließlich der Mitbestimmung, vorbehaltlich des Absatzes 5
g) Beschäftigungsbedingungen der Staatsangehörigen dritter Länder, die sich rechtmäßig im Gebiet der Gemeinschaft aufhalten,
h) berufliche Eingliederung der aus dem Arbeitsmarkt ausgegrenzten Personen, unbeschadet des Art. 150,
i) Chancengleichheit von Männern und Frauen auf dem Arbeitsmarkt und Gleichbehandlung am Arbeitsplatz,
j) Bekämpfung der sozialen Ausgrenzung,
k) Modernisierung der Systeme des sozialen Schutzes unbeschadet des Buchstabes c)."

Zu diesem Zweck kann der Rat, der insofern gemäß dem Verfahren des Art. 251 EG, d.h. im Mitentscheidungsverfahren handelt, unter Ausschluss dieser Harmonisierung der Rechts- und Verwaltungsvorschriften der Mitgliedstaaten Maßnahmen annehmen, die dazu bestimmt sind, die Zusammenarbeit zwischen den Mitgliedstaaten durch Initiativen zu fördern, welche die Verbesserung des Wissensstandes, die Entwicklung des Austausches von Informationen und bewährten Verfahren, die Förderung innovativer Ansätze und die Bewertung von Erfahrungen zum Ziel haben.

In den in Art. 137 Abs. 1 Buchst. a – i genannten Bereichen kann der Rat darüber hinaus durch Richtlinien Mindestvorschriften erlassen. Derartige Bestimmungen berühren nicht die Befugnisse der Mitgliedstaaten, die Grundprinzipien ihres Systems der sozialen Sicherheit festzulegen, und sie dürfen das finanzielle Gleichgewicht der Systeme nicht erheblich beeinträchtigen. Gemäß Art. 94 EG erlässt der Rat einstimmig „Richtlinien für die Angleichung derjenigen Rechts- und Verwaltungsvorschriften der Mitgliedstaaten, die sich unmittelbar auf die Errichtung oder das Funktionieren des gemeinsamen Marktes auswirken."

Auf der besonderen Rechtsgrundlage des Art. 95 EG – Maßnahmen zur Angleichung der Rechts- und Verwaltungsvorschriften der Mitgliedstaaten, welche die Errichtung und das Funktionieren des Binnenmarktes zum Gegenstand haben – sowie des Art. 308 EG kommt der Erlass von Sekundärrecht in Betracht.[20]

Die Vorschriften über den Europäischen Sozialfonds (Art. 146–148 EG) sollen die Beschäftigungsmöglichkeiten der Arbeitskräfte im Binnenmarkt dadurch verbessern, dass innerhalb der Europäischen Gemeinschaft die berufliche Verwendbarkeit und die örtliche und berufliche Mobilität der Arbeitskräfte gefördert sowie die Anpassung an die industriellen Wandlungsprozesse und an Veränderungen der Produktionssysteme insbesondere durch berufliche Bildung und Umschulung erleichtert werden. Durchführungsbestimmungen werden vom Rat nach dem Verfahren des Art. 251 EG erlassen.

Nach Art. 149 EG trägt die Gemeinschaft die Entwicklung einer qualitativ hochstehenden Bildung dadurch bei, dass sie die Zusammenarbeit zwischen den Mitgliedstaaten fördert und deren Tätigkeit unter Beachtung ihrer Verantwortung für die Lehrinhalte und die Gestaltung des Binnensystems sowie der Vielfalt der Kulturen und Sprachen „unterstützt und ergänzt". Wiederum nach dem Verfahren des Art. 251 EG erlässt der Rat auf Vorschlag der Kommission mit qualifizierter Mehrheit unter ausdrücklichem Ausschluss jeglicher Harmonisierung der Rechts- und Verwaltungsvorschriften der Mitgliedstaaten Empfehlungen. In diesem Zusammenhang ist anzumerken, dass der sog. „Bologna-Prozess"[21] zu einer Art „faktischen Harmonisierung" (auch im Wege gleichsam „vorauseilenden Gehorsams") führt, die weit über das hinausgeht, was selbst durch eine (Mindest-)Harmonisierung, die die angestreb-

---

[20] Vgl. dazu Streinz, R., Sozialpolitische Zuständigkeiten der EU im Rahmen der offenen Methode der Koordinierung, in: Deutscher Sozialrechtsverband e.V. (Hg.) Offene Methode der Koordinierung im Sozialrecht. Tagung 2004, Wiesbaden 2005, S. 29ff.
[21] Vgl. in diesem Zusammenhang die Unterzeichnung der sog. Bologna-Erklärung am 19.6.1999 zur Schaffung eines Europäischen Hochschulraums bis 2010.

te Mobilität ermöglicht, ohne sachlich bedingte oder in der Konkurrenz der Bildungssysteme leistungsfördernde Differenzierungen einzuebnen, erreicht werden könnte.[22]

Art. 152 EG sieht vor, dass die Gemeinschaft die Politik der Mitgliedstaaten im Gesundheitswesen ergänzt und die Zusammenarbeit zwischen den Mitgliedstaaten erfordert.

Gemäß *Titel VIII. Beschäftigung (Art. 125-130 EG)* des EG-Vertrags arbeiten die Mitgliedstaaten und die Gemeinschaft auf die Entwicklung einer koordinierten Beschäftigungsstrategie hin, und zwar insbesondere auf die Förderung der Qualifizierung, Ausbildung und Anpassungsfähigkeit der Arbeitnehmer sowie der Flexibilität der Arbeitsmärkte, um auf die Erfordernisse des wirtschaftlichen Wandels zu reagieren und um die Ziele des Art. 2 EU und Art. 2 EG, nämlich u. a. ein höheres Beschäftigungsniveau, zu erreichen. Der Rat kann im Verfahren des Art. 152 EG Anreizmaßnahmen zur Förderung der Zusammenarbeit zwischen den Mitgliedstaaten und zur Unterstützung ihrer Beschäftigungsmaßnahmen Initiativen beschließen, um den Austausch von Informationen und bewährten Verfahren zu ermöglichen, vergleichende Analysen bereitzustellen sowie innovative Ansätze zu fördern und Erfahrungen zu bewerten.

Gemäß Art. 128 EG prüft der Europäische Rat auf der Grundlage eines Gemeinsamen Jahresberichts des Rates und der Kommission jährlich die Beschäftigungslage in der Gemeinschaft und leitet hieraus Schlussfolgerungen ab, anhand derer der Rat jährlich mit qualifizierter Mehrheit Leitlinien festlegt, welche die Mitgliedstaaten in ihrer Beschäftigungspolitik berücksichtigen müssen. Jeder Mitgliedstaat übermittelt Rat und Kommission jährlich einen Bericht über die wichtigsten Maßnahmen, die er zur Berechnung seiner Beschäftigungspolitik im Lichte dieser politischen Leitlinien getroffen hat. Anhand dieser Berichte unterzieht der Rat die Durchführung der Beschäftigungspolitik der Mitgliedstaaten jährlich einer Prüfung und kann Empfehlungen an die Mitgliedstaaten richten, wenn er dies für angebracht hält. Zurecht wird in dieser gesetzlichen Regelung ein Vorbild für die OMK auch im Bereich des Sozialschutzes gesehen, und zwar um so mehr, als im Rahmen der neuen „gestrafften OMK" der Zusammenhang zwischen Beschäftigungspolitik und Politik des sozialen Schutzes gestärkt worden ist.

---

[22] Vgl. in diesem Sinne Streinz, aaO, S. 42 – auch dies ein Beispiel für die Wirksamkeit auch rechtlich unverbindlicher Europäischer Vorgaben.

Die Europäische Kommission hat die Rolle des Rechts in der „erneuerten Sozialagenda" wie folgt beschrieben: Die Europäische Union verfügt über einen soliden Rechtsrahmen für das Wohlergehen der Bürger, indem sie ihre Rechte als Bürger, Verbraucher und Arbeitnehmer in vielen Bereichen festgeschrieben und gestärkt hat: Mobilität, Gesundheit und Sicherheit, soziale Sicherheit, Arbeitsbedingungen, Information und Konsultation, Gleichstellung der Geschlechter und Nichtdiskriminierung. Rechtsvorschriften können eine Lösung der hier anstehenden Probleme darstellen, sofern Einigkeit über die Relevanz der betreffenden Vorschriften herrscht und es einen eindeutigen „Mehrwert" gibt. Die bestehenden Rechtsvorschriften müssen mit Blick auf neu aufkommende Probleme (z.B. in den Bereichen Diskriminierung, Gesundheit und Sicherheit), neue Formen der Arbeitsorganisation (z.B. Europäische Betriebsräte, Vereinbarkeit von Arbeit und Familienleben) und die Rechtsprechung des Europäischen Gerichtshofes (z.B. auf den Gebieten Arbeitszeit, soziale Sicherheit, grenzübergreifende Gesundheitsversorgung) angepasst und gestrafft werden. Außerdem müssten die geltenden Rechtsvorschriften wirksam angewandt und durchgesetzt werden, komme es durch fehlende Information oder unzureichende Koordinierung und Kooperation zwischen den nationalen Stellen nicht selten zu Problemen bei der ordnungsgemäßen Umsetzung. Um diese Probleme zu beheben, wird die Kommission, – ausgehend von ihrer Mitteilung *„Ein Europa der Ergebnisse – Anwendung des Gemeinschaftsrechts"*,[23] mit den Mitgliedstaaten, den Sozialpartnern und anderen Akteuren zusammenarbeiten. Auch der *Soziale Dialog* auf Europäischer Ebene als eine tragende Säule des Europäischen Sozialmodells spielt für die Politikgestaltung in der EU eine wichtige Rolle. Das im EG-Vertrag festgeschriebene Recht der Sozialpartner, vor jeder Initiative der Kommission im Bereich Beschäftigung und Soziales angehört zu werden, in Eigenregie Verhandlungen über von der Kommission vorgebrachte Initiativen zu führen und auf eigene Initiative autonome Vereinbarungen zu schließen, hat zu einigen positiven Ergebnissen geführt – z.B. Vereinbarungen über Elternurlaub, Telearbeit und das IAO-Übereinkommen über Seeleute –, wenn auch insgesamt die Bilanz bescheidener ausfällt als dies in den Verlautbarungen der Kommission – auch z.B. in der „erneuerten Sozialagenda" – klingt.

---

[23] KOM (2007) 502 vom 5.9.2007.

Die OMK hat nach Auffassung der Europäischen Kommission in der Vergangenheit dazu beigetragen, dass die Mitgliedstaaten ein gemeinsames Verständnis der sozialen Herausforderungen entwickelt haben. Sie hat überdies den Willen zur Zusammenarbeit und Bereitschaft gefördert, von den anderen Mitgliedstaaten zu lernen. Sie hat damit auch eine neue Dynamik bei der Weiterführung und Umsetzung von Reformen geschaffen. So haben die Arbeitsmarktreformen des britischen *Employment First Welfare State* bei den deutschen Hartz-Gesetzen Pate gestanden: Aktivierung (*activation*), Arbeit Suchende (*jobseekers*) und Jobcenters (*jobcentres*) sind nicht nur semantische Anleihen, die der aktivierende deutsche Sozialstaat seit Ende der 1990er Jahre beim britischen Vorbild genommen hat, sondern Ausfluss einer ähnlichen sozialpolitischen „Philosophie" des „Förderns und Forderns" (*Enabling and Demanding*).

Die OMK hat auch eine stärker wissensbasierte politische Entscheidungsfindung unterstützt, die von Transparenz und Partizipation gekennzeichnet ist.

Die OMK im Bereich Sozialschutz und soziale Eingliederung, die als „OMK Soziales" firmiert und auf Gebieten angewandt wird, die nicht in die unmittelbare Zuständigkeit der Gemeinschaft fallen, wie Renten, Leistungen für Familien und Erwerbsunfähige, Gesundheitsversorgung und Langzeitpflege, hat Ergebnisse gezeigt, die die Bedeutung dieses Instruments als Ergänzung zum Gemeinschaftsrecht unterstreichen. Es ist deutlich geworden, dass die freiwillige, von der EU unterstützte Zusammenarbeit der Mitgliedstaaten eine Form der Anwendung des Subsidiaritätsprinzips ist, die bei den Bemühungen zur Bekämpfung von Armut und Ausgrenzung und zur Schaffung moderner, tragfähiger und gerechter Sozialsysteme wirksam wird und Resultate bringt.

In ihre erneuerten Sozialagenda schlägt die Kommission vor, das Potenzial der OMK Soziales durch die Anwendung einiger Verfahren und Arbeitsmethoden der Lissabon-Strategie auszubauen, um so für ein größeres politisches Engagement und eine bessere Außenwirkung zu sorgen; beispielsweise sollen (durch die Festlegung quantitativer Zielvorgaben), die Verbindungen zu anderen Politikbereichen verbessert, die Analyseinstrumente optimiert und das wechselseitige Lernen (durch *Peer Reviews*) unter den Mitgliedstaaten gestärkt werden.

7. Die rechtliche Koordinierung im Bereich der sozialen Sicherheit

Der Begriff „Koordinierung" wird mit unterschiedlichen Inhalten gefüllt, auch und gerade auf Europäischer Ebene.[24] Er taucht terminologisch weder im primären noch im sekundären Gemeinschaftsrecht auf. Auch der Europäische Gerichtshof hat ihn nie definiert, sondern sich darauf beschränkt, kund zu tun, dass die auf Art. 42 EG (ex Art. 51 EGV) gestützten sog. Verordnungen über die soziale Sicherheit der Wanderarbeitnehmer – ursprünglich Verordnungen (EWG) Nr. 3 und Nr. 4/1958; heute Verordnungen (EWG) Nr. 1408/71 und Nr. 574/72 und künftig Verordnung EG 883/2004 und ihre noch zu erlassende Durchführungsverordnung[25] – die Systeme der sozialen Sicherheit der Mitgliedstaaten lediglich „koordinieren", d.h. im Interesse der sozialen Sicherheit der Betroffenen miteinander in Einklang bringen und abstimmen sollen. Gemäß Art. 42 EG beschließt der Rat einstimmig nach dem sog. Mitentscheidungsverfahren unter Beteiligung des Europäischen Parlaments die auf dem Gebiet der sozialen Sicherheit für die Herstellung der Freizügigkeit der Arbeitnehmer notwendigen Maßnahmen. Er hat zu diesem Zweck ein System eingeführt, welches aus- und einwandernden Arbeitnehmern und deren anspruchsberechtigten Familienangehörigen die Zusammenrechnung aller nach den verschiedenen innerstaatlichen Rechtsvorschriften berücksichtigten Zeiten für den Erwerb, die Aufrechterhaltung des Leistungsanspruchs und die Berechnung der Leistungen sowie den „Export" von Geldleistungen (z.B. Renten) in alle anderen Mitgliedstaaten gewährleistet. Diese Sozialrechtskoordinierung sucht im Interesse der Durchsetzung der Arbeitnehmerfreizügigkeit, seit Anfang der 1970er Jahre auch der Niederlassungsfreiheit der Selbständigen zu verhindern, dass die Unterschiede zwischen den einzelnen mitgliedstaatlichen Systemen der sozialen Sicherheit die Mobilität des „Faktors Arbeit" bzw. die Freizügigkeit der Erwerbstätigen innerhalb der Europäischen Gemeinschaft beeinträchtigen und damit zugleich die den Erwerbstätigen gemeinschaftsweit verbriefte wirtschaftliche Betätigungsfreiheit einschränken. Tragendes Prinzip ist die Gleichbehandlung von „wan-

---

[24] Zum Zusammenhang von „Konvergenz" und „Offener Methode der Koordinierung" vgl. ausführlich Göbel, M., Von der Konvergenzstrategie zur offenen Methode der Koordinierung. EG-Verfahren zur Annäherung der Ziele und Politiken im Bereich des sozialen Schutzes, Baden-Baden 2002.
[25] Vgl. Deutsche Rentenversicherung Bund/ Max-Planck-Institut für ausländisches und internationales Sozialrecht (Hg.), Zur Reform des Europäischen koordinierenden Sozialrecht: Von der VO (EWG) 1408/71 zur VO (EG) 883/04, Berlin 2007.

dernden Staatsangehörigen der EU-Mitgliedstaaten mit Inländern" („Inländergleichbehandlung").

Diese Regelung war und ist erforderlich vor dem Hintergrund des Umstandes, dass die Europäische Gemeinschaft von Anbeginn an nicht beabsichtigt hat – und auch rechtlich nicht dazu befugt war –, die Systeme der sozialen Sicherheit der Mitgliedstaaten zu harmonisieren, (sie etwa durch ein einziges gemeinschaftliches System zu ersetzen, sie zu vereinheitlichen oder doch einander anzunähern), sondern nur dazu ermächtigt worden ist, auf die einzelstaatlichen Rechtsvorschriften dergestalt einzuwirken – d.h. sie zu „koordinieren" –, dass dem Staatsangehörigen eines Mitgliedstaats, der sich in einen anderen Mitgliedstaat begibt, um dort einer Erwerbstätigkeit nachzugehen, keine Nachteile im Bereich der sozialen Sicherheit erwachsen.[26]

Diese *rechtliche Koordinierung* hat mit der hier und im Folgenden zur Diskussion stehenden OMK als *politischer Koordinierung* lediglich den Namen gemein.

8. Die „Politik der Konvergenz": Annäherung der Ziele der Sozialschutzpolitiken der Mitgliedstaaten

Unterscheidet man von einem *Prozess der Konvergenz* im Sinne einer de facto-Annäherung der Systeme der sozialen Sicherheit der Mitgliedstaaten, welche auf weitgehend übereinstimmende demographische, ökonomische, gesellschaftliche, kulturelle und internationale Herausforderungen sowie auf gleichfalls weitgehend übereinstimmende ökonomische, rechtliche, politische u.a. Rahmenbedingungen der sozialen Sicherheit zurückzuführen ist, eine diesen Prozess bewusst steuernde *Politik der Konvergenz*, so zeigt sich bereits seit Anfang der 1990er Jahre ein deutlicher Ansatz hin zu einer Annäherung der sozialpolitischen Zielsetzungen der Mitgliedstaaten und auch zu einer wachsenden Abstimmung unter diesen Staaten über die zur Erreichung

---

[26] Vgl. dazu Schulte, B. (Hg.), Soziale Sicherheit in der EG. Verordnung (EWG) Nr. 1408/71 und Nr. 574/72 sowie andere Bestimmungen, 3. Aufl., München 1997 (mit aktualisiertem Anhang 1998); ders./ Barwig, K. (Hg.), Freizügigkeit und Soziale Sicherheit, Baden-Baden 1999. *ders.*, Zur Kritik des Europäischen koordinierenden Sozialrechts, in: Zeitschrift für Sozialhilfe und Sozialgesetzbuch (ZFSH/ SGB) 38 (1999), S. 577ff. u. 653ff., Deutsche Rentenversicherung Bund/Max-Planck-Institut für ausländisches und internationales Sozialrecht (Bearbeiter: Hauschild, M./ Kraus, P./ Schulte, B.) (Hg.), Die Reform des koordinierenden Europäischen Sozialrechts. Von der Verordnung (EWG) Nr. 1408/71 zur Verordnung (EG) 883/2004, Berlin 2007.

dieser Ziele eingesetzten Mittel. Die Europäische Kommission bekennt sich seit Anfang der 1990er Jahre zu einer Politik, die darauf abzielt, die Mitgliedstaaten zu einer freiwilligen Abstimmung der Ziele und der nationalen Politiken des Sozialschutzes zu veranlassen. Einschlägige Rechtsinstrumente dafür waren die *Empfehlung 92/442/EWG über die Annäherung der Ziele und der Politiken im Bereich des sozialen Schutzes* vom Juli 1992[27] und die parallel dazu ergangene und sie ergänzende *Empfehlung 92/441/EWG über gemeinsame Kriterien für ausreichende Zuwendungen und Leistungen im Rahmen der Systeme der sozialen Sicherung*.[28]

Durch eine ausdrückliche Bezugnahme auf die „Mindesteinkommensempfehlung" 92/442/EWG in ihrer *Mitteilung zur sozialen Ausgrenzung* vom Oktober 2007 hat die Kommission die bleibende Aktualität dieser Empfehlung unterstrichen.[29]

Diese Bemühungen der Gemeinschaft um „Konvergenz" der Ziele der Politiken des Sozialschutzes der Mitgliedstaaten standen in unmittelbarem Zusammenhang mit der *Gemeinschaftscharta der sozialen Grundrechte der Arbeitnehmer*,[30] die Ende der 1980er Jahre auch im Mittelpunkt der öffentlichen

---

[27] ABl. EG 1992 Nr. L 241/46 vom 26. August 1992. – Zum Zusammenhang von Konvergenz-Strategie und „offener Methode der Koordinierung" vgl. Göbel, M., Von der Konvergenz zur offenen Methode der Koordinierung. EG-Verfahren zur Annäherung der Ziele und der Politiken im Bereich des sozialen Schutzes, Baden-Baden 2002.

[28] ABl. EG 1992 Nr. L 245/46 vom 26. August 1992; zu dieser Mindestsicherungsstrategie der EG vgl. Schulte, B., Das Recht auf ein Mindesteinkommen in der Europäischen Gemeinschaft – Nationaler Status quo und supranationale Initiativen –, in: Sozialer Fortschritt (SF) 1991, S. 7ff. Vgl. zu den Hintergründen und dem möglichen Inhalt dieser Empfehlung ders., Das Recht auf ein Mindesteinkommen in der Europäischen Gemeinschaft. Nationaler Statuts quo und supranationale Initiativen, in: Sozialer Fortschritt (SF) 1991, S. 7-23.
Die Empfehlung geht von der Erwägung aus, dass die Förderung des „wirtschaftlichen und sozialen Zusammenhalts" i.S.d. Art. 130 a-130 e EWGV die Solidarität gerade gegenüber den bedürftigsten und schwächsten Mitmenschen einschließt. Ausgrenzungsprozesse und Armutssituationen, die aufgrund wirtschaftlicher und sozialer Entwicklungen in der Vergangenheit eingetreten sind – dazu für die „alte" Bundesrepublik Deutschland Döring, D./ Hanesch, W./ Huster, U: Armut im Wohlstand, Frankfurt a.M. 1990 –, werden durch die im Gefolge der Herstellung des Binnenmarktes eintretenden Umwälzungsprozesse möglicherweise noch verstärkt.

[29] Europäische Kommission, Mitteilung „Modernisierung" des Sozialschutzes im Interesse einer größeren sozialen Gerechtigkeit und eines stärkeren wirtschaftlichen Zusammenhalts: Die aktive Einbeziehung der arbeitsmarktfernsten Menschen voranbringen, Brüssel, den 17.10.2007 KOM (2007) 620 endg.

[30] Vgl. Kommission der Europäischen Gemeinschaften, Gemeinschaftscharta der sozialen Grundrechte der Arbeitnehmer, Brüssel 1989.

Diskussion um die soziale Dimension des Binnenmarktes gestanden hat.[31] Die Charta, die im Dezember 1989 als rechtlich unverbindliche politische Erklärung von 11 Mitgliedstaaten (mit Ausnahme des Vereinigten Königreichs) verabschiedet worden ist, verfolgte nicht zuletzt den Zweck, die bis dato[32] vernachlässigte soziale Dimension auf Gemeinschaftsebene zu verankern. Unter den in der Charta aufgeführten sozialen Grundrechten – Recht auf sozialen Schutz; Recht auf Koalitionsfreiheit und Tarifverhandlungen; Recht auf Berufsausbildung; Recht auf Gleichbehandlung von Männern Recht auf Freizügigkeit, Beschäftigung und Arbeitsentgelt; Verbesserung und Frauen; Recht auf Unterrichtung, Anhörung und Mitwirkung der Arbeitnehmer; Rechte auf Gesundheitsschutz und Sicherheit am Arbeitsplatz; Kinder- und Jugendschutz; Schutz älterer Menschen und Behinderter – finden sich allerdings auch bereits Rechtspositionen, die nicht nur Arbeitnehmern, sondern Bürgern allgemein zustehen. Dies gilt etwa für die Rechte älterer Menschen und Behinderter, aber auch für das Recht auf sozialen Schutz ganz allgemein.

In Teil II der Charta sind die Mitgliedstaaten seinerzeit aufgefordert worden, für die Umsetzung dieser sozialen Grundrechte in ihren Rechts- und Sozialordnungen zu sorgen. Die Europäische Kommission erhielt den Auftrag, dort tätig zu werden, wo ein Handeln der Mitgliedstaaten nicht ausreicht, sondern ein Handeln der Europäischen Gemeinschaft geboten erscheint. Damit wurde zugleich der Grundsatz der Subsidiarität angesprochen, dessen Geltung als Rechtsprinzip in der Bundesrepublik Deutschland in unterschiedlichen Ausprägungen (Ebene Bund – Länder; Staat – Kommunen; öffentliche Träger, freie Träge; Staat, Gemeinschaft – Einzelner, Familie) bekannt ist und dessen Bedeutung auf Gemeinschaftsebene und insbesondere für das Europäische Recht durch den Vertrag von Lissabon beigefügte Protokoll zur Subsidiarität nachdrücklich unterstrichen worden ist.

Für den Bereich Gesundheit ist seinerzeit bereits der gleiche Zugang zu Gesundheitsleistungen für alle unabhängig von der individuellen wirtschaftlichen

---

[31] Vgl. etwa Clever, P., Binnenmarkt '92: Die „soziale Dimension", in: Zeitschrift für Sozialhilfe und Sozialgesetzbuch (ZfSH/SGB) 28 (1989), S. 225; ders., Soziale Grundrechte und Mindestnormen in der Europäischen Gemeinschaft, in: ZfSH/SGB, S. 393; ders., Gemeinschaftscharta sozialer Grundrechte und soziales Aktionsprogramm der EG-Kommission, in: ZfSH/SGB 29 (1990), S. 225ff.

[32] Das von der EG-Kommission vorgelegte Weißbuch – Kommission der Europäischen Gemeinschaften, Vollendung des Binnenmarktes („Weißbuch"), Brüssel 1985 –, das 300 Maßnahmen zur Rechtsvereinheitlichung in der Gemeinschaft im Hinblick auf die Realisierung des Binnenmarktes enthielt, klammerte die „soziale Dimension" noch vollständig aus.

Lage als ein Gebot sozialer Gerechtigkeit in den Vordergrund gerückt worden.

Die Gleichheit im Hinblick auf den Zugang zu Gesundheitsleistungen bezieht sich auf die Schranken, welche dem Zugang des einzelnen zu Gesundheitsleistungen entgegenstehen, und schließt neben den eigentlichen Kosten der Behandlung die Reisekosten zu Leistungserbringern und Einrichtungen, den dafür erforderlichen Zeitaufwand, Wartezeiten u.ä. ein. Gleichheit in bezug auf die Behandlung bezieht sich auf die Qualität der Leistungen, die für alle gleich sein sollen.

Als Maßstab dafür, in welchem Umfang in den jeweiligen Mitgliedstaaten diese Ziele erreicht werden, wurde das Kriterium der Lebenserwartung vorgeschlagen. Angleichung der Lebenserwartung innerhalb der Gemeinschaft als Ziel der Politik der sozialen Sicherheit bedeutet in diesem Zusammenhang, dass insbesondere dort, wo die Lebenserwartung gegenwärtig hinter den günstigeren Werten in anderen Mitgliedstaaten zurückbleibt, eine Verbesserung angestrebt wird. Allerdings ist im Zusammenhang mit dem Parameter der Lebenserwartung darauf hinzuweisen, dass nicht-medizinische Faktoren – Umweltbedingungen, Ernährungsstil, Hygiene, Wohnverhältnisse, Einkommenssituation und andere sozio-ökonomische Faktoren gleichfalls eine große, vielleicht sogar eine dominierende Rolle spielen. Gleichwohl erscheinen die Ziele „Gleichheit im Zugang zur Gesundheitsfürsorge" diskussionswürdige Zielvorstellungen zu sein.

Als Gegenstand einer *Empfehlung* i.S.d. Art. 249 Abs. 5 EG waren diese Vorgaben allerdings nicht rechtlich verbindlich, besaßen aber gleichwohl rechtliche Relevanz insofern, als sich die Mitgliedstaaten als Adressaten einer Empfehlung nicht einfach über ihren Inhalt hinwegsetzen dürfen, sondern aufgrund der allgemeinen gemeinschaftsrechtlichen Treuepflicht des Art. 10 EG gehalten sind, ihren Inhalt ernsthaft zu prüfen und sich möglichst nach ihr zu richten.

Darüber hinaus kann der Inhalt von Empfehlungen als Vorgabe und Richtschnur für die Auslegung nationaler Rechtsvorschriften dienen.

9. Perspektiven Europäischer Gesundheitspolitik

Der Vorschlag für eine Richtlinie über Dienstleistungen im Binnenmarkt, den die Kommission Anfang 2004 vorgelegt hatte, enthielt Bestimmungen, durch welche u.a. die Entscheidungen des EuGH zur Anwendung des Freizügigkeitsprinzips auf die Gesundheitsdienstleistungen (siehe oben „Decker"/ "Kohll" u.a.) kodifiziert werden sollten. Dieser Ansatz wurde jedoch vom Europäischen Parlament und vom Rat nicht akzeptiert, weil den Besonderheiten der Gesundheitsdienstleistungen, insbesondere ihrer fachlichen Komplexität, ihrer Bedeutung in der Öffentlichkeit und der großen finanziellen Dimension nicht ausreichend Rechnung getragen worden sei. Die Europäische Kommission hat deshalb eine politische Initiative eigens für Fragen der gesundheitlichen Versorgung ergriffen.

Der Rat hat im Juni 2006 Schlussfolgerungen zu *Gemeinsamen Werten und Prinzipien* in den *EU-Gesundheitssystemen* angenommen, in denen er sich in Bezug auf Gesundheitsdienstleistungen für Maßnahmen ausgesprochen hat, mit denen für Klarheit über die Rechte und Ansprüche der Unionsbürger beim Wechsel ihres Aufenthalts von einem EU-Mitgliedstaat in einen anderen gesorgt wird und die zugrundeliegenden Werte und Prinzipien im Interesse der Rechtssicherheit in einem Rechtsrahmen verankert werden.[33]

Das Europäische Parlament hatte bereits im April 2005 einen Bericht über die Patientenmobilität und die Entwicklungen der gesundheitlichen Versorgung in der Europäischen Union verabschiedet,[34] Im März 2007 folgte eine *Entschließung zu Gemeinschaftsmaßnahmen im Bereich der grenzüberschreitenden Gesundheitsversorgung*[35] und im Mai 2007 ein Bericht über *die Auswirkungen und Folgen der Ausklammerung von Gesundheitsdienstleistungen aus der Richtlinie über Dienstleistungen im Binnenmarkt.*[36]

Die Betroffenen und nationale Akteure sind in die Aktivitäten der Kommission im Zusammenhang mit Patientenmobilität und der Gesundheitsversorgung einbezogen im Rahmen des sog. *Reflexionsprozesses auf hoher Ebene,*[37] des *Offenen Forums*[38] und der *Hochrangigen Gruppe* für das Gesundheits-

---

[33] 10173/06 SAN 168 SOC 302 MI 132.
[34] A6-0129/2005 endg.
[35] B6-0098/2007
[36] A6-0173/2007 endg.
[37] Europäische Kommission, Bericht über den Reflexionsprozess auf hoher Ebene über Patientenmobilität und die Entwicklung der gesundheitlichen Versorgung in der Europäischen Union sowie Mitteilung der Kommission – Reaktion auf den Reflexionsprozess auf hoher Ebene über Patientenmobilität und die Entwicklung der gesundheitlichen Versorgung in der Europäischen Union – KOM (2004) 301 endg. vom 20. April 2004.
[38] Europäische Kommission, Schlussbericht des Offenen Gesundheitsforums. Herausforderungen und Zukunftsstrategie im Gesundheitswesen, European Public Health Alliance, Brüssel 2005.

wesen und die medizinische Versorgung.[39] In der Hochrangigen Gruppe für das Gesundheitswesen und die medizinische Versorgung sind alle Mitgliedstaaten der Europäischen Union vertreten, zudem Beobachter aus den EWR- bzw. EFTA-Staaten sowie Vertreter der Zivilgesellschaft. Die Konsultation zu der spezifischen Initiative im Bereich grenzüberschreitende Gesundheitsversorgung wurde offiziell im September 2006 mit der Veröffentlichung einer Mitteilung[40] eingeleitet, in der alle betroffenen Akteure ersucht worden sind, sich an einer EU-weiten Diskussion über Gemeinschaftsmaßnahmen im Bereich der Gesundheitsdienstleistungen zu beteiligen. Ziel war es aus Sicht der Kommission, die anstehenden und aktuellen Probleme zu identifizieren und einen „Input" zu den Zielvorgaben und politischen Optionen zu erhalten. (Die Mitteilung und der Bericht mit der Zusammenfassung der Beiträge[41] sind auf der Website der Kommission[42] veröffentlicht worden.)

Der neue Richtlinienvorschlag[43] beruht zudem auf externen Untersuchungen, Analysen und Studien, die in den letzten Jahren durchgeführt worden sind. Das *Europäische Observatorium für Gesundheitssysteme und Gesundheitspolitik* hat eine Untersuchung vorgelegt,[44] die vor allem bei der Folgenabschätzung herangezogen worden ist und bei der es sich um eine Bestandsaufnahme der Entwicklungen im Bereich der Gesundheitsversorgung in Europa handelt, wobei der Schwerpunkt auf folgenden Aspekten der grenzüberschreitenden Gesundheitsversorgung liegt: Vorabgenehmigung und Zugang zur Gesundheitsversorgung; Qualität und Sicherheit; Patientenrechte; grenzüberschreitende Zusammenarbeit; Leistungen in der Gesundheitsversorgung; Auswirkungen der grenzüberschreitenden Gesundheitsversorgung in der Vergangenheit; sowie Daten zur grenzüberschreitenden Gesundheitsversorgung. Ziel war es, ein genaueres Bild über die vorstehend genannten Elemente der grenzüberschreitenden Gesundheitsversorgung aus dem Blickwin-

---

[39] Europäische Kommission, Bericht über die Arbeiten für das Gesundheitswesen und die medizinische Versorgung, Brüssel 2006.
[40] Mitteilung der Kommission – Konsultation zu Gemeinschaftsmaßnahmen im Bereich der Gesundheitsdienstleistungen – SEK (2006) 1195/4) vom 26. September 2006.
[41] Papier der Kommission „Zusammenfassung des Berichts über die Beiträge zur Konsultation über Gemeinschaftsmaßnahmen im Bereich der Gesundheitsdienstleistungen", Brüssel 2007.
[42] http://ec.europa.eu/health/ph_overview/co_operation/mobility/results_open_consultation_en.htm.
[43] Brüssel, den 2.7.2008, KOM (2008) 414 endg.
[44] Wismar, M./ Palm, W./ Figueras J./ Ernst, K./ van Ginneken, E.: Cross-Border-Healthcare: Mapping and Analysing Health System Diversity, European Observatory on Health-Systems and Policies, Brüssel 2007.

kel der unterschiedlichen Gesundheitssysteme der Mitgliedstaaten zu gewinnen und der Frage nachzugehen, wie gegenwärtig bestehende Rechts- und sonstige Unsicherheiten sich auf die Gesundheitsversorgung auswirken.

Die Kommission möchte einen Gemeinschaftsrahmen für grenzüberschreitende Gesundheitsversorgung schaffen. Ihr Richtlinienvorschlag enthält dafür rechtliche Definitionen und allgemeine Bestimmungen und gliedert sich in folgende drei Hauptbereiche:

- *Gemeinsame Grundsätze* der EU-Gesundheitssysteme, die dartun, welcher Mitgliedstaat für die Einhaltung dieser Grundsätze jeweils verantwortlich ist und worin diese Verantwortung im Einzelnen besteht, damit EU-weit Rechtsklarheit und -sicherheit bestehen im Hinblick darauf, welche Behörden welches Mitgliedstaats die Standards der Gesundheitsversorgung festlegen und überwachen.

- Ein spezifischer *Rechtsrahmen für grenzüberschreitende Gesundheitsversorgung:* die Richtlinie soll klarstellen, welche Ansprüche die Patienten auf gesundheitliche Versorgung in einem anderen Mitgliedstaat haben, welche Beschränkungen die Mitgliedstaaten für eine solche Leistungsinanspruchnahme im EU-Ausland festlegen können bis hin zu der Frage, in welcher Höhe die Kosten für grenzüberschreitend in Anspruch genommene Gesundheitsleistungen erstattet werden müssen ausgehend von dem Prinzip, dass die Patienten einen Anspruch auf Erstattung bis zu der Höhe der Kosten haben, die für die betreffende Behandlung in ihrem Heimatland übernommen würden.

- *Europäische Zusammenarbeit bei der Gesundheitsversorgung*: Die Richtlinie enthält Vorgaben für zwischenmitgliedstaatliche Kooperation u.a. in Grenzregionen, Anerkennung von Verschreibungen aus dem Ausland, Europäische Referenznetze, Gesundheitstechnologiefolgeabschätzung, Datenerhebung, Qualität der Leistungen und Sicherheit der Leistungserbringung, damit der Ertrag der Zusammenarbeit der Mitgliedstaaten möglichst wirkungsvoll und nachhaltig sein kann.

Ausgehend vom Fallrecht des EuGH soll auf diese Weise ein eindeutiger und transparenter Rahmen für die grenzüberschreitende Gesundheitsversorgung innerhalb der EU geschaffen werden.

Unberührt davon bleibt die fortbestehende grundsätzliche Zuständigkeit der Mitgliedstaaten für die Ausgestaltung ihres Gesundheitswesens, wie sie sich u.a. auch aus der Regelung über das Gesundheitswesen des Art. 152 EG-

Vertrag ergibt, wobei die Mitgliedstaaten freilich den EG-rechtlichen Vorgaben unterliegen, die sich aus den Grundfreiheiten – z.B. der Warenverkehrs- und Dienstleistungsfreiheit für Behandlungsleistungen sowie aus Arbeitnehmerfreizügigkeit und Niederlassungsfreiheit für die behandelnde Personen selbst –, den Diskriminierungsverboten sowie dem Europäischen Wettbewerbsrecht (einschließlich Beihilfen-) und Vergaberecht ergeben.

Diese rechtlichen Rahmenbedingungen werden immer enger und dieser Entwicklung muss auch die *OMK Gesundheitsversorgung und Langzeitpflege* künftig verstärkt Rechnung tragen.

Hans-Wolfgang Platzer

Europäisches Sozialmodell und sozialpolitisches Regieren (in) der EU. Zum integrationspolitischen Kontext und den Perspektiven der Offenen Methode der Koordinierung

1. Einleitung

Die Offene Methode der Koordinierung (OMK) ist mit der im Jahr 2000 in Gang gesetzten „Lissabon-Strategie" zu einem zentralen Steuerungsinstrument der Europäischen Union geworden. Damit ist sie Teil des sozialpolitischen Regierens (in) der EU. Die mit dem Verfahren der OMK verbundenen Ziele und Erwartungen sind ihrerseits – im Verbund mit weiteren wirtschaftssozial- und beschäftigungspolitischen Steuerungs- und Regulierungsaktivitäten der Union – zugleich Teil der Projektionen und strategischen Festlegungen, die sich unter dem Leitbegriff des „Europäischen Sozialmodells" bündeln. Diese vielschichtige Verschränkung der OMK und ihre Interdependenzen mit anderen Regulierungsformen der EU schlagen sich auch in der politischen und wissenschaftlichen Debatte zur OMK nieder. Demzufolge gilt die OMK-Debatte nicht nur Fragen der Leistungsfähigkeit und Effekte dieses Steuerungsmodus. Vielmehr ist die empirische Analyse der OMK vielfach verknüpft mit grundlegenden Problemen der sozialpolitischen EU-Governance, also mit Fragen nach den legislativen Zuständigkeiten, Entscheidungsregeln, Problemlösungsverfahren und materiellen Ergebnissen der EU-Sozialpolitik insgesamt. Diesen breiteren integrationsgeschichtlichen und -politischen Kontexten, in die die OMK eingebettet ist, gilt die nachfolgende Analyse.

Ziel dieses Beitrages ist es, die Entwicklungsvoraussetzungen, die spezifischen Funktionen und den politischen Stellenwert der OMK im größeren integrationspolitischen Zusammenhang der sozialpolitischen EU-Governance und der Auseinandersetzungen um das Europäische Sozialmodell zu reflektieren. Wie vielschichtig die integrationspolitischen Entwicklungszusammenhänge und die wissenschaftliche Problemstellungen sind, die mittelbar und unmittelbar die OMK berühren, sei einleitend in drei Bezugsdimensionen umrissen:

(1) Die mit der Lissabon-Strategie verbundene spezifische Form der Politikkoordination in Gestalt der OMK ist nicht grundsätzlich neu. Sie ist vielmehr eine Fortentwicklung, Spezifizierung und Extensivierung gemeinschaftlicher Koordinationspraktiken, die mit der Währungsunion (Stabilitäts- und Wachstumspakt) im Bereich der Wirtschaftspolitik und mit dem Amsterdamer Vertrag von 1997 im Bereich der Arbeitsmarkt- und Beschäftigungspolitik eingeführt wurden. Der dort etablierten Steuerungslogik folgend, wurden im Zuge des Lissabon-Prozesses unter dem Begriff der Offenen Methode der Koordinierung weitere (vertraglich nicht verankerte) Politikbereiche, wie Sozialschutz, Renten, Gesundheit, etc., in dieses Verfahren einbezogen. Dabei variiert die konkrete operative Ausgestaltung der OMK nach den verschiedenen Politikfeldern. Zudem finden Prozesse einer flexiblen Anpassung und Fortentwicklung dieses Steuerungsmodus innerhalb und zwischen den verschiedenen Politikbereichen statt. Die Einführung und extensive Nutzung dieses Steuerungsansatzes verstärkt einen integrationspolitischen Trend, wonach in keinem anderen Politikfeld der Europäischen Union mit einem vergleichbar umfassenden Politikinstrumentarium operiert – und auch experimentiert – wird, wie im Bereich der „sozialen Dimension" der EU. So umfassen die Modi der Steuerung und Regulierung, die in den Bereichen der europäischen Sozial-, Arbeitsmarkt- und Beschäftigungspolitik zur Anwendung kommen, die „klassische" EU-Gesetzgebung nach der Gemeinschaftsmethode vermittels Richtlinien und Verordnungen; distributive Politikansätze vermittels der Strukturfonds (arbeitspolitisch bedeutsam insbesondere der Europäische Sozialfond; partiell der Globalisierungsfond); die Selbstregulierung der europäischen Sozialpartner im Rahmen des Sozialen Dialogs; verschiedenste Maßnahmen, die – im weitesten Wortsinne – im Bereich des „soft law" liegen (Empfehlungen, unverbindliche Rechtsakte etc.); und schließlich, als „jüngster" sozialpolitischer Problemlösungsansatz die Offene Methode der Koordinierung.

Diese Vielfalt der Problemlösungsverfahren und der vielfach experimentelle und entwicklungsoffene Charakter einzelner Steuerungsinstrumente – dies gilt etwa für den Sozialen Dialog, insbesondere aber für die OMK –, sind nicht etwa Ausdruck einer insgesamt „starken" EU-Governance im Bereich der europäischen Sozialpolitik, sondern vielmehr Ausdruck tiefgreifender ordungs- und integrationspolitischer Konflikte, politischer Blockaden und schwieriger Kompromissbildungsprozesse, die den Integrationsprozess gerade im Bereich der Ausgestaltung der „Sozialen Dimension" von Beginn an begleiten. Auch die Steuerungsform der OMK reflektiert eine Situation, in der die mit der Währungsunion gewachsene sozial-ökonomische Interdependenz zwischen den Mitgliedstaaten einen objektiv erhöhten Koordinierungs- und Steuerungsbedarf erzeugt, während gleichzeitig, wie alle Vertragsverhandlungen nach Maastricht bis hin zum Reformvertrag von Lissabon zeigen, einem substantiellen sozialpolitischen Kompetenztransfer auf die Ebene der Union strukturell enge Grenzen gesetzt sind.

(2) Seit Jacques Delors viel zitiertem Diktum „einen Binnenmarkt kann man nicht lieben" und seinen Bemühungen die „Soziale Dimension" der EU zu stärken, vor allem aber im Zuge der im Jahr 2000 begonnen Lissabon-Strategie werden die entsprechenden wirtschafts- und sozialpolitischen Aktivitäten der EU unter dem Label des „Europäischen Sozialmodells" gebündelt. Dieses wird im Kontext der Globalisierung und in Abgrenzung zu den anderen Triade-Mächten (USA, asiatische Industrieländer) von Seiten der EU-Kommission als ein spezifisches Europäisches Produktions- und Sozialmodell postuliert. Das Europäische Sozialmodell taucht seit geraumer Zeit in den Positionspapieren und politischen Beschlüssen aller EU-Organe auf. Es dient als normatives Leitbild und Identitätsstiftende Gemeinschaftsfiktion und prägt zugleich das politisch-operative Geschehen. So wird auch und gerade die OMK als ein Verfahren betrachtet, das zur Modernisierung eben dieses „Modells" beitragen soll. Die OMK erscheint als ein wesentliches Steuerungsinstrument, mit dessen Hilfe die Kohäsion innerhalb der EU gestärkt, konvergente sozio-ökonomische Entwicklungen zwischen den Mitgliedstaaten befördert und nicht zuletzt die sozial-ökonomische und technologisch-wissenschaftlich Position Europas im globalen Wettbewerb gestärkt werden sollen. Diese EU-offiziellen Verwendungszusammenhänge, so lässt sich schlussfolgern, macht das Europäische Sozialmodell seit der Jahrtausendwende zu einer Art „Meta-Projekt" der EU-Integrationspolitik. Betrachtet man indessen die Bandbreite der politischen und der mittlerweile auch intensiv geführten wissenschaftlichen Debatte über das Europäische Sozialmodell, so zeigt sich: Das Europäische Sozialmodell ist ein ebenso unterbestimmtes wie umstrittenes Konzept. Die Kontroverse gilt mehreren Dimensionen. Zu den bis dato strittigen Fragen zählen u.a., ob es sich beim Europäischen Sozialmodell um einen wissenschaftlichen (analytischen) oder politischen (normativen) Begriff handelt; ob das Modell auf der nationalen (einzelstaatlichen) oder supranationalen (europäischen) Ebene verortet ist; ob es eine real existierende Struktur (Ist-Modell)

oder eine in die Zukunft projizierte Vorstellung (Soll-Modell) beschreibt; ob darunter (in einem weiteren Sinne) ein spezifisches europäisches Gesellschaftsmodell oder (in einem engeren Sinne) ein charakteristisches europäisches Sozialstaatsmodell verstanden wird.

(3) Wenn das Europäische Sozialmodell im wissenschaftlichen Bereich kontrovers diskutiert wird, so kommt darin auch zum Ausdruck, dass kaum ein anderes Teilgebiet der EU-Forschung durch vergleichbar tiefgreifende Auffassungsunterschiede geprägt ist, wie der Bereich der europäischen Sozialpolitik und die Frage nach dem Stellenwert der „Sozialen Dimension" im EU-Integrationsprozess. Skizziert man nur die Pole dieser langjährigen Debatte, so bleibt nach einer „europessimistischen Sicht" (Keller 1993) der Weg zu einem föderalen europäischen Wohlfahrtsstaat aufgrund nationalstaatlicher Souveränitätsansprüche einerseits und der Dominanz eines neoliberalen Paradigmas der Marktintegration andererseits dauerhaft blockiert (Streeck 1995a). Vielmehr bewege sich der Integrationsprozess in Richtung einer „Marktgesellschaft ohne Staat" (Scharpf 1995), weil der Binnenmarktlogik mit ihrem faktischen und rechtlichen Zwang zur Deregulierung kein adäquater Ausbau der Regelungskapazitäten auf supranationaler Ebene gegenüber stehe. Die Möglichkeiten, innerhalb des bestehenden Vertragsgefüges sozialpolitische Fortschritte zu erzielen, seien am ehesten im Bereich „produktbezogener", kaum jedoch im Bereich „prozessbezogener" Regelungen gegeben, weil hier – strukturbedingt – die gravierenden sozialökonomischen Entwicklungsunterschiede zwischen den EU-Staaten gegensätzliche Regelungsinteressen begründeten (Scharpf 1995). Im Regime der Europäischen Währungsunion, das zur „monetären Egalisierung und sozialen und ökonomischen Differenzierung" (Altvater/ Mahnkopf 1993) führe, sei schließlich eine Wettbewerbslogik angelegt, welche den Druck auf die Absenkung nationaler Sozial- und Tarifstandards verstärke. Diese Tendenz zum „Wettbewerbsstaat" (Ziltener 1999) könne bzw. werde ohne neue Formen einer auf europäischer Ebene koordinierten oder regulierten Sozial-, Lohn- und Tarifpolitik zur Erosion des nationalen Sozialstaates führen (Busch 1994 und 1998). Demzufolge werde das EU-Integrationsprojekt selbst – auch wenn es unter dem Label „Europäisches Sozialmodell" figuriert – eher zu einem Erosionsvehikel als zu einem Stabilisator der Wohlfahrtsstaatlichkeit in Europa.

Demgegenüber argumentiert eine „euro-optimistische" Denkschule (u.a. Kowalsky 1999), dass dem Integrationsprozess eine positive sozialpolitische Gestaltungskraft und expansive Dynamik innewohne, die sich in der sukzessiven Ausweitung vertraglicher Ziele und Handlungsgrundlagen wie im realen Wachstum des sozialpolitischen »acquis communautaire« zeige (Dibelius 1995; Schulz 1996). Dieser sozialpolitische Besitzstand und die dadurch bewirkten mehr oder minder umfassenden Verbesserungen in den einzelnen Mitgliedstaaten – so das Argument – seien weder Ende der 1950er Jahre beim Aufbruch der sechs Gründerstaaten in die EWG, noch Anfang der 1970er und 1980er Jahre in den entsprechenden Beitrittsländern vorhanden gewesen. Nach „euro-optimistischer Sicht" ist die EU – ungeachtet bestehender Regelungslücken – insgesamt mit ihrem sozialpolitischen Governance-Instrumentarium in der Lage, auf die Herausforderungen der Globalisierung angemessen zu reagieren und den Erhalt des Europäischen Sozialmodells durch dessen Modernisierung zu gewährleisten.

Diese einleitend bewusst breit aufgefächerte Debattenlandschaft macht deutlich, dass neben einer differenzierten empirischen Auseinandersetzung mit der OMK, wie dies in den Beiträgen dieses Bandes geschieht, auch ein analytische Perspektive erforderlich ist, die die Frage nach den Steuerungspotentialen und Grenzen dieses Politikinstruments im Kontext längerfristiger Trends des sozialpolitischen Regierens (in) der EU reflektiert.

Eine solche Kontextanalyse der OMK aus politik- und integrationswissenschaftlicher Perspektive soll im Folgenden unternommen werden. Ziel dieses Beitrages es auf der Grundlage eines systematisierenden Problemaufrisses eine analytische Position zu entwickeln, die die OMK als Ausdruck und Folge der konstitutionellen Verfasstheit der post-Maastricht EU begreift; d.h. einer integrationspolitischen Konstellation, in der ein blockierter sozialpolitischer Kompetenztransfer auf die Ebene der EU bei einem gleichzeitig gestiegenen sozial-ökonomischen Steuerungsbedarf mit einem weitreichenden Wandel der Governance-Formen einhergeht. Es wird zu zeigen versucht, dass die OMK, die im Zentrum dieses Paradigmenwechsels steht, unter den gegebenen integrationspolitischen Bedingungen und Herausforderungen ein zwar unverzichtbares Steuerungsinstrument ist, dessen Steuerungswirkungen jedoch, nach den bisherigen Erfahrungen, zu begrenzt sind, um nachhaltig die erklärten Ziele der EU zur Modernisierung und Stärkung des Europäischen Sozialmodells befördern zu können. Diese Kontextanalyse der OMK erfolgt gleichsam von „außen nach innen" und nähert sich der OMK in konzentrischen Kreisen an. Zunächst werden die verschiedenen Debattenstränge zum europäischen Sozialmodell skizziert. Der Selbstanspruch, den die offizielle EU-Politik an das Europäische Sozialmodell formuliert, bildet sodann den

Ausgangspunkt einer Auseinandersetzung mit der Frage ob das Europäische Sozialmodell mit Blick auf die EU als ganzes und insbesondere deren suprastaatliche Steuerungsebene eine reale politische Größe, eine politisch zu gestaltende Option oder eine bloße Fiktion ist.

Hierbei konzentriert sich die Analyse auf die institutionellen Grundlagen und materiellen Ergebnissen des sozialpolitischen Regierens (in) der EU und thematisiert den sozialpolitischen *acquis communautaire* anhand exemplarischer empirischer Befunde. Innerhalb dieses Bezugsrahmens der sozialpolitischen Governance der EU richtet sich der Blick schließlich auf die OMK. Dieser abschließende Untersuchungsschritt gilt nicht einer empirischen Auseinandersetzung mit der OMK selbst. Vielmehr geht es darum, die Interdependenzen und Relationen zwischen der OMK und dem Ensemble der sozialpolitischen Governance-Instrumente der EU zu analysieren und in längerfristige Trends der EU-Integrationspolitik einzuordnen.

2. Das Europäische Sozialmodell: Dimensionen und Kontroversen

2.1. Komparative Perspektiven

Im Zentrum der folgenden Überlegungen steht das Europäische Sozialmodell als normatives Leitbild und „politisches Projekt" der EU. Da dessen offizieller Gebrauch durch die EU-Organe nicht losgelöst von den mitgliedstaatlichen Bedingungen ist, sollen zunächst die wichtigsten Debattenstränge skizziert werden, die das Europäische Gesellschafts- oder Sozialmodell aus einer vergleichenden Perspektive thematisieren. Zugleich können dadurch einige der politischen und methodischen Probleme identifiziert werden, die den OMK-Prozess, der im Kern auf einem komparativen Ansatz und Benchmarking-Prinzip basiert, begleiten.

Vergleichende soziologische und politologische Analysen, die sich der Frage eines Europäischen „Gesellschaftsmodells" widmen, sehen in der Parallelität und Komplementarität von wirtschaftlicher Entwicklung und sozialem Fortschritt, von ökonomischer Dynamik und gesellschaftlichem Ausgleich ein wesentliches Kennzeichen der (west-)europäischen Gesellschaftsentwicklung der Nachkriegszeit. Nach Crouch (1999) ist – um diesen Debattenstrang nur anzudeuten – die Anerkennung und Ordnung der gesellschaftlichen Vielfalt, „combining diversity with overall order", das gesellschaftspolitische Arrangement des modernen Europa und bezeichnet den Kern der „Wahlverwandschaft" zwischen den europäischen Industrienationen. Dieses spezifisch europäische Modell gesellschaftlicher Integration umfasst nach Aust et al. (2002: 273) die Institutionalisierung – d.h. die politische Ordnung, Begrenzung und Strukturierung – des wirtschaftlichen Wettbewerbs und industriellen Klassenkonflikts, sowie politischer „cleavages" und kulturell-konfessioneller Spaltungen. Neben diesen gesellschaftlichen Zusammenhang geordneter Vielfalt und Integration tritt als ein weiteres Merkmal die Institutionalisierung des sozialen Ausgleichs. Diese Dimension des Europäischen Sozialmodells umfasst insbesondere die soziale Sicherung (einschließlich der Einkommensverteilung) und die Arbeitsmarktregulierung (staatlich und/ oder verbandlich geregelte Arbeits- und Entlohnungsbedingungen, bei Vorrang des Flächentarifvertrags in der Mehrzahl der „alten" EU -Staaten). Unter dieser soziologischen Perspektive betrachtet, bezeichnet das Europäische Gesellschafts- oder Sozialmodell einen „Komplex von Strukturhomologien und -ähnlichkeiten der europäischen Gesellschaften (...), ohne davon auszugehen, dass sich das gesamte Merkmalset in allen europäischen Gesellschaften tatsächlich vollständig ausgebildet findet oder finden muss" (Aust, et al.: 284).

Gegenüber den skizzierten Analysen, die nach den Gemeinsamkeiten eines „Europäischen Gesellschaftsmodells" fragen, bekräftigen Untersuchungen, die sich Methoden der vergleichenden Wohlfahrtsstaatsforschung bedienen und nach der Existenz eines „Europäischen Sozialstaatsmodels" (im engeren Sinne) fragen, in überwiegender Weise, die sozial- und wohlfahrtsstaatlichen Modellvielfalt und die Pfadabhängigkeit ihrer reformpolitischen Entwicklungen. Demnach sind „nationale Muster wohlfahrtsstaatlicher Entwicklung (...) in Europa ausgeprägter als transnationale Ähnlichkeiten. Trotz ähnlicher Herausforderungen (Demokratisierung, Industrialisierung, Verstädterung) wurden soziale Probleme unterschiedliche definiert, variierten die politischen Prioritäten und die gefundenen institutionellen Lösungen von Land zu Land" (Kaufmann 2008: 20). Nach dieser Sicht einer historisch gewachsenen Modellvielfalt, überwiegen im zwischenstaatlichen Vergleich die Unterschiede in einem Maße, die es analytisch verbietet, von einem Europäischen Sozialmodell im Singular zu sprechen, selbst dann wenn, wie im vergangenen Jahrzehnt, in bestimmten Bereichen nationaler wohlfahrtsstaatlicher Politik Reformpfade konvergieren. Der Tradition der Wohlfahrtsstaatstypologien (nach Esping-Anderson 1990 und 1999) sind auch zahlreiche jüngere Untersuchungen verpflichtet, die sich auf ein Benchmarking der wohlfahrtsstaatlichen Performanz der Mitgliedstaaten konzentrieren. Als Beispiel sei lediglich die im Beraterumfeld der EU-Kommission einflussreiche Position von Sapir (2005) erwähnt (ohne an dieser Stelle kritisch darauf einzugehen). In seiner Studie über „Globalisation and the Reform of European Social Modells", geht er von vier Grundmodellen aus, dem angelsächsischen, kontinentaleuropäischen, südeuropäischen und skandinavischen. Im Vergleich der „alten" EU-Mitgliedstaaten wird den Ländern des angelsächsischen und skandinavischen Modells eine deutlich bessere sozial- und insbesondere beschäftigungspolitische Performanz attestiert, als den Ländern des kontinental- und südeuropäischen Typs.

Die Beantwortung der Frage nach der Existenz eines „Europäischen Sozialmodells" ist schließlich abhängig von der gewählten Vergleichsperspektive: In dem Maße, in dem sich der Vergleichshorizont global ausweitet, treten die innereuropäischen Gemeinsamkeiten wieder stärker hervor: Nach Schmid (2005) „ist das 'Europäische Sozialmodell' eine Schimäre (...). Dennoch, gegenüber den USA oder Japan – von Indien oder China, Afrika oder Lateinamerika ganz abgesehen – gibt es Gemeinsamkeiten, die nicht zu übersehehen sind". Einer den OECD-Rahmen einbeziehenden Untersuchung von Witte, die danach fragt, ob das Europäische Sozialmodell „in ausreichendem Maße Elemente enthält, die allen EU-Mitgliedern (oder zumindest der EU 15) gemeinsam sind und gleichzeitig eine Abgrenzung nach außen („Rest-OECD") erlauben" (Witte 2005: 2), liegt folgende Definition des Europäischen Sozialmodells zugrunde:

> „die Gesamtheit von staatlichen und zivilgesellschaftlichen Aktionen, die darauf gerichtete sind, für alle Bürgerinnen und Bürger die materiellen (Grund-)bedürfnisse zu befriedigen, die gesellschaftliche Teilhabe zu gewährleisten und den sozialen Zusammenhalt zu stärken" (ebd.: 2).

Der OECD-Vergleich auf der Grundlage von 10 Messgrößen – darunter nicht nur traditionelle soziale Indikatoren wie Pro-Kopf-Einkommen und Einkommensverteilung sondern etwa auch Indikatoren wie Lesekompetenz und Gewaltverbrechen – führt zu dem Ergebnis, „dass ein Europäisches Sozialmodell tatsächlich existiert, wobei der wesentliche Unterschied zu den angelsächsischen Industrieländern (einschließlich Großbritannien) in der Verfolgung und praktischen Einlösung des Zieles des sozialen Zusammenhalts besteht." (ebd.:4).

Mehrere Szenarien stehen derzeit zur Diskussion, wenn es um die generelle Richtung der mitgliedstaatlichen Entwicklungen geht. Zum einen ein Entwicklungsszenario, wonach unterschiedliche nationale Reformpfade unter den Bedingungen des (nunmehr nach Mittel-Osteuropa erweiterten) EU-Binnenmarkts den institutionellen Wettbewerb zwischen den Mitgliedstaaten in einer Weise verstärken, dass der institutionelle Wettbewerb letztlich zu einem Kostensenkungswettlauf führe und damit europaweit ein sozialpolitisches „downsizing" befördere. Zum zweiten ein Szenario, das davon ausgeht, dass obgleich die Europäische Union das Gewicht wirtschaftspolitischer im Verhältnis zu sozialpolitischen Erwägungen stärke, dies „nicht zur Erosion wohlfahrtsstaatlicher Arrangements auf nationaler Ebene geführt (hat)" (Kaufmann 2008:26). Demnach bleiben nationale Gestaltungsspielräume in einem vergleichsweise hohen Maße erhalten, die es den Mitgliedstaaten ermöglichen ihre jeweiligen wohlfahrtsstaatlichen Traditionen und gesellschaftlichen Präferenzstrukturen zu berücksichtigen, bzw. zu bewahren. Schließlich ein Szenario, wonach in den variierenden mitgliedstaatlichen Reformpfaden eine produktive Differenz zum Tragen kommt, aus der sich eine neue „europäische Integrationssynthese" herausbilden wird bzw. politisch daraus entwickeln lässt. Eine diesbezügliche Perspektive wird wie folgt begründet:

> „Für die Entwicklung eines unter den Bedingungen der Globalisierung erfolgreichen europäischen Modernisierungspfades ist der kreative Widerspruch zwischen dem aktivierenden bürgergesellschaftlichen Staat und dem aktiven institutionalistischen Sozialstaat unabdingbar. Der aktivierende bürgergesellschaftliche Staat allein verliert nach und nach den Sinn für Gleichheit, für die Würde der Immobilität und die unverzichtbaren Ressourcen der Vergemeinschaftung. Der aktive Sozialstaat neigt auf sich allein gestellt auf der anderen Seite dazu, an industriegesellschaftlichen Problemdefinitionen zu lange festzuhalten, die aktiven Potentiale in überholten Institutionen zu binden und dem Wandel soziale Fesseln anzulegen. Im kreativen Widerspruch konkurrieren die Prinzipien, heben sich in Modernisierungskompromissen auf (...) Aktivierender bürgergesellschaftlicher Staat und aktiver institutionalistischer Sozialstaat haben das Zeug, eine Leitdifferenz der Europäisierung Europas zu werden" (Schwengel 2000).

Jenseits dieser empirisch-vergleichend geführten Debatte um die Frage, ob es ein Europäisches Sozialmodell oder Sozialmodelle in Europa gibt und jenseits deskriptiver Analysen und Interpretationen von Wohlfahrtsstaatlichkeit, die sich vorzugsweise an international standardisierten statistischen Konventionen orientieren, ist die Sozialmodelldebatte seit je in starkem Maße durch ordnungspolitische und ideologische Auseinandersetzungen geprägt, in denen sich gesellschaftliche Kräfteverhältnisse und Veränderungsprozesse widerspiegeln. D.h., der „Wohlfahrtsstaat" ist immer auch eine normative politische Größe. Und in dem Maße, in dem sich tradierte Wertesysteme verschieben – wie dies etwa die Debatten um den „aktiven versus aktivierenden Sozialstaat", um „Verteilungs- versus Chancengerechtigkeit" etc. zeigen –, verändern sich auch die für die Beschreibung der Ist-oder Soll-Zustände eines Sozialmodells relevanten „benchmarks", regulativen Ideen und sozialen Konstruktionsbedingungen.

Das oben skizzierte Spektrum empirischer Positionen und normativer Diskurse findet unter methodischen wie politischen Vorzeichen seinen Wiederhall in der Praxis der OMK. Da diese in ihrem Kern auf ein prozessgesteuertes „Policy-learning" oder „Governance-learning" zielt, das auf einem „vergleichenden Ansatz" und Benchmarking basiert, sind bereits auf einer methodischen und empirischen Ebene die skizzierten Probleme der komparativen Wohlfahrtsstaatsforschung auch dem Steuerungsmodus der OMK inhärent. Gleiches gilt für die politisch-normative Dimension der Wohlfahrtsstaatsdebatte, die auch bei einem primär „prozeduralen" Problemlösungsansatz wie der OMK, dazu führen muss, dass schon die Festlegung quantitativer und/ oder qualitativer Benchmarks, die Fixierung von Leitlinien, etc., notwendigerweise „politisiert" ist. Der Entstehungszusammenhang und die gesamte bisherige Entwicklung der Lissabon-Strategie unterstreichen, dass die scheinbar „neutralen" und zudem autonomieschonenden Prozeduren der OMK gleichwohl Gegenstand permanter politischer Auseinandersetzungen und Bargaining-Prozesse sind. Es ließe sich beispielsweise zeigen, dass die strategischen Ziele und das Instrumentarium der Lissabon-Strategie ursprünglich eine Art „neo-sozialdemokratische" Integrationssynthese darstellen, die zum damaligen Zeitpunkt einerseits durch eine sozialdemokratische Regierungsdominanz im Rat befördert, anderseits aber nur durch Kompromissbildungen zwischen unterschiedlichen Reformvorstellungen („New Labour", kontinentaleuropäische sozialdemokratische Reformansätze etc.) möglich wurden.

2.2. Trans- und supranationale Perspektiven

Wendet man sich dem Europäischen Sozialmodell aus einer supranationalen, integrationspolitischen Perspektive zu, so ist zunächst festzuhalten: In den offiziellen Verlautbarungen der EU werden unter dem Europäischen Sozialmodell sowohl die auf ökonomische Modernisierung zielenden Politiken (FuE-Politiken, Marktliberalisierung und Wettbewerbspolitik etc.) subsumiert, als auch diejenigen gemeinschaftlichen Aktivitäten, die gemeinhin als „EU Sozialdimension" bezeichnet werden. Letztere reichen, so die Aufzählung der EU-Kommission, „von der allgemeinen und beruflichen Bildung bis zur Beschäftigung; von der Gesundheit und Wohlfahrt über den Sozialschutz bis zum Dialog zwischen Gewerkschaften und Arbeitgebern; vom Gesundheitsschutz und der Sicherheit am Arbeitsplatz bis zum Kampf gegen Rassismus und Diskriminierungen" (EU-Kommission 1999: 6). Dieser synthetisierende Ansatz, der sich in den 1990er Jahren unter dem EU-Leitbild des Europäischen Sozialmodells herausgebildet hat, findet in den programmatischen und strategischen Festlegungen des Europäischen Rates von Lissabon 2000, (in der sog. „Lissabon-Strategie") seine Fortschreibung und zugleich eine ambitionierte Ausweitung. Demnach soll die EU zur global führenden Makroregion einer wissensbasierten Ökonomie werden; dies unter Wahrung ihrer wohlfahrtsstaatlichen Systemstrukturen und Traditionen, die wiederum – auch durch europäisch flankierte Politiken – modernisiert werden sollen. Auch die Anfang 2005 revidierte Fassung der Lissabon-Strategie durch Kommission und Rat schreibt die normativen Verpflichtungen auf „ökologische Nachhaltigkeit" und „soziale Kohäsion" fort. Es entspricht, betrachtet man die bisherige Integrationsgeschichte, gängiger EU-Praxis, divergierende ordnungs- und integrationspolitische Interessen mittels integrativer Formeln zusammenzubinden, die – zumal in Zeiten gesellschaftlicher Umbrüche und eines forcierten globalen bzw. makro-regionalen ökonomischen Wettbewerbs – unterschiedliche Funktionen politischer Identitätsstiftung und strategischer Orientierung erfüllen können. Versucht man die gesamte Diskursentwicklung auf europäischer Ebene auf einen Nenner zu bringen und das Europäische Sozialmodell im politischen und kommunikativen Gebrauch durch die Organe der EU zu qualifizieren, so verdienen folgende Aspekte hervorgehoben zu werden: Das Europäische Sozialmodell ist nicht abschließend definiert, noch gar europarechtlich in expliziter und verbindlicher Weise verankert (Prunzel 2007: 63). Es umfasst frühere Kennzeichnungen für das sozialpolitische Tätigwerden bzw. für entsprechende sozialpolitische Projektionen der EU, wie „soziale Dimension", „sozialer Raum", „europäische Sozialunion", „Social Europe" etc., und hat diese im politischen Gebrauch weitgehend abgelöst. Es wird analytisch-deskriptiv verwandt, in dem in entsprechenden Erklärungen der EU-Organe auf die sozialstaatliche Verfasstheit der Mitgliedstaaten und den sozialpolitischen

Besitzstand im Primär- und Sekundärrecht der Union gleichermaßen verwiesen wird. Zugleich wird es in normativ-präskriptiver Weise gebraucht, in dem neue Integrationsziele und Modernisierungsansprüche damit verbunden bzw. assoziiert werden, wie etwa das „life long learning" und der „Europäische Bildungsraum" oder die jüngsten „Flexicurity"-Ansätze" im Bereich der Arbeitsmarktpolitik. Alles in allem erfüllt das Europäische Sozialmodell unter den Bedingungen „postsouveräner Wohlfahrtsstaaten in einem supranationalen Staatenverbund" (Schulte 2004: 83) sowohl die Funktion einer normativen Gemeinschaftsfiktion als auch die eines operativen „Meta-Projekts".

Will man diesen offiziellen EU Anspruch an das Europäische Sozialmodell auf seine Substanz hin befragen, mithin entwicklungsgeschichtlich und empirisch überprüfen (Platzer 2003 und 2005), bietet es sich mit Blick auf das EU-Mehrebenensystem des Regierens an, den Selbstanspruch der EU mittels folgender Leitfrage zu strukturieren: ob und inwieweit „die strukturelle Kopplung von wirtschaftlicher Dynamik und sozialem Ausgleich – bzw. die Anpassung dieses Wirkungszusammenhangs an veränderte ökonomische Rahmenbedingungen – zum Objekt supra-und transnationaler Regulierung und Institutionalisierung wird" (Aust et al.: 273).

3. Sozialpolitisches Regieren (in) der EU: theoretische Aspekte, historische Entwicklungslinien und empirische Befunde

3.1. Vertragsgrundlagen und das Verhältnis von „positiver" und „negativer" Integration

Integrationswissenschaftlich hat die Unterscheidung zwischen „negativen" (im weitesten Sinne „marktschaffenden") und „positiven" (im weitesten Sinne „marktkorrigierenden" bzw. gemeinschaftliche Politik konstituierenden) Regelungen transnationaler sozialer Handlungszusammenhänge eine lange Tradition. Ursprünglich von Pinder (1968) für die EG entwickelt, spielt diese Unterscheidung neben dem von Weiler (1981) konstatierten Dualismus von supranationalem europäischen Recht und intergouvernementaler europäischer (Wirtschafts-)Politik auch in der gegenwärtigen Debatte um das Europäische Sozialmodell eine wesentliche Rolle. Scharpf (1996) hat eine weitere wichtige Unterscheidung in die EU-Diskussion eingeführt:

> „Die Grenze zwischen konsensfähigen und konflikthaften (Interessen-) Konstellationen (lässt) sich näherungsweise durch die Unterscheidung zwischen

produkt- und mobilitätsbezogener Regelungen auf der einen und der Harmonisierung produktions- und standortgebundener Regelungen auf der anderen Seite ziehen (...) Der letztlich ausschlaggebende – und vorderhand nicht ausräumbare – Grund für die Konflikthaftigkeit von produktions- und standortbezogenen Regelungen liegt in den extremen Unterschieden im ökonomischen Entwicklungsstand der Mitgliedstaaten" (ebd.: 112).

Die Grundentscheidungen darüber wie und in welcher Gewichtung sich die „positive" und „negative" Integration gestaltet, werden in den jeweiligen Vertragsverhandlungen getroffen, d.h. im Primärrecht der Verträge durch die Kompetenzorganisation und die Entscheidungsregeln fixiert. Es gehört zu den Paradoxien der EU-Integration, dass keine der großen politischen Auseinandersetzungen, in denen sich das politische Selbstbewusstsein Europas geformt hat, die Sozialpolitik betraf und dennoch jede Vertragsverhandlung von Rom bis Amsterdam gerade in der Frage der sozialpolitischen Kompetenzausstattung der Union ihre konfliktträchtigsten Auseinandersetzungen hatte (Platzer 2002a), die oft nur mit mühsamen Kompromissen (darunter das britische "opting out" im Maastricht-Vertrag) zu lösen waren. Auch in der Ratifikationskrise des Verfassungsvertrags nach dem französischen „Nein" flackerte die Diskussion um eine „Nachjustierung" der Sozialen Dimension auf. U.a. standen zwischenzeitlich Überlegungen einer politischen Erklärung zum sozialen Europa auf der Tagesordnung. Erneut waren die mühsamen Kompromissbildungsprozesse, die zum Vertrag von Lissabon (Reformvertrag) geführt haben – etwa bei der Grundrechtscharta, die auch soziale Rechtsnormen beinhaltet –, nur um den Preis eines „opting out" (Polen und Großbritannien) möglich.

Die Sozialpolitik ist, wie noch eingehender zu erörtern sein wird, eines der sensiblen Politikfelder, auf dem in den vertragspolitischen „great bargains" der Regierungen grundlegende Zielkonflikte über Wesen und Gestalt der Union ebenso zum tragen kommen wie konkrete mitgliedstaatliche Souveränitätsvorbehalte. Diese sind ihrerseits Ausdruck unterschiedlicher, aus der sozialstaatlichen Verfasstheit der Mitgliedstaaten resultierender gesellschaftlicher Präferenzen und setzen einem „wohlfahrtspolitischen Verantwortungstransfers nach Europa" (Mau 2003) vergleichsweise enge Grenzen.

In groben Zügen lässt sich die vertragspolitische Entwicklung wie folgt skizzieren: Die Ökonomie war und ist Kernbereich und strategische Entwicklungsachse der europäischen Integration. Vom gemeinsamen (Güter-)Markt der 1960er Jahre bis zur Vollendung des einheitlichen Binnenmarkts für Waren, Kapital, Arbeit und Dienstleistungen Anfang der 1990er Jahre dominiert insoweit ist das Prinzip der „negativen", der marktschaffenden Integration. Auch die Währungsunion, das ökonomischen „finalité-Projekt" der 1990er Jahre, unterstreicht die ökonomisch getragene Integrationslogik, geht aber in ihren politischen Voraussetzungen und Funktionsbedingungen, – die Institutionalisierung eines supranationalen monetären Regimes –, zugleich über „negative" Integration hinaus. Auf jeder Stufe der Marktintegration stellten und stellen sich spezifische Anforderungen einer sozialpolitischen Flankierung und politischen Regulierung zur Ermöglichung eines transnationalen Wirtschaftsraums wie zur Korrektur von unerwünschten Marktprozessen. Grundsätzlich bewegen sich die ordnungs- und integrationspolitischen Optionen und politischen Auseinandersetzungen im Spannungsfeld von zwischenstaatlichem und marktwirtschaftlichem Ordnungswettbewerb und europäischer Koordinierung, Regulierung und Vergemeinschaftung. In dem Maße in dem letzteres zum tragen kommt, trägt der Integrationsprozess Züge „positiver" Integration. Im Gesamtkontext der europäischen Einigung bleibt die vertragliche Ausgestaltung der „Sozialen Dimension" jeweils hinter der Reichweite und Tiefe der Marktintegration zurück. Der taktische und strategische Primat der Ökonomie manifestiert sich im Integrationsverlauf über die Stufen des Gemeinsamen Marktes (EWG-Vertrag), des Binnenmarktes (Einheitliche Europäische Akte) und der Währungsunion (Maastrichter Vertrag) Jede Stufe der Marktintegration führt jedoch zu je spezifischen Auseinandersetzungen um die Reichweite, die Kompetenzstrukturen und Entscheidungsmodi einer der Marktintegration „gemäßen" gemeinschaftlichen Sozialpolitik. Ohne die asymmetrische Grundarchitektur zu überwinden wurden im Laufe der Integrationsentwicklung die legislativen Zuständigkeiten der EU in den Bereichen der Arbeits-, Beschäftigungs- und Sozialpolitik sukzessive erweitert und die Entscheidungsregeln wiederholt angepasst. Legt man die Ergebnisse der vertragspolitischen „great bargains" zugrunde, so sind die jeweiligen Vertragsrundlagen – ausgehend von der schmalen Basis des EWG-Vertrages (Regelungskompetenzen für Wanderarbeitnehmer, Sozialfond) – stufenweise erweitert worden. Der Schritt vom EWG-Vertrag zur Einheitlichen Europäischen Akte (EEA) war graduell, der von der EEA zum Maastricht-Vertrag substantiell, der des Amsterdamer Vertrages wiederum graduell und der des Nizza-Vertrages minimal. Auch der Vertrag von Lissabon, dessen Zukunft nach dem irischen Referendum ungewiss ist, schreibt den *status quo ante* im Bereich der legislativer Zuständigkeiten und sozialpolitischen Entscheidungsregeln weitgehend fort und stärkt allenfalls auf normativer Ebene – in den allgemeinen Vertragszielen und in der Grundrechte Charta – die „Soziale Dimension" der EU.

Substantiell betrachtet, hat sich die EU-Sozialpolitik erst nach dem Pariser Gipfel von 1972 mit einem Sozialpolitischen Aktionsprogramm als eigenständiges Politikfeld etabliert. Die EEA schuf vertragliche Grundlagen insbesondere für Maßnahmen im Bereich Sicherheit und Gesundheitsschutz am Arbeitsplatz, die mit qualifizierter Mehrheit verabschiedet werden konnten. Der Maastrichter Vertrag erweiterte die Zuständigkeit der EU u.a. in den Bereichen Arbeitsbedingungen und Geschlechtergleichbehandlung (mit qualifizierten Mehrheitsentscheidungen) sowie soziale Sicherheit. Letzteres Politikfeld unterliegt der Einstimmigkeit. Die damit verbundenen Veto-Konstellationen erklären die weitgehende Stagnation einer regulativen Politik in diesem Bereich und einen *policy-output*, der sich allenfalls auf der Ebene unverbindlicher Rechtsakte bewegt. Zugleich verweist diese vertragspolitische Ausgangslage auf die entsprechenden Versuche einer sozialpolitischen Problembearbeitung mittels der Steuerungsform der OMK. Der Amsterdamer Vertrag verankerte die Beschäftigungspolitik als Gemeinschaftsaufgabe, wobei die nach schwierigen Vertragsverhandlungen zur EU-Beschäftigungspolitik gefundenen institutionellen und prozeduralen Kompromisse (Platzer 1999) zugleich die Grundlogik der OMK konstituierten. Schließlich ergänzt der Vertrag von Nizza den EU-Kompetenzkatalog um den Bereich Antidiskriminierung.

Die bislang theoretisch hergeleiteten und empirisch grob gewichteten Regelungstypen im Spannungsfeld „negativer" und „positiver" Integration sowie die skizzierten vertraglichen Entwicklungslinien sind ein erster Schritt, um die Frage nach der Substanz des Europäischen Sozialmodells als trans- und supranationaler Ordnungs- und Steuerungsrahmen zu erfassen. Darüber hinaus ist es erforderlich, die empirische Bandbreite gemeinschaftlicher Regulierungsmodi, ihres Wandels und ihrer materiellen Resultate eingehender zu analysieren. Dies kann im hier vorgegebenen Rahmen nur skizzenhaft für die sozial- und arbeitspolitischen Kernbereiche gemeinschaftlicher Politik geleistet werden.

3.2. Modi trans- und supranationaler Regulierung und Steuerung: Entwicklung, Wandel, Ergebnisse

3.2.1. Sozialpolitische Regulierung durch Harmonisierung

Seit Gründung des gemeinsamen Marktes zielt die „raison d'être" der europäischen Integration primär auf Faktormobilität und ökonomische Effizienzsteigerung, nicht auf soziale Umverteilung. Der sozialpolitische *aquis communautaire*, der sich bis dato herausgebildet hat, reflektiert in starkem Maße wettbewerbs- und mobiltätsbezogene Funktionserfordernisse. Entsprechende Regulierungen, die (im weitesten Sinne) auf dem Prinzip der Harmonisierung basieren, sind demzufolge in den Bereichen der sozialen Sicherheit der Wanderarbeitnehmer, der Sicherheit und dem Gesundheitsschutz am Arbeitsplatz, der beruflichen Gleichbehandlung von Männern und Frauen und im Bereich des individuellen Arbeitsrechts (z.b. Mindestschutz bei Massenentlassungen und Betriebsübergang) anzutreffen. Diese nach der „Gemeinschaftsmethode" erlassenen Richtlinien bzw. Verordnungen variieren in ihrem Regulierungsniveau, wobei einerseits – vor allem im Zuge der Binnenmarktregulierung – das Prinzip der Mindeststandards gilt, andererseits, wie etwa im Bereich des Arbeits- und Gesundheitsschutzes, das Niveau und die Innovationskraft der Gemeinschaftsgesetzgebung als hoch bewertet werden kann. (Eichner/ Voelzkow 1994). Die eingangs theoretisch hergeleitete Annahme, dass sich im Vergleich zu produkt- und mobilitätsbezogenen Regelungen, die Regulierung produktions- und standortgebundener Materien als schwierig gestaltet, unterstreichen die Erfahrungen im Bereich des kollektiven Arbeitsrechts. Hier blieben zwei Gesetzgebungsvorhaben, die Regelung der Information und Konsultation von Arbeitnehmern in transnationalen Unternehmen und die Mitbestimmung in der europäischen Aktiengesellschaft, über Jahrzehnte blockiert. Es bedurfte neben der im Maastrichter Vertrag für diese Regelungsmaterien eingeführten Mehrheitsentscheidung vor allem eines – von der EU-Kommission klug orchestrierten – Paradigmenwechsels im Regulierungsansatz, um diese Gesetzgebungsvorhaben Mitte bzw. Ende der 1990er Jahre zu realisieren. Die Richtlinie zur Einrichtung Europäischer Betriebsräte (EBR) vom September 1994 schafft erstmals eine Institution des kollektiven Arbeitsrechts auf europäischer Ebene. Der Regulierungsmodus der EBR-Richtlinie ist insbesondere dadurch gekennzeichnet, dass an die Stelle substanzieller Normen und materieller Regeln, detaillierte Verfahrensregeln (Prozeduralisierung) treten und eine (früher stets erfolglose) harmonisierende

Rahmenregelung durch das Prinzip der Optionalisierung, also durch unternehmensspezifische Aushandlungsprozesse ersetzt wird. Dieser lediglich an Mindestvorschriften gebundene Autonomiespielraum der Parteien über das „Ob" und „Wie" einer europäischen Arbeitnehmervertretung reflektiert die Vielfalt nationaler Mitbestimmungskulturen und trägt in soweit dem Subsidiaritätsgedanken Rechnung. Dieser spezifische Regulierungsmodus wurde vom Verfasser an anderer Stelle empirisch ausführlich behandelt und begrifflichanalytisch als „regulierte Selbstregulierung" qualifiziert (Platzer 2002b). Die paradigmatische Bedeutung dieses Regulierungsansatzes unterstreicht die Tatsache, dass auch die 2001 verabschiedete Richtlinie über die Arbeitnehmermitbeteiligung in der „Europäischen Aktiengesellschaft" sich stark an diesem Modus orientiert. Die empirische Frage nach der quantitativen und qualitativen Entwicklung der EBR ist schon deshalb bedeutsam, weil die Erwägungsgründe der Richtlinie den „betrieblichen sozialen Dialog" explizit als ein tragendes und gestaltendes Element sowohl unternehmerischer Produktivität wie sozialer Partizipationsansprüche reklamieren und damit auf den EU-Anspruch eines Europäischen Sozialmodells verweisen. Zwar sind mit den rund 870 bis dato etablierten EBR weniger als die Hälfte der nach den Kriterien der Richtlinie „möglichen Fälle" (etwas über 2000) abgedeckt; die eingerichteten EBR erreichen jedoch, in Belegschaftszahlen gerechnet, bereits einen Repräsentationsgrad von über 60%. Auch wenn sich die Praxis der EBR höchst unterschiedlich gestaltet, überwiegen in der mittlerweile umfangreichen EBR-Forschung (zusammenfassend Müller/ Platzer 2003) mehrheitlich positive Einschätzungen dieses Richtlinien-gestützten Prozesses einer transnationalen Arbeitnehmerbeteiligung in europäischen Konzernen.

Für eine Gesamtbewertung des polcy-outputs im Bereich einer sozial-regulativen EU-Politik sind schließlich die Befunde einer quantitativen Untersuchung von Bähr, Treib und Falkner (2008) sehr aufschlussreich, die sich der Entwicklung bindender und nicht-bindender Rechtsakte in der EU-Sozialpolitik (im Vergleich mit der Umweltpolitik) im Zeitraum 1970 bis 2004 widmet. Demnach nimmt seit der Institutionalisierung der beiden Politikfelder in den 1970er Jahren die Zahl sowohl der bindenden als auch der nicht-bindenden Rechtsakte in beiden Bereichen kontinuierlich zu. In beiden Politikbereichen übersteigt die Zahl der bindenden Rechtakte die Anzahl an unverbindlichen Regelungen. Während bei den verbindlichen Rechtakten (bis 2004) die Umweltpolitik mit insgesamt knapp 250 Regelungen deutlich vor der Sozialpolitik mit insgesamt 155 bindender Rechtsakte liegt, ist es im Bereich der nicht-bindenden Regelungen umgekehrt; hier liegt die Zahl in der Sozialpolitik bei rund 150 und in der Umweltpolitik bei ca. 75 (ebd. S. 97ff.). Auch bei einem genaueren Blick auf die einzelnen Regelungen bekräftigen sich diese numerischen Relationen und Trends:

„Zum einen verstärkt sich die quantitative Relevanz nicht-bindender Regelungen in der EU-Sozialpolitik sogar noch, wenn Änderungen, Anwendungsregeln und geografische Ausdehnung, die in der Form von bindenden Rechtsakten verabschiedet werden, von Verordnungen und Richtlinien unterschieden werden, die einen neuen Regelungsbereich zum Inhalt haben. In der Sozialpolitik liegt zu keinem Zeitpunkt während des gesamten Untersuchungszeitraums die Zahl der nicht-bindenden Regelungen unter der Zahl der bindenden Rechtsakte. Seit Anfang der 1980er Jahre ist sogar ein verstärkter Anstieg unverbindlicher Maßnahmen zu beobachten" (ebd.: 98).

Zur Erklärung der empirischen Befunde ziehen Bär et al institutionelle Faktoren (Zugangsregeln und Entscheidungsregeln) und die Präferenzen der an der Entscheidung beteiligten Akteure heran. Dabei gehen sie davon aus, dass trotz der Agenda-Setting-Macht der Kommission und der zunehmenden Bedeutung des europäischen Parlaments im Gesetzgebungsverfahren, es nach wie vor die Positionen der Regierungen sind, von denen die Einigungschancen im Rat und das Ob und Wie europäischer Gesetzgebung abhängen. (ebd.: 101). Die Regierungspräferenzen in europäischen Verhandlungen sind wiederum durch ökonomische und institutionelle Kosten-Nutzen-Kalküle sowie durch parteipolitische Ideologien einschließlich der Befriedigung von Klientelinteressen beeinflusst. Im hier interessierenden Zusammenhang sind die folgenden Erklärungen, die Bähr et al. anbieten, bedeutsam. In der Sozialpolitik ist (stärker als in der Umweltpolitik) ein deutlicher vertraglich-institutioneller Effekt dergestalt zu beobachten, dass bindende Rechtsakte nur dann und nur in den issue areas verabschiedet werden, in denen die EU die explizite Zuständigkeit besitzt und Entscheidungen mit qualifizierter Mehrheit getroffen werden. In anderen issue areas der Sozialpolitik (Familie, ältere Personen, Behinderte etc.) sind nahezu ausschließlich nicht-bindende Regelungen anzutreffen.

Auch die Bedeutung ökonomischer und institutioneller Kosten unterschiedlicher Regulierungsarten und -materien wird dahingehend unterstrichen, dass produktbezogene Regelungen, die i.d.R. weniger konfliktgeladen sind, in der Umweltpolitik eine größere Rolle spielen (und u.a. die höhere Zahl verbindlicher Rechtsakte erklären) als in der Sozialpolitik, bei der Regulierungsvorhaben häufiger eine produktionsbezogene Dimension haben:

„Produktbezogene Regelungen, (...) können zwar erhebliche (...) Kosten verursachen. Zugleich aber haben sowohl die Mitgliedstaaten als auch die betroffenen Produzenten ein gemeinsames Interesse an europaweit gültigen Standards, weil diese dann den Handel mit diesen Produkten im Binnenmarkt erleichtern. Insofern sind solche Regelungen leichter zu verabschieden als produktionsbezogene Standards, die den Unternehmen Kosten auferlegen, ohne dass dadurch nennenswerte Vorteile in Bezug auf die Vermarktbarkeit von Produkten entstehen" (ebd.: 108).

Ein weiterer gewichtiger Erklärungsfaktor ist die unterschiedlich starke Verwurzelung der beiden Politikbereiche in den nationalen Politiktraditionen. Im Gegensatz zur Sozialpolitik, deren Institutionalisierung in vielen Ländern mit der Konsolidierung des Nationalstaates einherging und tief in den nationalen Traditionen verankert ist, bildete sich die Umweltpolitik als eigenständiges Politikfeld in den Mitgliedstaaten erst ab den 1970er Jahren. Demzufolge konnte sich die gleichzeitig begonnene EU-Umweltpolitik gegenüber einem relativ schwach institutionalisierten Politikfeld in den Mitgliedstaaten leichter behaupten und (im Vergleich zur Sozialpolitik) stärker entwickeln. Schließlich erklärt die unterschiedliche Akzeptanz europäischer Regulierung in den nationalen Wählerschaften die unterschiedlichen Politikergebnisse zwischen den beiden Bereichen. Bereits Eurobarometer-Daten zeigen, dass eine Mehrheit der Bürgerinnen und Bürger in den EU-Mitgliedstaaten die EU als geeignete Ebene zur Lösung von Umweltproblemen betrachtet und nur eine Minderheit die nationalstaatliche Ebene, während es bei der Sozialpolitik umgekehrt ist. Auch wenn es, so Bähr et al. „in der alltäglichen Entscheidungsfindung häufig keinen direkten Bezug zwischen Regierungen und ihren Wählerinnen und Wählern gibt, so weist die beobachtete Asymmetrie doch darauf hin, dass es für Regierungen in der Umweltpolitik leichter ist, gemeinsame europäische Regelungen gegenüber ihrer nationalen Wählerschaft zu vertreten, als dies im Bereich der Sozialpolitik der Fall ist" (ebd.: 111).

3.2.2. Der Soziale Dialog: Verhandelte Gesetzgebung und Selbstregulierung der europäischen Sozialpartner

Der multi-sektorale Sozialdialog

Im Vergleich zu dem in den 1970er und Anfang der 1980er Jahre nur schwach entwickelten „Europäischen Tripartismus", also den dreigliedrigen Konferenzen zwischen den Europäischen Sozialpartnern, Kommission und Rat (Kohler-Koch/ Platzer 1986) und dem zunächst rein konsultativen „Sozialen Dialog", der Mitte der 1980er Jahre begann, markiert der „Neue Soziale Dialog" seit Maastricht in mehrerlei Hinsicht einen qualitativen Sprung:

Den europäischen Gewerkschaften und Arbeitgeberverbänden, die bis dahin reine „Einflussträger" waren (informelles Lobbying und institutionalisierte Anhörung etwa im Ständigen Ausschusses für Beschäftigungsfragen), steht nunmehr die vertraglich verankerte Option autonomer Kollektivverhandlungen auf europäischer Ebene offen, sowie die Möglichkeit als „Entscheidungsträger" zu agieren, in dem sie in bestimmten, vertraglich definierten Bereichen sozial- und arbeitspolitische Gesetzgebungsvorhaben an sich ziehen und Vereinbarungen treffen, die dann (qua Ministerratsbeschluss) in die gemeinschaftlich Sozialgesetzgebung übergehen. Nach letzterem Verfahren sind bislang mehrere Materien verhandelt worden (siehe dazu Falkner 2003). Während Verhandlungen über das stark politisierte Projekt „Europäische Betriebsräte" scheiterten, wurden Rahmenvereinbarungen zum Elternurlaub (1996), zur Teilzeitarbeit (1997) und zu befristeten Arbeitsverträgen (1999) erfolgreich abgeschlossen. Die Verhandlungsdynamik innerhalb dieser neuen „zweiten Säule" sozialpolitischer Regulierung, die auf EU-Ebene zugleich dem Prinzip „horizontaler Subsidiarität" Geltung verschaffen soll, ist in starkem Maße durch einen „shadow of the law" beeinflusst. D.h., die Verhandlungs- und Tauschbereitschaft der Sozialpartner und deren Interessenkalküle reflektieren die politische Konstellation und das möglich Ergebnis einer auf „normalem" Gesetzgebungswege zustande kommenden Entscheidung. Die seit dem Maastrichter Vertrag mögliche tarifautonome Option einer supranationalen „Selbstregulierung" arbeits- und tarifpolitischer Gegenstände kam nahezu ein Jahrzehnt nicht zum tragen. Erst 2002 konnte ein erstes Rahmenabkommen zur Telearbeit abgeschlossen werden, dem eine Rahmenvereinbarung zum „Lebenslangen Lernen" (2002) und zum „Stress am Arbeitsplatz" (2004) folgten. Schließlich konnten 2005 ein „Framework of Actions on Gender Equality" und 2007 eine Vereinbarung über „Belästigung und

Gewalt am Arbeitsplatz" vereinbart werden. Diese autonomen Rahmenabkommen, die bislang primär „weichen" Materien gelten, bedürfen der Implementierung durch die nationalen Gewerkschaften und Arbeitgeber vermittels der nationalstaatlichen Praxen der Arbeitsbeziehungen (im Gegensatz zur oben genannten „verhandelten Gesetzgebung" die durch eine Richtlinie des Rats umgesetzt und damit „allgemeinverbindlich" wird).

Dieser Modus der autonomen Selbstregulierung wirft insbesondere bei der Implementierung zahlreiche Probleme auf; neben der Durchführungsbereitschaft der Sozialpartner (*compliance*) können auch die Strukturen und die Leistungsfähigkeit der nationalen Arbeitsbeziehungssysteme eine effektive Umsetzung und Anwendung der europäischen Rahmenvereinbarung auf den jeweils dezentralen oder lokalen Ebenen erschweren oder blockieren. Ein erster gemeinsamer Evaluationsbericht der europäischen Sozialpartner zeichnet einerseits ein insgesamt positives Bild der nationalen Implementierung dieser europäischen Rahmenabkommen. Andererseits zeigt der gemeinsame Umsetzungsbericht zur 2002 geschlossenen Telearbeitsvereinbarung, dass diese in den Mitgliedstaaten sehr unterschiedlich implementiert wurde. Ansätzen einer verbindlichen Umsetzung, insbesondere durch Kollektivverträge, stehen zahlreiche symbolische, nicht verpflichtende Umsetzungsschritte (z.B. gemeinsame „Leitlinien", Broschüren, Veranstaltungen) gegenüber. Schließlich sind einige nationale Tarifvertragssysteme gar nicht darauf ausgelegt, allgemeinverbindliche Standards vorzugeben. Dies zeigt deutlich die Grenzen der „autonomen" Rahmenabkommen, verbindliche und effektive soziale Mindeststandards zu schaffen, von denen alle Arbeitnehmer in der Praxis profitieren. Fragt man nach den mittelfristigen Perspektiven dieser Ko- und Selbstregulierung durch die europäischen Sozialpartner im Rahmen des multi-sektoralen Dialogs, so ist die mittelfristige sozialpolitische EU-Agenda ein gewichtiger Faktor. Da diese wenig gesetzliche Vorhaben enthält, die Anreize bzw. „Zwänge" für Verhandlungen im Bereich „harter" Materien schaffen würde, sind damit mittelfristig zugleich die Grenzen einer Weiterentwicklung des multi-sektoralen Dialogs auf der Schiene der „verhandelten Gesetzgebung" markiert.

Wie sich demgegenüber quantitativ und qualitativ die Entwicklung auf der Schiene „europäisch-tarifautonomer" Verhandlungen, also die transnationale „Selbstregulierung" der Sozialpartner gestalten wird, bleibt insgesamt abzuwarten. Ein zwischen den Sozialpartnern vereinbartes und jeweils fortgeschriebenes Arbeitsprogramm (ein derzeit noch gültiges für den Zeitraum

2006 bis 2008) nennt eine breite Palette von Themen (Lebenslanges Lernen, Flexicurity etc.) sowie gemeinsame Monitoring-Aktivitäten bzgl. der getroffenen Vereinbarungen; jedoch lässt sich nicht erkennen, ob, wann und wie einzelne darin enthaltene Themen, die arbeits- und tarifpolitisch „sensible" Materien betreffen, zum Gegenstand von Verhandlungen gemacht werden. Der multi-sektorale Sozialdialog kann hinsichtlich seiner Gesamtentwicklung und Steuerungspotentiale derzeit wie folgt charakterisiert und bilanziert werden: Trotz struktureller und prozeduraler Analogien zu nationalen „Korporatismen" (privilegierter Status der Sozial- und Tarifverbände; Verfahrensregeln für Interessenartikulation, Verhandlung und Implementierung etc.) weist die bisherige Entwicklung des Sozialen Dialogs allenfalls in einem begrenzten Segment der EU-Sozialpolitik Merkmale eines „EU corporatist policy regime" (Falkner 1999 sowie Dolvik 1999) auf. Die regulative Reichweite und Steuerungsqualität eines makro-korporatistischen EU-Regimes wäre dann gegeben, wenn die Europäischen Sozialpartner, etwa im Rahmen der EU-Beschäftigungspolitik, in die Rolle konzertierungs- und verpflichtungsfähiger Akteure hineinwüchsen.

Obgleich die Mechanismen der EU-Beschäftigungspolitik und die makroökonomische Koordination im Rahmen des sog. „Köln-Prozesses" seit Ende der 1990er Jahre zu einer verstärkten Einbindung der nationalen und europäischen Sozialpartner in die Formulierung und Umsetzung dieser EU-Politiken geführt haben, ist mit solch einem Qualitätssprung hin zu einem „corporatist EU-Policy-Regime" auf absehbare Zeit nicht zu rechnen. Dies gilt ungeachtet der Neuerungen, die der 2002 eingerichtete „Tripartite Sozialgipfel für Wachstum und Beschäftigung", gebracht hat, der die verschiedenen Felder der Sozialpartnerbeteiligung bündelt und, wie zu zeigen sein wird, mit der OMK verzahnt. Der primärrechtlich verankerte multi-sektorale Soziale Dialog hat sich, nachhaltig durch die EU-Kommission befördert (und mit beträchtlichen finanziellen Mitteln der EU unterstützt) inzwischen jedoch zu einem institutionalisierten Kristallisationspunkt für „vertikal" erweiterte und „horizontal" intensivierte Kommunikations- und Verhandlungsbeziehungen innerhalb und zwischen den Sozialpartnerorganisationen entwickelt. Er hat zur Aufwertung der europäischen Sozialpartnerorganisationen als transnationale Akteure geführt und zwar im Binnenverhältnis zur nationalen Mitgliedschaft, wie im Außenverhältnis gegenüber den EU-Institutionen.

Zugleich kommt in der Entwicklung des multi-sektoralen Dialogs seit der Jahrtausendwende eine Tendenz zum Ausdruck, die, wie im Schlussteil diese

Beitrags noch eingehender zu erörtern sein wird, Teil eines allgemeinen Paradigmenwechsels in der EU-Sozial- und Beschäftigungspolitik ist und in den sich auch die Steuerungslogik der OMK einfügt.

Sektorale Sozialdialoge

Auf der Ebene der Branchen, die in der Mehrzahl der Mitgliedstaaten noch immer die wichtigste tarifpolitische Ebene bilden (Ferner/ Hyman 1998), sind die transnationalen Handlungsarenen und die Rolle des jeweiligen „Sektoralen Dialogs" sehr uneinheitlich. Der Abschluss substantieller Abkommen ist im sektoralen Bereich (bislang) schwächer ausgeprägt als auf der multisektoriellen Ebene (Keller 2003); zugleich ist die Entwicklung seit Anfang 2000 von einem dynamischen Wachstum entsprechender sektoraler Dialogstrukturen geprägt. Die Gesamtentwicklung des sektoralen sozialen Dialogs lässt zunächst folgendes Grundmuster erkennen: Während die EU-Kommission in der Rolle eines „Prozessmanagers" den sektoralen Sozialdialog seit je zu fördern versucht und die Mehrzahl der derzeit 12 europäischen Branchengewerkschaften eine europäisch-sektorale Vereinbarungspolitik anstreben, verhalten sich die unternehmerischen Branchenverbände gegenüber verbindlichen Abkommen weitgehend defensiv. Dies zum Teil aus organisationspolitischen Gründen (die Mehrzahl der rund 200 europäischen Fach- und Branchenorganisationen sind reine industrielle Interessenvertretungen), vor allem aber aus ordnungs- und interessenpolitischen Gründen. Eine erste Phase des sektoralen Dialogs reicht bis in die 1960er und 1970er Jahre zurück als mit Hilfe der Kommission in den Bereichen, in denen eine Gemeinschaftspolitik existierte, wie zum Beispiel Landwirtschaft, Fischerei und Verkehr, sogenannte „Gemeinsame Ausschüsse" eingerichtet wurden. Die zentrale Aufgabe dieser aus Vertretern von Gewerkschaften und Unternehmerverbänden zusammengesetzten Gemeinsamen Ausschüsse bestand in der Unterstützung der Kommission bei der Ausarbeitung und Umsetzung ihrer Sozialpolitik durch die Erarbeitung von Berichten, Stellungnahmen und Empfehlungen. Nachdem die Ergebnisse dieser Gemeinsamen Ausschüsse hinter den Erwartungen zurück blieben, unternahm die Kommission nach einer längeren Phase der Stagnation Mitte der 1980er Jahre mit der Initiierung des sogenannten „Val Duchesse-Prozesses" einen erneuten Anlauf zur Revitalisierung des Sozialen Dialogs. Ein weiterer Schritt und zugleich eine vertragliche Grundlage für eine Intensivierung des institutionalisierten sozialen Dialogs auf sektoraler Ebene wurde 1991 durch den Vertrag von Maastricht eingeleitet.

Nachdem sich der Sektorale Soziale Dialog trotz dieser Vertragsgrundlagen auch in der Folgezeit nur schwach weiterentwickelte, leitete die Kommission 1998 eine komplette Restrukturierung ein. In ihrer Mitteilung zur „Anpassung und Förderung des Sozialen Dialoges" aus dem Jahr 1998 kommt die Kommission zu folgendem Schluss:

> „Die gegenwärtigen Strukturen sind positiven Entwicklungen häufig hinderlich. Die Gemeinsamen Ausschüsse und Informellen Arbeitsgruppen sind inzwischen überinstitutionalisiert oder pflegen Arbeitsweisen, die sich in puncto Zweckmäßigkeit überholt haben" (Europäische Kommission 1998: 10).

Auf der Grundlage dieser Bestandsaunahme beschloss die Kommission, die bestehenden Gemeinsamen Ausschüsse und Informellen Arbeitsgruppen aufzulösen und durch sogenannte „Ausschüsse für den Sektoralen Sozialen Dialog" (ASSD) zu ersetzen. Diese Maßnahme stellte den Startschuss zu einer weiteren Entwicklungsphase des Sektoralen Sozialen Dialogs dar. Die mit dieser Restrukturierung verbundene zentrale Zielsetzung der Kommission war eine qualitative und quantitative Verbesserung der Anhörung, der Durchführung gemeinsamer Aktionen und vor allem der Durchführung von Verhandlungen. Darüber hinaus sollte durch die auf gemeinsamen Antrag der Sozialpartner erfolgte Gründung eines ASSD eine effizientere Gestaltung von Arbeitsprozessen erreicht werden. Zu diesem Zweck beschloss die Kommission folgende Maßnahmen: Die Gesamtzahl der Mitglieder der paritätisch besetzten Ausschüsse soll 40 nicht übersteigen, jeder Ausschuss soll eine eigene Geschäftsordnung und ein Arbeitsprogramm beschließen, die Kommission übernimmt Sekretariatstätigkeiten und falls die beiden Seiten es wünschen auch den Vorsitz, jeder ASSD hält mindestens eine Vollversammlung jährlich ab, spezifischere Themen können im Rahmen von kleineren Arbeitsgruppen bearbeitet werden.

Die Bewertung ob die mit der Reform des Sektoralen Sozialdialogs verbundenen Zielsetzungen erreicht wurden fällt gemischt aus. Eine Untersuchung von Pochet (2005) zeigt, dass rein quantitativ die Anzahl entsprechender Dialog-Strukturen im Gefolge der Reform signifikant zunahm. So existierten 2006 in 33 Sektoren ASSD. Im Hinblick auf die Ergebnisse der im Zuge der Reform etablierten ASSD zeigt sich, dass sich zwar die Anzahl der verabschiedeten Dokumente signifikant erhöhte, sich dies aber nicht auf den Abschluss verbindlicher Rahmenvereinbarungen bezieht. Die große Mehrheit der produzierten Dokumente sind wie auch im Rahmen der alten Dialog-Strukturen gemeinsame Positionen gegenüber den EU-Institutionen – darüber hinaus mit einer sehr ungleichen Verteilung über die verschiedenen Sektoren. D.h. der *policy-output* der sektoralen Sozialdialoge bewegt sich in der Mehrzahl aller (Sub-)Branchen auf der Ebene „gemeinsamer Erklärungen" (zu konsensuellen arbeitspolitischen Themen wie Gesundheitsschutz, Berufsausbildung oder zu gemeinsamen industriepolitischen Interessensbereichen).

Rahmenvereinbarungen in der politischen Qualität von „codes of conduct" wurden beispielsweise zur Beruflichen Bildung im Bereich des europäischen Einzelhandels und der Versicherungen sowie in der Textilindustrie über die Bereiche Zwangsarbeit, Kinderarbeit, Nichtdiskriminierung und Koalitionsfreiheit (Bookmann 1999) abgeschlossen. Demgegenüber wurden seit der Reform des Sektoralen Sozialen Dialogs nur fünf verbindliche Rahmenvereinbarungen abgeschlossen und zwar alle im Transportsektor.

Vor diesem Hintergrund scheinen die neuen ASSD überwiegend eine konsultative Lobbyingfunktion und eine Konzertierungsfunktion im Bereich „weicher" Themen zu erfüllen und weniger, wie von der Kommission beabsichtigt, die einer Arena für autonome Verhandlungen mit substantiellen Regulierungen sektorspezifischer arbeits- und sozialpolitischer Probleme. Insgesamt lassen sich die bisherigen sektoralen Entwicklungen dahingehend resümieren: Entgegen der Annahme zahlreicher Autoren (Traxler/ Schmitter 1995), wonach für das Entstehen staatenübergreifender Arbeitsbeziehungen in der EU die Branchenebene die entscheidende sei, (eine vor dem Hintergrund nationaler Tarifbeziehungen plausibel abgeleitete Hypothese), sind die Entwicklungen auf dieser Ebene trotz eines beeindruckenden quantitativen Wachstums der institutionellen Arenen und einer Zunahme von Interaktionsbeziehungen unter den sektoralen Verbänden in qualitativer Hinsicht, also mit Blick auf eine transnationale Steuerung und substantielle Regulierung arbeits- und tarifpolitischer Materien, nicht oder nur begrenzt vorangekommen.

> „Sowohl der institutionelle Rahmen des Sozialprotokolls als auch die bestehenden Verbände sind zu schwach zum Aufbau korporatistischer Strukturen sowie zur Einleitung eines quid pro quo-bargaining, das eine grundlegende und notwendige Voraussetzung für diese spezifische Form der Interessenvermittlung wäre" (Keller/ Sörries 1999: 234).

4. Die Offene Methode der Koordinierung im Kontext des Europäischen Sozialmodells und sozialpolitischen Regierens (in) der EU

Ziel der vorangegangenen Analyseschritte war es, in Grundzügen die historische Entwicklung der Vertragsgrundlagen der EU-Sozialpolitik darzustellen sowie die wesentlichen Handlungsfelder, Regulierungsformen und materiellen Ergebnisse des arbeits- und sozialpolitischen Regierens in der EU empirisch zu beleuchten.

Auf dieser Grundlage lassen sich nunmehr zum einen erste Antworten auf die Frage nach dem Europäischen Sozialmodell gegeben; zum andern können die integrationsgeschichtlichen Anschlussstellen und kontextuellen Bezüge der OMK im sozialpolitischen Governance-Gefüge der EU herausgearbeitet und problematisiert werden.

4.1. Das Europäische Sozialmodell im Selbstanspruch der EU

Was die normativen Ziele und den politischen Selbstanspruch der EU an das Europäische Sozialmodell betrifft, die anhand der Kriterien überprüft wurden, ob und inwieweit die Sozial- und Arbeitspolitik Gegenstand einer trans- und supranationalen Institutionalisierung und Regulierung ist, lassen sich die empirischen Befunde dahingehend interpretieren:

- Das EU-offizielle Verständnis des Europäische Sozialmodells ist in Anbetracht der primär- und sekundärrechtlichen Grundlagen wie der materiellen Ergebnisse des sozialpolitischen Regierens der EU, mehr als eine „normative und realpolitische Chimäre" (Lamping 2004: 15). Zu den institutionellen Grundlagen und materiellen Elementen, die der EU-Selbstanspruch empirisch ins Feld führen kann und die über eine ausschließlich „europessimistische" wissenschaftliche Diagnose hinausweisen, zählen die vertraglich verankerten sozial- und beschäftigungspolitische Ziele der Union, ein entsprechender gemeinschaftlicher (wenn auch nach Materien und Entscheidungsverfahren abgestufter) Kompetenzrahmen, ein durch Gemeinschaftsrecht EU-weit abgesicherter Sockel arbeits- und sozialpolitischer (Mindest-)Standards, Ansätze einer distributiven Politik vermittels der Strukturfonds sowie die Institutionalisierung des EU-Sozialdialogs. D.h. im Laufe der Integration haben Prozesse einer trans- und supranationalen Institutionalisierung bzw. Regulierung im Bereich der Arbeits- und Sozialpolitik stattgefunden. Neben die Regulierung (hierarchische Steuerung durch EU-Rechtsetzung) und die Institutionalisierung (u.a. Sozialer Dialog) tritt mit der OMK das Prinzip der Prozeduralisierung, der Kontextsteuerung ohne Vergemeinschaftung. Lediglich das seit dem Vertrag von Amsterdam verankerte OMK-Verfahren im Bereich der Beschäftigungspolitik erfüllt teilweise das Prüfkriterium der „transnationalen Institutionalisierung" von Steuerungsinstrumenten auf der Ebene der EU. In allen anderen Bereichen, in denen die OMK zur Anwendung kommt, werden durch dieses Verfahren des „Governance-learning" bei dem die teilnehmenden nationalen Regierungen sich auf gemeinsame Ziele verständigen, aber die Kompetenzen für alle Mittel, die zur Erreichung dieser Vorgaben notwendig sind, vollständig für sich behalten, auf Unionsebene keine allgemeinverbindlichen europäischen Regeln oder gar Institutionen geschaffen.

- Trotz eines gewachsenen arbeits- und sozialpolitischen acquis communautaire (vgl. dazu die differenzierte Analyse von Schulte 2004) besteht die grundlegende Asymmetrie zwischen „negativer" und „positiver" Integration, zwischen „Marktintegration" und „Politikintegration" fort. Konstitutiv für die Gegenwart und voraussehbare Zukunft des Europäischen Sozialmodells als integrationspolitischem Programm und Projekt bleibt das Spannungsfeld von zwischenstaatlichem und marktwirtschaftlichem Ordnungswettbewerb einerseits und europäischer Koordinierung, Regulierung und Vergemeinschaftung andererseits. Die beschriebene Asymmetrie verweist beim mittlerweile erreichten Grad an ökonomisch-monetärer Integration auf ein konstitutionelles Problem und regulatorisches Defizit, das mittlerweile Kernbereiche der Wohlfahrtspolitik berührt und von Scharpf wie folgt beschrieben wird:

> „in the present state of economic integration, the aspirations of 'Social Europe' can no longer be realized through purely national solutions. In the *horizontal* relationship among policy areas, European social law is necessary in order to provide a legal counterweight to the supremacy of internal market and European competition law. At the same time, moreover, European social law also has an important role to play in the *vertical* dimension in order to control the beggar-my-neighbour incentives which will tempt individual Member states once they seriously begin to adjust their social-policy regimes to the constraints and competitive pressures of the internal market and monetary union" (Scharpf 2002: 262).

Innerhalb dieses Spannungsfeldes von Markt- und Politikintegration zeichnet sich nun – und dies beschreibt eine übergreifende Tendenz der post-Maastricht-Entwicklung der EU – ein paradigmatischer Wandel der Governance-Formen ab, deren wesentlicher Teil die OMK ist. Dieser Wandel hin zu „weichen" Steuerungsformen kann als eine Art „Umgehungsstrategie" verstanden werden, die in einer Situation entwickelt wird, in der bei erhöhtem Steuerungsbedarf, der Weg zu verbindlichen Regelungen und hierarchischer Steuerung vertragspolitisch versperrt ist. Durch diesen Paradigmenwechsel kommt es zu keiner weitergehenden substantiellen und institutionellen Stärkung des supranationalen Ordnungs- und Steuerungsrahmens eines Europäischen Sozialmodells. Ob diese neuen Governance-Verfahren auf der *output*-Seite, d.h. in den materiellen Ergebnissen, dem Anspruch gerecht werden, einen Gleichklang von ökonomischem und sozialem Fortschritt in der EU zu befördern, bleibt abzuwarten, erscheint aber aus nachstehend diskutierenden Gründen eher fraglich. Diese Diagnose wiederum steht „euro-optimistischen" Erklärungsansätzen und Perspektiven entgegen, die von einer institutionell und instrumentell hinreichend „gerüsteten" EU ausgehen bzw. auf eine „expansive Logik" sozialpolitischer Problembearbeitungsformen und -fähigkeiten der EU vertrauen. Stellvertretend für entsprechende euro-optimistische Positionen mag die Einschätzung von Prunzel (2007) stehen, wonach die EU schon auf der Grundlage des Nizza-Vertrages „über ausreichende Kompetenzen (verfügt), um eine aktive Sozialpolitik zu praktizieren. Die Kompetenzen werden lediglich nicht optimal genutzt" (ebd.: 409).

- Trotz entsprechender Erwartungen und Forderungen einzelner Mitgliedstaaten und verschiedener gesellschaftlicher Kräfte war es in allen Vertragsverhandlungen seit Maastricht (Platzer 2002a) nicht möglich, Mehrheiten zu finden, die signifikante Veränderungen in der wirtschafts- und sozialpolitischen Kompetenzorganisation der EU ermöglicht hätten. Scharpf (1985) hatte bereits in der Phase vor Maastricht eine „Politikverflechtungsfalle" diagnostiziert, in der sich die Europäische Union insgesamt und nicht zuletzt die EU-Sozialpolitik befand. Streeck (1995) sah in einer „korporatistischen Entscheidungslücke" eine wesentliche Ursache einer insgesamt unzulänglichen supranationalen Problemlösungsfähigkeit der EU in den interdependenten Feldern der Wirtschafts- und Sozialpolitik. Über diese Diagnosen hinausgehend, kann der konstitutionelle EU-Entwicklungsprozess seit Maastricht (in Anlehnung an die Scharpf'sche Methapher) dahingehend gekennzeichnet werden, dass sich die EU sozialpolitisch in einer *Kompetenztransferfalle* befindet: Zu keinem vertraglichen Verhandlungszeitpunkt war es seither möglich der verbindlichen Regulierung und hierarchischen Steuerungslogik im Bereich der „marktschaffenden" EU-Politiken (u.a. Wettbewerbspolitik, Geldpolitik) annähernd vergleichbare Regulierungsbedingungen im Bereich der „marktkorrigierenden" Politiken zur Seite zu Stellen. Erwartungen, wonach die Etablierung der Währungsunion entsprechende politische spill-overs erzeugen würde, die auf einer konstitutionellen Ebene die EU-Kompetenzausstattung in angrenzenden Politikfeldern – und zwar nicht nur im Bereich der Sozialpolitik sondern auch in „wirtschaftsnäheren" Bereichen wie etwa der Steuerpolitik – stärken würde, blieben unerfüllt. Das konstitutionelle sozialpolitische Dilemma zwischen dem Subsidiaritätsgebot und nationalen Souveränitätsvorbehalten einerseits und dem Kohäsions- und Solidaritätsanspruch der EU anderseits ist nach den post-Maastricht-Erfahrungen offensichtlich nicht auflösbar.

- Die Ursachen dieser *Kompetenztransferfalle* sind vielfältig:

„Die Existenz hochgradig unterschiedlicher (institutioneller und normativer) Wohlfahrtsregime, eine starke Affinität der nationalen Sozialbürger zu ihren Systemen, ein unionsweit differentielles und insgesamt nur mäßig ausgeprägtes Gefühl, einander solidarisch verpflichtet und verbunden zu sein, sowie schließlich 'Ressentiment und Indifferenz' gegenüber der EU-Erweiterung implizieren daher möglicherweise fundamentale Legitimations- und Akzeptanzprobleme mit Blick auf sozialpolitische Mehrheitsentscheidungen im Rat oder, prospektivisch im Europäischen Parlament" (Prunzel 2007: 362).

Bereits am Beispiel einer Akteursgruppe, die in ihren ordnungspolitischen Traditionen einer sozial-regulativen Politik verpflichtet ist, nämlich am Beispiel der Gewerkschaften, kann veranschaulicht werden, worin die integrationspolitischen Dilemmata bestehen. Eine vergleichende Untersuchung von Busemeyer et al. (2007), die mit Blick auf die wirtschafts- und sozialpolitischen Handlungsfelder des Europäischen Sozialmodells eine „europäische Landkarte gewerkschaftlicher Interessen" vermisst, bietet Anschauungsmaterial für die Problematik, die in der These einer *Kompetenztransferfalle* gebündelt wurde. Diese Untersuchung unterscheidet entlang einer wohlfahrtsstaatlichen Typologie, die zugleich für unterschiedliche Arbeitsbeziehungsmodelle steht, fünf Modelle – das kontinentaleuropäische, das skandinavische, das anglo-sächsische, das mediterrane und das mittel-osteuropäische Modell – und ermittelt pro Modell die gewerkschaftlichen Politikoptionen und strategischen Präferenzen zur Ausgestaltung des Europäischen Sozialmodells. Hierbei zeigt sich, dass die „preference formation" bezüglich der europäischen Handlungsebene in starkem Maße von der gewerkschaftlichen Einbettung in das je nationale Sozialstaats- und Arbeitsbeziehungsmodell und der darin institutionell verankerten und entfaltbaren relativen Gewerkschaftsmacht abhängt. Diese nationalen „customs and practices" prägen nachhaltig die Vorstellungen zum Auf- und Ausbau der europäischen Handlungsebene. Entsprechend formieren sich die EU-bezogenen Interessen der nationalen Gewerkschaften in nach Themenfeldern variierenden Clustern, wobei folgende Grundmuster sichtbar werden:

Zum einen zeigt sich, dass je stärker in einem konkreten Handlungsfeld die nationale Interessenvermittlungsfähigkeit gegeben ist bzw. je positiver sie bewertet wird (etwa seitens der skandinavischen Gewerkschaften), desto geringer ist der artikulierte Bedarf an und die politische Bereitschaft zu europäischen Politikansätzen. Ein umgekehrtes Muster findet sich bei den national eher „schwächeren" Gewerkschaften (etwa innerhalb des „mediterranen" Typs), die einer Stärkung europäischer Institutionen, Regelungen und Verfahren offener gegenüberstehen bzw. diese nachdrücklich präferieren. Zum anderen zeigt sich, dass je allgemeiner die europäischen Politikziele formuliert sind („Stärkung der sozialen Dimension des EU-Binnenmarktes") desto höher ist die Konvergenz und Schnittmenge der Interessen; je konkreter jedoch die Frage nach den auf europäischer Ebene zu entwickelnden Politikinstrumenten gestellt wird, desto divergierender sind die Politikoptionen und desto geringer ist die jeweilige Schnittmenge zwischen den „Gewerkschaftsfamilien" oder Clustern.

Diese thesenförmig präsentierten Befunde zum Stand und den Perspektiven des Europäischen Sozialmodells stecken zugleich den Rahmen ab, in dem abschließend die Frage nach der politischen Bedeutung und dem spezifischen Stellenwert der OMK erörtert werden kann.

4.2. Zum Kontext und den Perspektiven der OMK

Zunächst hat die oben unternommene Analyse jener sozialpolitischen Bereiche, in denen eine Regulierung und hierarchische Steuerung durch EU-Rechtsetzung möglich ist, folgendes gezeigt: integrationsgeschichtlich betrachtet hat ein Zuwachs an verbindlicher Regelsetzung stattgefunden; dieser ist im Vergleich zur EU-Umweltpolitik deutlich begrenzter; zudem spielen unverbindliche Rechtsakte in der Sozialpolitik eine größere Rolle und haben in der jüngeren Vergangenheit an Gewicht gewonnen. Hinweise darauf, dass der vertraglich definierte Handlungskorridor sozialpolitischer Gesetzgebung im Sinne „harter Regulierung" weitgehend ausgeschöpft erscheint, geben nicht zuletzt die jüngsten mehrjährigen sozialpolitischen Aktionsprogramme der EU-Kommission, die sich im wesentlichen auf die Zusammenführung bestehender Regelungen (Rahmenrichtlinien) beschränken und – soweit neue Materien auftauchen – für deren Bearbeitung im wesentlichen „weiche Steuerungsformen" (Studien, Berichte, Pilotprojekte etc.) vorsehen bzw. Maßnahmen, die im Bereich des „soft law" angesiedelt sind.

Auch die analysierten Entwicklungen im Bereich des Sozialen Dialogs seit 2000 bekräftigen – auf multi-sektoraler wie sektoraler Ebene – diese Grundtendenz, wonach an Stelle verbindlicher Kollektivvereinbarungen (Im Rahmen des Verfahrens der „verhandelten Gesetzgebung") vermehrt mit unverbindlichen Zielvorgaben und Monitoring-Verfahren operiert wird, die keine Sanktionierungen im Falle mangelnder Fortschritte vorsehen. Leiber und Schäfer (2008) charakterisieren diese jüngere Entwicklungstendenz des Sozialen Dialogs zutreffend als „doppelten Voluntarismus", wonach „zur Verlagerung von Regelungskompetenz auf freiwillige Vereinbarungen durch die Sozialpartner (prozedurale Ebene), der empfehlende, unverbindliche Modus bei der Umsetzung dieser Vereinbarungen (inhaltliche Ebene) tritt" (ebd. S. 117). Die Einbindung der europäischen Gewerkschaften und Arbeitgeber sowohl in die Politikformulierung als auch die -umsetzung markiert einen institutionellen Fortschritt im Entwicklungszusammenhang der EU-Sozialpolitik und wird zu Recht als Element „guten Regierens" in der EU (Weißbuch der Kommission 2001 „Europäisches Regieren") wie auch als Baustein des Europäischen Sozialmodells angesehen. Gleichwohl zeichnet sich ab, dass die jüngeren Entwicklungen einer „Selbstregulierung" vermittels freiwilliger Vereinbarungen der Europäischen Sozialpartner die „positive" Integration, also die Verbreiterung und Stärkung eines europaweit gültigen Sockels sozial- und arbeitspolitischer Standards nur sehr begrenzt befördern kann.

In beiden Bereichen oder Säulen der sozialpolitischen EU-Governance, dem Bereich der regulativen Politik wie dem Sozialen Dialog, hat sich mithin seit Ende der 1990er Jahre ein paradigmatischer Wechsel hin zu „weichen" Steuerungs- und Regulierungsformen vollzogen. Der Gipfel von Laeken Ende des Jahres 2001 markiert einen solchen Wendepunkt des Regierens in der EU-Sozialpolitik:

> „Dieser ist gekennzeichnet durch eine Gewichtsverlagerung hin zur autonomen Sozialpartnerschaft und die Anwendung des weichen Steuerungsverfahren OMK auch im Aktionsfeld des Sozialen Dialogs. Neben den Voluntarismus des 'Regierens durch die Regierungen' ist damit der doppelte Voluntarismus des 'Regierens durch die Sozialpartner' getreten. (...) Dies bedeutet nicht, dass rechtsverbindliche Instrumente nicht weiterhin in einigen Feldern Bedeutung haben. (...) Parallel dazu gewinnen jedoch voluntaristische Instrumente an Gewicht" (Leiber/ Schäfer 2008: 126).

Nicht nur eine Angleichung der Steuerungsformen ist kennzeichnend für die jüngere Entwicklung, sondern auch eine systematische Verschränkung von OMK und Sozialem Dialog. Diese Verzahnung findet ihren Ausdruck in der Einrichtung eines „Tripartiten Sozialgipfels für Wachstum und Beschäftigung" seit Juli 2002, der die dreiseitigen Konsultationen zwischen den Sozialpartnern und Regierungen der Union ausbauen und die Sozialpartnerbeteiligung an den verschiedene offenen Koordinierungsverfahren (in den Bereichen Makroökonomie, Beschäftigung, Sozialschutz sowie allgemeine und berufliche Bildung) verstetigen und intensivieren soll.

Die paradigmatischen Veränderungen und Verschränkungen der Steuerungsformen lassen sich abschließend mit Blick auf den Stellenwert, die Funktionen und Perspektiven der OMK wie folgt bilanzieren:

- Die mit der Lissabon-Strategie verbundene extensive Nutzung der OMK ist eine Fortentwicklung und Spezifizierung existierender gemeinschaftlicher Koordinationspraktiken. Unter systematischen Gesichtspunkten lassen sich hierbei nach Materien und Anwendungsbereichen der OMK abgestufte Formen und Grade zwischen „harter" und „weicher" Koordinierung unterscheiden. Entlang einer solchen Skala folgen der vertraglich verankerten „härtesten" (weil sanktionsbewehrten) Koordination der Haushaltspolitik (Stabilitäts- und Wachstumspakt, Amsterdamer Vertrag 1997), die Koordination der Wirtschaftspolitik und die Beschäftigungspolitik sowie seit 2000/01 die (nicht vertraglich verankerte) „weiche" Koordination in weiteren Bereichen, wie der Bildungspolitik und der Sozialen Sicherungssysteme. Der diesbezügliche „weiche" Typus der OMK wird bereits in der Zielformulierung deutlich, wonach es darum geht, „die Ermittlung und den Austausch bewährter Verfahrensweisen zu fördern sowie innovative Ansätze zu finden, die für die Mitgliedstaaten von gemeinsamem Interesse sind". (Europäische Kommission 2001: 11) Festzuhalten ist, dass sich die eingangs beschriebene Asymmetrie der Reichweite und Intensität zwischen ökonomischer und sozialpolitischer Regulierung auch in der politikfeldbezogenen Abstufung zwischen „harter" und „weicher" OMK widerspiegelt.

- Zu den Vorteilen der Steuerungsform der OMK zählt, dass sie auch die Einbeziehung von Politikfeldern und -materien ermöglicht, in denen die EU keine originären Kompetenzen besitzt, die aber gleichwohl in einem Interdependenzzusammenhang mit gemeinschaftlichen Zielen und Projekten der EU stehen, wie sie etwa in der Lissabon-Strategie formuliert sind. Diese „Offenheit" und der mit der Währungsunion und der EU-Osterweiterung gewachsene Bedarf an gemeinschaftlichen Problemlösungen, die einem „mangement of interdependence" und einem „mangement of diversity" gleichermaßen gerecht zu werden versuchen, verschafft der OMK mittlerweile eine steuerungspolitisch enorm hohe Bedeutung und einen tendenziell wachsenden strategischen Stellenwert in den Politikprozessen der EU.

- Da diese expansive Logik der OMK zugleich die Gefahr beinhaltet, dass sich dieses Politikinstrument soweit verselbstständigt, dass es andere EU-Entscheidungsverfahren verdrängen könnte, sah sich die EU-Kommission wiederholt zu der Mahnung und Forderung veranlasst, dass die OMK „nicht in Anspruch genommen werden (sollte), wenn ein gesetzgeberisches Tätigwerden im Rahmen der Gemeinschaftsmethode möglich ist" (Europäische Kommission 2002: 29)

- Mit dem Bedeutungszuwachs der OMK als Steuerungsform gewinnt zugleich die Frage nach den Steuerungseffekten der OMK an integrationspolitischer Brisanz, also die Frage ob die OMK tatsächlich „ein Verfahren zur Verbindung von wirtschaftlicher Effizienz mit sozialer Gerechtigkeit sowie eine Autonomie schonende Alternative zu supranationaler Regulierung und intergouvernementaler Entscheidungsfindung (ist)" (Linsenmann/

Meyer 2002: 285) bzw. ob und wie sie dahingehend (weiter-)entwickelt werden kann. Dies ist eine empirische Frage, auf die nicht zuletzt die Beiträge dieses Bandes nach Handlungsfeldern differenzierte Antworten geben. Wie immer eine Gesamtbewertung der bisherigen OMK-Erfahrungen und Ergebnisse auf einer Skala zwischen verhaltenem Optimismus und großer Skepsis ausfallen mag, perspektivisch entscheidend bleibt, wie dieser europäische Koordinierungsrahmen, dieses „benchmarking" des sozialen Europa inhaltlich ausgefüllt und politisch ausgerichtet wird, also eher in Richtung einer wohlfahrtsstaatlichen oder eher in Richtung einer wettbewerbsstaatlichen Ordnung. Diese Prozesse und inhaltlichen Weichenstellungen sind nicht „determiniert", sondern von den gesellschaftlichen und politischen Kräfteverhältnisse in der Union abhängig. Gerade deshalb können sich die mittel- und längerfristigen Effekte dieser Europäisierung von Politikfeldern mittels eines kontextgesteuerten Typus von Integration als brisant erweisen (zu diesem Zusammenhang: Gerlinger/ Urban 2004). Dies vor allem deshalb, weil gegenwärtig kaum abschätzbar ist, ob diese Prozesse des Governance-learning und Benchmarking eine produktive „europäischen Synthese" nationaler positiver Reformerfahrungen befördern können oder ob umgekehrt die OMK-Verfahren nicht doch auf eine Strategie der wettbewerbsgetriebenen „Harmonisierung über Umwege" abzielen, wodurch perspektivisch eher mit einem EU-weiten sozialpolitischen *down-sizing* als mit einer Stabilisierung wohlfahrtsstaatlicher Standards und Leitungsniveaus zu rechnen wäre.

- In Anbetracht des oben beschriebenen paradigmatischen Wandels der sozialpolitischen EU-Governance und des mittlerweile hohen politischfunktionalen Stellenwerts, den die OMK innerhalb des gesamten EU-Problemlösungsinstrumentariums einnimmt, sind mit der OMK schließlich grundlegende Fragen nach dem effektiven und legitimen Regieren im Mehrebenesystem der EU verbunden. In der jüngeren politikwissenschaftlichen Governance-Debatte wird „diskursiven Regulierungsmechanismen" und nicht-hierarchischen Steuerungsformen eine große Bedeutung für „gutes und modernes" Regieren zugemessen. Zumal mit Blick auf die besonderen Systemeigenschaften der EU, in der die deliberative Politik eine beträchtliche Rolle spielt (Eberlein/ Kerwer 2002), sehen einzelne Autoren in der OMK ein geradezu ideales, EU-konformes Steuerungsinstrument, das eine „experimental governance" ermögliche, konsensuale sozialpolitische Problemlösungsstrategien generiere und einen „pragmatic constitutialism" befördere (Sabel/ Zeitlin 2003). Selbst wenn die OMK ein kontinuierliches „Governance-learning", wie in steuerungsoptimistischen Szenarien unterstellt, befördern sollte, werden sich allein durch diesen Modus des „Regierens" die oben analysierten Blockaden und Probleme der asymmetrischen sozial-ökonomischen Kompetenz- und Entscheidungsarchitektur der EU wohl kaum überwinden lassen. Nach der in diesem Beitrag entwickelten analytischen Position verkörpert die OMK bei allem Innovationsgehalt und experimentellen Potential nur bedingt eine Problemlösungsstrategie, die das sozialpolitische Governance-Instrumentarium der EU gleichsam systematisch „abrundet". Sie erscheint vielmehr als eine Art „Notausgang" oder „Umgehungsstrecke", mit der die EU-Regierungen versuchen, der *Kompetenztransferfalle* der post-Maastricht EU – bei gestiegenem gemeinschaftlichen Problemlösungsbedarf – zu entkommen. Nicht allein unter dem Blickwinkel „effektiven Regierens" bleiben somit skeptische Rückfragen, ob und inwieweit die OMK-Prozesse letztlich zielführend sind bzw. sein können; vielmehr wirft dieser Steuerungsmodus auch unter dem Gesichtspunkt „legitimen Regierens" Probleme auf, da die OMK „erneut die Komplexität und Verfahrensvielfalt im EU-Regelwerk (erhöht) und die Grenzen politischer Verantwortlichkeit zwischen verschiedenen Ebenen des Regierens (verwischt). Da die Festlegung, Umsetzung und Überprüfung europäischer Zielsetzungen potentiell Handlungsspielräume auf nationaler und regionaler Ebene zu Gunsten der Regierungen verschiebt, gleichzeitig aber nicht durch eine parallele Ausweitung der institutionalisierten Partizipationsmöglichkeiten europäischer Institutionen flankiert ist, ist die Legitimitätsfrage keineswegs gelöst" (Linsenmann/ Meyer 2002: 285).

Bibliographie

Altvater, E., Mahnkopf, B. (1993): Gewerkschaften vor der europäischen Herausforderung. Tarifpolitik nach Mauer und Maastricht, Münster

Aust, A., Leitner, S., Lessenich, S. (2002): Konjunktur und Krise des Europäischen Sozialmodells. Ein Beitrag zur politischen Präexplanationsdiagnostik, in: Politische Vierteljahreschrift, Heft 2;

Bär, H., Treib, O., Falkner, G. (2008): Von Hierarchie zu Kooperation? Zur Entwicklung von Governance-Formen in zwei regulativen Politikfeldern der EU, in: Tömmel, I. (Hg.), Die Europäische Union. Governance und Policy-Making, Wiesbaden

Bookmann, B. (1999): Europäische Kollektivverhandlungen. Eine positive ökonomische Analyse, Baden-Baden

Busch, K. (1994): Europäische Integration und Tarifpolitik. Lohnpolitische Konsequenzen der Wirtschafts- und Währungsunion, Köln.

Busch, K. (1998): „Das Korridormodell" – ein Konzept zur Weiterentwicklung der EU - Sozialpolitik, in: Schmid, J., Niketta, R. (Hg.) Wohlfahrtsstaat. Krise und Reform im Vergleich, Marburg.

Busemeyer, M., Kellermann, C., Petring, A., Stuchlik, A. (2007): Overstreching Solidarity? Trade Unions' Nationale Perspektives on the European Economic and Social Model, Friedrich Ebert Stiftung, Bonn

Crouch, C. (1999): Social Change in Western Europe, Oxford,

Dibelius, O. (1996): Europäische Sozialpolitik im Wandel, in: Jahrbuch Arbeit und Technik. Zukunft des Sozialstaates, Bonn

Dolvik, J., E. (1999): Die Spitze des Eisbergs? Der EGB und die Entwicklung eines Eurokorporatismus, Münster

Eberlein, B., Kerwer, D. (2002): Theorising the New Modes of European Union Governance, in: European Union online papers (EioP) 6

Eichner, V., Voelzkow, H. (1994): Europäische Regulierung im Arbeitsschutz. Überraschungen aus Brüssel und ein erster Versuch ihrer Erklärung, in: dies. (Hg.), Europäische Integration und verbandliche Interessenvermittlung, Marburg

Esping-Anderson, G. (1990): The tree Worlds of Welfare Capitalism, Cambridge

Esping-Anderson, G. (1999): Social Foundations of Postindustrial Economies, Oxford

Europäische Kommission (1998): Der Sektorale Soziale Dialog. Brüssel

Europäische Kommission (1999): Von der Einheitlichen Europäischen Akte zum Vertrag von Amsterdam, in: Soziales Europa, Brüssel

Europäische Kommission (2001): Europäisches Regieren. Ein Weißbuch, Brüssel

Europäische Kommission (2002): Soziale Sicherheit in Europa, Brüssel

Falkner, G. (1999): EU Social Policy in the 1990s. Towards a corporatist policy community, London

Falkner, G. (2003): The Interprofessional Social Dialogue at European Level: Past and Future, in: Keller. B., Platzer, H.-W. (eds.) Industrial Relations and European Integration, Aldershot

Gerlinger, T., Urban, H.-J. (2004): Auf neuen Wegen zu neuen Zielen – die Offene Methode der Koordinierung und die Zukunft der Gesundheitspolitik in Europa, in: Kaelble, H., Schmid, G. (Hg.) Das europäische Sozialmodell – auf dem Weg zum transnationalen Sozialstaat. WZB Jahrbuch 2004, Berlin

Kaufmann, F.-X. (2008): Nationale Traditionen der Wohlfahrtsstaatlichkeit und das „Europäische Sozialmodell", in: Busch, K. (Hg.) Wandel der Wohlfahrtstaaten in Europa, Baden-Baden

Keller, B. (1993): Die soziale Dimension des Binnenmarkts. Zur Begründung einer europessimistischen Sicht. in: Politische Vierteljahresschrift 4

Keller, B. (2003): Social Dialogs at Sectoral Level: The Neglected Ingredient of European Industrial Relations, in: ders., Platzer, H.-W. (eds.) Industrial Relations and European Integration, Aldershot

Keller, B., Sörries, B. (1999): Sektorale Sozialdialoge – Zur empirischen Analyse einer vernachlässigten Ebene der Integration, in: Zeitschrift für Rechtssoziologie 20.

Kohler-Koch, B., Platzer, H.-W. (1986): Tripartismus – Bedingungen und Perspektiven des Sozialen Dialogs in der EG, in: integration 4

Kowalsky, W. (1999): Europäische Sozialpolitik. Ausgangsbedingungen, Antriebskräfte und Entwicklungspotentiale, Opladen

Leiber, S., Schäfer, A. (2008): Der doppelte Voluntarismus in der EU-Sozial- und Beschäftigungspolitik, in: Tömmel, I. (Hg.), Die Europäische Union. Governance und Policy-Making, Wiesbaden

Linsenmann, I. Meyer, C. (2002): Dritter Weg, Übergang oder Teststrecke? Theoretische Konzeption und Praxis der offenen Politikkoordinierung, in: integration, 2

Mau, S. (2003): Wohlfahrtspolitischer Verantwortungstransfer nach Europa? Präferenzstrukturen und ihre Determinanten in der europäischen Bevölkerung, in: Zeitschrift für Soziologie, Jg. 32, Heft 4

Müller, T., Platzer, H.-W. (2003): European Works Councils: A new Mode of Regulation and the Emergence of a European Multi-level Structure of workplace Industrial Relations, in: Keller, B., Platzer, H.-W. (eds.) Industrial Relations and European Integration, Aldershot

Platzer, H.-W. (1999): Die EU-Sozial- und Beschäftigungspolitik nach Amsterdam: Koordinierte und verhandelte Europäisierung ? in: integration Nr. 3

Platzer, H.-W. (2002a): Deutschland und die europäische Sozial- und Beschäftigungspolitik: Determinanten, Entwicklungen, Perspektiven. In: Schneider, H. et al. (Hg.), Eine neue deutsche Europapolitik? Bonn

Platzer, H.-W. (2002b): Europäisierung und Transnationalisierung der Arbeitsbeziehungen in der EU, in: Internationale Politik und Gesellschaft 2

Platzer, H.-W. (2003): EU-Mehrebenesystem und „Europäisches Sozialmodell", in: Chardon, M. et al. (Hg.) Regieren unter neuen Herausforderungen: Deutschland und Europa im 21. Jahrhundert, Baden-Baden

Platzer, H.-W. (2005): Europäisches Sozialmodell und Arbeitsbeziehungen in der erweiterten EU. Ein Problemaufriss. In: Baum-Ceisig, A., Faber, A. (Hg.) Soziales Europa? Perspektiven des Wohlfahrtsstaates im Kontext von Europäisierung und Globalisierung, Wiesbaden

Pochet, P. (2005): Sectoral social dialogue? A quantitative analysis, in: transfer, Vol. 11, No. 3

Prunzel, R. (2007): Der "Europäische Sozialkonsens" als Instrument zur Stärkung des „Europäischen Sozialmodells". Vom politischen Postulat zur eigenständigen sozialpolitischen Säule, Berlin

Sabel, C., Zeitlin, J. (2003): Active Welfare, Experimental Governance, Pragmatic Constitutionalism: The new Transformation of Europe. (Paper presented at the Conference „The Modernisation of the European Social Model and EU Policies and Instruments", Ionnanina, Greece)

Sapir, P. (2005): Globalization and the Reform of European Social Models, Brussels

Scharpf, Fritz W. (1985): Die Politikverflechtungs-Falle: Europäische Integration und deutscher Föderalismus im Vergleich, in: Politische Vierteljahresschrift 29

Scharpf, Fritz W. (1995): Europa nach Maastricht: Markt ohne Demokratie? in: Wirtschaftsdienst Nr. 2

Scharpf, F. (1996): Politische Optionen im vollendeten Binnenmarkt, in: Jachtenfuchs, M., Kohler-Koch, B. (Hg.) Europäische Integration, Opladen

Scharpf, F. (2002): The European Social Model: Coping with the Challenges of Diversity, in: Journal of Common Market Studies, Vol. 40, No. 4

Schmid, G. (2005): Der Blick über den Tellerrand, in: Dokumentation der Frankfurter Rundschau

Schulte, B. (2004): Die Entwicklung der Sozialpolitik der Europäischen Union und ihr Beitrag zur Konstituierung des europäischen Sozialmodells. In: Kaelble, H., Schmid, G. (Hg.) Das europäische Sozialmodell. Auf dem Weg zum transnationalen Sozialstaat. Jahrbuch 2004 des Wissenschaftszentrums Berlin

Schulz, O. (1996): Maastricht und die Grundlagen einer europäischen Sozialpolitik, Köln

Schwengel, H. (2000): Aktiver Sozialstaat und aktivierender Sozialstaat als europäische Leitidee, in: Gewerkschaftliche Monatshefte 4

Streeck, W. (1995a): From Market-Making to State-Building? Reflections on the Political Economy of European Social Policy, in: Leibfried, S., Pierson, P. (eds.), European Social Policy. Between Fragmentation and Integration, Washington

Streeck, W. (1995b): Politikverflechtung und Entscheidungslücke. Zum Verhältnis von zwischenstaatlichen Beziehungen und sozialen Interessen im europäischen Binnenmarkt, in: Bentele, K., Reissert, B., Schettkat, R. (Hg.) Die Reformfähigkeit von Industriegesellschaften, Frankfurt a.M.

Traxler, F., Schmitter, P. (1995): Arbeitsbeziehungen und europäische Integration, in: Mesch, M. (Hg.) Sozialpartnerschaft und Arbeitsbeziehungen in Europa, Wien

Weiler, J. (1981): The Community System. The Dual Character of Supranationalism, in: Yearbook of European Law 1

Witte, L. (2004): Europäisches Sozialmodell und sozialer Zusammenhalt: Welche Rolle spielt die EU? Internationale Politikanalyse, Friedrich Ebert Stiftung, Bonn

Ziltener, P. (1999): Strukturwandel der europäischen Integration: die Europäische Union und die Veränderung von Staatlichkeit, Münster

II.

Die Offene Methode der Koordinierung im Bereich der Arbeitsmarkt- und Beschäftigungspolitik

Antje Stephan

Die Europäische Beschäftigungsstrategie: Anspruch, Grenzen und Perspektiven

1. Einleitung

Vor 10 Jahren begann mit der Verabschiedung der Europäischen Beschäftigungsstrategie (EBS) der Siegeszug der Offenen Methode der Koordinierung (OMK) in der Europäischen Union (EU): Auf der Amsterdamer Regierungskonferenz einigten sich die Staats- und Regierungschefs der EU, Beschäftigungspolitik in den neuen Amsterdamer Vertrag aufzunehmen (Art. 2 EUVn,[1] Art. 3, 125-130 EGVn[2]). Die konkrete Ausgestaltung der EBS, so die Bezeichnung der OMK im Bereich der Beschäftigungspolitik, erfolgte auf dem Luxemburger Beschäftigungsgipfel im Herbst 1997, auf dem erstmals für das Jahr 1998 beschäftigungspolitische Leitlinien verabschiedet wurden. Zehn Jahre nach der Geburtsstunde der EBS ist es Zeit, eine erste Bilanz zu ziehen: Dieser Beitrag reflektiert daher zu Beginn den Anspruch, mit dem die EBS gestartet ist und gibt in Abschnitt 1 und 2 eine kurze Übersicht über die Charakteristika und Ziele der EBS. Die Ausgestaltung der Strategie basiert maßgeblich auf dem im Zuge der Amsterdamer Regierungskonferenz erzielten Kompromiss. Diesen und die weiteren Entstehungsgründe thematisiert der Beitrag in Abschnitt 3. Im Anschluss bilanziert Abschnitt 4 Anspruch und Wirklichkeit der EBS anhand des Zielerreichungsstandes im Jahr 2008. Es wird argumentiert, dass sich die EBS und damit die OMK zwar in prozeduraler Hinsicht durchsetzen konnte und als Politikinstrument von der EU-Ebene derzeit nicht mehr wegzudenken ist. Der substantielle Erfolg der Strategie ist

---

[1] EU-Vertrag idF. vom 26. Februar 2001 (Vertrag von Nizza) (zitiert als EUVn). Dieser ist bezüglich der beschäftigungspolitischen Bestimmungen identisch mit dem EU-Vertrag idF. vom 2. Oktober 1997 (Vertrag von Amsterdam) und wird der Aktualität halber in diesem Artikel zitiert.
[2] EG-Vertrag idF. vom 26. Februar 2001 (Vertrag von Nizza) (zitiert als EGVn). Die beschäftigungspolitischen Bestimmungen des Amsterdamer Vertrages (EG-Vertrag idF. vom 2. Oktober 1997) bleiben im Vertrag von Nizza unverändert bestehen.

jedoch begrenzt. Externe Rahmenbedingungen, die auf die EBS einwirken, und interne Schwächen der Strategie selber sind für die uneinheitliche Erfolgsbilanz verantwortlich, wie Abschnitt 5 zeigt. Darauf aufbauend werden in Abschnitt 6 Perspektiven der EBS und der OMK aufgezeigt, die sowohl auf eine Veränderung der Rahmenbedingungen, als auch auf eine Beseitigung der internen Schwachstellen abzielen. Der Beitrag endet schließlich mit einem kurzen Fazit in Abschnitt 7.

2. Charakteristika der EBS

Charakteristisch für die EBS ist der geringe Vergemeinschaftungsgrad. Zwar wird einerseits mit der Aufnahme von beschäftigungspolitischen Bestimmungen in den Amsterdamer Vertrag die Entwicklung einer koordinierten Beschäftigungsstrategie als beschäftigungspolitisches Mittel der Gemeinschaft primärrechtlich normiert (Art. 3 Abs. 2 lit. i EGVn, Art. 125 EGVn). Auch sind sowohl die Mitgliedstaaten, als auch die Gemeinschaft rechtlich verpflichtet, auf die Entwicklung der Beschäftigungsstrategie hinzuarbeiten (Art. 125-127 Abs. 1 EGVn). Zudem wird durch die Verankerung der OMK im Bereich der Beschäftigung (Art. 128 EGVn) zumindest ansatzweise eine eigene beschäftigungspolitische Gestaltungskompetenz der Gemeinschaft etabliert (Krebber 1999, Steinle 2001) und die Mitgliedstaaten sind verpflichtet, über ihre nationalen Beschäftigungsstrategien jährlich zu berichten, was ein Novum darstellt.[3] Andererseits schaffen die beschäftigungspolitischen Bestimmungen des Amsterdamer Vertrages keine genuin europäische Beschäftigungspolitik (Keller 1999, Steinle 2001, Thun-Hohenstein 1997), d.h. der Vergemeinschaftungsgrad und die Kompetenzen der Gemeinschaft bleiben insgesamt relativ gering. So weist beispielsweise die Bezeichnung der Strategie als „koordinierte" statt als „gemeinsame" Strategie in Art. 3 und Art. 125 EGVn darauf hin, dass die Gemeinschaft „sich primär auf eine Koordinations- und Unterstützungstätigkeit der nationalen Politiken beschränken soll" (Meinert 1998a: 182). Eine über die Förderung der mitgliedstaatlichen Zusammenarbeit sowie Unterstützung und Ergänzung nationaler Maßnahmen hinausgehende, eigenständige beschäftigungspolitische Kompetenz für die Gemeinschaft ist nicht vorgesehen (Art. 127 Abs. 1 EGVn) (ausführlich dazu: Stephan 2008). Daher können die vertraglich fixierten beschäftigungspolitischen Koordinierungs- und Entscheidungsverfahren mit Platzer als „Prozeduralisierung ohne

---

[3] Den Aspekt der Novität hebt insbesondere Pollack hervor (Pollack 1998).

substanziell-materielle Vergemeinschaftung" bezeichnet werden (Platzer 2001: 442).

Anders als traditionelle politische Steuerungsinstrumente, wie die Gemeinschaftsmethode, basiert die Steuerung der EBS nicht auf Recht und Geld, sondern auf einem beschäftigungspolitischen Benchmarking bzw. auf der OMK. Diese ist durch folgende Instrumente und Merkmale gekennzeichnet:

- gemeinsame europäische Ziele und Leitlinien mit genauem Zeitplan,
- quantitative und qualitative Indikatoren als Vergleichsmittel,
- Umsetzung in nationale/ regionale Politik durch konkrete Ziele und Maßnahmen,
- regelmäßige Überwachung, Bewertung und gegenseitige Prüfung im Rahmen eines gegenseitigen Lernprozesses,
- Subsidiaritätsprinzip und
- stärkere Leitungs- und Koordinierungsfunktion des Europäischen Rates.

Die Steuerung erfolgt im Zuge einer weichen Koordinierung („management by objectives" statt „management by regulation") mit einer Herstellung eines gemeinsamen europäischen Bezugsrahmens („framing of ideas"). Die Instrumente des *peer pressure* und *naming and shaming* (d.h. der gegenseitigen Begutachtung) dienen als Sanktionsinstrumente. Für die Europäische Beschäftigungspolitik ist die OMK in Art. 128 EGVn als beschäftigungspolitisches Koordinierungsverfahren vertraglich verankert. Diese vertragliche Verankerung schafft zwar eine gewisse formale Verbindlichkeit für die Durchführung des beschäftigungspolitischen Koordinierungsverfahrens, insgesamt aber bleibt die rechtliche Reichweite gering: So verankert Art. 128 EGVn zwar eine Berichtspflicht,[4] jedoch keine Umsetzungspflicht für die Mitgliedstaaten. Allerdings würde ein völliges Ignorieren der Leitlinien seitens der Mitgliedstaaten einen justiziablen Vertragsverstoß darstellen (Thun-Hohenstein 1997, Göbel 2002). Auch sind die Mitgliedstaaten insbesondere moralisch genötigt, zu begründen, warum sie es nicht tun, jedoch sind die Mitgliedstaaten nicht verpflichtet, die Leitlinien vollständig umzusetzen. Ferner drohen bei unzureichender Beachtung der Leitlinien lediglich rechtlich unverbindliche, politisch wirkende Konsequenzen in Form von beschäftigungspolitischen Empfehlungen (Krebber 1999). Ein rechtsverbindlicher Sanktionsmechanismus wie bei

---

[4] Diese Berichtspflicht hebt Pollack als Novum besonders hervor (Pollack 1998).

der Wirtschafts- und Währungsunion (WWU) ist im Zuge der europäischen Beschäftigungspolitik nicht vorgesehen.

Aufgrund bzw. trotz der geringen rechtlichen Reichweite bringt die Wahl der OMK als Steuerungsinstrument für die europäische Beschäftigungspolitik folgende Vorteile mit sich:

- eine Verankerung des Politikfeldes wird überhaupt möglich;
- individuelle nationale Lösungen sind möglich, was vor dem Hintergrund der Heterogenität der nationalen Beschäftigungssysteme und der damit verbundenen gesellschaftlichen Traditionen von Vorteil ist;
- gegenseitiges Lernen wird durch verpflichtende Elemente wie die Einigung auf Gemeinsame Beschäftigungsberichte und den Vergleich und die Bewertung der Nationalen Reformprogramme (NRP) sowie durch freiwilliges Lernen insbesondere im Rahmen des Programms für gegenseitiges Lernen gefördert;
- anders als eine Richtlinie als ein einmaliger Rechtsetzungsakt, ist die OMK langfristig und iterativ angelegt, was gegenseitiges Lernen fördert und Widerstände gegen gemeinsame Vorgaben reduziert, da deren Anpassung jeder Zeit möglich ist (Goetschy 2003a, 2003b).[5]

Gegenüber der klassischen Gemeinschaftsmethode beinhaltet die Wahl der OMK allerdings auch folgende Nachteile:

- ein harter Sanktionsmechanismus fehlt (s.o.), was negative Konsequenzen auf den Zielerreichungsstand hat (s.u.);
- aufgrund der Unverbindlichkeit der Methode läuft die EBS Gefahr, zu symbolischer Politik zu werden;
- die Steuerung ist relativ undurchsichtig und wenig demokratisch: kritisch zu betrachten ist beispielsweise mit Blick auf den EMCO, dass wesentliche Debatten von europäischen Beamten geführt werden bzw. von diesen in nichtnachvollziehbaren Ausschusssitzungen vorbereitet werden, während demokratisch legitimierte nationale Akteure mit entsprechender nationaler politischer Durchsetzungskraft nicht zwangsläufig daran beteiligt sind;

---

[5] Vgl. auch Ferrera/ Hemerijck/ Rhodes 2002, Hodson/ Maher 2001, Scharpf 2002, Trubek/ Mosher 2003, Sisson/ Arrowsmith/ Marginson 2002, Jacobsson/ Vifell 2003, Hemerijck 2002, 2004, Radaelli 2003, Bauer/ Knöll 2003, Sisson/ Marginson 2001, Keller 2001, Rhodes 2005, Héritier 2002, Cohen/ Sabel 2003. Ausführlich dazu: Stephan 2008.

- die Methode und damit auch die EBS ist weitaus weniger rechtsverbindlich als die Politiken der WWU, was zum einen die Asymmetrie zwischen negativer und positiver Integration bestehen lässt und zum anderen – so die Befürchtung – ein Vorschreiten intergouvernementaler Instrumente auf Kosten der Gemeinschaftsmethode unterstützt;
- das traditionelle Institutionengefüge ist durch die starke Rolle der Mitgliedstaaten, die de facto irrelevante Beteiligung des Europäischen Parlaments (EP) und die – de jure, wenngleich weniger de facto – Beschneidung der Rechte der Europäischen Kommission (kein alleiniges Initiativrecht) ausgehebelt (Goetschy 1999, 2003a, 2003b).[6]

Hinzu kommen Bedenken, insbesondere auch von Seiten der deutschen Bundesländer, dass die OMK als Rechtsetzungsinstrument unter Ausschluss der Parlamente und nationaler Strukturen missbraucht werden könnte (Bauer/ Knöll 2003). Mit Blick auf die OMK im Allgemeinen bestehen in diesem Zusammenhang auch Befürchtungen, dass durch die vertraglich verankerte Ausweitung der OMK auch auf andere Bereiche (wie beispielsweise die Sozialpolitik) die Europäische Kommission mehr Macht zugestanden bekommt als zuvor (für eine ausführliche Analyse dieser Thematik vgl. Stephan 2008). Durch den Vertrag von Lissabon[7] würde beispielsweise die Charta der Grundrechte, die auch beschäftigungsrelevante Grundrechte verankert,[8] für die europäischen Organe und die Mitgliedstaaten, soweit sie europäisches Recht anwenden, verbindlich werden. Allerdings können dadurch, dass die in der Charta verankerten Rechte nur gemäß der Bedingungen gelten, die im europäischen und nationalen Recht gelten, diese Rechte nur sehr schwer als

---

[6] Vgl. auch Vandenbroucke 2002, Hodson/ Maher 2001, Keller 1999, 2001, Ardy/ Begg 2001, Busch 2005, Kasten/ Soskice 2001, Steinle 2001, Joerges 2003, Pochet 2005, Telò 2001, Bauer/ Knöll 2003, Hill 2004, Schulte 2001, Rhodes 2005, Krebber 1999, Borrás/ Jacobsson 2004, Radaelli 2003. Ausführlich dazu: Stephan 2008.

[7] Dieser weist mit Blick auf die Beschäftigungspolitik und die OMK-relevanten Bestimmungen keine Veränderungen gegenüber dem Europäischen Verfassungsvertrag (EVV) auf.

[8] Beispielsweise die Berufsfreiheit und das Recht zu arbeiten (Art. II-83 EVV) sowie die Gleichheit von Frauen und Männern in allen Bereichen, „einschließlich der Beschäftigung, der Arbeit und des Arbeitsentgelts" (Art. II-83 EVV). Im Rahmen des Titels IV der Charta „Solidarität" finden sich weitere beschäftigungsrelevante Artikel, die aber mit Blick auf die vertragliche Ausgestaltung der Sozialpolitik formal eher dem Bereich Sozialpolitik zuzurechnen sind (Art. II-87-93 EVV) (vgl. näher dazu: Stephan 2008).

Hebel benutzt werden, um den nationalen oder europäischen Status Quo gerichtlich in Frage zu stellen.[9]

3. Ziele der EBS

Generell sind hinsichtlich der Ziele, die mit der EBS verfolgt werden, zwei Kategorien zu unterscheiden: allgemeine politische Ziele einerseits und konkrete beschäftigungspolitische Ziele andererseits. Zu den politischen Zielen der EBS zählen:

- die Überwindung der Legitimationskrise der EU, die insbesondere im Zuge der „doppelten Post-Maastricht-Krise"[10] (Tidow 1998: 18) zum Ausdruck kam;
- eine Partizipation möglichst vieler Stakeholder, was aus demokratietheoretischer Sicht einerseits zu begrüßen ist, andererseits allerdings die Gefahr der Intransparenz der Steuerung erhöht;
- die nationale Vielfalt in der EU respektieren und gleichzeitig Konvergenz herausbilden, was – auch wenn Konvergenz nicht gleichzusetzen ist mit Harmonisierung[11] (diesbezüglich konstituiert Art. 130 EGVn ein Harmonisierungsverbot) – doch einer Quadratur des Kreises nahe kommt;
- die Initiierung und Koordinierung eines gegenseitigen Lernprozesses unter den Mitgliedstaaten zwecks Optimierung der nationalen Politiken.

Als wesentliche beschäftigungspolitische Ziele, die mit der EBS verfolgt werden, sind folgende drei zu nennen, die auch seit dem Jahr 2005 den beschäftigungspolitischen Leitlinien vorstehen:

- Vollbeschäftigung,
- Steigerung der Arbeitsplatzqualität und Arbeitsproduktivität,
- Stärkung des sozialen und territorialen Zusammenhaltes (ABl. 2005).

---

[9] Dieser Ansicht ist auch Treib (Treib 2004). Vgl. ausführlich zur eingeschränkten Wirkung der Charta: Stephan 2008.

[10] Dies meint die Verbindung der ökonomischen Krise (drohende Rezession, stark steigende Arbeitslosenquoten) mit der sich aus dem Ratifizierungsdebakel des Maastrichter Vertrages ergebenden Legitimationskrise der Europäischen Integration.

[11] Konvergenz ist nach Kerr zu verstehen als „tendency of societies to grow more alike, to develop similarities in structures, processes and performances" (Kerr 1983: 3). Nach Bennett entsteht Konvergenz durch Nachahmung („emulation"), als Folge von Eliten-Netzwerken/ als Resultat transnationaler policy communities („elite networking"), als Folge einer Harmonisierung im Rahmen internationaler Regime („harmonization") und als durch Zwang („penetration") (Bennet 1991: 215, 220-229).

Darüber hinaus lassen sich folgende Prioritäten der EBS identifizieren:

- mehr Menschen in Arbeit bringen und halten durch eine Erhöhung des Arbeitskräfteangebots und einer Modernisierung der Sozialschutzsysteme,
- Verbesserung der Anpassungsfähigkeit der Arbeitnehmer und der Unternehmen,
- Steigerung der Investitionen in Humanressourcen durch Verbesserung von Bildung und Qualifizierung (ABl. 2005).

Zum ersten Punkt zählen u.a. folgende Forderungen:

- Förderung eines lebenszyklusorientierten Ansatzes in der Beschäftigungspolitik durch Abbau der Jugendarbeitslosigkeit, Erhöhung der Erwerbsbeteiligung von Frauen und Verringerung geschlechtsspezifischer Unterschiede bei Beschäftigung, Arbeitslosigkeit und Entgelt,
- die Verbesserung der Vereinbarkeit von Berufs- und Privatleben (inkl. der Bereitstellung von erschwinglichen Betreuungseinrichtungen für Kinder und sonstige betreuungsbedürftige Personen),
- die Förderung des aktiven Alterns durch entsprechende Arbeitsbedingungen und -anreize und durch einen besseren Gesundheitsschutz am Arbeitsplatz,
- die Beseitigung von frühverrentungsfördernden Negativanreizen,
- aktive und präventive Arbeitsmarktmaßnahmen,
- eine laufende Überprüfung der in den Steuer- und Sozialleistungssystemen enthaltenen Anreize und Hemmnisse sowie Abbau der hohen effektiven Grenzsteuersätze insbesondere bei Geringverdienern unter Sicherstellung eines angemessenen Sozialschutzniveaus[12] sowie
- die Erschließung neuer Beschäftigungspotentiale im Dienstleistungssektor – insbesondere auf lokaler Ebene (ABl. 2005).

Unter die zweite Priorität fallen beispielsweise folgende Forderungen:

- Modernisierung und Stärkung der Arbeitsmarkteinrichtungen – insbesondere der Arbeitsverwaltungen (inkl. der Herstellung einer verbesserten Transparenz der Beschäftigungs- und Weiterbildungsmöglichkeiten auf europäischer Ebene),

---

[12] Was genau unter einem 'angemessenen Sozialschutzniveau' zu verstehen ist, wird jedoch nicht näher definiert.

- die Reduzierung der Hindernisse für eine europaweite Mobilität von Arbeitnehmern,
- eine bessere Antizipation von Qualifikationsanforderungen sowie Defiziten und Engpässen auf dem Arbeitsmarkt,
- ein besseres Management der Wirtschaftsmigration,
- die Anpassung arbeitsrechtlicher Vorschriften,
- der Kampf gegen die Schwarzarbeit,
- die Erleichterung des Übergangs in die Erwerbstätigkeit (inkl. Weiterqualifizierung, Selbstständigkeit Unternehmensgründung und geographischer Mobilität) sowie
- Einklang von Lohnentwicklung und Produktivitätswachstum (ABl. 2005).

Im Zuge der dritten Priorität wird nach folgenden Maßnahmen verlangt:

- Maßnahmen im Aus- und Weiterbildungsbereich zur Verbesserung des Zugangs zur Berufsbildung, Sekundarbildung und Hochschulbildung,
- eine erhebliche Reduzierung der Anzahl der Schulabbrecher,
- die Schaffung wirksamer Strategien für das lebenslange Lernen zur Förderung einer stärkeren Beteiligung an der Aus- und Weiterbildung am Arbeitsplatz während des ganzen Lebenszyklus', insbesondere für Geringqualifizierte und ältere Arbeitskräfte,
- Verbesserung der Attraktivität, der Offenheit und der Qualitätsstandards der Aus- und Weiterbildung,
- Verbreiterung der Aus- und Weiterbildungsinstrumente,
- Sicherstellung flexibler Bildungswege sowie Ausbau der Mobilitätsmöglichkeiten von Studenten und Praktikanten,
- Vereinfachung und Diversifizierung des Zugangs zur allgemeinen und beruflichen Bildung und zu Wissen durch entsprechende Arbeitszeitgestaltung, durch Dienstleistung zur Unterstützung von Familien, Berufsberatung und ggf. neue Kostenteilungen,
- Verbesserung der Definitionen und Transparenz von Qualifikationen und Befähigungsnachweisen und deren Anerkennung sowie
- bessere Validierung des nichtformalen und des informellen Lernens zur besseren Antizipation beruflicher Erfordernisse, Schlüsselkompetenzen und Qualifikationserfordernissen (ABl. 2005).

Verbunden mit dem Ziel der Verbesserung von Bildung und Qualifizierung sind im Wesentlichen zwei Ziele. Zum einen stellen die anvisierten Maßnahmen einen Beitrag zur Bekämpfung der sozialen Ausgrenzung dar. Zum anderen wird Bildungspolitik in den Dienst der Beschäftigungspolitik gestellt, indem die bildungspolitische Maßnahmen wesentlich zur Schaffung eines einheitlichen europäischen Arbeitsmarktes beitragen können. Dies trifft insbesondere auf folgende Instrumente zu, die im Zusammenhang zwischen Bildungs- und Beschäftigungspolitik gesehen werden müssen:

- ECTS (Leistungspunktesystem in der Hochschulbildung),
- ECVET (das in Aussicht genommene Leistungspunktesystem für die berufliche Bildung),
- EUROPASS (Transparenzinstrument für Qualifikationsnachweise),
- EQR (Europäischer Qualifikationsrahmen) sowie
- Europäischer Referenzrahmen für Qualitätssicherung in der beruflichen Bildung.

Ausdruck dieses starken Zusammenhangs zwischen europäischer Beschäftigungs- und Bildungspolitik ist auch, dass im Rahmen der OMK im Bereich der Bildung direkt Bezug zu den Zielen der FBS genommen wird bzw. bildungs- und beschäftigungspolitische Ziele hier deckungsgleich sind. Zu erkennen ist dies u.a. in dem jüngsten Fortschrittsbericht der EK zur allgemeinen und beruflichen Bildung (Rat der Europäischen Union 2008).

4. Die Entstehungshintergründe der EBS

Zwar wurde die EBS 1997/1998 mit dem Luxemburger Beschäftigungsgipfel und der Verabschiedung der ersten beschäftigungspolitischen Leitlinien offiziell ins Leben gerufen, ihren Anfang nahm die Entwicklung der EBS jedoch bereits 1993. Als „Initialzündung" (Thomas 1999: 35) kann das Weißbuch der EU-Kommission „Wettbewerbsfähigkeit, Beschäftigung" gelten, da es das erste zentrale Dokument auf europäischer Ebene ist, das sich explizit mit der Beschäftigungsthematik befasst. Das Weißbuch wiederum ist als Antwort auf die „doppelte Post-Maastricht-Krise" (Tidow 1998: 18) zu verstehen. Diese bestand in steigenden Arbeitslosenzahlen und Schwierigkeiten, den Maastrichter Vertrag zu ratifizieren – insbesondere in Dänemark, Frankreich und Deutschland (vgl. näher dazu Stephan 2008). Hinzu kam Kritik an der einseitigen Ausrichtung der WWU am Ziel der Preisstabilität, verbunden mit der

Angst, beschäftigungspolitische Ziele könnten im neoliberalen Integrationsleitbild vernachlässigt werden. Daher zielte die EU-Kommission neben der Verbesserung der Legitimationsbasis der EU auch darauf ab, einen Ausgleich zur WWU zu schaffen. Im Weißbuch forderte die EU-Kommission die Schaffung von mind. 15 Mio. neuer Arbeitsplätze bis zum Jahr 2000 und eine Halbierung der Arbeitslosenquote auf 5-6% der aktiven Bevölkerung, durch die Realisierung einer neuen mittelfristigen Wachstumsstrategie (Europäische Kommission 1993). Zwar versteht sich das Weißbuch als „Plädoyer für aktives Handeln" (Keller 2001: 301), favorisiert aber keine einheitliche europäische Lösungsstrategie. Vielmehr sollen die Kompetenzen primär bei den Mitgliedstaaten liegen, die aus den Lösungsvorschlägen des Weißbuches die ihrer jeweiligen nationalen Situation am besten angepassten Maßnahmen wählen sollen. Die Gemeinschaft soll die Mitgliedstaaten unterstützen (beispielsweise durch Finanzmittel aus dem Europäischen Sozialfonds (ESF) und die Verbreitung von *best practices*) und deren Maßnahmen ggf. ergänzen (Europäische Kommission 1993). Damit werden die Grundprinzipien der Rollenverteilung zwischen Gemeinschaft und Mitgliedstaaten, die der EBS und allgemeiner der OMK innewohnen, bereits im Weißbuch deutlich.[13] Generell hatte das Weißbuch entscheidenden Einfluss auf die Ausgestaltung der Beschäftigungsstrategie, wenngleich für den Europäischen Rat jedoch der legitimatorische Aspekt im Vordergrund stand, wie auf der Tagung des Europäischen Rats in Essen deutlich wurde (Europäischer Rat 1994). Äußerten EU-Kommission und Rat anfangs noch Kritik an der Dominanz der WWU gegenüber den beschäftigungspolitischen Zielen (Europäische Kommission 1997), so verschwand diese Kritik im Laufe der Zeit fast völlig. Einzig das Europäische Parlament (EP) bemängelte noch im Zuge des Luxemburger Beschäftigungsgipfels (Europäisches Parlament 1997) die Unterordnung von Beschäftigungspolitik unter die WWU – diese Kritik blieb jedoch folgenlos. Einig wiederum waren sich Europäische Kommission und Europäischer Rat in ihrem Bestreben, die EU-Ebene als Informations- und Austauschforum bzw. Koordinierungsforum zu nutzen (vgl. näher dazu: Stephan 2008).

---

[13] Langfristiges Ziel der EK ist dabei durchaus aber eine allmähliche Vergemeinschaftung der nationalen Arbeitsmärkte hin zu einem einheitlich europäischen Arbeitsmarkt (Europäische Kommission 1993). Dies impliziert nicht nur einen allmählichen Bedeutungszuwachs für die europäische Ebene, sondern letztlich auch eine einheitliche europäische Arbeitsmarkt- und Beschäftigungspolitik.

Der Essener Gipfel fasste die Vorschläge des Weißbuches zu einer kohärenten Strategie zusammen (Essener Beschäftigungsstrategie), die wegweisend für die Zukunft der Beschäftigungsstrategie war (Europäischer Rat 1994). Die Essener Beschäftigungsstrategie identifizierte Zielgruppen und prioritäre Bereiche der Strategie[14] und etablierte ein jährliches beschäftigungspolitisches Koordinierungsverfahren, das Europäischer Rat, Rat (Arbeits- und Sozialminister zusammen mit ECOFIN) und die Europäische Kommission, nicht aber das EP einband. Die Mitgliedstaaten blieben hauptverantwortlich in der Beschäftigungspolitik; ein Sanktionsmechanismus fehlte. Die Beschäftigungsstrategie wurde dabei der WWU untergeordnet (Europäischer Rat 1994). In der Folgezeit wurde das Monitoring-Verfahren bis zum Amsterdamer Vertrags-Gipfel schließlich mehr und mehr zu einem beschäftigungspolitischen Benchmarking-Verfahren ausgebaut (Stephan 2008).

Neben dieser im neoinstitutionalistischen Sinne pfadabhängigen Begründung für den Charakter der EBS, ist die Kompromissfindung auf der Amsterdamer Regierungskonferenz als Grund für die derzeitige Ausgestaltung der EBS zu nennen. Diese kann weder mit neofunktionalistischen noch intergouvernementalen Begründungen allein vollständig erklärt werden, sondern ist vielmehr aus beiderlei Blickrichtungen zusammen zu erklären. Beschäftigungspolitik stand ursprünglich eigentlich nicht auf der Agenda der Regierungskonferenz. Vor dem Hintergrund der „doppelten Post-Maastricht-Krise" (s.o.) rückte jedoch auch Beschäftigungspolitik sehr bald auf die Amsterdamer Tagesordnung. Allerdings waren die EU-Mitgliedstaaten zu Beginn der Konferenz tief gespalten angesichts der Fragen, ob Beschäftigungspolitik Eingang in den Vertrag finden sollte und falls ja, in welcher Form. Generell lassen sich die Staaten in drei „Lager" teilen: Auf der einen Seite standen die Befürworter einer vertraglichen Verankerung, zu denen Schweden, Österreich, Dänemark, Belgien, Portugal, Griechenland, Spanien und Italien zählten. Einig waren sich diese Staaten in ihrer Forderung, beschäftigungspolitische Bestimmungen in den Vertrag aufzunehmen, die eine größere Zuständigkeit für die europäische Ebene beinhalten ohne die Hauptzuständigkeit der Mitgliedstaaten in Frage zu stellen. Erhebliche Unterschiede bestanden zwischen den Befürwortern aber hinsichtlich des Umfangs der Forderungen. Durch die vertragliche Verankerung von beschäftigungspolitischen Bestimmungen wollten die Befürworter einen zusätzlichen Nutzen im Vergleich zu einer rein nationalen

---

[14] Vgl. für die fünf vom ER Essen festgesetzten Prioritäten Europäischer Rat 1994.

Beschäftigungspolitik ziehen sowie die Akzeptanz und Legitimation der europäischen Integration erhöhen und ein Gegengewicht zur WWU schaffen. Allerdings waren sich die Staaten weitgehend einig, dass die Bestimmungen der WWU nicht angetastet werden sollten (Stephan 2008). Nur Schweden forderte anfangs eine Gleichwertigkeit der beschäftigungspolitischen Zielsetzungen mit denen der WWU (Schweden 1995), nahm diesen Vorschlag im Laufe der Regierungskonferenz jedoch zurück (Stephan 2008). Allerdings war die Position der Befürworter nicht immer einheitlich: Unterschiedliche Auffassungen existieren beispielsweise hinsichtlich der finanziellen Ausgestaltung der Beschäftigungspolitik und der Zielformulierungen in Art. 2 EUV: Während einige Staaten zusätzliche Finanzmittel ablehnten (Konferenz der Vertreter der Regierungen der Mitgliedstaaten 1996b, 1996c), verlangten andere ausdrücklich nach zusätzlichen finanziellen Mitteln (Konferenz der Vertreter der Regierungen der Mitgliedstaaten 1996a, 1996d). Mit Blick auf die Ziele der Beschäftigungspolitik forderten Österreich und Belgien und anfangs auch Schweden, das Ziel der 'Vollbeschäftigung' im EG-Vertrag zu verankern (Österreich 1996, Tidow 1998, Konferenz der Vertreter der Regierungen der Mitgliedstaaten 1996d, Schweden 1995). Dagegen wollten andere Länder wie Dänemark und später auch Schweden das Ziel eines 'hohen Beschäftigungsniveaus' (wie bereits im Maastrichter Vertrag) verankert sehen (Konferenz der Vertreter der Regierungen der Mitgliedstaaten 1996c, Konferenz der Vertreter der Regierungen der Mitgliedstaaten/ Sekretariat 1996).[15] Ferner bestanden

---

[15] Vollbeschäftigung zählt zu den wichtigsten wirtschaftspolitischen Zielen und bedeutet einen hohen Beschäftigungsgrad bzw. „die Zahl der offenen Stellen in der Volkswirtschaft stimmt mit der Zahl der Arbeitssuchenden überein, d.h. alle arbeitswilligen Arbeitnehmer können einen zumutbaren Arbeitsplatz finden": Das Lexikon der Wirtschaft, S. 120. In der Praxis wird angenommen, dass stets eine bestimmte Anzahl an Arbeitnehmern den Arbeitsplatz gerade wechselt (friktionelle Arbeitslosigkeit), sodass Vollbeschäftigung nicht erst bei einer Arbeitslosenquote von 0% vorliegt, sondern bereits bei einer Quote von 2%: Das Lexikon der Wirtschaft: 120. (Abhängig von der jeweiligen Volkswirtschaft ist auch ein höherer Grad von friktioneller Arbeitslosigkeit und damit eine entsprechend niedrigere Entsprechung des Beschäftigungsgrades im Sinne von Vollbeschäftigung möglich (Das Lexikon der Wirtschaft: 99). Je nach Definition kann theoretisch unter einem 'hohen Beschäftigungsniveau' sogar ein höheres Beschäftigungsniveau als das der Vollbeschäftigung verstanden werden: Während die Erhöhung der Beschäftigungsquote darauf abzielt, die Arbeitslosenquote zu senken und die Anzahl der Beschäftigten zu erhöhen, was die Integration von aus dem Arbeitsmarkt Ausgeschlossenen mit einbezieht, zielt Vollbeschäftigung darauf ab, lediglich diejenigen in ein Beschäftigungsverhältnis zu bringen, „who clearly demonstrate their desire to work" (Pakaslahti/ Pochet 2003: 114) bzw. nur den arbeitswilligen Arbeitnehmern einen Arbeitsplatz zu verschaffen (Das Lexikon der Wirtschaft: 120 iVm. 95-97, 99). Dennoch ist die Signalwirkung, die vom Begriff der 'Vollbeschäftigung'

Differenzen hinsichtlich der inhaltlichen Ausgestaltung des Koordinierungsverfahrens sowie hinsichtlich dessen Verbindlichkeit: Während die Mehrheit der Befürworter für eine weiche Koordinierung orientiert am (ausgebauten) Koordinierungsverfahren der Essener Beschäftigungsstrategie plädierte (Stephan 2008), strebte allein Österreich eine starke Koordinierung durch die Einführung eines Sanktionsmechanismus an (Conference of the Representatives of the Governments of the Member States 1996).

Den Befürwortern diametral gegenüber standen Großbritannien, Frankreich und Deutschland, die aus – durchaus unterschiedlichen – ordnungs-, verteilungs- und integrationspolitischen Gründen eine europäische Beschäftigungspolitik ablehnten. Die konservative britische Regierung erteilte einem Beschäftigungskapitel eine kategorische Absage und verlangte für den Fall einer vertraglichen Verankerung ein *opting-out* (Meinert 1998b). Dabei deutete sich allerdings kurz vor der Abwahl der konservativen britischen Regierung an, dass auch sie letztlich doch einer Aufnahme eines (inhaltlich noch auszugestaltenden) Beschäftigungskapitels zustimmen könnte (Steinle 2001), was dann schließlich die neue Labour-Regierung auch tat. Letztere blieb allerdings bezüglich der geforderten inhaltlichen Ausgestaltung eines solchen Titels in der neoliberalen Tradition der Forderungen der vorangegangenen konservativen Regierung: Betont wurden Wettbewerb und Deregulierung als die wichtigsten Bedingungen für eine Besserung der Beschäftigungslage und die primäre Zuständigkeit der Nationalstaaten, dafür entsprechende Rahmenbedingungen zu schaffen (Metz 1998, Tidow 1998, Steinle 2001, Pollack 1998).

Frankreichs Position änderte sich nach dem Regierungswechsel im Juni 1997 radikal: Aus einem Gegner der Verankerung beschäftigungspolitischer Bestimmungen wurde ein massiver Befürworter: Während die konservative Regierung Frankreichs zwar eine bessere Überwachung der nationalen Beschäftigungspolitiken forderte, aber vertragliche Bestimmungen ablehnte (Steinle 2001), übertraf die im Juni 1997 neu gewählte Regierung sogar die Forderungen der o.g. Befürworter. Sie verlangte die Einrichtung einer europäischen Wirtschaftsregierung, um die WWU stärker auf Beschäftigung auszurichten und Wirtschafts-, Steuer- und Lohnpolitiken koordinieren zu können (Steinle 2001, Tidow 1998, Meinert 1998b, Pollack 1998). Mit dieser neuen Haltung allerdings stieß Frankreich auf erbitterten Widerstand Deutschlands.

---

ausgeht, höher einzustufen, zumal Vollbeschäftigung zu den wichtigsten wirtschaftspolitischen Zielen zählt (s.o.).

Anders als die britische Regierung lehnte Deutschland weniger aus integrationspolitischen, als aus verteilungspolitischen Motiven eine vertragliche Verankerung von Beschäftigungspolitik ab (Platzer 1997).[16] Beiden Staaten gemeinsam hingegen war das ordnungspolitische Motiv, aus dem heraus sie beschäftigungspolitische Regelungen auf europäischer Ebene eine Absage erteilten (Platzer 1997).[17] Zudem lehnte Deutschland beschäftigungspolitische Regelungen auf europäischer Ebene insbesondere deshalb ab, weil es kostenintensive Beschäftigungsprogramme vermeiden wollte, deren Finanzierung überdurchschnittlich von Deutschland hätte sichergestellt werden müssen. Darin sah die deutsche Regierung nicht nur einen Widerspruch zu den deutschen Bemühungen, die deutsche Nettozahlerposition zurückzufahren, sondern auch eine Gefahr für die Einhaltung der Stabilitätskriterien. Unbedingt vermeiden wollte Deutschland, dass die monetaristische Ordnungskonzeption und das stabilitätsorientierte Primat der WWU durch beschäftigungspolitische Regelungen konterkariert werden würden (Platzer 1999, 2001, Steinle 2001, Kotzias 1997). Erst als Deutschland nach den Regierungswechseln in Großbritannien und Frankreich in seiner Ablehnung eines Beschäftigungskapitels isoliert wurde, war es bereit, einem Beschäftigungskapitel zuzustimmen – unter der Prämisse, es soweit wie möglich nach deutschen Vorstellungen zu modifizieren (Tidow 1998).

In der Mitte der beiden Lager fanden sich Finnland, Luxemburg, die Niederlande und Irland. Diese Staaten lehnten zwar eine vertragliche Verankerung bzw. Verstärkung einer europäischen Beschäftigungspolitik nicht grundsätzlich ab, äußerten sich aber eher zurückhaltend über deren Ausmaß und Ausgestaltung (Meinert 1998b, Tidow 1998). Allerdings hat Irland im Zuge der Ratspräsidentschaft entscheidend dazu beigetragen, dass Beschäftigungspolitik in die neuen Verträge aufgenommen wurde. Wurde im Rahmen der italienischen Präsidentschaft noch über das „Ob" einer Aufnahme verhandelt, setzte Irland das Thema konsequent immer auf die Tagesordnung, sodass –

---

[16] Als integrationspolitische Ablehnung begreift Platzer, dass eine „supranationale Kompetenzerweiterung" aus „prinzipiellen europapolitischen Zielvorstellungen" heraus abgelehnt wird, während die verteilungspolitisch motivierte deutsche Ablehnung befürchtet, dass durch „eine weitergehende Vergemeinschaftung beschäftigungspolitischer Kompetenzen" eine „Eigendynamik ausgabenwirksamer Politiken" entstehen könnte, die „dem vorrangigen Ziel der Rückführung des deutschen Nettoanteils am EU-Haushalt" (bis 1999) zuwiderliefe (Platzer 1997: 238).
[17] Unter dem ordnungspolitischen Motiv ist nach Platzer zu verstehen, dass Beschäftigungspolitik als „primär marktbestimmter, dezentraler und gesellschaftlicher Prozeß (Tarifpolitik)" verstanden wird (Platzer 1997: 238).

trotz des Widerstandes der oben genannten Staaten – letztlich nur noch das „Wie" einer Aufnahme verhandelbar war.[18]

Im Ergebnis der Regierungskonferenz einigten sich die Mitgliedstaaten auf die Aufnahme beschäftigungspolitischer Bestimmungen in den Vertrag und legten so die vertragliche Grundlage der EBS. In der vertraglichen Ausgestaltung der Beschäftigungspolitik spiegelt sich der auf der Regierungskonferenz erzielte dreifache Grundkonsens wider. Dieser Grundkonsens umfasst folgende Punkte:

- primäre Zuständigkeit der Mitgliedstaaten im Bereich der Beschäftigung und nur koordinierende und ergänzende Kompetenzen für die Gemeinschaft,
- Beibehaltung der Bestimmungen zur WWU,
- keine Bereitstellung neuer Finanzmittel auf europäischer Ebene für Beschäftigungsprogramme.[19]

Damit ist die Verankerung der OMK im Bereich der Beschäftigungspolitik nicht nur Konsequenz der bereits im Zuge der Essener Beschäftigungsstrategie begonnenen Entwicklung, sondern auch Folge dieses Grundkonsenses. Integrationspolitisch betrachtet beschritt die EU damit einen Mittelweg zwischen Verbleiben im neoliberalen Leitbild und Hinwenden zum Leitbild der regulativen Union: Durch seine primärrechtliche Verankerung und durch seine Institutionalisierung der beschäftigungspolitischen Koordinierung, was zumindest deren Ablauf verbindlich macht, stellt der Amsterdamer Vertrag eine wichtige Weiterentwicklung der vollkommen freiwilligen mitgliedstaatlichen Kooperation der Essener Beschäftigungsstrategie dar.[20] Klar blieb aber auch, dass der Erfolg der Methode allein vom politischen Willen der Mitgliedstaaten und der Effizienz weicher Steuerungsmechanismen abhängig bleiben sollte. Selbst wenn in der Beurteilung der EBS die normative Annahme, dass mit der EBS durchaus sinnvolle Ziele verfolgt werden, außer Acht gelassen wird, liegt darin rein aus steuerungspolitischer Sicht der kapitale Geburtsfehler der Strategie (s.u.).

---

[18] Erstmals den Vorschlag für ein eigenständiges Beschäftigungskapitel machte im Rahmen der Regierungskonferenz Schweden (Schweden 1995).
[19] Vgl. zu diesem dreifachen Grundkonsens auch Steinle 2001, Tidow 1998, Aust/ Bieling/ Steinhilber u.a. 1997.
[20] Ähnlich: Steinle 2001. Keller und Meinert sind hingegen der Ansicht, dass das Beschäftigungskapitel kaum über den beschäftigungspolitischen Status Quo hinausgehe (Keller 1999, Meinert 1998a).

5. Anspruch und Grenzen der EBS: Der Zielerreichungsstand im Jahr 2008

Seit dem Jahr 1998 wird das beschäftigungspolitische Koordinierungsverfahren jedes Jahr durchlaufen. Auch wenn beispielsweise Leitlinien für mehrere Jahre hintereinander inhaltlich unverändert bleiben, so sind doch Rat, EU-Kommission, Europäischer Rat vertraglich verpflichtet, sie jedes Jahr förmlich zu beschließen. Ab dem Jahr 2000 gewinnt die EBS zusätzlich an Gewicht durch die Verabschiedung von beschäftigungspolitischen Empfehlungen und die vertragsgemäße Einrichtung des Beschäftigungsausschusses (EMCO). Zudem wird die EBS ab dem Jahr 2000 immer mehr in die Lissabon-Strategie eingegliedert und um konkrete übergreifende Zielvorgaben hinsichtlich der zu erreichenden Beschäftigungsquoten (Lissabonner und Stockholmer Ziele) ergänzt (Europäischer Rat 2000, 2001, ABl. 2001, 2002a). Generell, wird im Laufe der Zeit die EBS immer weiter ausgebaut und um quantitative und qualitative Ziele verstärkt, um neue Zielgruppen ergänzt und auf eine erweiterte Finanzierungsgrundlage (ESF, PROGRESS) gestellt. Als neue Ziele kamen beispielsweise folgende hinzu:

- Bekämpfung der Schwarzarbeit (Rat der Europäischen Union 1999),[21]
- Sicherstellung/ Verbesserung der Qualität der Arbeit (Europäischer Rat 2000, 2001, KOM 2001, ABl. 2001),
- Stärkung des territorialen Zusammenhalts (ABl. 2001),
- Erhöhung des Prozentsatzes der Arbeitslosen, denen eine Ausbildung oder eine entsprechende Maßnahme für einen Neuanfang angeboten wird, von mind. 20% bis zum Jahr 2003 auf 25% bis zum Jahr 2010,
- Senkung der durchschnittlichen Schulabbrecherquote für die EU auf höchstens 10% bis zum Jahr 2010,
- Erhöhung des Renteneintrittalters und der Bereitstellung von (Barcelonaer Zielvorgaben),
- Förderung der sozialen Integration und
- Steigerung der Arbeitsproduktivität (ABl. 2003).

Früh ging es in den beschäftigungspolitischen Leitlinien bereits darum, mehr Anreize in den Steuer- und Sozialleistungssystemen zur Arbeitsaufnahme

---

[21] Vor dem Hintergrund der Osterweiterung erstmals direkt in den Leitlinien im Jahr 2001 (ABl. 2001).

bzw. zum Verbleib in Arbeit zu schaffen und Arbeit lohnend zu machen und zu verbilligen (Europäische Kommission 2000). Immer wichtiger wurde in diesem Zusammenhang das Prinzip der *flexicurity*.[22] Auch der Herstellung der Chancengleichheit bzw. dem *Gender Mainstreaming*[23] und der Förderung des lebenslangen Lernens[24] wurde von Beginn an besondere Aufmerksamkeit zu Teil. Zunehmendes Augenmerk wurde im Zuge der Lissabon-Strategie einer stärkeren Integration der Sozialpartner auf europäischer und nationaler Ebene und der Steuerung der Beschäftigungspolitik im Allgemeinen gewidmet (Stephan 2008). Diesem Weg folgend machen die Leitlinien von 2005 bis 2008 die Sicherstellung einer guten Steuerung der Beschäftigungspolitik zu einem Schwerpunkt, d.h. die Mitgliedstaaten sollen durch die Einbeziehung von parlamentarischen Gremien und Interessensgruppen (auch auf regionaler und lokaler Ebene) eine „umfassende Partnerschaft für den Wandel" etablieren; dabei sollen auch die europäischen und nationalen Sozialpartner eine zentrale Rolle spielen (ABl. 2005: 23).[25] Ferner visieren die Leitlinien eine effizientere Allokation der administrativen und finanziellen Ressourcen an, d.h. eine gezieltere Nutzung der Strukturfondsmittel und hier insbesondere der ESF-Mittel (ABl. 2005).

Seit dem Lissabonner Gipfel im Jahr 2000 ist die EBS integraler Bestandteil der Lissabon-Strategie. Gegenüber den anderen Zielen der Strategie wurden die EBS und ihre Ziele im Zuge der Reform der Lissabon-Strategie im Jahr 2005 nochmals erheblich aufgewertet (Stephan 2008). Dies ist ebenso als Erfolg der EBS anzusehen, wie die Ausweitung der OMK auch auf andere Politikfelder.[26] Diese Ausweitung der OMK wird durch die Verankerung der OMK im Lissabonner Vertrag in den Bereichen Sozialpolitik, Forschung und technologische Entwicklung, öffentliche Gesundheit und Industrie bestätigt. Häu-

---

[22] Umfassend definiert wird dieses Prinzip jedoch erst im Gemeinsamen Beschäftigungsbericht 2005/2006 (Europäische Kommission 2006: 17).
[23] Die Förderung der Chancengleichheit stellt ab dem Jahr 1999 den vierten Pfeiler der EBS dar (Rat der Europäischen Union 1999). Gender Mainstreaming wird im Jahr 2001 zu einem Querschnittsziel (ABl. 2001).
[24] Dies ist schon seit dem Jahr 1998 Ziel der Leitlinien (Europäische Kommission 20xx). Vor dem Hintergrund der Lissabon-Strategie kommt der Reform der Bildungs- und Ausbildungssysteme und der Steigerung der Investitionen in die Humanressourcen jedoch eine noch gesteigerte Bedeutung zu und im Jahr 2001 wird lebenslanges Lernen zu einem Querschnittsziel der Leitlinien (ABl. 2001).
[25] Auch im EVV werden der Grundsatz der partizipativen Demokratie und die Einbindung der Zivilgesellschaft (Art. I-47 EVV) sowie die Rolle der Sozialpartner (Art. I-48 EVV) in der Gestaltung europäischer Politik hervorgehoben.
[26] Insgesamt ca. zehn Bereiche (Kommission der Europäischen Gemeinschaften 2005b).

fig wird die OMK in anderen Politikfeldern in den Dienst der EBS bzw. der Etablierung eines gemeinsamen europäischen Arbeitsmarktes gestellt. Dies gilt insbesondere für die OMK im Bereich Bildung, deren quantifizierten Ziele (Rat der Europäischen Union 2008) alle der Beschäftigungsstrategie entstammen und damit nicht nur im Bereich der OMK Bildung verfolgt werden, sondern auch in der EBS unter der Prämisse der Steigerung der Investitionen in Humankapital durch Verbesserung von Bildung und Qualifizierung (ABl. 2003). Auch das Ziel der Etablierung eines Europäischen Qualifikationsrahmens und dessen Umsetzung durch Nationale Qualifikationsrahmen (ABl. 2008) hat neben originär bildungspolitischen Zielen (Transparenz, Anrechenbarkeit und Durchlässigkeit) und sozialen Zielen (Validierung informell erworbener Kompetenzen) eindeutig zum Ziel, durch die Herstellung von Transparenz und Vergleichbarkeit von Qualifikationen, die Mobilität von Unternehmen und Beschäftigten EU-weit zu fördern.

Ferner wird im Laufe der Zeit die EBS durch die Ausweitung der Finanzierungsgrundlage gestärkt: Das im Jahr 2002 eingesetzte Programm zu den beschäftigungsfördernden Anreizmaßnahmen (gemäß Art. 129 EGVn) mit einem Finanzierungsvolumen von 55 Mio. Euro (ABl. 2002b) wird im Jahr 2007 durch das Programm PROGRESS abgelöst, das die Verwirklichung der EU-Ziele im Bereich Beschäftigung und Soziales finanziell unterstützen soll. Bei einer Laufzeit von Januar 2007 bis Dezember 2013 und einem Finanzierungsvolumen von 628,8 Mio. Euro müssen auf den Bereich der Beschäftigung mind. 21% (KOM 2005a), d.h. mind. 132,048 Mio. Euro entfallen. Zudem werden im Rahmen ihrer Reform die Strukturfonds (ABl. 2002c) noch stärker als zuvor inhaltlich auf die EBS ausgerichtet.

Ferner wird im Laufe der Zeit die EBS immer stärker in *economic governance* eingebunden: Den Anfang macht der Europäische Beschäftigungspakt im Jahr 1999 mit der Verbindung des Luxemburg-, Cardiff- und Köln-Prozesses (Europäischer Rat 1999). Besonderes Augenmerk wird ab dem Jahr 2002/ 2003 auf das *Streamlining* der wirtschafts- und beschäftigungspolitischen Koordinierung gelegt (Stephan 2008). Ein Gleichgewicht zwischen wirtschafts- und beschäftigungspolitischer Koordinierung wird allerdings nicht hergestellt, vielmehr bleibt die Unterordnung der EBS unter die Grundzüge der Wirtschaftspolitik erhalten (vgl. zur Stellung der EBS gegenüber den WWU-Politiken Tab. 1, siehe übernächste Seite). Dennoch gewinnt die EBS durch ihre verstärkte Anbindung an das vorherrschende Integrationsprojekt, die wirtschaftspolitische Integration, an Bedeutung – insbesondere gegenüber den OMK in anderen Bereichen.

Aus prozeduraler Sicht betrachtet, d.h. mit Blick auf die formelle Durchsetzung und Verankerung als Politiksteuerungsinstrument auf europäischer Ebene, hat sich die EBS in den zehn Jahren ihres Bestehens also erfolgreich durchgesetzt. Der substantielle Erfolg der Strategie hingegen ist, gemessen an den selbstgesteckten Zielen der EBS, bislang nur unzureichend: Zwar hat sich Beschäftigungspolitik erfolgreich als europäisches Politikfeld behauptet und es sind gewisse Fortschritte hinsichtlich einer Konvergenz hin zu erfolgreichen Beschäftigungsstrategien zu verzeichnen, der Grad an Vergemeinschaftung und der Grad an Konvergenz sind aber weiterhin sehr gering (Stephan 2008).

Über die gemeinsamen Leitlinien und den Austausch von Ideen und Erfahrungen im Rahmen des Prozesses (z.B. im EMCO oder im Zuge des Programms für gegenseitiges Lernen) liefert die OMK eine zusätzliche Ressource für nationale Akteure im Hinblick auf die Legitimation von nationalen Maßnahmen (inkl. finanzieller Maßnahmen) und der Reform/ Straffung nationaler Verfahrensweisen (beispielsweise hinsichtlich der administrativen Verwaltung oder der institutionellen Zusammenarbeit). Damit Lernen jedoch als Voraussetzung für (nationalen) Wandel fungieren kann, ist es vonentscheidender Bedeutung, dass die Akteure am europäischen Prozess beteiligt werden, die über die nötige fachliche und institutionelle Autorität verfügen, den europäischen angestoßenen Wandel auch auf nationaler Ebene anzustoßen und ggf. an die jeweiligen nationalen Gegebenheiten anzupassen. Dies ist jedoch im Zuge der EBS nur begrenzt der Fall: Im Rahmen des EMCO und des Programms für gegenseitiges Lernen (vormals *Peer-Review*-Programm) sowie im Zuge der Gemeinsamen Beschäftigungsberichte und weiterer OMK-Berichte (wie beispielsweise des Fortschrittsberichtes Bildung) findet durchaus *peer pressure* und gegenseitiges Lernen statt. Das Ausmaß dieses erzwungenen und freiwilligen Lernens ist aber auch deshalb begrenzt, weil die nationalen Entscheidungsträger nicht unmittelbar einbezogen sind. Was die generelle Partizipation aller relevanten Akteure in die beschäftigungspolitische Koordinierung betrifft, so sind insgesamt Verbesserungen festzustellen: Bereits die Wirkungsbewertung der EBS im Jahr 2002 konnte eine verbesserte Zusammenarbeit innerhalb der nationalen Administrationen und zwischen den EU-Institutionen feststellen (KOM 2002). Jedoch zeigt sich

Tab. 1: Wirtschafts- und beschäftigungspolitische Koordinierung in der EU

	Harte Koordinierung ←——→		Weiche Koordinierung
Bsp. aus Politikfeldern	Haushaltspolitik	Wirtschaftspolitik	Beschäftigungspolitik
Instrumente	Stabilitäts- und Wachstumspakt (seit 1997)	Grundzüge der Wirtschaftspolitik (seit 1992)	EBS (seit 1997)
Vertragsrechtliche Basis	Art. 2, 4, 104 EGVn, Protokoll	Art. 2, 4, 99 EGVn	Art. 2 EUVn, Art. 2, 3, 128 EGVn
Ergänzungen	Ratsverordnungen 1466/97, 1467/97		
Politikziele	Mittelfristige Haushaltskoordinierung und Vermeidung übermäßiger Defizite	Nachhaltige und abgestimmte Wirtschafts- und Haushaltspolitik, dauerhafte Konvergenz der Wirtschaftsleistungen, Hauptbestandteil der Lissabon-Strategie	Erhöhung der Beschäftigungsquote durch Arbeitsmarktreformen, Qualifizierungen, Förderung, Herstellung von Chancengleichheit und Beseitigung von Diskriminierungen
			Steigerung der Produktivität
			Steigerung des sozialen und territorialen und Zusammenhaltes
			Verwirklichung der Ziele der Lissabon-Strategie
Art und Ebene der Zielvorgaben	Quantitative Zielvorgaben: ausgeglichene nationale Haushalte über den Wirtschaftszyklus, Obergrenze von 3% für Neuverschuldung	Abhängig von Politikfeld, qualitative und quantitative Ziele, in Fiskalpolitik siehe SWP	Qualitative Schwerpunkte & quantitative EU-weite Ziele, gemeinsame Indikatoren, variable nationale Ziele
„Harte" Sanktionsmöglichkeiten	Finanzielle Strafen	Nein	Nein
„Weiche" Kontrollinstrumente	Gruppendruck durch gemeinsame Daten und Berichtsauswertung, Ranglisten (indirekt), Veröffentlichung von individuellen Empfehlungen, Frühwarnungen und Stellungnahmen	Gruppendruck durch gemeinsame Daten und Berichtsauswertung, Ranglisten, Veröffentlichung von individuellen Empfehlungen	Gruppendruck durch gemeinsame Daten und Berichtsauswertung, Ranglisten (nur indirekt), Veröffentlichung von allgemeinen Empfehlungen
	Wirkung: ++	Wirkung: +^{1}	Wirkung: –^{2}

OFFENE METHODE DER KOORDINIERUNG UND EUROPÄISCHES SOZIALMODELL 143

Art des Abstimmungsverfahrens	Jährliche Zyklen, Einleitung des Defizitverfahrens nach Sachlage	Jährliches Verfahren in Zyklen, ab 2003 übergreifende mehrjährige Zyklen, ab 2005 Koordination mit Beschäftigungspolitik ('integrierte Leitlinien')	Jährliches Verfahren in Zyklen, ab 2003 übergreifende mehrjährige Zyklen, ab 2005 Koordination mit Wirtschaftspolitik ('integrierte Leitlinien')
Entscheidungsträger	EU-Kommission, ECOFIN-Rat	ECOFIN-Rat	Europäischer Rat, ESPHCA-Rat
Rolle der EU-Kommission	Überwachung von Zielen, Vorschlag für Empfehlung an Rat (Qualifizierte Mehrheitsentscheidung – QME)	Überwachung von Zielen, Vorschlag für Empfehlung an Rat (QME)	Überwachung von Zielen, Vorschlag für Leitlinien & Empfehlung an Rat (QME), gemeinsamer Bericht mit dem Rat, Leitung *Peer-Review-/* Programm für gegenseitiges Lernen, Schwerpunktgeberin (Mitteilungen zur EBS), Sekretariat des EMCO
Rolle anderer Institutionen	EP wird informiert *ex post*	EP wird informiert, wichtige Funktion des EPC, schwache Rolle der nationalen Parlamente	EP, AdR, WSA werden angehört, strategische Rolle des EMCO, schwache Rolle der nationalen Parlamente
Beteiligung nichtstaatlicher Akteure	Nein	Nein, europäische Sozialpartner indirekt durch Makroökonomischen Dialog (schwach)	Europäische und nationale Sozialpartner (schwach), Beteiligung anderer Akteure gewünscht (aber schwach)
Stellung im EU-Politikgefüge	*De jure* und *de facto* dominant, verkörpert neoliberales Leitbild der WWU	Teil des dominanten Leitbildes der WWU, wobei Wirtschaftsunion schwächer als Währungsunion, Hauptbestandteil der Lissabon-Strategie, dominierend im Dreieck Wirtschafts-, Beschäftigungs- und Sozialpolitik	*De jure* und *de facto* untergeordnet unter WWU-Politiken, Hauptbestandteil der Lissabon-Strategie, Dominanz gegenüber Sozialpolitik im Dreieck Wirtschafts-, Beschäftigungs- und Sozialpolitik

Quelle: Eigene Darstellung

Anmerkungen zu Tab. 1:

[1] Nach Art. 99 Abs. 4 EGVn sind herausgehobene Einzelempfehlungen möglich. Im Vergleich zur EBS ist die Wirkung dieser Empfehlungen höher einzustufen: So ist die Empfehlung, die der ECOFIN-Rat im Jahr 2001 an Irland richtete, in der Öffentlichkeit weit besser in Erinnerung als die beschäftigungspolitischen Empfehlungen. Auch besitzt der ECOFIN-Rat ein höheres politisches Gewicht als der ESPHCA-Rat, weshalb die Empfehlungen seitens des ECOFIN-Rates an sich schon als höherwertig einzustufen sind.

[2] Zu näherer Erläuterung der Wirkung s.u.

auch im Jahr 2008 immer noch eine geringe Partizipation von Sozialpartnern, nationalen Parlamenten und der Öffentlichkeit an der EBS insgesamt. Hier sieht es in anderen OMK-Bereichen wie beispielsweise dem Bereich Bildung, besser aus, zumindest in Deutschland, wo in das Verfahren zur Etablierung eines Deutschen Qualifikationsrahmens (DQR) neben Bund und Ländern (die ihrerseits neue Verfahren der Zusammenarbeit etabliert haben) auch Vertreter der Sozialpartner, von Bildungsinstitutionen und anderen relevanten Stakeholdern einbezogen werden. Auch die Öffentlichkeit schenkt dieser Thematik zunehmend Aufmerksamkeit.

Mit Blick auf die konkreten beschäftigungspolitischen Ziele ist festzuhalten, dass einige Ziele bereits erreicht werden konnten bzw. aller Voraussicht nach fristgemäß erreicht werden können. Dazu zählen das Aktivierungsziel, das bereits erhöht wurde (s.o.) und die Frauenbeschäftigungsquote (Stephan 2008). Auch ist der Gemeinsame Beschäftigungsbericht 2007/2008 optimistisch, was das Gesamtbeschäftigungsziel angeht (Council of the European Union 2008). Der aktuelle Zielerreichungsstand zeigt, dass Fortschritte in der Zielerreichung zu verzeichnen sind (vgl. Tab. 2, nächste Seite). Allerdings ist das Ausmaß der Realisierung der quantifizierten Zielvorgaben insgesamt unzureichend: So stagnieren Ziele wie die Beschäftigungsquote älterer Arbeitnehmer, die Anhebung des Rentenalters, die Barcelona-Ziele im Bereich der Kinderbetreuung und die Senkung der Schulabbrecherquote mit Blick auf ihren Zielerreichungsstand oder liegen noch in weiter Ferne (vgl. Tab. 3, übernächste Seiten).

Tab. 2: Realisierung der beschäftigungspolitischen Ziele in der EU (2000-2007)

Zeitraum Quoten	1999	2000	2001	2002	2003	2004	2005	2006
Gesamtbeschäftigungsquote (EU-15)	62,5	63,4	64,0	64,2	64,3	64,7	65,3*	66,0*
Gesamtbeschäftigungsquote (EU-25)	61,9	62,4	62,8	62,8	62,9	63,3	63,9*	64,7*
Gesamtbeschäftigungsquote (EU-27)	61,8	62,2	62,5	62,3	62,5	62,9	63,4*	64,4*
Frauenbeschäftigungsquote (EU-15)	53,0	54,1	55,0	55,6	56,0	56,8	57,7*	58,6*
Frauenbeschäftigungsquote (EU-25)	52,9	53,6	54,3	54,7	55,0	55,7	56,5*	57,4*
Frauenbeschäftigungsquote (EU-27)	53,0	53,7	54,3	54,4	54,8	55,4	56,2*	57,2*
Beschäftigungsquote älterer Arbeitnehmer (EU-15)	37,1	37,8	38,8	40,2	41,7	42,5	44,1*	45,3*
Beschäftigungsquote älterer Arbeitnehmer (EU-25)	36,2	36,6	37,5	38,7	40,2	41,0	42,5*	43,6*
Beschäftigungsquote älterer Arbeitnehmer (EU-27)	36,5	36,9	37,7	38,5	40,0	40,7	42,3*	43,5*

Quelle: Eigene Darstellung basierend auf Eurostat 2008

Tab. 3: Ziele, Schwerpunkte und Zielgruppen der EBS

Ziele	Schwerpunkte	Zielgruppen
Vollbeschäftigung (übergreifendes Ziel, konkretisiert durch die Zielvorgabe einer Gesamtbeschäftigungsquote von 70%, einer Mindestquote von 60% für die Frauenbeschäftigung, einer Beschäftigungsquote der älteren Arbeitskräfte (55-64 Jahre) von 50% bis 2010)	Vergrößerung des Arbeitskräfteangebots	Frauen
Zielerreichungsstand 2005/2006: 2006/2007: Gesamtbeschäftigungsquote: 63,3% 64,3% Frauenbeschäftigungsquote: 55,7% 57,2% Beschäftigungsquote älterer Arbeitnehmer: 41% 43,5%		
Steigerung der Arbeitsplatzqualität und der Arbeitsproduktivität (übergreifendes Ziel)	Modernisierung der sozialen Sicherungssysteme	Junge Menschen
Zielerreichungsstand 2005/2006: Anstieg der Arbeitsproduktivität auf 1,9% (Stand: 2004), aber weiterhin unterhalb der Quoten der USA u. Japans, uneinheitliche Fortschritte bezüglich der Arbeitsqualität	2006/2007: vgl. Abb. 1 uneinheitliche Fortschritte bezüglich der Arbeitsqualität 8% der Erwerbsbevölkerung leben in Armut	
Stärkung des sozialen und territorialen Zusammenhalts (übergreifendes Ziel)	Verbesserung der Anpassungsfähigkeit von Arbeitnehmern und Unternehmen (inkl. *flexicurity*)	Ältere Arbeitskräfte (55-64 Jahre)
Zielerreichungsstand 2005/2006: Kaum Fortschritte, z.T. Verschlechterungen (Wiederanstieg der Langzeitarbeitslosigkeit seit 2004)	2006/2007: kaum Fortschritte seit 2000 leben ca. 10% der Kinder und Erwachsenen in arbeitslosen Haushalten	

Ermöglichung eines Neuanfangs für jeden Arbeitslosen (binnen sechs (seit 2007: vier) Monaten nach Eintritt der Arbeitslosigkeit im Fall von Jugendlichen, binnen zwölf Monaten im Fall von Erwachsenen) in Form einer Ausbildung, einer Umschulung, Berufserfahrung oder einer anderen Beschäftigungsmaßnahme		Steigerung der Investitionen in Humankapital durch Verbesserung von Bildung und Qualifizierung	Benachteiligte Menschen (Menschen mit Behinderungen, Minderheiten, Geringqualifizierte)
Zielerreichungsstand 2005/2006: Acht Mitgliedstaaten sind nahe dran, das Ziel zu erreichen	2006/2007: 15 Staaten bieten ca. 2/3 der jugendlichen Arbeitslosen zeitnah einen Neuanfang an		
Bis 2010 Teilnahme von 25% der Langzeitarbeitslosen an einer aktiven Maßnahme in Form einer Ausbildung, einer Umschulung, Berufserfahrung oder einer anderen Beschäftigungsmaßnahme (Durchschnitt der drei führenden Mitgliedstaaten soll erreicht werden)		Förderung der Chancengleichheit/ Gender Mainstreaming	Staatsangehörige aus Drittstaaten/ Zuwanderer
Zielerreichungsstand 2005/2006: Ziel von elf Mitgliedstaaten erreicht	2006/2007: kaum diesbezügliche Auskünfte seitens der Mitgliedstaaten		
Zugang für alle Arbeitsuchenden EU-weit zu sämtlichen von den Arbeitsverwaltungen der Mitgliedstaaten bekannt gegebenen Stellenangeboten		Diskriminierungsbekämpfung (Beschäftigungsförderung benachteiligter Menschen)	Schulabbrecher/ Geringqualifizierte
	2006/2007: Bis auf wenige Ausnahmen (v.a. BE, IT) kaum Fortschritt bei der transnationalen Mobilität		
Bis 2010 Anhebung des effektiven Durchschnittsalters beim Ausscheiden aus dem Erwerbsleben auf EU-Ebene um fünf Jahre (Anhebung von 59,9 Jahren auf 64,9 Jahre)		Förderung eines generationsübergreifenden / lebenszyklusbasierten Ansatzes	(Start-up) Unternehmen
Zielerreichungsstand 2005/2006: 61 Jahre	2006/2007: 60,6%		

Bis 2010 Bereitstellung von Betreuungsplätzen für mind. 90% der Kinder zwischen drei Jahren und dem schulpflichtigen Alter und für mind. 33% der Kinder unter drei Jahren		Sicherstellung einer guten Steuerung der Beschäftigungspolitik (Einbezug parlamentarischer Gremien, Interessensgruppen, Sozialpartner)
Zielerreichungsstand 2005/2006: Ziele längst nicht erreicht	„Many Member States are far from reaching the childcare targets"	
Bis 2010 Senkung der durchschnittlichen Schulabbrecherquote für die EU auf max. 10%		Weiterverfolgung der europäischen Zielvorgaben und Benchmarks durch Indikatoren und scorebords
Zielerreichungsstand 2005/2006: 14,9%	2006/2007: 15,3%	
Bis 2010 Abschluss der Sekundarstufe II von mind. 85% der 22-Jährigen in der EU		Effizientere Allokation der administrativen und finanziellen Ressourcen (v.a. gezieltere ESF-Nutzung)
Zielerreichungsstand 2005/2006: 77% (Stagnation seit dem Jahr 2000)	2006/2007: „There has been some progress (…), but not enough to achieve the objective of at least 85%"	
Durchschnittlicher Anteil der erwerbsfähigen Erwachsenen (25-64 Jahre) in der EU, die am lebensbegleitenden Lernen teilnehmen, von mind. 12,5%		
Zielerreichungsstand 2005/2006: 10,8% im EU-Durchschnitt (v.a. auf wenige überdurchschnittlich gute Ergebnisse zurückzuführen (DK, FI, NL, SE, SK, SI, UK)	2006/2007: 9,6%	

Quelle: Eigene Darstellung basierend auf ABl. 2005, Europäische Kommission 2006, Council of the European Union 2008.

Abb. 1: Produktivitätswachstum in der EU (1997-2006) im internationalen Vergleich

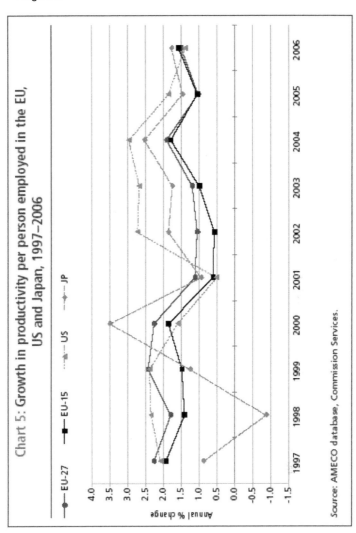

Quelle: European Commission 2007: 21

6. Fünf Gründe für die uneinheitliche Erfolgsbilanz der EBS

Für die uneinheitliche und insgesamt, zumindest aus substantieller Sicht, magere Erfolgsbilanz sind folgende fünf Gründe zur Erklärung heranzuziehen:

- ein unzureichendes Engagement der Mitgliedstaaten, das paradoxer Weise sogar vom Rat selber kritisiert wird (Rat der Europäischen Union 2004),
- das Fehlen eines effizienten Sanktionsmechanismus,
- die Heterogenität der nationalen beschäftigungspolitischen Ausgangslagen,
- die Konjunkturentwicklung und
- die Auswirkungen der WWU.

Die Heterogenität der beschäftigungspolitischen Ausgangslagen mindert den Erfolg der EBS zwar erheblich, ist aber gleichzeitig gerade ein wesentlicher Grund für die Wahl der OMK als Steuerungsinstrument und bis aufs Weitere zunächst unvermeidlich – auch wenn die EBS auf die Förderung von politischer und sozialer Konvergenz abzielt. Das unzureichende Engagement der Mitgliedstaaten, das Fehlen eines effizienten Sanktionsmechanismus' und die teilweise negativen Auswirkungen der WWU hingegen sind unmittelbare Folgen des oben skizzierten „Geburtsfehlers" der EBS. Dadurch, dass die Überwachung der Umsetzung der EBS-Vorgaben in den Händen der zu Überwachenden, also der Mitgliedstaaten, liegt, sind die Mitgliedstaaten nicht unmittelbar zu einer effizienten Umsetzung der Strategie gezwungen. Insbesondere hat sich gezeigt, dass es den Mitgliedstaaten gelingt, zu deutliches *naming and shaming* im Sinne weitgehender Ziele und Indikatoren zu verhindern. Auch können sie den Sanktionsmechanismus der Empfehlungen im Beschäftigungsausschuss deutlich zu ihren Gunsten verwässern (KOM 2005b, Jacobsson/ Vifell 2003, Tucker 2004). Die de jure (Basedow 1995) und de facto Unterordnung der EBS unter die Politiken der WWU führt dazu, dass bei Zielkonflikten die beschäftigungspolitischen Ziele zurücktreten müssen und bestimmte Instrumente, wie beispielsweise neo-keynesianisches *deficit-spending*, von vornherein ausgeschlossen sind (vgl. ausführlich zum rechtlichen Stellenwert: Stephan 2008).

Auch dass die Konjunkturentwicklung so unmittelbar auf die Beschäftigungssituation in der EU und damit auch auf die EBS durchschlägt (vgl. Abb. 2), hängt mit dem Primat der WWU zusammen.

Abb. 2: Wirtschafts- und Beschäftigungswachstum in der EU (1997-2006)

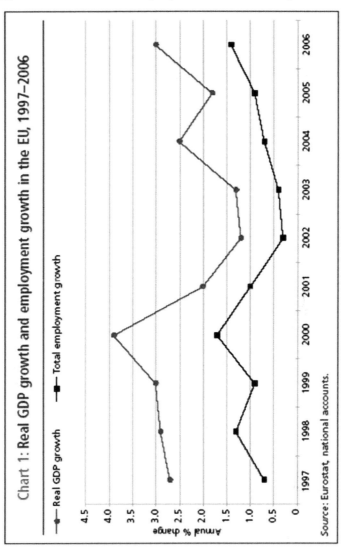

Quelle: European Commission 2007: 19.

7. Perspektiven der EBS

Die Bilanz der ersten 10 Jahre der EBS zeigt, dass für den weiteren Erfolg der Strategie entscheidend ist, dass

- erstens, die vorhandenen Instrumente wie *peer review* und *peer pressure* besser genutzt werden: Diesbezüglich könnte der EU-Kommission mehr Macht in der Überwachung des beschäftigungspolitischen Koordinierungsverfahrens zugestanden werden. Auch die Einbindung von Sozialpartnern und nationalen Parlamenten sollte verstärkt werden, beispielsweise indem die Sozialpartner und Akteure stärker in die Erarbeitung und Verabschiedung der Nationalen Reformpläne (NRP) eingebunden werden. Auf europäischer Ebene versucht die EU-Kommission derzeit, den sozialen Dialogs in Europa durch Förderprojekte zu unterstützen, inwieweit diesen Erfolg beschieden sein wird, bleibt abzuwarten. Ferner gilt es, die Öffentlichkeitswirksamkeit zu erhöhen, um den *naming-and-shaming*-Mechanismus zu stärken. Mehr nationale Ziele würden diesbezüglich das öffentliche Interesse erhöhen.

- Zweitens sollte die Strategie um verbindlichere Vorgaben ergänzt werden: Quantitative Ziele reduzieren deutlich den Raum für *Bargaining* und schaffen mehr Verbindlichkeit. Darüber hinaus könnte die Vergabe von zusätzlichen ESF-Mitteln an die Umsetzung der EBS-Vorgaben gebunden werden. Da über die ESF-Mittel insbesondere auch die regionale und lokale Ebene erreicht wird (bzw. diese Ebenen fast ausschließlich nur über finanzielle Mittel erreicht werden) (Stephan 2008), könnte dies die Durchschlagskraft der EBS auf lokalem und regionalem Level erheblich stärken und damit auch den politischen Druck dieser Ebenen auf die nationale bzw. europäische Ebene verstärken.

- Drittens ist die makroökonomische Koordination verbesserungswürdig: Beschäftigungspolitik darf nicht isoliert betrachtet werden, sondern muss in einem weiteren wirtschaftspolitischen Zusammenhang gesehen werden: Es gilt daher, die Verbindung zwischen Geld-, Haushalts- und Lohnpolitiken bzw. zwischen Wirtschaftswachstum und Arbeitsmarktpolitik stärker zu beachten (Pakaslahti/ Pochet 2003, Pochet 2003).

8. Fazit

Die Bilanz der ersten zehn Jahre der EBS zeigt einen prozeduralen Erfolg der Strategie, substantiell jedoch nur uneinheitliche und teils unzureichende Ergebnisse der Strategie – insbesondere mit Blick auf ihre konkreten beschäftigungspolitischen Ziele. Dafür sind sowohl interne Schwächen der EBS/ OMK verantwortlich, als auch die negativen Auswirkungen externer Rahmenbedingungen. Für eine erfolgreiche Zukunft der EBS empfiehlt sich daher eine bessere Nutzung der vorhandenen Instrumente, eine Ergänzung der Strategie um verbindlichere Vorgaben und eine bessere makroökonomische Koordination, um die Ziele des Lissabon-Programms erreichen zu können.

Bibliographie

Amtsblatt der Europäischen Gemeinschaften (2001): L 22 (2001/63/EG): Rat: Beschluss des Rates vom 19. Januar 2001 über die Leitlinien für beschäftigungspolitische Maßnahmen der Mitgliedstaaten im Jahr 2001.

Amtsblatt der Europäischen Gemeinschaften (2002a): L 60 (2002/177/EG). Rat: Beschluss des Rates vom 18. Februar 2002 über die Leitlinien für beschäftigungspolitische Maßnahmen der Mitgliedstaaten im Jahr 2002.

Amtsblatt der Europäischen Gemeinschaften (2002b): L 170: Beschluss Nr. 1145/2002/EG des Europäischen Parlaments und des Rates vom 10. Juni 2002 über gemeinschaftliche Maßnahmen zum Anreiz im Bereich der Beschäftigung (Text von Bedeutung für den EWR) – Erklärung der Kommission.

Amtsblatt der Europäischen Gemeinschaften (2002c): L 213: Verordnung (EG) Nr. 1784/1999 des Europäischen Parlaments und des Rates vom 12. Juli 1999 betreffend den Europäischen Sozialfonds.

Amtsblatt der Europäischen Union (2003): L 197 (2003/578/EG): Rat: Beschluss des Rates vom 22. Juli 2003 über die Leitlinien für beschäftigungspolitische Maßnahmen der Mitgliedstaaten.

Amtsblatt der Europäischen Union (2005): L 205 (2005/600/EG): Rat: Entscheidung des Rates vom 12. Juli 2005 über Leitlinien für beschäftigungspolitische Maßnahmen der Mitgliedstaaten.

Amtsblatt der Europäischen Union (2008): C 111/01: Empfehlungen Europäische [sic!] Parlament, Rat: Empfehlung des Europäischen Parlaments und des Rates vom 23. April 2008 zur Einrichtung des Europäischen Qualifikationsrahmens für lebenslanges Lernen (Text von Bedeutung für den EWR).

Ardy, B./ Begg, I. (2001): The European Employment Strategy: Policy Integration by the Back Door? South Bank European Papers. 4/2001. South Bank University.

Aust, A./ Bieling, H.-J./ Steinhilber, J. et al. (1997): Recent Developments in the Discussion on EU-Employment-Policy. In: Labour Markets and Employment Policy in the European Union. FEG-Studie Nr. 10, 109-125.

Basedow, J. (1995): Zielkonflikte und Zielhierarchien im Vertrag über die Europäische Gemeinschaft. In: Due, O./ Lutter, M./ Schwarze, J. (Hg.) (1995): Festschrift für Ulrich Everling. Baden-Baden, 49-68.

Bauer, M. W./ Knöll, R. (2003): Die Methode der offenen Koordinierung: Zukunft europäischer Politikgestaltung oder schleichende Zentralisierung? In: Aus Politik und Zeitgeschichte. B 1-2/2003, 3-38.

Bennet, C. J. (1991): Review Article: What Is Policy Convergence and What Causes It? In: British Journal of Political Science. 21, 215-233.

Borrás, S./ Jacobsson, K. (2004): The open method of co-ordination and new governance patterns in the EU. In: Journal of European Public Policy. 11: 2, 185-208.

Busch, K. (2005): Die Methode der offenen Koordinierung in der Beschäftigungs- und der Sozialpolitik der Europäischen Union. Unveröffentlichtes Manuskript.

Cohen J./ Sabel, Ch. F. (2003): „Sovereignty and Solidarity: EU and US. In Zeitlin, J./ Trubek, D. M. (Hg.) (2003): Governing Work and Welfare in a New Economy. European and American Experiments. Oxford, 345-375.

Conference of the Representatives of the Governments of the Member States (1996): CONF/3857/96 LIMITE: Translation of Letter from Permanent Representation of Austria to the European Union, dated 22 May 1996, to Mr Jürgen Trumpf, Secretary-General of the Council of the European Union (or.d). In: Weidenfeld, W. (Hg.) (1998): Amsterdam in der Analyse: Strategien für Europa (CD-Rom). Gütersloh.

Council of the European Union (2008): 7169/08 SOC 143 ECOFIN 95 EDUC 67: Note from: Council (Employment, Social Policy, Health and Consumer Affaires) to: European Council. No. prev. doc.: 5984/08 SOC 63 ECOFIN 40 EDUC 35 + COR . No Cion doc: 16714/07 ECOFIN 519 COMPET 442 SOC 543 ENV 721 EDUC 224 RECH 433 ENER 326 ADD 2. Subject: Joint Employment Report 2007/2008.

Das Lexikon der Wirtschaft. Grundlegendes Wissen von A bis Z (2004). Bonn.

EG-Vertrag idF. vom 2. Oktober 1997 (Vertrag von Amsterdam). In: Läufer T. (Hg.) (1998): Vertrag von Amsterdam. Texte des EU-Vertrages und des EG-Vertrages. Bonn.

EG-Vertrag idF. vom 26. Februar 2001 (Vertrag von Nizza). In: Läufer, T. (Hg.) (2002): Vertrag von Nizza. Texte des EU-Vertrages und des EG-Vertrages, Charta der Grundrechte der Europäischen Union, deutsche Begleitgesetze. Bonn.

European Commission (2007): Employment in Europe 2007. Luxembourg: Office for Official Publications of the European Communities.

Europäische Kommission (1993): White Paper on growth, competitiveness, and employment: The challenges and ways forward into the 21st century. COM (93) 700 final.

Europäische Kommission (1997): „Beschäftigung und Wachstum in Europa – Der Weg in die Zukunft". Gesamtbericht zur Beschäftigung (1996) für den Europäischen Rat (Tagung in Dublin). In: Europäische Kommission (1997): Der Weg nach vorn: Die Europäische Beschäftigungsstrategie. Beiträge zum Europäischen Rat von Dublin und dessen Ergebnisse 13.-14. Dezember 1996. Luxemburg.

Europäische Kommission (2000): Leitlinien für beschäftigungspolitische Maßnahmen der Mitgliedstaaten im Jahr 2000 & Empfehlung des Rates zur Durchführung der Beschäftigungspolitik der Mitgliedstaaten (Dokument erstellt auf der Grundlage der Rats-Dokumente 6433/00 und 5161/00 endg.).

Europäische Kommission (2006): Gemeinsamer Beschäftigungsbericht 2005/2006. Mehr und bessere Arbeitsplätze: Umsetzung der Prioritäten der Europäischen Beschäftigungsstrategie.

Europäische Kommission (1997): EUROPA - Die Europäische Beschäftigungsstrategie - Beschäftigungspolitische Leitlinien: Die beschäftigungspolitischen Leitlinien für 1998. Entschließung des Rates vom 15. Dezember 1997. Dokument erstellt auf der Grundlage vom Dokument Nr. 13200/97 des Rates.

Europäischer Rat (1994): Europäischer Rat: Tagung am 9.-10. Dezember 1994 in Essen. Schlussfolgerungen des Vorsitzes. http://ue.eu,int/newsroom/LoadDoc. asp?MAX=21& BID=76&DID=54767&LANG=4. 19.02.02, 14:07h.

Europäischer Rat (1999): Schlussfolgerungen des Vorsitzes. Europäischer Rat in Köln 3. und 4. Juni 1999. http://ue.eu.int/Newsroom/LoadDoc.asp?&BID= 76&DID= 57872& LANG=1. 19.02.02, 12:17h.

Europäischer Rat (2000): Schlussfolgerungen des Vorsitzes. Europäischer Rat (Lissabon) 23. und 24. März 2000. http://ue.eu.int/Newsroom/LoadDoc.asp?BID= 76&DID= 60941&LANG=1.

Europäischer Rat (2001): Schlussfolgerungen des Vorsitzes. Europäischer Rat (Stockholm) 23. und 24. März 2001. http://ue.eu.int/newsroom/LoadDoc.asp? MAX=1&BID=76&DID=65815&LANG=4. 20.08.02, 15:01h.

Europäisches Parlament (1997): A4-0307/97: Bericht über den Vorschlag des Europäischen Parlaments an den Sondergipfel des Europäischen Rats für Beschäftigung (20./21. November 1997) (C4-0389/97). Ausschuss für Beschäftigung und soziale Angelegenheiten. http://www.europarl.eu.int/omk/sipade3?PUBREF=//-EP//NONSGML+REPORT+A4-1997-0307+0+DOC+PDF+V0//DE&L=DE& LEVEL=1& NAV=S& LSTDOC=Y. 09.12.05, 11:22h.

EU-Vertrag idF. vom 2. Oktober 1997 (Vertrag von Amsterdam). In: Läufer T. (Hg.) (1998): Vertrag von Amsterdam. Texte des EU-Vertrages und des EG-Vertrages. Bonn.

EU-Vertrag idF. vom 26. Februar 2001 (Vertrag von Nizza). In: Läufer, T. (Hg.) (2002): Vertrag von Nizza. Texte des EU-Vertrages und des EG-Vertrages, Charta der Grundrechte der Europäischen Union, deutsche Begleitgesetze. Bonn.

Ferrera, M./ Hemerijck, A./ Rhodes, M. (2002): Report for the Portuguese Presidency of the European Union. The Future of Social Europe: Recasting Work and Welfare in the New Economy. http://www.iue.it/SPS/People/Faculty/CurrentProfessors/PDFFiles/ Rhodes PDFfiles/report.pdf. 03.07.04, 14:16h.

Göbel, M. (2002): Von der Konvergenzstrategie zur offenen Methode der Koordinierung. EG-Verfahren zur Annäherung der Ziele und Politiken im Bereich des sozialen Schutzes. Baden-Baden.

Goetschy, J. (2003a): The European Employment Strategy and the open method of coordination: lessons and perspectives. In: Transfer. 2/03, 281-301.

Goetschy, J. (2003b): The European Employment Strategy, Multi-level Governance, and Policy Coordination: Past, Present and Future. In Zeitlin, J./ Trubek, D. M. (Hg.) (2003): Governing Work and Welfare in a New Economy. European and American Experiments. Oxford, 59-87.

Hemerijck, A. (2002): The Self-Transformation of the European Social Model(s). http://www.fes.de/ipg/ONLINE4_2002/ARTHEMERIJCK.pdf. 26.08.2004, 12:01h.

Hemerijck, A. (2004): Recasting Europe's Semi-Sovereign Welfare States and the Role of the EU. http://www.europeanstudiesalliance.org/calendar/fall04events/ hemerijck Paper.pdf. 17.11.05, 11:16h.

Héritier, A. (2002): New Modes of Governance in Europe: Policy Making without Legislating? Reihe Politikwissenschaft. 81. Institut für Höhere Studien (IHS) Wien, http://www.ihs.ac.at/publications/pol/pw_81.pdf. 15.03.05, 16:31h.

Hill, H. (2004): Rechtsentstehung im europäischen Mehrebenensystem. http://www. dhv-speyer.de/hill/Publikationen/Föv_25.pdf. 12.01.04, 18:17h.

Hodson, D./ Maher, I. (2001): The Open Method as a New Mode of Governance: The Case of Soft Economic Policy Co-Ordination. In: Journal of Common Market Studies. Vol. 39, No. 4, 719-746.

Jacobsson, K./ Vifell, Å (2003): Integration by Deliberation? On the Role of Committees in the Open Method of Coordination. Prepared for the workshop on 'The Forging of Deliberative Supranationalism in the EU', Florence, 7-8 February 2003. http://www.govecor.org/data/20030129141143_Integration_by_Deliberation_(rev2).pdf. 14.09.05, 15:19h.

Joerges, Ch. (2003): Recht, Wirtschaft und Politik im Prozess der Konstitutionalisierung Europas. In: Jachtenfuchs, M./ Kohler-Koch, B. (2003): Europäische Integration. 2. Auflage. Opladen, 183-218.

Kasten, G./ Soskice, D. (2001): Europäische Beschäftigungspolitik. Möglichkeiten und Grenzen. Schüren.

Keller, B. (1999): Möglichkeiten und Grenzen supranationaler Arbeitsmarkt- und Beschäftigungspolitik. Das Beschäftigungskapitel des Amsterdamer Unionsvertrages. In: Aus Politik und Zeitgeschichte. B 49/99, 11-18.

Keller, B. (2001): Europäische Arbeits- und Sozialpolitik. 2. völlig überarb. und stark erw. Aufl. München.

Kerr, C. (1983): The Future of Industrial Societies: Convergence or Continuing Diversity? Cambridge.

Kommission der Europäischen Gemeinschaften (2001): KOM(2001) 313 endgültig: Mitteilung der Kommission an den Rat, das Europäische Parlament, den Wirtschafts- und Sozialausschuss und den Ausschuss der Regionen: Beschäftigungspolitik und Sozialpolitik: ein Konzept für Investitionen in Qualität.

Kommission der Europäischen Gemeinschaften (2002): KOM(2002) 416 endgültig: Mitteilung der Kommission an den Rat, das Europäische Parlament, den Wirtschafts- und Sozialausschuss und den Ausschuss der Regionen: Fünf Jahre Europäische Beschäftigungsstrategie – Eine Bestandsaufnahme.

Kommission der Europäischen Gemeinschaften (2005a): KOM(2005) 536 endgültig 2004/0158 (COD): Geänderter Vorschlag für einen Beschluss des Europäischen Parlaments und des Rates über ein Gemeinschaftsprogramm für Beschäftigung und soziale Solidarität – PROGRESS (gemäß Artikel 250 Absatz 2 des EG-Vertrages von der Kommission vorgelegt).

Kommission der Europäischen Gemeinschaften (2005b): SEK(2005) 160: Arbeitspapier der Kommission: Beitrag zum Bericht der Kommission für die Frühjahrstagung des Europäischen Rates am 22. und 23. März 2005 über die Lissabon-Strategie zur wirtschaftlichen, sozialen und ökologischen Erneuerung.

Konferenz der Vertreter der Regierungen der Mitgliedstaaten (1996a): CONF/3845/96 LIMITE: Schreiben (Übersetzung) der griechischen Delegation unterzeichnet von dem stellvertretenden Minister für auswärtige Angelegenheiten, Herrn G. Romaios vom 26. März 1996 an den Generalsekretär des Rates der Europäischen Union, Herrn Jürgen Trumpf. In: Weidenfeld, W. (Hg.) (1998): Amsterdam in der Analyse: Strategien für Europa (CD-Rom). Gütersloh.

Konferenz der Vertreter der Regierungen der Mitgliedstaaten (1996b): CONF/3859/1/96 REV LIMITE: Aufzeichnung der schwedischen Delegation vom 16. Juli 1996, für die Regierungskonferenz (or. en). In: Weidenfeld, W. (Hg.) (1998): Amsterdam in der Analyse: Strategien für Europa (CD-Rom). Gütersloh.

Konferenz der Vertreter der Regierungen der Mitgliedstaaten (1996c): CONF/3864/1/96 LIMITE REV 1: Übermittlungsvermerk (or. dk). In: Weidenfeld, W. (Hg.) (1998): Amsterdam in der Analyse: Strategien für Europa (CD-Rom). Gütersloh.

Konferenz der Vertreter der Regierungen der Mitgliedstaaten (1996d): CONF/3873/96 LIMITE: Schreiben (Übersetzung) der belgischen Delegation unterzeichnet von dem persönlichen Beauftragten Herrn Ph. De Schoutheete de

Tervarent vom 15. Juli 1996 an den Generalsekretär des Rates der Europäischen Union, Herrn Jürgen Trumpf (or. f). In: Weidenfeld, W. (Hg.) (1998): Amsterdam in der Analyse: Strategien für Europa (CD-Rom). Gütersloh.

Konferenz der Vertreter der Regierungen der Mitgliedstaaten/ Sekretariat (1996): CONF/3921/96, LIMITE: Übermittlungsvermerk der schwedischen Regierung vom 23. September 1996 für die Gruppe der RK-Beauftragten der Minister (or. en). In: Weidenfeld, W. (Hg.) (1998): Amsterdam in der Analyse: Strategien für Europa (CD-Rom). Gütersloh.

Kotzias, N. (1997): Beschäftigungspolitik - Kern der Verhandlungen über die Sozialpolitik zur Intergovernmental Conference (IGC) 1996. In Labour Markets and Employment Policy in the European Union. FEG-Studie Nr. 10, 193-205.

Krebber, S. (1999): [Kommentar zu Art. 125-130 EGV]. In Calliess, Ch./ Ruffert, M. (Hg.) (1999): Kommentar des Vertrages über die Europäische Union und des Vertrages zur Gründung der Europäischen Gemeinschaft: EUV/EGV, Neuwied.

Meinert, S. (1998a): Die Europäische Union als Werte- und Sozialgemeinschaft. In: Weidenfeld, W. (Hg.) (1998): Amsterdam in der Analyse: Strategien für Europa. Gütersloh, 163-201.

Meinert, S. (1998b): Synopse über die Positionen der EU-Mitgliedstaaten in der Regierungskonferenz. In: Weidenfeld, W. (Hg.) (1998): Amsterdam in der Analyse: Strategien für Europa (CD-Rom). Gütersloh.

Metz, W. (1998): Kommentierte Chronologie zur Regierungskonferenz 1996/97 In: Weidenfeld, W. (Hg.) (1998): Amsterdam in der Analyse: Strategien für Europa. Gütersloh, 219-272.

Österreich (1996): CONF 3975/96: Österreichische Vorschläge für Vertragsänderungen im Bereich Beschäftigung. Op. cit. Tidow, St. (1998): Europäische Beschäftigungspolitik: Die Entstehung eines neuen Politikfeldes: Ursachen, Hintergründe und Verlauf des politischen Prozesses. FEG-Arbeitspapier Nr. 18. Marburg, 59.

Pakaslahti, J./ Pochet, P. (2003): The Social Dimension of the Changing European Union. SITRA Working Paper. No. 256. Helsinki.

Platzer, H.-W. (1997): Beschäftigungspolitik als Herausforderung und Aufgabe der EU. Perspektiven der Regierungskonferenz. In: Hrbek, R. (Hg.) (1997): Die Reform der Europäischen Union. Positionen und Perspektiven anläßlich der Regierungskonferenz. Baden-Baden, 233-240.

Platzer, H.-W. (1999): Die EU-Sozial- und Beschäftigungspolitik nach Amsterdam: Koordinierte und verhandelte Europäisierung? In: Integration, 22. Jg., 3/99, 176-190.

Platzer, H.-W. (2001): Deutschland und die europäische Sozial- und Beschäftigungspolitik – Determinanten, Entwicklungen, Perspektiven. In: Schneider, H./ Jopp, M./ Schmalz, U. (Hg.) (2001): Eine neue deutsche Europapolitik? Rahmenbedingungen – Problemfelder – Optionen. Bonn, 421-448.

Pochet, P. (2003): The European Employment Strategy at a crossroads. In: Degryse, Ch./ Pochet, P. (eds.) (2003): Social developments in the European Union 2002: Fourth annual report. Brussels, 61-95.

Pochet, P. (2005): The Open Method of Co-ordination and the Construction of Social Europe. A Historical Perspective. In: Zeitlin, J./ Pochet, P. with Magnusson, L. (eds.) (2005): The Open Method of Co-ordination in Action. The European Employment and Social Inclusion Strategies. Brussels, 37-82.

Pollack, M.A. (1998): Beyond Left and Right? Neoliberalism and Regulated Capitalism in the Treaty of Amsterdam. Working paper Series in European Studies. Vol. 2, No. 2. University of Wisconsin-Madison. http://uw-madison-ces.org/papers/ pollack.pdf. 12.01.04, 19:20h.

Radaelli, C.M. (2003): The Open Method of Coordination: A new governance architecture for the European Union? Sieps. 2003:1. Swedish Institute for European Policy Studies (sieps). http://www.sieps.su.se/_pdf/Publikationer/CR20031.pdf. 16.11.05, 14:37h.

Rat der Europäischen Union (1999): Entschließung des Rates zu den beschäftigungspolitischen Leitlinien für 1999. http://europa.eu.int/comm/employment_social/empl&esf/ empl99/guide_de.htm. 17.01.02, 11:55h.

Rat der Europäischen Union (2004): 9048/04 POLGEN 20 CONCL 1: Übermittlungsvermerk des Vorsitzes für die Delegation. Betr.: Europäischer Rat (Brüssel). Tagung vom 25. und 26. März 2004. Schlussfolgerungen des Vorsitzes. http://ue. eu.int/ueDocs/ cms_Data/docs/pressData/de/ec/79702.pdf. 24.06.04, 10:16h.

Rat der Europäischen Union (2008): 5723/08 EDUC 29 SOC 46: BERICHT des AStV (1. Teil) an den Rat. Nr. Vordokument: 5585/08 EDUC 24 SOC 46. Nr. Kommissionsvorschlag: 15292/07 EDUC 211 SOC 460 + ADD 1. Betr.: Entwurf des Gemeinsamen Fortschrittsberichts 2008 des Rates und der Kommission über die Umsetzung des Arbeitsprogramms "Allgemeine und berufliche Bildung 2010": "Wissen, Kreativität und Innovation durch lebenslanges Lernen"-Annahme.

Rhodes, M. (2005): Employment Policy. In: Wallace, H./ Wallace, W./ Pollack, M.A. (2005): Policy-Making in the European Union. Fifth Edition. Oxford, 279-304.

Scharpf, F.W. (2002): The European Social Model: Coping with the Challenges of Diversity. In: Journal of Common Market Studies. Vol. 40, No. 4, 645-70.

Schulte, B. (2001): Die „Lissabon-Methode" der „Offenen Koordinierung" - Anwendungsbereiche und Politikinstrumente im Lichte bisheriger Erfahrungen und möglicher Nutzungspotentiale. Bertelsmann Stiftung, Projekt „Systemwandel in Europa". München.

Sisson, K./ Arrowsmith, J./ Marginson, P. (2002): All Benchmarkers Now? Benchmarking and the 'Europeanisation' of Industrial Relations. ESRC "One Europe or Several?" Programme Working Paper. 41/02. http://www.one-europe.ac.uk/pdf/w41 marginson.pdf. 10.10.03, 15:32h.

Sisson, K./ Marginson, P. (2001): Benchmarking and the 'Europeanisation' of social and employment policy. ESRC "One Europe or Several?" Briefing Note. 3/01. http://www.one-europe.ac.uk/pdf/bn3-01.pdf. 10.10.03, 15:45h.

Steinle, C. C. (2001): Europäische Beschäftigungspolitik. Der Titel „Beschäftigung" des EG-Vertrages (Art. 125 bis 130). Berlin.

Stephan, A. (2008): Die Beschäftigungspolitik der EU. genese, Etablierung und Grenzen der EBS. Nomos. Baden-Baden (im Erscheinen).

Telò, M. (2001): Governance and Government in the European Union (Article will be published in Rodrigues, M.J. (ed.) (2001): The new Knowledge Economy in Europe. A Strategy for International Competitiveness and Social Cohesion. London). http://www.tepsa.be/html/telorodrigues.doc. 19.02.04, 17:09h.

Thomas, S. (1999): Handbuch europäischer Beschäftigungspolitik. Programm – Organisation – Handlungsschwerpunkte. Frankfurt a.M.

Thun-Hohenstein, Ch. (1997): Der Vertrag von Amsterdam. Die neue Verfassung der EU. Der neue EG-Vertrag. Der neue EU-Vertrag. Erläuterung der Bestimmungen. Wien.

Tidow, St. (1998): Europäische Beschäftigungspolitik: Die Entstehung eines neuen Politikfeldes: Ursachen, Hintergründe und Verlauf des politischen Prozesses. FEG-Arbeitspapier Nr. 18. Marburg.

Treib, O. (2004): Der EU-Verfassungsvertrag und die Zukunft des Wohlfahrtsstaates in Europa. Reihe Politikwissenschaft. 99. Institut für Höhere Studien (IHS) Wien. http://www.ihs.ac.at/publications/pol/pw_99.pdf. 15.03.05, 16:42h.

Trubek, D.M./ Mosher, J. S. (2003): New Governance, Employment Policy, and the European Social Model. In Zeitlin, J./ Trubek, D.M. (eds.) (2003): Governing Work and Welfare in a New Economy. European and American Experiments. Oxford, 33-58.

Tucker, Ch.M. (2004): The Lisbon Strategy and the Open Method of Coordination: A New Vision and the Revolutionary Potential of Soft Governance in the European Union. University of California at Berkeley. Prepared for delivery at the 2003 Annual Meeting of the American Political Science Association, August 28-August 31, 2003. http://www.govecor.org/data/20040106110433_Tucker_OMC_ APSA.pdf, 14.09.05, 15:16h.

Vandenbroucke, F. (2002): The EU and Social Protection: What Should the European Convention Propose? MPIfG Working Paper. 02/06. http://www.mpi-fg-koeln.mpg.de/ pu/workpap/wp02-6/wp02-6.html. 29.11.05, 15:47h.

Vertrag über eine Verfassung für Europa idF. vom 29. Oktober 2004. In: Amtsblatt der Europäischen Union (2004): C 310: Vertrag über eine Verfassung für Europa.

Constanze Abig

Möglichkeiten und Grenzen der Umsetzung der beschäftigungspolitischen Leitlinien in nationales Recht

1. Einleitung

Auf dem Europäischen Rat von Lissabon im Frühjahr 2001 hat sich die Europäische Union (EU) zum Ziel gesetzt, bis 2010 zum wettbewerbsfähigsten und dynamischsten wissensbasierten Wirtschaftsraum der Welt zu werden, der fähig ist, ein dauerhaftes Wirtschaftswachstum mit mehr und besseren Arbeitsplätzen und einem größeren sozialen Zusammenhalt zu erzielen. Bereits einige Jahre zuvor, mit dem Vertrag von Amsterdam 1997, haben sich die Mitgliedstaaten und die Gemeinschaft der Erarbeitung einer koordinierten Beschäftigungsstrategie verschrieben, welche mit der Verabschiedung der Lissabon-Strategie in eine umfassende Wirtschafts- und Sozialagenda eingebettet worden ist.

Umgesetzt wird die Europäische Beschäftigungsstrategie (EBS) durch die Offene Methode der Koordinierung (OMK). Deren Herzstück ist das gegenseitige Lernen anhand der beschäftigungspolitischen Leitlinien. Im Gegensatz zu den alt hergebrachten Rechtssetzungsinstrumenten der Europäischen Union handelt es sich dabei um einen politischen Abstimmungsprozess. Anhand gemeinsam festgelegter Ziele sollen die Mitgliedstaaten Erfahrungen austauschen. Durch die Identifizierung so genannter „bester Praktiken" sollen positive Entwicklungen in der Beschäftigungspolitik angestoßen werden. Im Folgenden soll – nach einer kurzen inhaltlichen Darstellung der Leitlinien (Abschnitt 2.) – untersucht werden, welche rechtliche Tragweite dieser „weiche" Mechanismus besitzt (3.) und welche Anforderungen an die Umsetzung der beschäftigungspolitischen Leitlinien zu stellen sind (4.).

2. Inhalt und Fortentwicklung der beschäftigungspolitischen Leitlinien

Kam in Art. 117 II EGV a. F. noch die Überzeugung zum Ausdruck, das freie Wirken des Gemeinsamen Marktes werde zu einer Angleichung der Sozialordnungen der Mitgliedstaaten und damit zu einer Verbesserung der Lebensverhältnisse beitragen, setzte sich bald die Erkenntnis durch, dass es konzertierter Anstrengungen bedarf, um die Beschäftigungssituation in der Europäischen Union zu verbessern. Im Vertrag von Amsterdam wurde mit Art. 128ff. EG ein Kapitel zur gemeinschaftlichen Beschäftigungspolitik verankert. Der Gemeinschaft ist darin zwar nicht die Rechtssetzungskompetenz in der Beschäftigungspolitik übertragen worden. Sie hat vielmehr die Aufgabe, die nationalen Beschäftigungspolitiken zu koordinieren und die Zusammenarbeit der Mitgliedstaaten zu fördern und zu unterstützen.

Nach Art. 128 I EG prüft der Europäische Rat alljährlich die Beschäftigungslage in der Gemeinschaft und nimmt hierzu Schlussfolgerungen an. Basierend auf diesen Schlussfolgerungen werden gemäß Art. 128 II EG auf Vorschlag der Europäischen Kommission die beschäftigungspolitischen Leitlinien mit qualifizierter Mehrheit vom Rat festgelegt. Erstmals sind die beschäftigungspolitischen Leitlinien anlässlich des Europäischen Rats in Luxemburg im November 1997 für das Jahr 1998 verabschiedet worden.[1] Grundlage für den Beschluss war ein Bericht der Kommission über die „Beschäftigung in Europa" und ein darauf basierenden Leitlinienvorschlag.[2] Die Leitlinien gliederten sich in vier Säulen: die Verbesserung der Beschäftigungsfähigkeit, die Entwicklung des Unternehmergeistes, die Förderung der Anpassungsfähigkeit von Arbeitnehmern und Unternehmen sowie die Stärkung der Chancengleichheit (de la Porte 2002, 47f.). Diese waren wiederum in 19 Leitlinien – vom Vorrang aktivierender Arbeitsmarktpolitik über die Schaffung eines beschäftigungsfreundlichen Steuersystems bis hin zur besseren Vereinbarkeit von Beruf und Familie – untergliedert.

Eine erste Bestandsaufnahme im Jahr 2002 machte deutlich, dass die EBS trotz aller Veränderungen in den nationalen Beschäftigungspolitiken noch nicht den erhofften Erfolg gebracht hatte. Eine Schlussfolgerung war die Vereinfachung der Leitlinien, nicht zuletzt um deren Ziele klarer und transparen-

---

[1] Entschließung des Rates vom 15.12.1997 zu den beschäftigungspolitischen Leitlinien für 1998, ABl. C 30 vom 28.01.1998, S. 1.
[2] KOM (97) 479 endg. vom 01.10.1997: Beschäftigung in Europa. Eine Beschäftigungsagenda für das Jahr 2000.

ter zu machen.[3] 2003 sind sie zunächst auf 10,[4] 2005 schließlich auf 8 Leitlinien[5] reduziert worden (siehe Abb. 1).

DIE BESCHÄFTIGUNGSPOLITISCHEN LEITLINIEN (2005 – 2008)
(Integrierte Leitlinien 17 – 24)

- Leitlinie 17: Die Beschäftigungspolitik auf Vollbeschäftigung, Steigerung der Arbeitsplatzqualität und Arbeitsplatzproduktivität und Stärkung des sozialen und territorialen Zusammenhalts ausrichten

- Leitlinie 18: Einen lebenszyklusorientierten Ansatz in der Beschäftigungspolitik fordern

- Leitlinie 19: Integrative Arbeitsmärkte schaffen, Arbeit attraktiver und für Arbeit Suchende – auch für benachteiligte Menschen – und Nichterwerbstätige lohnend machen

- Leitlinie 20: Den Arbeitsmarkerfordernissen besser gerecht werden

- Leitlinie 21: Unter gebührender Berücksichtigung der Rolle der Sozialpartner Flexibilität und Beschäftigungssicherheit in ein ausgewogenes Verhältnis bringen und die Segmentierung der Arbeitsmärkte verringern.

- Leitlinie 22: Die Entwicklung der Arbeitskosten und die Tarifverhandlungssysteme beschäftigungsfreundlicher gestalten

- Leitlinie 23: Die Investitionen in Humankapital steigern und optimieren

- Leitlinie 24: Die Aus- und Weiterbildungssysteme auf neue Qualitätsanforderungen ausrichten

Abb. 1: (Abschrift der Quelle: Entscheidung des Rates 2005/600/EG vom 12. Juli 2005)

---

[3] Mitteilung der Kommission KOM (2002) 416 vom 17.07.2002: Fünf Jahre Europäische Beschäftigungsstrategie – Eine Bestandsaufnahme.
[4] Beschluss des Rates 2003/578/EG vom 22. Juli 2003 über die Leitlinien für beschäftigungspolitische Maßnahmen der Mitgliedstaaten, ABl. L 197 vom 05.08.2003, S. 13ff.
[5] Entscheidung des Rates 2005/600/EG vom 12. Juli 2005 über Leitlinien für beschäftigungspolitische Maßnahmen der Mitgliedstaaten, ABl. L 205 vom 06.08.2005, S. 21ff. Der Vorschlag für die Leitlinien 2008 bis 2010 ist inhaltlich unverändert abzurufen unter http://ec.europa.eu/employment_social/employment_strategy/guidelines_de.htm.

Die ursprünglich vorgesehenen Säulen sind zugunsten dreier Hauptziele – Vollbeschäftigung, Qualität und Produktivität, sozialer Zusammenhalt und soziale Inklusion – aufgegeben worden. Eine inhaltliche Neuausrichtung ging damit nicht einher, jedoch hat sich der Akzent der Leitlinien etwas verschoben. Statt spezifisch auf die Arbeitsmarktpolitik ausgerichtet zu sein, sind sie nunmehr Bestandteil eines Pakets: Die neuen „Integrierten Leitlinien" vereinigen die Grundzüge der Wirtschaftspolitik aus Art. 99 II EG, deren Berücksichtigung bereits Art. 128 II 2 EG anordnet, mit der Beschäftigungspolitik. Diese stellt ihrerseits gemäß Art. 127 II EG ein Querschnittsziel dar, das auch im Rahmen der gemeinschaftlichen Wirtschaftspolitik zu berücksichtigen ist. Die Beschäftigungsstrategie ist somit Bestandteil eines Gesamtkonzepts, das makro- und mikroökonomische Faktoren und die Arbeitsmarktlage zueinander in Bezug setzt. Dies ist zu begrüßen, vermag doch ein integrierter Ansatz eher als punktuelle und voneinander losgelöste Maßnahmen Erfolg versprechen. Gleichzeitig wird die Beschäftigungspolitik aufgewertet, wenn sie als Bestandteil – nicht als Gegenstück – zur Wirtschaftspolitik verstanden wird (Hemmann 1998, 6).

Nach Art. 128 III EG haben die Mitgliedstaaten dem Rat und der Kommission jährlich Bericht über die Maßnahmen zu erstatten, die sie „im Lichte der beschäftigungspolitischen Leitlinien" getroffen haben. Diese Berichte werden als Nationale Reformpläne (NRP, bis einschließlich 2004: Nationale Aktionspläne, NAP) bezeichnet und sollen, um dem neuen integrierten Ansatz Rechnung zu tragen, neben den beschäftigungspolitischen Maßnahmen auch Auskunft über mikro- und makroökonomische Prioritäten der Mitgliedstaaten geben. Die Berichte dienen sowohl der Evaluation bereits verabschiedeter als auch der Planung neuer Reformprogramme, die perspektivisch über den Berichtszeitraum von einem Jahr hinausgehen können (Hemmann 2005, 160). Sofern der Rat dies für angezeigt hält, kann er nach Art. 128 IV 2 EG auf Empfehlung der Kommission länderspezifische Empfehlungen[6] an einzelne Mitgliedstaaten richten.

---

[6] Erstmals verabschiedet durch Empfehlung des Rates 2000/164/EG vom 14. Februar 2000 zur Durchführung der Beschäftigungspolitik der Mitgliedstaaten.

3. Rechtliche Einordnung der beschäftigungspolitischen Leitlinien

Die Leitlinien bilden den Kern der koordinierten Beschäftigungsstrategie. Sie repräsentieren die gemeinsamen Ziele aller Mitgliedstaaten, an denen sich die nationalen Beschäftigungspolitiken ausrichten sollen, was letztlich zu einer Angleichung – der „prozessgesteuerten Konvergenz" – der Systeme führt (Hemmann 1998, 6; de la Porte 2002, 39).

3.1. Gemeinschaftsrechtliche Kompetenz zum Erlass der Leitlinien

Die Beschäftigungspolitik fällt in die Zuständigkeit der Mitgliedstaaten. Art. 127 I 2 EG erkennt dies ausdrücklich an (Lenz/ Borchardt, Art. 126 EG, Rn. 1). Gleichwohl wird vertreten, die EBS greife in das Kompetenzgefüge zwischen Union und Mitgliedstaaten ein, indem die Union den Mitgliedstaaten Ziele und Berichtspflichten auferlege, die sie im Rahmen ihrer Beschäftigungspolitik zu berücksichtigen haben (Clement 2001, Rn. 22).[7]

Nach dem Prinzip der begrenzten Einzelermächtigung aus Art. 5 I EG darf die Gemeinschaft nur die Materien regeln, für die ihr im Primärrecht ausdrücklich eine Rechtssetzungsbefugnis eingeräumt worden ist. Zudem ist sie an die im Vertrag vorgesehenen Rechtsinstrumente gebunden (Callies/ Ruffert, Art. 5, Rn. 8 ff; Streinz, Art. 5 EGV, Rn. 7). Für die OMK mangele es der Gemeinschaft nicht nur an der materiellen Zuständigkeit, sondern auch an einer Rechtsgrundlage für den Koordinierungsmechanismus als solchen. Im Primärrecht sei daher eine Koordinierungskompetenz zu schaffen, die als Gegenstück oder Ergänzung zur Rechtssetzungskompetenz zu verstehen sei (Clement 2001, Rn. 22).

Art. 127 I EG stellt jedoch explizit klar, dass die Gemeinschaft unter Berücksichtigung der Zuständigkeit der Mitgliedstaaten deren Zusammenarbeit fördert und deren Rechtsakte in der Beschäftigungspolitik lediglich ergänzt. Dies gilt jedoch nur, wenn eine solche Ergänzung erforderlich ist. Die rechtliche Bedeutung des Erforderlichkeitsprinzips ist unklar. Zum einen ließe es sich dahin auslegen, dass die Gemeinschaft zum Handeln berufen ist, sofern nationale Maßnahmen keinen Erfolg zeitigen. Andererseits kann es auch als Bestätigung des Subsidiaritätsgrundsatzes gesehen werden, der die Handlungsmöglichkeiten der EU begrenzt. Indes handelt es sich bei Art. 127 I 1

---

[7] Im Ergebnis wohl auch Lang/Bergfeld, EuR 2005, 380 (391), die das Fehlen einer expliziten Ermächtigung zumindest für bedenklich halten.

EG lediglich um einen Programmsatz, der gerade keine Ermächtigungsgrundlage zur Setzung von Gemeinschaftsrecht in der Beschäftigungspolitik bildet (Callies/ Ruffert, Art. 127 EG, Rn. 2; Steinle 2001, 216 f). „Begleitende" Maßnahmen, wie sie in Art. 128 EG konkretisiert werden, sind damit jedoch nicht ausgeschlossen. Für den in der OMK vorgesehenen Berichtszyklus bildet diese Norm ebenfalls eine hinreichende Grundlage, sind dem Rat und der Kommission in Art. 128 II, IV EG doch ausdrücklich die Befugnis zum Erlass der Leitlinien und zur Abgabe von Empfehlungen zugewiesen. Damit ist das offene Koordinierungsverfahren primärrechtlich hinreichend verankert. Einer gesonderten Kompetenz-Kategorie bedarf es nicht.

3.2. Rechtsnatur der beschäftigungspolitischen Leitlinien

Auch der Rechtscharakter der beschäftigungspolitischen Leitlinien ist umstritten. Handelt es sich lediglich um Anregungen, deren Befolgung in das Belieben der Mitgliedstaaten gestellt ist, oder sind sie inhaltlich verbindlich?

Teilweise wird vertreten, bei den Richtlinien handele es sich um Entscheidungen i.S.v. Art. 249 IV EG, zu deren Umsetzung die Mitgliedstaaten verpflichtet seien (Hemmann 2005, 160). Die Leitlinien sind 1998 und 1999 als Entschließung des Rates verabschiedet worden, ab 2000 in Form eines Beschlusses.[8] Entschließungen und Beschlüssen fehlt die Rechtsverbindlichkeit; sie genügen keinem der in Art. 249 EG genannten Kriterien des gemeinschaftsrechtlichen *hard law* und dienen lediglich der Vorbereitung im Rahmen der Kooperation zwischen Gemeinschaft und Mitgliedstaaten (Steinle 2001, 347f.; Callies/ Ruffert, Art. 249 EG, Rn. 136). Seit 2005 ergehen die Leitlinien zwar tatsächlich als an die Mitgliedstaaten gerichtete „Entscheidung",[9] für die Art. 249 IV EG Verbindlichkeit für ihren Adressaten anordnet. Der Wandel in der Bezeichnung könnte darauf hindeuten, dass der Rat den Leitlinien nunmehr eine gesteigerte Verbindlichkeit zumessen will. Indes kann aus der bloßen Bezeichnung eines Rechtsakts noch nicht auf dessen tatsächlichen Rechtscharakter geschlossen werden (Callies/ Ruffert, Art. 249 EG, Rn. 123;

---

[8] Vgl. Entschließung des Rates vom 22.02.1999 zu den beschäftigungspolitischen Leitlinien für 1999, ABl. C 69 vom 12.03.1999, S. 2ff., Beschluss des Rates über die Leitlinien für beschäftigungspolitische Maßnahmen der Mitgliedstaaten im Jahr 2000 vom 13.03.2000 (2000/228/EG), ABl. L 72 vom 21. 3. 200, S. 15ff.
[9] Vgl. Entscheidung des Rates vom 12.07.2005 über Leitlinien für beschäftigungspolitische Maßnahmen der Mitgliedstaaten (2005/600/EG), ABl. L 205 vom 06.08.2005, S. 21ff.

Steinle 2001, 348f.). Vielmehr sind Inhalt, Sinn und Zweck der Verlautbarung zu berücksichtigen.

3.2.1. Regelungsgehalt der Leitlinien

Unter einer Entscheidung i.S.v. Art. 249 IV EG ist nach ganz herkömmlicher Auffassung nur eine Einzelfallregelung zu verstehen (Callies/ Ruffert, Art. 249 EG, Rn. 123). Regelungen, die vollumfänglich alle Mitgliedstaaten binden sollen, sind in Form einer Verordnung nach Art. 249 II EG, zumindest aber einer Richtlinie nach Art. 249 III EG zu verabschieden. Kennzeichen des verbindlichen *hard law* sind neben präzisen Vorgaben Sanktionsmechanismen und -instanzen (Schmid/ Kull 2006, 337).

Eine Entscheidung kann nur verbindlich sein, wenn sie überhaupt geeignet ist, Rechtswirkung zu entfalten, also Rechte oder Pflichten begründet (Streinz, Art. 249 EG, 135). Angesichts der recht vagen Formulierung der Leitlinien lassen sich daraus jedoch nur schwerlich konkrete Umsetzungsgebote ableiten. Zwar ist in der Entscheidung über die Verabschiedung der Leitlinien ausdrücklich angeordnet, dass die Mitgliedstaaten diese „in ihren beschäftigungspolitischen Maßnahmen, über die in den nationalen Reformprogrammen Bericht zu erstatten ist, zu berücksichtigen" haben.[10] Diese Formulierung findet sich jedoch auch bereits in den als Beschluss verabschiedeten Leitlinien.[11] Zudem lässt sich aus dem Wortlaut kein Zwang zur Befolgung im Sinne einer verpflichtenden Umsetzung ins nationale Recht ableiten. Sie sollen lediglich nicht ignoriert werden, sondern der Orientierung bei der Entscheidungsfindung in der Beschäftigungspolitik der einzelnen Mitgliedstaaten dienen. Die Leitlinien legen also lediglich einen Rahmen fest, der von den Mitgliedstaaten erst auszufüllen ist (Callies/ Ruffert, Art. 128, Rn. 4; Hemmann 2005, 159; Steinle 2001, 347).

3.2.2. Verfahren zum Erlass der Leitlinien

Ferner entspricht das in Art. 128 EG vorgesehene Verfahren zur Verabschiedung der Leitlinien weder dem Mitentscheidungsverfahren nach Art. 251 EG noch dem Zusammenarbeitsverfahren nach Art. 252 EG (Lenz/ Borchardt, Art. 128 EG, Rn. 10). Zum einen fehlt bereits die in Art. 251 I, 252 I EG vor-

---

[10] Art. 2 der Entscheidung 2005/600/EG vom 6. 8. 2005.
[11] Art. 1 des Beschlusses 2000/228/EG vom 13. 3. 2000.

gesehene Bezugnahme auf das Rechtssetzungsverfahren. Zum anderen ist das Europäische Parlament nicht in gleichem Maße beteiligt: Während in den Rechtssetzungsverfahren dem Parlament vergleichsweise umfangreiche Beteiligungsrechte eingeräumt sind, ist es bei Erlass der beschäftigungspolitischen Leitlinien nach Art. 128 II EG lediglich anzuhören.

3.2.3. Systematik

Auch ein Vergleich mit anderen Normen des EG-Vertrags spricht gegen die inhaltliche Verbindlichkeit der Leitlinien. Für die Grundzüge der gemeinschaftsrechtlichen Wirtschaftspolitik, auf welche in Art. 128 II EG Bezug genommen wird, ist in Art. 99 II 3 EG ausdrücklich das Rechtsinstrument der Empfehlung angeordnet. Empfehlungen sind gemäß Art. 249 V EG unverbindlich. Es ist nicht ersichtlich, warum die beschäftigungspolitischen Leitlinien davon abweichend Verbindlichkeit entfalten sollen (Steinle 2001, 347). Dies muss umso mehr gelten, als der Vertrag gerade keine Äußerung zur Rechtsform der Leitlinien enthält.

Zudem ordnet das Primärrecht keinerlei Sanktionen für den Fall der Nichtbeachtung der Leitlinien an. In Art. 128 IV EG ist lediglich die jährliche Überprüfung der NRP durch den Rat vorgesehen. Sollte diese Prüfung Handlungsbedarf für einen einzelnen Mitgliedstaat ergeben, hat der Rat lediglich die Befugnis, Empfehlungen – die gemäß Art. 249 V EG unverbindlich sind! – an den betreffenden Staat zu richten. Dies kann schlechterdings nicht als Sanktion ausgelegt werden (Callies/ Ruffert, Art. 128, Rn. 6; Regent 2003, 201).

3.2.4. Umsetzungspflicht aus Art. 10 EG

Letztlich kann auch unter Rückgriff auf das Gebot der Gemeinschaftstreue aus Art. 10 EG nicht auf eine Verpflichtung zur Umsetzung der Leitlinien geschlossen werden. Zwar ordnet diese Norm an, dass die Mitgliedstaaten alle Maßnahmen treffen, um ihre gemeinschaftsrechtlichen Verpflichtungen zu erfüllen. Aufgrund seiner Subsidiarität[12] ist Art. 10 EG indes am sonstigen Primärrecht zu messen. Die allgemeine Loyalitätspflicht kann jedenfalls nicht per se dazu führen, dass Verfahren oder Verlautbarungen, für die Art. 249 EG keinen Rechtsanwendungsbefehl ausspricht, verpflichtend für die Mitglied-

---

[12] EuGH, Slg. 1993, I-5995 (Kommission/Spanien); Slg. 1994, I-4627 (Kommission/ Belgien); Slg. 1996, I-2323 (Kommission/Belgien).

staaten werden. Etwas anderes kann nur für dringliche Maßnahmen gelten, die in die alleinige Kompetenz der Gemeinschaft fallen (Pohlmann 2005, 1006). Dies ist bei der Beschäftigungspolitik gerade nicht der Fall.

3.3. Formale Verbindlichkeit der Leitlinien

Die mangelnde Rechtsverbindlichkeit der beschäftigungspolitischen Leitlinien führt jedoch nicht dazu, dass sie völlig unbeachtlich wären (Schmid/ Kull 2006, 320; Steinle 2001, 351f.). Denn die Mitgliedstaaten haben nach Art. 128 III EG unter Berücksichtigung der Leitlinien ihre NRP auszuarbeiten. Das Befolgen dieses Gebots ist nicht lediglich eine Frage des politischen Willens. Vielmehr ist die Berichtspflicht zwingend; ihre Einhaltung entspricht dem Grundsatz der loyalen Zusammenarbeit aus Art. 10 EG (Schiek 2003, 35f.; Steinle 2001, 352).

Insoweit sind im Rahmen der Europäischen Beschäftigungsstrategie durchaus Vertragsverletzungsverfahren nach Art. 226, 227 EG denkbar. Wegen eines Unterlassens kann ein solches Verfahren indes nur bei der Verletzung einer Handlungspflicht des Mitgliedstaats angestrengt werden.[13] Gegenstand der Verurteilung kann also nicht die mangelnde inhaltliche Berücksichtigung der Leitlinien in der nationalen Beschäftigungspolitik[14], wohl aber die ungerechtfertigte Verletzung der Berichtspflicht aus Art. 128 III EG – quasi ein „Totalboykott" der OMK – sein. Bestätigt wird dieser Befund durch einen Vergleich mit der Gemeinsamen Währungspolitik, deren Muster die Beschäftigungsstrategie nachgebildet ist (Ashiagbor 2004, 331; Lang/ Bergfeld 2005, 382; de la Porte 2002, 40). Im Defizitverfahren nach Art. 104 EG sind Sanktionen – von der Fristsetzung zum Defizitabbau bis hin zur Verhängung von Geldbußen – ausdrücklich vorgesehen. Zugleich wird in Art. 104 X EG ein Klageverfahren nach Art. 226, 227 ausgeschlossen. Ein solcher expliziter Ausschluss findet sich in Art. 128 EG nicht.

3.4. Bewertung

Die beschäftigungspolitischen Leitlinien stellen keinen klassischen Rechtssetzungsakt des europäischen *hard law* dar. Das gesamte offene Koordinierungsverfahren ist auf „weiche" Mechanismen angelegt (Ashiagbor 2004,

---

[13] EuGH, Rs. 31/69, Slg. 1970, 25, Rn. 9.
[14] So aber Coen in Lenz, Art. 128 EG, Rn. 19; Hemmann, EuroAS 2005, 157 (160).

312; Steinle 2001, 348ff.). Bei den Leitlinien handelt es sich mithin um gemeinschaftsrechtliche Rechtsakte sui generis (Callies/ Ruffert, Art. 249 EG, Rn. 129 ff). Sie formulieren die zu erreichenden Ziele, während die Wahl der Mittel und Wege den Mitgliedstaaten überlassen ist. Die im EG-Vertrag vorgesehene, eingeschränkte gemeinschaftsrechtliche Kompetenz in der Beschäftigungspolitik – die Förderung des Beschäftigungsniveaus durch Förderung der Zusammenarbeit unter den Mitgliedstaaten nach Art. 127 EG – wird ausgeübt, aber nicht überschritten. Auf diese Weise wird dem Bedürfnis nach supranationaler Regelung Rechnung getragen, welches daraus resultiert, dass eine Wirtschafts- und Währungsunion ein Interesse an flexiblen Arbeitsmärkten, einer hohen Beschäftigungsquote und qualifizierten Arbeitskräften hat, tragen diese Faktoren doch erheblich zu guten Wirtschaftsleistungen bei. Die OMK stellt sich damit als einziges Instrument dar, das der bestehenden Kompetenzverteilung zwischen Union und Mitgliedstaaten hinreichend gerecht wird (Berghman/ Begg 2002, 191; Callies/ Ruffert, Art. 128, Rn. 8; Regent 2003, 191).[15] Die eingeschränkte Verbindlichkeit steht überdies im Einklang mit dem Subsidiaritätsprinzip aus Art. 5 II EG (Ashiagbor 2004, 313; Lenz/ Bergfeld 2005, 387f.; de la Porte 2002, 40), welches gemeinschaftliches Handeln nur dann zulässt, wenn das gleiche Ziel nicht gleichermaßen auf nationaler Ebene erreicht werden kann.

Die EBS trägt damit auch einem grundsätzlichen Merkmal der Arbeitsmarktpolitik Rechnung: Diese ist in hohem Maße von politischen Mehrheiten und Vorstellungen geprägt. Im deutschen Recht wird dies durch § 1 I 4 SGB III verdeutlicht, wonach die Leistungen der Arbeitsförderung ausdrücklich in Bezug zur Sozial-, Wirtschafts- und Finanzpolitik der Bundesregierung gesetzt werden. Eine deckungsgleiche Umsetzung der Leitlinien in das nationale Recht ist daher höchst fraglich, zumal gerade Spielraum verbleiben soll, um den politischen Mehrheiten gerecht zu werden. Zudem kann eine Vielzahl nationalrechtlicher Rechtsetzungsakte, teilweise auch mit gegensätzlichen Ansätzen der Umsetzung der Leitlinien dienen, sodass es eine einzelne „richtige", justiziable Lösung nicht gibt.

Dass die mangelnde Umsetzung allenfalls zu Rechtfertigungsdruck im Rat (*peer group pressure*) führt, der durch das Streben nach Akzeptanz und

---

[15] Eine Änderung der Kompetenzverteilung, d.h. eine Stärkung der Rechtsetzungskompetenzen der EU in der Sozial- und Beschäftigungspolitik ist in absehbarer Zeit nicht zu erwarten. Namentlich lässt der EUAV das bestehende Gefüge unangetastet.

Wertschätzung unter den Regierungen der anderen Mitgliedstaaten ausgelöst wird, anstatt mit „harten" Sanktionen geahndet zu werden, lässt die EBS keinesfalls als harmloses politisches Instrument erscheinen.[16] Vielmehr macht der Rat von seinem Recht aus Art. 128 IV 2 EG Gebrauch und veröffentlicht in Abstimmung mit der Kommission jährlich Empfehlungen an die Mitgliedstaaten.[17] Dieses *naming and shaming* ist durchaus geeignet, um die Regierungen der Mitgliedstaaten wenn nicht zum Handeln, so doch zumindest zur Verifizierung ihrer bisherigen Politik anzuhalten.

4. Anforderungen an die Umsetzung der Leitlinien

Die Ziele der beschäftigungspolitischen Leitlinien können sich indes nur dann positiv in der Beschäftigungspolitik der Mitgliedstaaten niederschlagen, wenn diese sorgfältig in nationales Recht umgesetzt werden.

4.1. Vereinbarkeit mit höherrangigem Recht

Zunächst muss sich die nationalrechtliche Regelung im Rahmen höherrangigen Rechts – sei es nationales Verfassungsrecht, sei es gemeinschaftliches Primär- und Sekundärrecht – halten.

Dass diese selbstverständlich erscheinende Forderung nicht unproblematisch umzusetzen ist, sei an folgendem Beispiel verdeutlicht. In Nr. 3 und 5 der für das Jahr 2003 verabschiedeten beschäftigungspolitischen Leitlinien[18] waren die Mitgliedstaaten dazu angehalten worden, im Interesse der Anpassungsfähigkeit arbeitsvertragliche Regelungen zu flexibilisieren. Zudem sollte das „aktive Altern" gefördert werden, indem die Bereitschaft der Arbeitgeber zur Beschäftigung älterer Arbeitnehmer erhöht wird. In Deutschland ist darauf hin das TzBfG neu gefasst worden. Nach dem am 01.01.2003 in Kraft getretenen § 14 III TzBfG a.F.[19] konnten Arbeitsverträge mit Arbeitnehmern über 52 Jahren[20] befristet werden, ohne dass – im Gegensatz zu befristeten Verträgen mit anderen Personen – hierfür ein sachlicher Grund angeführt werden musste.

---

[16] So aber Bernhard, Sozialpolitik im europäischen Mehrebenensystem, S. 118
[17] Zuletzt Empfehlung des Rates 7456/07 vom 15.03.2007
[18] Beschluss des Rates 2003/578/EG vom 22.07.2003 über die Leitlinien für beschäftigungspolitische Maßnahmen der Mitgliedstaaten, ABl. L 197 vom 05.08.2003, S. 13.
[19] Art. 7 des Ersten Gesetz für moderne Dienstleistungen am Arbeitsmarkt („Hartz I") vom 23.12.2002, BGBl. I S. 4607.
[20] Damit war die seit dem 01.01.2001 geltende Altersgrenze von 58 Jahren nochmals abgesenkt worden.

Mit dieser Regelung, die vom Gesetzgeber durchaus als Ungleichbehandlung älterer Arbeitnehmer erkannt worden war, sollte explizit die in den Leitlinien verankerte Forderung zur Erhöhung der Erwerbsbeteiligung Älterer umgesetzt werden.[21] In der Rechtssache Mangold[22] hat der EuGH die Norm als Diskriminierung aufgrund des Alters für unwirksam erklärt. Es liege ein Verstoß gegen Richtlinie 2000/78/EG des Rates vom 27. November 2000 zur Festlegung eines allgemeinen Rahmens für die Verwirklichung der Gleichbehandlung in Beschäftigung und Beruf vor, wenn für ältere Arbeitnehmer andere Bedingungen gelten als für andere Beschäftigte. Die Eingliederung Älterer in den Arbeitsmarkt sei zwar ein legitimes Ziel, dessen Erfüllung im allgemeinen Interesse liege. § 14 III TzBfG a.F. sei jedoch kein angemessenes Mittel, um dieses Ziel zu erreichen, schließe die Norm doch Arbeitnehmer über 52 Jahre generell von festen Arbeitsverhältnissen aus. Das bloße Erreichen der Altersgrenze biete für sich genommen keine Rechtfertigung für die Ungleichbehandlung. § 14 III TzBfG ist inzwischen geändert worden. Die Befristung ist bei über 52jährigen Arbeitnehmern nunmehr nur noch dann ohne sachlichen Grund gestattet, wenn der Arbeitnehmer zuvor mindestens vier Monate lang beschäftigungslos i. S. v. § 119 SGB III gewesen ist, Transferkurzarbeitergeld bezogen oder an einer öffentlich geförderten Beschäftigungsmaßnahme nach SGB II oder SGB III teilgenommen hat.

Die misslungene Fassung des § 14 III TzBfG a.F. und ihre vom EuGH erzwungene Aufhebung wird teilweise als Beleg dafür herangezogen, dass die beschäftigungspolitischen Leitlinien im Widerspruch zu verbindlichem Europarecht stünden (Hatzopoulos 2007, 334). Indes war die Europarechtswidrigkeit der Regelung nicht unmittelbar und zwingend in den Leitlinien angelegt. Nach ständiger Rechtsprechung des EuGH wird die Zuständigkeit der Mitgliedstaaten zur Ausgestaltung ihrer Systeme sozialer Sicherheit durch das Gemeinschaftsrecht nicht berührt. Sie haben beim Gebrauch ihrer Rechtssetzungskompetenz jedoch das Primär- und Sekundärrecht zu beachten.[23] Art. 13 EG sieht den Erlass von Richtlinien zur Verhinderung von Diskriminierungen u. a. wegen des Alters vor. Die Leitlinien stehen zu diesem Diskriminierungsverbot nicht in Widerspruch,[24] formulieren sie doch nur allgemein das

---

[21] BT-Drs. 15/25, S. 40.
[22] EuGH, Slg. I-2005, 9981.
[23] EuGH, Slg. 1984, 523, Rn. 16 (Duphar); Slg. I-1997, 3395, Rn. 27 (Sodemare).
[24] Als „unbenannte Rechtsakte" dürfen sie weder das Primär- noch das verbindliche Sekundärrecht abändern, vgl. Steinle, 2001, S. 354 unter Verweis auf die Defrenne II-Rechtsprechung des EuGH, Slg. 1976, 455, Rn. 56.

Ziel der Flexibilisierung der Arbeitsmärkte, freilich ohne dabei nahe zu legen, dass eine solche Flexibilisierung auf diskriminierende Weise zu geschehen hat. Es ist Sache der Mitgliedstaaten, bei der Umsetzung der Leitlinien solche Maßnahmen zu wählen, die mit höherrangigem Recht vereinbar sind. Nur in diesem Rahmen ist den Mitgliedstaaten Gestaltungsfreiheit eingeräumt.

4.2. „Angepasster" policy transfer

Bei der Umsetzung der Leitlinien sind die Mitgliedstaaten nicht auf sich selbst gestellt. Sie profitieren von dem in Art. 128 EG verankerten Berichtszyklus. Nach Auswertung der NRP erstellen Rat und Kommission nach Art. 128 V EG einen Gemeinsamen Beschäftigungsbericht über die Umsetzung der beschäftigungspolitischen Leitlinien in nationales Recht. Erfolgreiche Arbeitsmarktpolitiken einzelner Staaten werden darin als best practice transparent gemacht. Diese kann und soll als Vorbild für andere Mitgliedstaaten dienen, denen in ihren Arbeitsmarktreformen ein experimentelles trial and error-Verfahren erspart bleibt. Mitgliedstaaten mit ähnlichen Problemen werden so zum Erfahrungsaustausch angeregt und können positive, aber auch negative Erfahrungen für sich nutzbar machen. Der Handlungsspielraum der nationalen Gesetzgeber wird auf diese Weise erheblich vergrößert (Hartlapp 2006, 1f).

4.2.1. Berücksichtigung nationaler Kontexte bei der Übernahme von best practice

Ob dies in der Praxis funktioniert, ist freilich eine Frage sorgfältiger Prüfung. Indem Rat und Kommission Einzelmaßnahmen als best practice herausstellen, kann der Blick für das jeweilige rechtliche und administrative System und seine Komplexität verloren gehen. Es ist daher sorgfältig abzuwägen, ob die in einem Land erfolgreichen Modelle ohne Änderungen in einem anderen Land implementiert werden können oder ob Rezeption und Interpretation ausländischer Modelle durch den inländischen Gesetzgeber zutreffend und frei von im nationalen Recht gründenden Bewertungen sind (Ashiagbor 2004, 315). Gleiches gilt umgekehrt für gescheiterte Modelle: Nicht zwangsläufig muss das Scheitern in einem Land das Scheitern desselben Modells in einem anderen Land zur Folge haben. Besonders kritisch muss diese Abwägung erfolgen, sollen nur Teile anderer Rechtsmodelle in nationales Recht transferiert werden: Ist die Einzelmaßnahme nur als Bestandteil eines Gesamtkonzepts tragbar und funktionsfähig oder kann sie tatsächlich aus dem nationalrechtlichen Kontext herausgelöst und in ein, möglicherweise einem anderen sozialstaatlichen Modell unterworfenes Land übertragen werden? Nicht nur die rechtlichen Rahmenbedingungen der einzelnen Staaten sind zu analysieren und zu vergleichen. Auch andere Faktoren, beispielsweise die finanziellen Ressourcen, der bestehende Verwaltungsaufbau oder die sozialpolitische Tradition[25] des betreffenden Staates, sind von entscheidender Bedeutung für die erfolgreiche Übertragbarkeit (Schmid 2003, 32ff.).

4.2.2. Die Übernahme des niederländischen Modells zur Arbeitnehmerüberlassung in das deutsche Recht

Welche negativen Auswirkungen die mangelhafte Einbettung in den nationalrechtlichen Kontext zeitigen kann, sei beispielhaft an der gescheiterten Etablierung der Personal-Service-Agenturen in der deutschen Beschäftigungspolitik dargestellt.

Durch das Erste Gesetz für moderne Dienstleistungen am Arbeitsmarkt („Hartz I")[26] ist mit § 37c SGB III eine Regelung in das deutsche Arbeitsförderungsrecht aufgenommen worden, die es den Arbeitsagenturen erlaubt, gewerblich tätige Leiharbeitsunternehmen mit der Errichtung so genannter Personal-Service-Agenturen (PSA) zu beauftragen. Die PSA sollen mit Arbeitsuchenden, die ihnen von der Arbeitsagentur zugewiesen werden, Arbeitsverträge schließen und sie zum Zwecke der Vermittlung an Unternehmen mit vorübergehend erhöhtem Arbeitskräftebedarf verleihen. Die Arbeitsverhältnisse unterliegen der Sozialversicherungspflicht. In verleihfreien Zeiten sollen sie die Arbeitsuchenden dabei unterstützen, eine Beschäftigung außerhalb der PSA zu finden und ihnen dazu gegebenenfalls berufliche Qualifikation und Weiterbildung anbieten. Der Gesetzgeber hat sich dadurch eine flexiblere und passgenauere Vermittlung in den ersten Arbeitsmarkt – ausgelöst durch einen „Klebe-Effekt" (Gagel, § 37 SGB III, Rn. 1) in den entleihenden Unternehmen – versprochen. Der Erfolg der PSA war indes beschränkt. In einem Bericht über die Wirksamkeit der „Hartz-Reformen" musste die Bundesregierung eingestehen, dass die PSA-Beschäftigten später in den ersten Arbeitsmarkt eingegliedert werden als Arbeitsuchende, die allein über die Arbeitsagenturen betreut werden. Als Ursache wurde ein so genannter *Lock-in-Effekt* ausgemacht: Durch die Anstellung bei der PSA haben sich die Eigen-

---

[25] Vgl. dazu die Kategorisierung von Esping-Andersen 1990.
[26] Vom 23.12.2002, BGBl I, 4607.

suchaktivität der Betroffenen und damit deren Vermittlungschancen insgesamt vermindert.[27] Verstärkt wurde das negative Echo durch die spektakuläre Insolvenz der größten PSA in Deutschland, Maatwerk, im Februar 2004. Es ist daher zu erwarten, dass die PSA nicht weitergeführt werden.

Die Neuregelung sollte als „aktive und präventive Maßnahme für Arbeitslose und Nichterwerbspersonen" auch der Umsetzung der beschäftigungspolitischen Leitlinien dienen.[28] Vorbild war das niederländische Recht,[29] in dem die Arbeitnehmerüberlassung einen wesentlichen Bestandteil der Arbeitsvermittlung bildet und kaum von dieser abzugrenzen ist (Albrecht 2005, 19ff.). Die Übernahme des niederländischen Modells ist zunächst zwar im Grunde auf positives Echo gestoßen, zumal die Leih- und Zeitarbeit dort sichtbare beschäftigungspolitische Effekte hervorgerufen hat.[30] Indes unterscheiden sich die dortigen Ausgangsbedingungen grundlegend von denen der Bundesrepublik. Während hier die Arbeitsvermittlung bis 1994 ein öffentliches Monopol der damaligen Bundesanstalt für Arbeit war und auch nach deren Liberalisierung[31] fast ausschließlich in öffentlicher Hand lag, ist die Arbeitsvermittlung in den Niederlanden nahezu vollständig privatisiert. Einer Erlaubnis zur gewerblichen Arbeitnehmerüberlassung bedarf es – im Gegensatz zu den Vorgaben des deutschen Arbeitsnehmerüberlassungsgesetz (AÜG) – nicht. Seit 1997 besteht ein Zwang für die öffentliche Arbeitsverwaltung (*Center vor Weerk en Inkomen*, CWI), mit den privaten Vermittlern und Leih- bzw. Zeitarbeitsunternehmen zu kooperieren (Albrecht 2005, 51; Waas 2003, 266). Insofern besteht dort nicht die Gefahr einer Konkurrenz zwischen öffentlichen und privaten Anbietern. Die PSA hingegen sind darauf angewiesen, dass ihnen Arbeitsuchende von den örtlichen Arbeitsagenturen zugewiesen werden. Diese werden tendenziell schwer Vermittelbare an die PSA verweisen, bei denen sie selbst nur schwerlich eine Eingliederung in den Arbeitsmarkt erreichen können. Demgegenüber ist in den Niederlanden die staatliche Arbeitsvermittlung primär für schwer vermittelbare Arbeitslose zuständig. Ferner ist Aufga-

---

[27] Bericht der Bundesregierung zur Wirksamkeit moderner Dienstleistungen am Arbeitsmarkt, BT-Drs. 16/505, 16.
[28] Nationaler Beschäftigungspolitischer Aktionsplan der Bundesrepublik Deutschland 2003, S. 11.
[29] Deutscher Bundestag, Plenarprotokoll 15/11 der Sitzung vom 15.11.2002.
[30] So liegt die Zahl der Leiharbeitnehmer in den Niederlanden bei ca. 4%, (Albrecht, *Das Recht der Arbeitsförderung in den Niederlanden*, S. 73; Waas, RIW 2003, 265 (266)).
[31] Ausgelöst durch EuGH, Slg. 1991, I-1979 (Höfner und Elser), der die Europarechtswidrigkeit des Vermittlungsmonopols der damaligen Bundesanstalt für Arbeit für Führungskräfte festgestellt hat.

be der PSA die Arbeitnehmerüberlassung, nicht aber generell die Vermittlung von Arbeitsuchenden (Gagel, § 37c SGB III, Rn. 5). Auch der Ausschluss der Arbeitnehmerüberlassung im Baugewerbe nach Paragraph 1b AÜG hat das Tätigkeitsfeld der PSA nicht unerheblich eingeschränkt. Weitere Schwierigkeiten resultieren aus den vergleichsweise restriktiven deutschen Regelungen zur Befristung von Arbeitsverhältnissen. Zwar ist das ursprünglich in Paragraph 3 I Nr. 6 AÜG angeordnete Befristungsverbot für Leiharbeitsverhältnisse abgeschafft worden. Im Verhältnis zwischen Arbeitnehmer und Entleiher gilt aber weiterhin das TzBfG, welches einen sachlichen Grund für Befristungen fordert – eine Anforderung, die dem niederländischen Recht fremd ist (Waas 2003, 271). Letztlich wird Leiharbeit in Deutschland nicht vorbehaltlos als Alternative zur Arbeitslosigkeit akzeptiert. Namentlich gilt sie in der Anfangsphase der Arbeitslosigkeit nur dann als zumutbar i. S. v. § 121 SGB III, wenn die baldige Vermittlung in ein reguläres Arbeitsverhältnis aufgrund der Arbeitsmarktsituation nahezu ausgeschlossen ist. Begründet wird dies mit den vergleichsweise niedrigen Löhnen, der typischerweise kurzen Dauer von Leiharbeitsverhältnissen und den hohen Anforderungen an die Flexibilität des Arbeitnehmers.[32]

Die Möglichkeiten der PSA sind damit von vornherein stark begrenzt, sodass ihr mangelnder Erfolg bei der Vermittlung durch Leiharbeit nicht verwundern kann. Die isolierte Übernahme des niederländischen Modells, völlig herausgelöst aus einem Gesamtsystem, welches Vermittlung und Arbeitnehmerüberlassung eng miteinander verzahnt und an gleicher Stelle ansiedelt, ist damit ein Beispiel für fehlgeschlagenen *policy transfer*.

4.3. Legitimation von Reformen im Rahmen der EBS

Neben der Flexibilität und der Möglichkeit des Politiklernens liegt eine Stärke der EBS darin, dass die Mitgliedstaaten für Probleme ihrer Beschäftigungssituation sensibilisiert werden, die bis dahin nicht Gegenstand der öffentlichen Debatte waren. Die Berücksichtigung der Leitlinien in den NRP zwingt die nationalen Regierungen, ihre Arbeitsmarktpolitik zu verifizieren, anstatt sich auf bloße Programmsätze zurück zu ziehen. Durch die Erkenntnis, hinter die anderen Mitgliedstaaten zurück zu fallen, wird Handlungsdruck ausgelöst. Dies gilt umso mehr, wenn man Adressat der Empfehlungen von Rat und Kom-

---

[32] Steinmeyer in Gagel, § 121 SGB III, Rn. 103a unter Verweis auf die Rechtsprechung des BSG, NZA-RR 2002, 657 (659).

mission geworden ist. Diese machen es der Regierung einerseits leichter Reformen und gegebenenfalls Politikwechsel zu begründen, andererseits können sie auch innenpolitischen Druck auf „passive" Regierungen erzeugen, indem sie der Opposition als Argument für Reformdruck dienen (Ashiagbor 2004, 328). Insofern vermag die EBS Impulse für eine Neuausrichtung der nationalen Beschäftigungspolitiken zu geben.

Auch wenn die quantitativen Ziele von Lissabon mit Sicherheit verfehlt werden (Schmid/ Kull 2006, 317), hat die EBS zu einem Umdenken in den nationalen Politiken beigetragen und zahlreiche substanzielle Änderungen angestoßen. So zeichnet sich beispielsweise in Deutschland durch die gesonderte Betrachtung der Frauenbeschäftigungsquote ein Wandel vom althergebrachten Ernährermodell zur Mehrverdienerehe und einer verbesserten Vereinbarkeit von Beruf und Familie ab. Die Ausweisung der Beschäftigungsquote für Arbeitnehmer über 54 Jahren hat die Verabschiedung vom „Frühverrentungsmodell" für Ältere – gekennzeichnet durch eine lange Bezugsdauer von Arbeitslosengeld und den daran anschließenden Übergang in den Rentenbezug ab 60 Jahren (Abig 2005, 117) – angestoßen. Plötzlich stand die Bundesrepublik unter Druck, die niedrigen Beschäftigungsraten von Frauen und Älteren zu erklären, die bis dato nicht in Frage gestellt worden waren (de la Porte 2002, 49). Auch die Hartz-Gesetze der rot-grünen Bundesregierung wie auch das JUMP-Programm für erwerbslose Jugendliche oder das JobAQTIV-Gesetz, mit dem ein Schwenk hin zur Aktivierung eingeleitet worden ist, sind im Zuge der EBS ergangen.[33] Zwar wird ein kausaler Zusammenhang teilweise angezweifelt (Hartlapp 2006, 7).[34] Eine ausdrückliche Bezugnahme auf den europäischen Hintergrund wird indes gerade in der Sozialpolitik nicht häufig vorzufinden sein, werden Erfolge auf diesem Gebiet doch gern dem (alleinigen) Engagement und Wirken der Regierungen zugeschrieben, die auf diese Weise ihre Legitimation stärken und Loyalität erzeugen wollen (Hartlapp 2006, 11).

Indes können die auf Übernahme „fremder" Modelle gestützten Reformpolitiken starken Vorbehalten und Legitimationsanforderungen begegnen, wenn die althergebrachten Ziele, Normen und Werte des nationalen Sozialsystems

---

[33] Siehe die ausführliche Analyse von Zohlnhöfer/ Ostheim, 2004; Büchs/ Friedrich in Zeitlin/ Pochet, The Open Method of Coordination in Action, S. 266f.
[34] Vgl. aber beispielsweise den ausdrücklichen Verweis auf den europarechtlichen Hintergrund im Bericht der „Hartz-Kommission" Moderne Dienstleistungen am Arbeitsmarkt, S. 341f.

grundlegenden Änderungen unterzogen werden, anstatt lediglich nach neuen Wegen zum Erreichen gleich bleibender Ziele zu suchen (Hartlapp 2006, Schmid/ Kull 2006, 399; Schäfer 2005, 219). Beispielhaft sei hier auf die Proteste gegen die Hartz-Gesetzgebung verwiesen: Namentlich die Einführung der Grundsicherung für Arbeitsuchende, die vom früheren Einkommen abgekoppelt ist und an strengere Bedingungen geknüpft ist als die abgelöste Arbeitslosenhilfe, ist auf den Widerstand der Bevölkerung gestoßen.

Die erfolgreiche Umsetzung verlangt daher auch nach einer hinreichenden Einbeziehung der Sozialpartner in die Reformpolitik. Zwar sind diese bislang nur unzureichend als Akteure in die OMK eingebunden. Ihnen steht nach Artikel 130 II EG lediglich das Recht auf Anhörung durch den Beschäftigungsausschuss zu. Indes ist ihre Bedeutung und Verantwortung auf nationaler Ebene in Art. 126 II EG ausdrücklich anerkannt. Da den Mitgliedstaaten Mittel und Wege zum Erreichen der durch die OMK gesetzten Ziele überlassen bleiben, können und müssen diese alle nach nationalem Recht und nationalen Traditionen maßgeblichen Akteure in die Umsetzung einbeziehen. Dies gilt umso mehr, als die Leitlinien aufgrund ihrer allgemeinen und unverbindlichen Formulierung sehr große Handlungsspielräume lassen und keine spezifischen Lösungen aufdrängen. Gerade diese Anerkennung der nationalen Besonderheiten und Traditionen bewirkt aber auch eine höhere Legitimität des europäischen Rahmens.

5. Fazit

Möglichkeiten und Grenzen der Umsetzung der beschäftigungspolitischen Leitlinien lassen sich nicht strikt voneinander trennen.

Trotz ihrer Ausgestaltung als *soft law* haben die beschäftigungspolitischen Leitlinien normative Kraft entfaltet (Ashiagbor 2004, 312). Sie geben Impulse für neue Denkweisen: So hat der Wechsel von der Arbeitslosen- zur Beschäftigungsquote eine ehrliche Auseinandersetzung mit verschenkten Beschäftigungspotenzialen erzwungen. Die OMK bietet den Rahmen für solche Diskussionen und einen Erfahrungsaustausch in politischen Netzwerken zwischen EU und nationalen Akteuren. Offenbar ist die öffentlich geäußerte Kritik von außen (*naming and shaming*) doch geeignet, überkommene Strukturen wirksamer anzugreifen als innere, etwa durch die jeweilige politische Opposition. Diese kann vergleichsweise leicht ignoriert werden kann, da hier kein Podium für Rechtfertigungen existiert. Die OMK – oft konfrontiert mit dem

Vorwurf der Ineffektivität und Beliebigkeit – befördert daher Politiklernen und gibt neue Anstöße für nationale Politiken (Begg/ Berghmann 2002, 192).

Mit ihrer Einbettung in die Integrierten Leitlinien ist die Beschäftigungspolitik auch inhaltlich aufgewertet worden, ging damit doch eine Abkehr von dem Prinzip einher, dass alles nationale Recht den gemeinsamen Markt nicht gefährden darf. Die sozioökonomische Bedeutung von Beschäftigung und Arbeitslosigkeit in den einzelnen Mitgliedstaaten ist nunmehr auch im Primärrecht anerkannt und verschafft der Beschäftigungspolitik damit zusätzliche Legitimität.

Besonders starke Kritik erfährt die fehlende Verbindlichkeit der Leitlinien. Indes eröffnet gerade diese die größten Chancen. Sie belässt den Mitgliedstaaten den nötigen Handlungsspielraum und wird so der Kompetenzverteilung nach dem EG-Vertrag und dem Subsidiaritätsprinzip gerecht. Die beschäftigungspolitischen Leitlinien sind zwar nicht verbindlich, aber verbindend, verdeutlichen sie doch die gemeinsamen sozialen Werte der Mitgliedstaaten. Trotz aller Unterschiede in den Systemen sozialer Sicherung sehen sich alle Mitgliedstaaten vergleichbaren Problemen gegenüber. Die Unterwerfung unter gemeinsame Ziele, die es in der Beschäftigungspolitik zu erreichen gilt, ist daher nahe liegend und stärkt in letzter Konsequenz die soziale Bedeutung der Europäischen Union.

Bibliographie

Abig, Constanze (2005): Die Europäische Beschäftigungsstrategie im Lichte des Förderns und Forderns, in: Sozialer Fortschritt 2005, 113.

Albrecht, Grit (2005): Das Recht der Arbeitsförderung in den Niederlanden mit vergleichenden Anmerkungen zum deutschen Recht, Baden-Baden: Nomos Verlagsgesellschaft.

Ashiagbor, Diamond (2004): Soft Harmonisation: The „Open Method of Coordination" in the European Employment Strategy, in: European Public Law Vol. 10, 305.

Begg, Iain/ Berghmann, Jos (2002): Introduction: EU social (exclusion) policy revisited? In: Journal of European Social Policy 12, 179.

Bernhard, Stefan (2005): Sozialpolitik im europäischen Mehrebenensystem. Die Bekämpfung von Armut und sozialer Ausgrenzung im Rahmen der Offenen Methode der Koordinierung, Berlin: Wissenschaftlicher Verlag Berlin.

Callies, Christian/ Ruffert, Matthias (2007): Das Verfassungsrecht der Europäischen Union, 3. Auflage, München: C.H. Beck.

Clement, Wolfgang (2001): Europa gestalten – nicht verwalten. Die Kompetenzordnung der Europäischen Union nach Nizza, Vortrag an der Humboldt-Universität Berlin am 12.02.2001, http://www.whi-berlin.de/clement.htm (05.02.2008).

Esping-Andersen, Gøsta (1990): The Three Worlds of Welfare Capitalism, Princeton: Princeton University Press.

Gagel, Alexander (2007): Sozialgesetzbuch III, 30. Ergänzungslieferung, München: C.H. Beck.

Hartlapp, Miriam (2006): Über Politiklernen lernen. Überlegungen zur Europäischen Beschäftigungsstrategie, WZB Discussion Paper SP I 2006-114, Berlin: Wissenschaftszentrum Berlin.

Hatzopoulos, Vassilis (2007): Why the Open Method of Coordination Is Bad For You: A Letter to the EU, in: European Law Journal Vol. 13, 309.

Hemmann, Arnold (1998): Europäische Beschäftigungspolitik. Abstimmung durch gemeinsame Leitlinien, in: BArBl 9/1998, 5.

Hemmann, Arnold (2005): Integrierte Leitlinien verabschiedet: wichtige Ausrichtung zur Belebung und Neuordnung der Lissabon-Strategie, in: EuroAS 2005, 157.

Lang, Joachim/ Bergfeld, Katarina (2005): Zur „offenen Methode der Koordinierung" als Mittel der Politikgestaltung in der Europäischen Union, in: EuR 2005, 381.

Lenz, Carl Otto/ Borchardt, Klaus-Dieter (2003): EU- und EG-Vertrag, 3. Auflage, Köln: Bundesanzeiger Verlagsgesellschaft.

Pohlmann, Petra (2005): Keine Bindungswirkung von Bekanntmachungen und Mitteilungen der Europäischen Kommission, in: WuW 2005, 1005.

de la Porte, Caroline (2002): Is the Open Method of Coordination Appropriate for Organising Activities at European Level in Sensitive Policy Areas? in: European Law Journal 8, 38.

Regent, Sabrina (2003): The Open Method of Coordination: A New Supranational Form of Governance? in: European Law Journal Vol. 9, 190.

Schäfer, Armin (2005): Die neue Unverbindlichkeit. Wirtschaftspolitische Koordinierung in Europa, Frankfurt: Campus Verlag.

Schiek, Dagmar (2003): Die Hartz-Gesetze – EU-rechtliche Perspektiven, in: KJ 2003, 35.

Schmid, Günther/ Kull, Silke (2006): Die Europäische Beschäftigungsstrategie, in: Kaelble, H./ Schmid, G. (Hg.), Das Europäische Sozialmodell. Auf dem Weg zum transnationalen Sozialstaat, 2. Auflage, Berlin: Sigma.

Schmid, Josef (2003): Wirtschafts- und Sozialpolitik: Lernen und Nicht-Lernen von den Nachbarn, in: Aus Politik und Zeitgeschichte 18-19/2003, 32.

Steinle, Christian (2001): Europäische Beschäftigungspolitik, Berlin: Duncker & Humblot.

Streinz, Rudolf (2003): Vertrag über die Europäische Union und Vertrag über die Gründung der Europäischen Gemeinschaft, München: C.H. Beck.

Waas, Bernd (2003): Die Neuregelung der Arbeitnehmerüberlassung in Deutschland im Lichte des niederländischen Rechts, in: RIW 2003, 265.

Zeitlin, Jonathan/ Pochet, Philippe (2005): The Open Method of Co-ordination in Action. The European Employment and Social Inclusion Strategies, Brüssel: Lang.

Zohlnhöfer, Reimut/ Ostheim, Tobias (2004): Politiktransfer durch die Europäische Beschäftigungspolitik? Methodische Überlegungen und empirische Analyse des Falls Deutschland, in: Holzinger, K./ Jörgens, H./ Knill, Ch.: Transfer, Diffusion und Konvergenz von Politiken, Hamburg: Verlag für Sozialwissenschaften.

Renate Hornung-Draus

Europäische Beschäftigungsstrategie – was gibt der Flexicurity-Ansatz her?

1. Einführung

Seit Anfang der 1990er Jahre steht die Sozialpolitik in Europa vor der Herausforderung, angemessene Antworten auf die unter dem Stichwort „Globalisierung" zusammengefassten wirtschaftlichen, sozialen und gesellschaftlichen Veränderungsprozesse zu finden. Der stetig voranschreitende Ausbau des Binnenmarktes der Europäischen Gemeinschaft führte zunächst dazu, dass mit dem 1992 verabschiedeten Maastrichter Vertrag die Kompetenzen der Europäischen Gemeinschaft zu verbindlicher Regulierung der Sozialpolitik in Form von europäischen Mindeststandards erheblich ausgeweitet wurden (Artikel 137 EGV). Parallel dazu erhielten die europäischen Sozialpartnerorganisationen erstmals eine vertraglich verbriefte Rolle, die ihnen die Möglichkeit gab, an der Formulierung der Sozialpolitik auf EU-Ebene aktiv mitzuwirken und diese sogar durch Vereinbarungen im Sozialen Dialog auf EU-Ebene selbst zu gestalten (Artikel 138 und 139 EGV).

Es stellte sich jedoch bald heraus, dass die sozial- und beschäftigungspolitischen Probleme, vor denen die EU-Mitgliedstaaten angesichts der Globalisierung standen, durch Kompetenzübertragungen von der nationalen an die europäische Ebene nicht angemessen adressiert werden konnten: Die erforderlichen Reformen reichten so stark in die national sehr unterschiedlich geprägten Systeme der Arbeitsmarktpolitik, sozialen Sicherung, und *last not least* der industriellen Beziehungen hinein, dass europaweit einheitliche Politikansätze zum Scheitern verurteilt waren. Gleichzeitig waren die Arbeitsmärkte der EU-Mitgliedstaaten durch wachsende Interdependenzen gekennzeichnet, die bei den Mitgliedstaaten das Bedürfnis nach einem Erfahrungsaustausch über Reformansätze sowie nach einem „Benchmarking" weckten.

Der mit dem 1997 verabschiedeten Vertrag von Amsterdam eingeführte Ansatz einer europäischen Koordinierung der nationalen Beschäftigungspolitiken ohne Übertragung von Regulierungskompetenzen an die Europäische Union war die Antwort auf diese neue Situation (Artikel 125 - 130 EGV). Die

Europäische Beschäftigungsstrategie des Amsterdamer Vertrages sieht vor, dass die Kommission gemeinsam mit den Mitgliedstaaten jährlich sogenannte „beschäftigungspolitische Leitlinien" formuliert, die dann von den Mitgliedstaaten im Rahmen ihrer nationalen Beschäftigungspolitik umgesetzt und anschließend in Brüssel einem europäischen Benchmarking unterzogen werden. Die europäische Beschäftigungsstragie kann also als Ursprung einer neuen Methode der europäischen Politik, die später als „Offene Methode der Koordinierung" bezeichnet wurde, betrachtet werden.

2. Die Offene Methode der Koordinierung als Grundlage der Lissabon-Strategie

Mit der im Jahr 2000 unter portugiesischer Präsidentschaft verabschiedeten „Lissabon-Strategie" hat die EU sich zum Ziel gesetzt, die wirtschaftlichen und sozialen Herausforderungen der Globalisierung offensiv und systematisch anzugehen und bis zum Jahr 2010 der wettbewerbsfähigste Wirtschaftsraum der Welt zu werden. Der Weg zu diesem Ziel soll über die „Offene Methode der Koordinierung" (OMK) erfolgen. Wie bei der bereits praktizierten europäischen Beschäftigungsstrategie, wurden auf europäischer Ebene einheitliche Ziele und Indikatoren formuliert, z.B. Investitionen in die Forschung in Höhe 3 % des BIP, Beschäftigungsraten von 70 % insgesamt, von 50 % für Frauen und 50 % für ältere Arbeitnehmer etc. Die Mitgliedstaaten müssen die Schritte zur Zielerreichung in „Nationalen Aktionsplänen" (NAP) darstellen und die Ergebnisse ihrer Reformen an die Kommission melden, die wiederum das europäische Benchmarking unter den Mitgliedstaaten für die verschiedenen Indikatoren vorbereitet.

Der im Jahr 2004 von Wim Kok vorgelegte Bericht über die erste Halbzeit der Lissabon-Strategie bringt eine ernüchternde Zwischenbilanz zum Vorschein (2004). Er zeigt auf, dass die Lissabon-Strategie zu einer äußerst arbeitsintensiven, aber wenig effizienten Pflichtübung geraten war, die es zumindest in der ersten Halbzeit von 2000-2004 nicht vermochte, die Mitgliedstaaten näher an die selbst gesetzten ehrgeizigen Ziele zu bringen.

Die Gründe hierfür lagen einerseits darin, dass zu viele Zielsetzungen und Indikatoren festgelegt wurden, was zur Folge hatte, dass die Mitgliedstaaten die erforderliche Orientierung und Prioritätensetzung für ihre Reformen daraus nicht ablesen konnten. Andererseits waren aber auch die Methoden zur Durchführung der Maßnahmen nicht klar genug definiert. Im Kok-Bericht wird dieses Manko treffend auf den Punkt gebracht: "Lisbon is about everything and thus about nothing. Everybody is responsible and thus no one" (Pisani-Fery/ Sapir 2006).

Ein weiteres Problem der Lissabon-Strategie in ihrer ursprünglichen Ausprägung bestand darin, dass implizit davon ausgegangen wurde, die Mitgliedstaaten sollten, um die einheitlich gesetzten Ziele zu erreichen, auch gleichartige Politikansätze verfolgen. Genau das ist aber angesichts der unterschiedlichen Ausgangssituationen, in denen sich die Mitgliedstaaten befinden, falsch, wie Ralf Dahrendorf schon im Zusammenhang mit dem ebenfalls im Lissabon-Kontext entstandenen deutsch-britischen „Schröder-Blair-Papier" im Jahr 2001 bemerkte:

> „Das Schröder-Blair-Papier zum dritten Weg (bekannt auch als neue Mitte) war in einer entscheidenden Hinsicht immer falsch: Um das gleiche Maß an Wohlstandsvermehrung und sozialem Zusammenhalt zu erreichen, müssen die beiden Länder diametral entgegengesetzte Politikansätze verfolgen" (2003).

Mit der 2005 vorgenommenen Revision der Lissabon-Strategie wurden die Indikatoren gestrafft und die Prozesse zur Umsetzung der Strategie durch die Zusammenlegung der vorher getrennten wirtschaftspolitischen und beschäftigungspolitischen Leitlinien zu den neuen „Integrierten Leitlinien" vereinfacht. Entsprechend wurden für die Mitgliedstaaten die verschiedenen „Nationalen Aktionspläne" (NAP) ersetzt durch integrierte „Nationale Reformprogramme" (NRP). Das von Dahrendorf angesprochene Problem der Erforderlichkeit differenzierter, nationaler Politikansätze ist aber erst durch die 2006 von Kommissar Vladimir Spidla in Angriff genommene Erarbeitung des Flexicurity-Konzepts aufgegriffen worden.

3. Das Flexicurity-Konzept

Ausgangspunkte für die europäische Erarbeitung des Flexicurity-Konzepts waren die Beschlüsse der Frühjahrstagungen des Europäischen Rates vom 23.-24. März 2006 und vom 8. März 2007. Im Zusammenhang mit der Erneuerung der Lissabon-Strategie wies der Europäische Rat im März 2006 mit Blick auf die Mitgliedstaaten darauf hin, „dass in den nationalen Reformprogrammen systematischer umfassende politische Strategien zur Verbesserung der Anpassungsfähigkeit der Arbeitnehmer und der Unternehmen entwickelt werden müssen." Im März 2007 beschloss der Europäische Rat, die Kommission solle „die Möglichkeiten prüfen, einige gemeinsame Grundsätze zum Flexicurity-Ansatz herauszuarbeiten".

Zur Vorbereitung ihres Flexicurity-Konzepts setzte die Europäische Kommission im Juli 2006 eine siebenköpfige Expertengruppe bestehend aus Akademikern und zwei Sozialpartnervertretern ein. Die Gruppe hatte die Aufgabe, die bestehende wissenschaftliche Literatur zu Flexicurity und Praxis der Mitgliedstaaten zu analysieren, und auf dieser Grundlage die Kommission im Hinblick auf einen europäischen Flexicurity-Ansatz zu beraten.

Die Expertengruppe kommt in ihrem Bericht (European Expert Group on Flexicurity 2007) zu dem Ergebnis, dass die in den Nachkriegsjahren konzipierten und gewachsenen Institutionen des Arbeitsmarktes und des Sozialschutzes unter den Bedingungen der Globalisierung ihren Zweck nicht mehr erfüllen: Die Systeme basierten auf dem Grundansatz, dass ein Arbeitnehmer sein gesamtes Arbeitsleben in einem einzigen Arbeitsverhältnis verbringt, und waren folglich durchweg auf den Schutz des einzelnen Arbeitsverhältnisses und auf die Zahlung von Transferleistungen im Falle von Arbeitslosigkeit fokussiert. Die mit der Globalisierung einhergehenden Änderungen auf den Produktmärkten ebenso wie gesellschaftliche Veränderungen führten jedoch auf dem Arbeitsmarkt dazu, dass die Erwerbsbiographien der Arbeitnehmer viel differenzierter, diskontinuierlicher und unberechenbarer wurden, als sie das noch in der zweiten Hälfte des 20. Jahrhunderts waren. Das Fortbestehen der alten Arbeitsmarktinstitutionen begünstigte unter diesen Bedingungen das Entstehen von Langzeitarbeitslosigkeit und das Verharren in „Transferfallen", da die Systeme nicht darauf ausgerichtet waren, die Menschen bei der Integration bzw. Reintegration in den Arbeitsmarkt zu unterstützen.

Der von der Expertengruppe entwickelte Flexicurity-Ansatz, der von der Europäischen Kommission im Wesentlichen übernommen wurde (KOM 2007), macht die Kernaussage, dass unter den Bedingungen der Globalisierung der Begriff der Sicherheit und sein Verhältnis zum Flexibilitätsbegriff neu definiert werden müssen: Sicherheit muss auf die Beschäftigungssicherheit abstellen, und nicht mehr, wie früher, auf die Sicherung des einzelnen Arbeitsverhältnisses. Beschäftigungssicherheit kann nur in einem integrierten Ansatz erreicht werden, bei dem einerseits die arbeitsrechtlichen Rahmenbedingungen flexibel gestaltet und andererseits die Übergänge, d.h. die Reintegration der Menschen in den Arbeitsmarkt durch die Arbeitsmarkt- und Sozialsysteme optimal unterstützt werden. Das bedeutet, dass im Flexicurity-Ansatz Sicherheit und Flexibilität keine Gegenpole mehr darstellen, zwischen denen ein *Trade-off* ausgehandelt werden müsste, sondern dass Beschäftigungssicherheit durch größere Flexibilität gepaart mit Unterstützungsmaßnahmen zur Optimierung der Übergänge auf dem Arbeitsmarkt erreicht werden kann.

Das Flexicurity-Konzept stellt auf vier Komponenten ab:

- **Flexible arbeitsrechtliche/ kollektivvertragliche Rahmenbedingungen**, die es den Unternehmen erlauben, auf die Schwankungen der globalen Märkte schnell zu reagieren und die Einstellungsbarrieren sowie Insider/ Outsider-Probleme auf dem Arbeitsmarkt minimieren.

- **Umfassende Strategien des lebenslagen Lernens**, die die Beschäftigungsfähigkeit der Arbeitnehmer über die gesamte Erwerbsbiographie hinweg sichern.

- **Aktive Arbeitsmarktpolitik**, die die Integration bzw. Reintegration der Menschen in den Arbeitsmarkt in den Mittelpunkt stellt.

- **Systeme der sozialen Sicherheit**, die eine angemessene Einkommenssicherung bieten, und gleichzeitig die o.g. „Transferfallen" vermeiden, indem sie die Aufnahme von Beschäftigung fördern, die Arbeitsmarktmobilität erhöhen und die kompatibel sind mit neuen Formen der Gestaltung des Erwerbslebens, z.B. Langzeitarbeitskonten, „Sabbaticals", Kombinationen von Teilrente und Beschäftigung, Förderung der Beschäftigung älterer Arbeitnehmer etc.

Entscheidend für den Erfolg des Flexicurity-Ansatzes ist, dass die vier Komponenten in den Mitgliedstaaten in ein sinnvolles Zusammenspiel gebracht werden, das im Gesamtergebnis die Beschäftigungssicherheit der Menschen optimiert. Von besonderer Bedeutung für den praktischen Erfolg dieses integrierten Ansatzes ist die Rolle der Sozialpartner, die als intermediäre Arbeitsmarktinstitutionen den Besonderheiten der einzelnen Branchen oder Regionen Rechnung tragen können.

Darüberhinaus besteht die wichtigste Neuerung dieses Ansatzes gegenüber der Lissabon-Strategie darin, dass jeder Mitgliedstaat die seiner wirtschaftlichen Ausgangslage und politischen und sozialen Tradition entsprechenden Reformziele selbst entwickeln und umsetzen muss. Es gibt keine „Flexicurity-Blaupause", die für jeden Mitgliedstaat geeignet wäre. Das Flexicurity-Konzept bedeutet also gerade nicht, wie manchmal völlig irreführend dargestellt wird, dass das dänische Arbeitsmarktmodell, das den Überlegungen zu Flexicurity tatsächlich Pate gestanden hat, nun in allen anderen Mitgliedstaaten eingeführt werden sollte. Wie bereits Dahrendorf im Bezug auf Deutschland und Großbritannien bemerkt hat, kann die Umsetzung des Flexicurity-Ansatzes je nach Situation zu konträren Politikansätzen führen. Eine unreflektierte Übernahme von Politikansätzen aus anderen Staaten könnte sogar sehr negative Konsequenzen haben, wie Pierre Cahuc und Yann Algan am Beispiel Dänemarks und Frankreichs demonstrieren (2006). Entscheidend ist, ob die Balance und das Zusammenspiel zwischen den vier genannten Komponenten die Beschäftigungssicherheit der Menschen über ihr gesamtes Erwerbsleben hinweg optimieren.

4. Möglichkeiten und Grenzen von OMK und Flexicurity

Die offene Methode der Koordinierung der Arbeitsmarkt- und Sozialpolitiken hat sicherlich zahlreiche nationale Reformen inspiriert und insofern bereits Früchte getragen. Die deutschen Arbeitsmarktreformen vom Anfang des Jahrtausends sind dafür ebenso ein Beispiel wie die jüngst im Januar 2008 beschlossenen Flexicurity-Reformen der französischen Sozialpartner. Der Flexicurity-Ansatz stellt eine Fortentwicklung sowohl der bereits im Amsterdamer Vertrag von 1997 beschlossenen Europäischen Beschäftigungsstrategie als auch der Lissabon-Strategie aus dem Jahr 2000 dar.

Die OMK ist dabei immer der Gefahr ausgesetzt, mit einer Vielzahl von Zielen und Indikatoren überfrachtet zu werden und somit ihre Fähigkeit zu verlieren, den Mitgliedstaaten konkrete Orientierungen zu geben – die erste Halbzeit der Lissabon-Strategie hat dieses eindringlich vor Augen geführt.

Andererseits sollten die OMK und auch der europäische Flexicurity-Ansatz nicht mit unrealistischen Erwartungen überfrachtet werden: Als typische Instrumente des „soft law" können und sollen sie nicht in die Kompetenzen der Mitgliedstaaten zur Regulierung ihrer Arbeitsmarkt- und Sozialsysteme eingreifen. Es liegt in der Hand der Mitgliedstaaten, ob und inwieweit sie die auf europäischer Ebene definierten Orientierungen aufgreifen und umsetzen, und inwieweit sie sich von den Erfahrungen der anderen Mitgliedstaaten inspirieren lassen. Der Lissabon-Prozess ist zwar arbeitsintensiv und bürokratiebehaftet, er liefert aber die Grundlage dafür, dass diejenigen, die es wollen, ihre nationalen Politik-Horizonte erweitern und sich von den Erfahrungen der anderen Mitgliedstaaten inspirieren lassen können, um ihre eigenen Reformen voranzutreiben.

Der Flexicurity-Ansatz sollte schließlich nicht mit der Erwartung überfrachtet werden, er könne die Arbeitsmarktprobleme der Mitgliedstaaten lösen. Flexicurity kann möglichst reibungslose Übergänge auf dem Arbeitsmarkt nur in dem Maße gewährleisten, wie die erforderlichen Arbeitsplätze auch tatsächlich zur Verfügung stehen. Dies wiederum setzt voraus, dass eine Wirtschaftspolitik betrieben wird, die die Wettbewerbsfähigkeit der europäischen Unternehmen auf den globalen Märkten stärkt. Flexicurity kann dazu beitragen, dass Wettbewerbsfähigkeit und Wirtschaftswachstum sich möglichst optimal in Arbeitsplätzen und Beschäftigungssicherheit für den einzelnen Arbeitnehmer niederschlagen; die Schaffung der Arbeitsplätze selbst vermag auch ein noch so perfekter Flexicurity-Ansatz nicht zu leisten.

Bibliographie

Cahuc, Pierre/ Algan, Yann (2006): Civic Attitudes and the Design of Labor Market Institutions: Which Countries Can Implement the Danish Flexicurity Model? IZA Discussion Paper No. 1928, January 2006

Dahrendorf, Ralf (2001): Wir brauchen keine weiteren Schröder-Blair-Papiere, Handelsblatt 06.03.2001

European Expert Group on Flexicurity (2007): Flexicurity Pathways - Turning hurdles into stepping stones, Report by the European Expert Group on Flexicurity, June 2007

Europäische Kommission (2007): Mitteilung der Kommission an das Europäische Parlament, den Rat, den EWSA und den AdR, Gemeinsame Grundsätze für den Flexicurity-Ansatz herausarbeiten: Mehr und bessere Arbeitsplätze durch Flexibilität und Sicherheit, Brüssel, den 27.6.2007, KOM (2007) 359 endgültig

Kok, Wim (2004): Facing the Challenge: The Lisbon Strategy for Growth and Employment, Report for a High Level Group, Brussels November 2004

Pisani-Ferry, Jean/ Sapir, André (2006): Last exit to Lisbon, Bruegel Policy Brief 2006/02; www.bruegel.org/index.php?pid=73

III.

**Die Offene Methode der Koordinierung
im Bereich der Gesundheitspolitik**

Thomas Gerlinger

Die Offene Methode der Koordinierung in der Gesundheitspolitik. Zur Ambivalenz und zu den Implementationsproblemen eines neuen Regulationsmodus

In der Europäischen Union (EU) ist die Gesundheitspolitik bis heute primär eine Angelegenheit der Nationalstaaten geblieben. Allerdings lässt sich seit geraumer Zeit beobachten, dass dieses Politikfeld – wie zahlreiche andere auch – zunehmend in einen supranationalen Handlungskontext eingebunden wird. Diese transnationale Einbindung der Gesundheitspolitik vollzieht sich auf unterschiedlichen Wegen – einer von ihnen ist die Offene Methode der Koordinierung (OMK). Sie stellt ein neues, jenseits der traditionellen Norm- und Regelsetzung in der EU angesiedeltes Regulierungsinstrument dar, dessen Anwendung auf die Gesundheitspolitik der Europäische Rat im Jahr 2000 auf seiner Tagung in Lissabon beschlossen hat. Der folgende Beitrag lotet die Chancen und Risiken dieses neuen Regulierungsmodus aus und geht seinen mittlerweile sichtbar gewordenen Implementierungsproblemen nach.

1. Die Bedeutung der Europäischen Union für die Gesundheitspolitik

Die EU lässt sich bekanntlich als ein „Mehrebenensystem" kennzeichnen, in dem sowohl supranationale Institutionen (v.a. Europäischer Rat, Europäische Kommission, Europäisches Parlament, Europäischer Gerichtshof) als auch nationalstaatliche Institutionen (nationale Parlamente und Regierungen) über Entscheidungskompetenzen verfügen und sich die Politikentwicklung in der Interaktion dieser Ebenen vollzieht. Die nationalstaatliche Autonomie ist in diesem Mehrebenensystem nicht verschwunden, aber auf zahlreichen Feldern durchaus beschränkt (Pierson/ Leibfried 1998; Jachtenfuchs/ Kohler-Koch 2003; Wallace/ Wallace 2005).

Die europäische Integration ist bis in die Gegenwart im Kern ein ökonomisches Projekt, d.h. die Integration besteht vor allem in der Beseitigung bisheriger Hindernisse für einen gemeinsamen Markt („negative Integration"). Zwar wurden seit der zweiten Hälfte der 1980er Jahre die politischen Gestaltungskompetenzen der EU schrittweise ausgebaut („Vertiefung"), aber insgesamt hinkt die Entwicklung politischer Gemeinsamkeiten auf EU-Ebene („positive Integration") der ökonomischen Integration nach wie vor stark hinterher (z.B. Scharpf 1999). Insbesondere auf dem Gebiet der Sozialpolitik sind die Kompetenzen der EU nur schwach ausgeprägt.

Dieser Befund trifft im Grundsatz auch auf das Feld der Gesundheitspolitik zu. Allerdings sind im Zuge der erwähnten Vertiefung auch hier die einschlägigen Aufgaben und Handlungskompetenzen der EU-Institutionen sukzessive erweitert worden. Der EG-Vertrag weist, in der Fassung des Vertrags von Nizza, der EU grundsätzlich die Aufgabe zu, auf allen Politikfeldern ein hohes Niveau des Gesundheitsschutzes sicherzustellen (Art. 152 Abs. 1 EGV). Der Gesundheitsschutz lässt sich somit als eine „Querschnittsaufgabe" charakterisieren, die in allen Ressorts berücksichtigt werden soll. Des Weiteren sieht der EG-Vertrag vor, dass die Tätigkeit der EU „auf die Verbesserung der Gesundheit der Bevölkerung, die Verhütung von Humankrankheiten und die Beseitigung von Ursachen für die Gefährdung der menschlichen Gesundheit gerichtet" sein soll (Art. 152 Abs. 1 EGV). Explizit erwähnt wird in diesem Zusammenhang die Bekämpfung weit verbreiteter Erkrankungen, in deren Zusammenhang die Erforschung der Ursachen, der Übertragung und der Verhütung sowie die Gesundheitsinformation und -erziehung gefördert werden sollen.

Neben diesen allgemeinen Aufgabenbestimmungen werden der EU auf einzelnen präventionspolitisch bedeutsamen Feldern auch explizite Regelungskompetenzen zugewiesen, nämlich beim Gesundheitsschutz in der Arbeitsumwelt (Art. 137 Abs. 1 u. 2 EGV) und beim gesundheitlichen Verbraucherschutz (Art. 153 EGV). Die EU kann auf beiden Feldern durch Richtlinien supranationale Mindeststandards festsetzen, die von den Mitgliedstaaten nicht unterschritten werden dürfen. Die betreffenden Richtlinien werden vom zuständigen Ministerrat, also durch die Mitgliedstaaten, erlassen. Da für eine Entscheidungsfindung lediglich eine qualifizierte Mehrheit notwendig ist (§§ 137 Abs. 2 und 153 Abs. 4 EGV), können einzelne von ihnen überstimmt und damit zu Maßnahmen gezwungen werden, die sie eigentlich missbilligen oder nicht für notwendig halten. Da es sich bei den Richtlinien um Mindeststandards handelt, können die Mitgliedstaaten für ihr Hoheitsgebiet schärfere Bestimmungen erlassen, allerdings dürfen sie diese dann nicht zum Anlass nehmen, den freien Verkehr von Waren und Dienstleistungen auf dem europäischen Binnenmarkt zu behindern. Die Europäische Kommission überwacht die Umsetzung dieser Vorschriften durch die Mitgliedstaaten. Werden Richtlinien rechtlich nicht angemessen oder nicht fristgerecht umgesetzt, so kann die Europäische Kommission ein Vertragsverletzungsverfahren einleiten, an dessen Ende den betreffenden Mitgliedstaaten Sanktionen drohen.

Aus diesen Bestimmungen erwächst für die supranationale Handlungsebene in der EU jedoch nicht jenes Maß an Gestaltungskompetenzen, das sich auf den ersten Blick vermuten ließe. Denn zugleich schränkt der EG-Vertrag die Zuständigkeit der EU auf dem Gebiet des Gesundheitsschutzes in vielfältiger Weise ein:

- So sieht er vor, dass die Gemeinschaft die Politik der Mitgliedstaaten lediglich ergänzt, ihre Zusammenarbeit fördert und erforderlichenfalls unterstützt (Art. 152 Abs. 1 u. 2 EGV). Die Mitgliedstaaten der EU behalten also ihre primäre Zuständigkeit und Verantwortung auf diesen Feldern.

- Darüber hinaus gilt für alle Gemeinschaftsaktivitäten das Subsidiaritätsprinzip: Die EU darf demzufolge nur dann und insoweit tätig werden, als die betreffenden Aufgaben auf supranationaler Ebene besser als auf einzelstaatlicher Ebene gelöst werden können (Art. 5 Abs. 2 u. 3 EGV). Dies gilt auch für jene Felder, auf denen die EU über explizite Rechtsetzungskompetenzen verfügt.

Ob europaweite Regelungen zu einzelnen gesundheitsrelevanten Problemfeldern (z.B. der Regelung von Arbeitszeiten) angesichts dieser Einschränkungen jeweils zulässig sind, ist immer wieder Gegenstand politischer Auseinandersetzungen unter den Mitgliedstaaten sowie zwischen Mitgliedstaaten und Kommission – ebenso wie die Frage, wie detailliert derartige Bestimmungen sein sollen und wie hoch das durch sie festgelegte Schutzniveau anzusetzen ist.

Noch wesentlicher für die Kompetenzverteilung zwischen beiden Ebenen ist aber der Sachverhalt, dass aus den erwähnten Zuständigkeiten für den Gesundheitsschutz für die EU keine Kompetenz für die Gestaltung der sozialen Sicherung im Krankheitsfall und die Organisation der gesundheitlichen Versorgung erwächst – weder im Bereich der Prävention noch im Bereich der Krankenversorgung. Vielmehr sieht der EG-Vertrag ausdrücklich vor, dass „die Verantwortung der Mitgliedstaaten für die Organisation des Gesundheitswesens und die medizinische Versorgung in vollem Umfang gewahrt" wird (Art. 152 Abs. 5 EGV). Gleichzeitig darf auch die „Befugnis der Mitgliedstaaten, die Grundprinzipien ihres Systems der sozialen Sicherheit festzulegen" (Art. 137 Abs. 4 EGV), nicht berührt werden. Generell haben Maßnahmen im Bereich des sozialen Schutzes und des Gesundheitswesens „unter Ausschluss jeglicher Harmonisierung der Rechts- und Verwaltungsvorschriften der Mitgliedsstaaten" stattzufinden und „dürfen das finanzielle Gleichgewicht dieser Systeme nicht erheblich beeinträchtigen" (Art. 137 Abs. 4 EGV). Die Kompetenz zur Gestaltung des Gesundheitssystems liegt damit nach wie vor bei den Mitgliedstaaten. Dies betrifft vor allem:

- die Organisation und institutionelle Gestaltung von Prävention und Gesundheitsförderung,

- die Organisation des Krankenversorgungssystems einschließlich der institutionellen Gliederung und der Arbeitsteilung zwischen den Berufsgruppen,

- die Zuweisung von Kompetenzen an individuelle und kollektive Akteure bei der Regulierung der Gesundheitssysteme,

- Art und Umfang der sozialen Sicherung im Falle von Krankheit und Pflegebedürftigkeit, also den Umfang öffentlich finanzierter Leistungen.

2. Regimevielfalt der Gesundheitssysteme in der EU

Vor diesem Hintergrund wundert es nicht, dass die Gesundheitssysteme der EU-Mitgliedstaaten nach wie vor erhebliche Unterschiede aufweisen (z.B. Freeman 2000; Wendt 2003; Blank/ Burau 2004; Rothgang et al. 2005). Dies gilt sowohl für die makroökonomischen Rahmenbedingungen in den jeweiligen Volkswirtschaften als auch für die Finanzierungs-, Versorgungs- und die Regulierungsstrukturen in den Gesundheitssystemen selbst. Schlaglichtartig sollen einige dieser Unterschiede am Beispiel von fünf EU-Staaten verdeutlicht werden, die einen eigenen Sozialstaatstypus mit entsprechenden Besonderheiten in der Gesundheitspolitik und in der Gesundheitssystemgestaltung repräsentieren: Deutschland, Schweden, das Vereinigte Königreich, Portugal und Polen.[1] Dabei ist zu beachten, dass die Spannbreite noch größer ist, wenn man alle Mitgliedstaaten in den Blick nimmt.

---

[1] An dieser Stelle sei darauf hingewiesen, dass die unterschiedlichen Gesundheitssystemtypen nur teilweise deckungsgleich sind mit den in der allgemeinen Wohlfahrtsstaatsdiskussion in Anlehnung an Titmuss und Esping-Andersen identifizierten Wohlfahrtsstaatstypen.

Bereits bei der ökonomischen Leistungsfähigkeit und den Gesundheitsausgaben existieren große Unterschiede (Tab. 1), die mit der Osterweiterung im Jahr 2004 noch einmal stark gewachsen sind. Gemessen in US-$-Kaufkraftparitäten je Einwohner, war das Bruttoinlandsprodukt im Jahr 2006 in Schweden beinahe zweieinhalbmal so hoch wie in Polen. Bei den Gesundheitsausgaben fielen die Unterschiede noch deutlicher aus: Sie waren, ebenfalls in US-$-Kaufkraftparitäten je Einwohner, in Deutschland fast viermal so hoch wie in Polen. Nicht nur bei den absoluten Zahlen, sondern auch in der volkswirtschaftlichen Bedeutung wichen die Gesundheitsausgaben erheblich voneinander ab: Während Deutschland im Jahr 2006 10,6 Prozent seines Bruttoinlandsprodukts für Gesundheitsausgaben aufwandte, waren es in Polen nur 6,2 Prozent.

Tab. 1: Bruttoinlandsprodukt und Gesundheitsausgaben in ausgewählten Mitgliedstaaten der Europäischen Union im Jahr 2006

	Bruttoinlandsprodukt (US-$-Kaufkraftparitäten, je Einwohner)	Alle Gesundheitsausgaben (US-$-Kaufkraftparitäten, je Einwohner)	Alle Gesundheitsausgaben (% des Bruttoinlandsprodukts)
Deutschland	31.949	3.371	10,6
Schweden	34.870	3.202	9,2
Vereinigtes Königreich	32.961	2.760	8,4
Portugal	20.851	2.120	10,2
Polen	14.674	910	6,2

Quelle: OECD 2008

Aber die Heterogenität der Gesundheitssysteme bei den *Finanzierungsstrukturen* beschränkt sich nicht auf die Höhe der Gesundheitsausgaben, sondern erstreckt sich auch auf den Modus der Mittelaufbringung. Manche Gesundheitssysteme werden überwiegend durch Versichertenbeiträge finanziert (z.B. Deutschland, Frankreich), andere überwiegend durch Steuern (z.B. Großbritannien, Schweden). Zugleich existieren erhebliche Unterschiede in den Regeln der Mittelaufbringung, in der Beteiligung einzelner Gruppen (z.B. Versicherte, Arbeitgeber) an der Finanzierung des Gesundheitswesens und bei der Höhe und Art der Zuzahlungen, die Patienten für die Inanspruchnahme von Leistungen zu entrichten haben. Darüber hinaus variiert der Anteil öffentlicher und privater Kosten erheblich. Im Vereinigten Königreich betrug er im Jahr 2006 lediglich 12,7 Prozent, in Polen immerhin 30 Prozent (OECD 2008).

Mit Blick auf die *Versorgungsstrukturen* fällt vor allem die höchst unterschiedliche Ressourcenausstattung für die Krankenversorgung auf (Tab. 2). So ist z.B. die Zahl der praktizierenden Ärzte je 1.000 Einwohner in Deutschland um mehr als fünfzig Prozent höher als in Polen und die Zahl der praktizierenden Krankenpflegekräfte in Schweden mehr als doppelt so hoch wie in Portugal. Die unterschiedlichen Verhältniszahlen von Krankenpflegekräften und Ärzten in den einzelnen Gesundheitssystemen deuten zugleich auf höchst unterschiedliche Formen der Arbeitsteilung zwischen den Gesundheitsberufen hin.

Tab. 2: Ärzte, Krankenpflegekräfte und Krankenhausbetten je 1000 Einwohner im Jahr 2006

	Praktizierende Ärzte	Praktizierende Krankenpflegekräfte	Krankenhausbetten
Deutschland	3,5	9,8	8,3
Schweden	3,5[1]	10,7[1]	---
Vereinigtes Königreich	2,5	11,9	3,6
Portugal	3,4[1]	4,6[1]	3,6[1]
Polen	2,2	5,1	6,5

Anmerkung: [1] = Zahlen v. 2005

Quelle: OECD 2008

Darüber hinaus existieren in den Mitgliedstaaten je eigene Regeln für den Zugang von Patientinnen und Patienten zum Versorgungssystem. In einigen Ländern ist in der ambulanten Versorgung die Erstinanspruchnahme der medizinischen Versorgung nur über den Hausarzt möglich (z.B. Niederlande, Vereinigtes Königreich), in anderen Ländern können auch Fachärzte direkt aufgesucht werden (z.B. Frankreich, Belgien, Deutschland). Einige Gesundheitssysteme beschränken Krankenhäuser (nahezu) ausschließlich auf die

Erbringung stationärer Leistungen (z.B. Deutschland), in anderen können Patienten dort auch ambulant behandelt werden (z.B. Niederlande, Großbritannien). Auch die Kataloge der öffentlich finanzierten Leistungen unterscheiden sich von Land zu Land. Erhebliche Unterschiede existieren aber nicht nur in der Krankenversorgung, sondern auch in Prävention und Gesundheitsförderung. Dies betrifft sowohl deren Stellenwert im System der gesundheitlichen Versorgung als auch deren Instrumente und Institutionen.

Schließlich weisen auch die *Regulierungsstrukturen* der Gesundheitssysteme erhebliche Unterschiede auf. In Gesundheitssystemen mit nationalem Gesundheitsdienst bestimmt der Staat stärker direkt die Inhalte und Instrumente gesundheitspolitischer Steuerung, in Krankenversicherungssystemen beschränkt er sich zumeist auf eine Rahmensetzung und delegiert weit reichende Steuerungskompetenzen an Verbände, die auf der Meso-Ebene agieren. Aber auch innerhalb des jeweiligen Gesundheitssystemtypus existieren erhebliche Unterschiede. Obwohl die meisten EU-Mitgliedstaaten verstärkt auf Marktmechanismen bei der Steuerung der Krankenversorgung setzen, variieren die Funktion und die relative Bedeutung staatlicher, korporatistischer und marktorientierter Regulierungselemente in den einzelnen Gesundheitssystemender von Land zu Land. Noch vielfältiger wird das Bild mit Blick auf die genannten Merkmale von Gesundheitssystemen, wenn man die 2004 der EU neu beigetretenen Mitgliedstaaten vor allem Ost- und Mitteleuropas in die Betrachtung einbezieht (Schmucker 2003a).

3. Harmonisierungsrestriktionen und Konvergenztendenzen in der Gesundheitspolitik

Europäische Harmonisierungsbestrebungen in der Gesundheitspolitik blieben in der Vergangenheit stets schwach. Dies hat eine Reihe von sowohl ökonomischen als auch politischen Ursachen (Urban 2003):

- Es existiert – wie gezeigt – ein erhebliches ökonomisches Gefälle zwischen den Mitgliedstaaten, das wiederum große Unterschiede im Niveau der Absicherung des Krankheitsrisikos zur Folge hat. Zudem weisen die Mitgliedstaaten unterschiedliche Traditionen in der Sozialpolitik auf, in welche die Gesundheitspolitik eingebunden ist. Die Frage nach der sozialen Sicherung im Krankheitsfall berührt die Zuständigkeit der Nationalstaaten und ist im Hinblick auf die Entwicklung der öffentlichen Finanzen bzw. der Arbeitskosten von großer Bedeutung.

- Die nationalstaatlichen institutionellen Arrangements im Politikfeld Gesundheit sind Ausdruck spezifischer Kräfteverhältnisse zwischen den beteiligten Akteuren und konstituieren bei ihnen Interessen, die ihrerseits zumeist eine große Beharrungskraft entwickeln.

- Die Gesundheitspolitik eignet sich aus der Perspektive der Regierungen in den Mitgliedstaaten in besonderer Weise dafür, staatliche Sozialleistungen gegen Bürgerakzeptanz und Wählerstimmen zwischen Regierungen und Bevölkerungen politisch zu tauschen.

Verstärkt wird das Problem divergierender Ausgangsbedingungen in den Nationalstaaten durch Steuerungspathologien im europäischen Institutionensystem, die Scharpf (1985, 1999) in der These der „Politikverflechtungsfalle" auf den Punkt gebracht hat. Denn im politischen System der EU sind Entscheidungen auf europäischer Ebene von der Zustimmung der Regierungen der Mitgliedstaaten abhängig; in vielen Fällen ist sogar Einstimmigkeit, zumindest aber ein hoher Grad an Zustimmung („qualifizierte Mehrheit") erforderlich. Die Folge dieser Konstruktion ist eine verminderte Problemlösungsfähigkeit der politischen Institutionen, also suboptimale Lösungen oder gar politische Stagnation, weil sie es einzelnen oder einer Minderheit von Mitgliedstaaten erleichtert, Lösungen zu blockieren.

Angesichts dieser ökonomischen, institutionellen und politischen Restriktionen wundert es nicht, dass in der EU keine wirklich relevanten Tendenzen einer Harmonisierung der institutionellen Arrangements auf dem Feld der Gesundheitspolitik zu beobachten sind. Wenn sie überhaupt sichtbar wurden, scheiterten sie in der Regel recht bald am starken Widerstand einer Mehrzahl von Mitgliedstaaten. So ist denn auch die 1992 verabschiedete Empfehlung der EU-Kommission zur Konvergenz der sozialen Sicherungssysteme in den Mitgliedstaaten ohne praktische Auswirkung geblieben.

Ungeachtet dessen finden sich in den nationalstaatlichen Gesundheitsreformen seit den 1980er Jahren oftmals ähnliche Steuerungsinstrumente und es lassen sich bei der Analyse der Gesundheitssystementwicklung dementsprechend auch gewisse Konvergenztendenzen erkennen. Jedoch sind diese nicht auf eine Etablierung transnationaler Regelungskompetenzen zurückzuführen (Freeman/ Moran 2000), sondern in erster Linie eine Antwort auf gemeinsame wirtschafts- und finanzpolitische Rahmenbedingungen. So hat das Missverhältnis zwischen ökonomischer und (sozial-)politischer Integration (Scharpf 1999) weitreichende Folgen für die Grundausrichtung der Gesundheitspolitik in den Mitgliedstaaten. Ihre Antwort auf die verschärfte ökonomische Wettbewerbssituation besteht zumeist in Versuchen, die Angebotsbedingungen für das Kapital zu verbessern und auf diese Weise den heimischen Wirtschaftsstandort zu stärken. Ein zentrales Element in dieser Strategie ist die Senkung von Ausgaben für die soziale Sicherung – eine Strategie, die dadurch möglich wird, dass die Schaffung eines gemeinsamen Marktes nicht von einer synchronen Ausweitung gemeinsamer Sozialstandards auf europäischer Ebene begleitet wird. Auch in der Gesundheitspolitik werden diese Tendenzen sichtbar und bestimmen zunehmend deren Entwicklungsrichtung, wobei dieser Wandel nicht allein durch die wirtschafts- und finanzpolitischen Rahmenbedingungen der europäischen Integration hervorgerufen wird. Zwar behalten die Gesundheitssysteme zumeist ihre institutionelle Grundordnung bei, allerdings antworten sie auf den Wandel von Kontextbedingungen in vielen Fällen mit ähnlichen Instrumenten (Freeman 2000; Blank/ Burau 2004; Rothgang et al. 2005; Gerlinger 2009). Dabei steht zumeist der Versuch zur Begrenzung öffentlich finanzierter Gesundheitsausgaben im Mittelpunkt. So ist die *Finanzierung* durch eine fortschreitende Privatisierung von Kosten gekennzeichnet, die sich vor allem durch Leistungsausgliederungen, die Ausweitung von Zuzahlungen und die Ausweitung privater Versicherung vollzieht. Mit Blick auf die *Versorgung* bemüht die sich Gesundheitspolitik um eine Rationalisierung der Strukturen, die vor allem aus dem Bestreben erwächst, die mit der Verknappung von Finanzmitteln für die öffentlich finanzierte Krankenversorgung einhergehenden Legitimationsrisiken für die politischen Entscheidungsträger zu begrenzen. Zu den wichtigsten Maßnahmen einer Rationalisierung von Versorgungsstrukturen zählt die Integration der Versorgungsverläufe (zwischen ambulanter und stationärer Versorgung sowie zwischen Akutversorgung, Rehabilitation und Pflege). Des Weiteren bemühen sich insbesondere diejenigen Gesundheitssysteme, die bisher stark auf eine hohe fachärztliche Versorgungsdichte gesetzt haben, um eine Aufwertung des Hausarztes, der als Anlaufstelle und Koordinator von Versorgungsprozessen gestärkt werden soll. Mit Blick auf die Regelungsstrukturen greifen einige Mitgliedstaaten auf Steuerungsinstrumente zurück, die den Wettbewerb zwischen den Finanzierungsträgern und den Leistungserbringern verstärken sollen.

Neben diesen gemeinsamen wirtschafts- und finanzpolitischen Rahmenbedingungen werden die Konvergenztendenzen auch durch spezifische gesundheitspolitische Problemkonstellationen befördert. Dazu zählen vergleichbare gesundheitliche Problemlagen (Alterung der Gesellschaft, die Dominanz chronisch-degenerativer Erkrankungen) und vielfach ähnlich gelagerte Defizite in den jeweiligen Versorgungssystemen (Qualitäts- und Effizienzmängel in den Versorgungsstrukturen sowie ein Ausgabenanstieg im Gesundheitswesen).

4. Rückwirkungen der europäischen Integration auf die Gesundheitssysteme in den Mitgliedstaaten

Auf die Gesundheitspolitik der Mitgliedstaaten wirken aber nicht nur die ähnlichen Problemkonstellationen, denen sich die Gesundheitssysteme gegenübersehen, ein. Daneben sind auch – bisher zwar in eher bescheidenem, potentiell allerdings in beachtlichem Umfang – Rückwirkungen der europäischen Integration auf die Gesundheitspolitik in den Mitgliedstaaten von Bedeutung, denn die oben erwähnte Beibehaltung der mitgliedstaatlichen Zuständigkeit für die Gestaltung der Gesundheitssysteme ist nicht mit einer uneingeschränkten Handlungsfreiheit der Mitgliedstaaten gleichzusetzen. So hat der Europäische Gerichtshof (EuGH) in verschiedenen Urteilen klargestellt, dass die Mitgliedstaaten bei der Gestaltung ihrer Gesundheitssysteme die Grundsätze des Binnenmarktes so weit wie möglich zu beachten haben – also den freien Verkehr von Personen, Waren, Dienstleistungen und Kapital zwischen den Mitgliedstaaten. Diese können nur außer Kraft gesetzt werden, wenn „zwingende Gründe des Allgemeininteresses" dies erfordern. Solche Gründe wären z.B. gegeben, wenn eine erhebliche Gefahr für das finanzielle Gleichgewicht des sozialen Sicherungssystems oder der öffentlichen Gesundheit bzw. des Gesundheitsschutzes bestünde. Die Grundsätze des Binnenmarktes finden also grundsätzlich auch auf das Gesundheitswesen Anwendung und schränken insofern die Gestaltungsfreiheit der Mitgliedstaaten ein.

Dies hat zum einen Auswirkungen auf die Rechte von Bürgern bei der grenzüberschreitenden Inspruchnahme von Leistungen der Kranken- und Pflegeversicherung der EuGH die Rechte der Versicherten bei der Inspruchnahme und die Erstattungspflichten der Finanzierungsträger bei der grenzüberschreitenden Inspruchnahme gesundheitlicher Leistungen beträchtlich erweitert (z.B. McKee/ Mossialos/ Baeten 2002; Busse/ Wismar/ Berman 2002; Jacobs/ Wasem 2003; Schmucker 2003b; Wille 2003). Zum anderen entsteht ein Spannungsverhältnis zwischen europäischem Wirtschafts- und Wettbewerbsrecht einerseits und dem nationalstaatlichen Sozialrecht, das für

Deutschland insbesondere im Hinblick auf die Regulierungsstrukturen in der gesetzlichen Krankenversicherung (GKV) von Bedeutung ist andererseits. Bei der Regulierung in der GKV spielen Kollektivverhandlungen und Kollektivverträge traditionell eine besondere Rolle (z.b. Rosenbrock/ Gerlinger 2006). Der Staat reguliert viele Bereiche nicht selbst, sondern beschränkt sich oftmals auf Rahmenregelungen und delegiert die Kompetenz zur konkretisierenden Ausgestaltung dieses Rahmens an die Verbände der Krankenkassen und an die Verbände von Leistungserbringern. Allerdings beinhaltet das europäische Wirtschafts- und Wettbewerbsrecht u.a. das Verbot „wettbewerbsbeschränkender Vereinbarungen und Verhaltensweisen" (Art. 81 EGV) sowie das Verbot des „Missbrauchs einer marktbeherrschenden Stellung" (Art. 82 EGV). Zwar hat der EuGH in einem 2004 ergangenen Urteil die Krankenkassen vom Geltungsbereich dieser Bestimmungen ausgenommen, denn – so die Darlegung – sie übten eine soziale Tätigkeit aus und seien daher keine Unternehmen im Sinne des EG-Vertrags (EuGH 2004). Allerdings ist diese Einstufung der Krankenkassen um so stärker in Frage gestellt, je mehr die Gesundheitspolitik die Behandlungskosten privatisiert und die Steuerung der Krankenversorgung an Markt- und Wettbewerbsmechanismen ausrichtet, denn die Krankenkassen als Finanzierungsträger drohen damit ihren sozialen Charakter und damit genau jene Eigenschaften zu verlieren, aus denen sich dem EuGH zufolge der nicht-wirtschaftliche Charakter einer Organisation ergibt (Ebsen 2000; Knispel 2001; Bieback 2002).

Insgesamt hat der EuGH mit seiner Rechtsprechung dazu beigetragen, dass die Dynamik der Marktschaffung seit den 1990er Jahren verstärkt die – im Kern staatlich regulierten – Gesundheitssysteme in der EU erfasst hat.

5. Die Offene Methode der Koordinierung in der Gesundheitspolitik: Merkmale eines neuen Regulierungsmechanismus

Ungeachtet dieser Rückwirkungen des europäischen Integrationsprozesses auf die Gesundheitspolitik und die Gesundheitssysteme der Mitgliedstaaten ist der Einfluss der supranationalen Institutionen auf diesem Politikfeld nach wie vor gering. Seit dem Jahr 2000 wird mit der Offenen Methode der Koordinierung (OMK) auf europäischer Ebene ein neuartiger Regulierungsmodus in der Gesundheitspolitik etabliert. Die OMK ist ein Instrument, das die freiwillige Kooperation und den Austausch bewährter Verfahren zwischen den EU-Mitgliedstaaten verbessern und ihnen auf diese Weise eine Hilfestellung bei der Weiterentwicklung ihrer nationalstaatlichen Politik geben soll. Diese Methode wurde bereits in den 90er Jahren in der Arbeitsmarktpolitik und in der Rentenpolitik angewandt. Die OMK wurde erstmals in den Schlussfolgerungen des Rates von Lissabon definiert und umfasst vier Kernelemente (Europäischer Rat 2000):

- die Festlegung von Leitlinien für die Entwicklung einzelner Politikbereiche einschließlich eines Zeitplans für die Verwirklichung der kurz-, mittel- und langfristigen Ziele;
- die Festlegung quantitativer und qualitativer Indikatoren und *Benchmarks*, mit deren Hilfe nationalstaatliche Praktiken vergleichbar gemacht und bewährte Verfahren identifiziert werden sollen;
- die Umsetzung der europäischen Leitlinien in die Politik der Mitgliedstaaten durch Entwicklung konkreter Ziele und Erlass entsprechender Maßnahmen;
- die regelmäßige Überwachung, Bewertung und gegenseitige Prüfung der getroffenen Maßnahmen und erzielten Fortschritte.

Die OMK soll durch die Stärkung der Koordinierungs- und Leitungsfunktion des Europäischen Rates „eine kohärentere strategische Leitung und eine effektive Überwachung der Fortschritte gewährleisten" (Europäischer Rat 2000: 3). Die Formulierung dieses neuen Verfahrens in Lissabon steht in engen Zusammenhang mit der dort ebenfalls vorgenommenen Formulierung eines neuen wettbewerbspolitischen Leitbilds für die EU, nämlich dem Ziel, den Übergang zum wettbewerbsfähigsten, dynamischsten wissensbasierten Wirtschaftsraum der Welt zu schaffen. Für die dort angestrebte Dynamisierung des Wachstums spielt aus Sicht von der Europäischen Kommission und des Europäischen Rats die Gesundheitspolitik eine wichtige Rolle.

Die OMK zeichnet sich gegenüber den bisherigen Politikstrategien und Koordinationsversuchen durch einige Besonderheiten aus, die sie zu einem neuen Regulierungsmechanismus mit einem eigenen, supranationalen Verhandlungsregime – definierten Akteuren, spezifischen Verfahrensregeln und politischen Zielen – machen:

- Die politischen Interventionen, die über die OMK koordiniert werden sollen, sind jenseits der traditionellen, im EG-Vertrag festgeschriebenen Instrumenten der Rechtsetzung angesiedelt. Nicht durch dezidierte Vorgaben und formelle Sanktionsregeln, sondern durch einen gemeinschaftlichen Koordinierungs- und Lernprozess („weiche Steuerung"), der eher auf „kommunikative und interaktive" Steuerungsformen (Tidow 1999) setzt, sollen künftig politische Gemeinsamkeiten zwischen den Mitgliedstaaten gefördert werden (z.B. Radaelli 2003).

- Der Europäische Rat, die Europäische Kommission und die EU-Ministerräte sind die Schlüsselakteure der europaweiten Koordination. Die Kommission ist die maßgebliche Instanz auf der Ebene der Steuerung und Moderation des Verfahrens. Sie unterbreitet die Vorschläge für Indikatoren und Leitlinien und erstellt die erforderlichen Syntheseberichte, aus denen der Grad der Zielerreichung abgelesen wird. Die EU-Ministerräte für Arbeit und Sozialfragen sowie für Wirtschaft und Finanzen beschließen über die Leitlinien und Indikatoren. Doch die entscheidende Rolle spielt der Europäische Rat, dem explizit eine stärkere Leitungs- und Koordinierungsfunktion und entsprechende Kompetenzen zugewiesen werden. Er hat die Umsetzung der Strategien und Prozesse zu überwachen und gegebenenfalls korrigierend einzugreifen.

- Damit schlägt die OMK einen Mittelweg zwischen klassischen Harmonisierungsbestrebungen und bloßen Empfehlungen oder intergouvernementalen Vereinbarungen ein (z.B. Hodson/ Maher 2001; de la Porte/ Pochet 2002; Radaelli 2003). Die Bindungskraft der Vereinbarungen ist geringer als die traditioneller Rechtsetzung, aber größer als die bloßer Absichtserklärungen (de la Porte/ Pochet 2002: 11). Dieses Verfahren lässt sich als eine Regulierungsform charakterisieren, die den Übergang von einer Strategie der „Harmonisierung der Institutionen" zu einer „Harmonisierung der Politikziele" einzuleiten versucht. Konvergente Entwicklungsprozesse sollen über den Weg einer EU-weiten Koordinierung der Politikzielformulierung erreicht werden, ohne die Souveränität der Nationalstaaten formell in Frage zu stellen. Indem die OMK die Koordinierungs- und Leitungsfunktion der EU-Gremien stärkt und gleichzeitig die einzelstaatliche Letztentscheidungskompetenz aufrecht erhält, zielt sie darauf, Entscheidungsblockaden und Politikverflechtungsfallen bei der Verfolgung gemeinsamer europäischer Ziele zu vermeiden. Die wechselseitige Rücksichtnahme auf jeweiligen Interessenlagen, Problemlösungskapazitäten und Kompetenzen soll mit einem Konzept einer möglichst effektiven Entscheidungsfindung verknüpft werden. In diesem Sinne scheint die OMK einem Integrationsmodus zu entsprechen, der sowohl „autonomieschonend" als auch „gemeinschaftsverträglich" ist (Scharpf 1999). Nationalstaatliche und supranationale Kompetenzen dürften sich auf diese Weise zu einer neuen Form der Arbeitsteilung in einem europäischen Mehrebenensystem verschränken. Auch wenn die rechtliche Zuständigkeit der Mitgliedstaaten unberührt bleibt, kann – so die Erwartung – durch die Selbstverpflichtung und die Praxis der Überprüfung von Fortschritten ein Druck für die Mitgliedstaaten entstehen, als ineffizient oder suboptimal ermittelte Strukturen bei der Gestaltung von Politikfeldern im Mitgliedstaat zu verbessern.

Die supranationalen Institutionen in der EU sind mit der Anwendung der OMK auf die Gesundheitspolitik bemüht, ihren Einfluss auch auf die Gestaltung der nationalstaatlichen Krankenversicherungs- und Krankenversorgungssysteme deutlich zu verstärken (Gerlinger/ Urban 2006). Seit der Ratssitzung von Lissabon haben die Kommission und der Europäische Rat die Ziele und das Verfahren der OMK in der Gesundheitspolitik weiter konkretisiert.

Als gemeinsame Probleme, auf die die Gesundheitspolitiken in Europa zu reagieren haben, nennt die Europäische Kommission die Überalterung der Bevölkerung, die Folgen der Entwicklung neuer Technologien und Therapien in der Medizin sowie die wachsende Nachfrage der Bevölkerung nach medizinischen Leistungen und entsprechenden Angeboten im Zuge der Steigerung des Lebensstandards und des Bildungsniveaus. Die Kommission stellt fest, dass diese Entwicklungen die Frage nach den Finanzierungsmodalitäten aufwerfen und den Druck zur Kostendämpfung erhöhen. Daher sei es notwendig, „klare, transparente und wirksame Evaluierungsverfahren" zu erarbeiten (Europäische Kommission 2001: 7). Bemerkenswert an der Positionsbestimmung der Europäischen Kommission ist erstens die Eindeutigkeit, mit der die Problematik der langfristigen Finanzierbarkeit der Gesundheitspolitik in die ordnungspolitischen Prämissen der Wirtschafts- und Fiskalpolitik integriert wird, und zweitens die Vehemenz, mit der die Europäische Kommission unmissverständlich auf dem Beitrag der Gemeinschaftspolitiken für die europäische Gesundheitspolitik insistiert.

Für die Gesundheitspolitik in der EU formuliert der Kommissionsbericht drei Hauptziele, die es gleichzeitig zu verwirklichen gilt (ebd.):

- die Sicherung des allgemeinen Zugangs zu einer hochwertigen Gesundheitsversorgung;
- die Erhöhung von Transparenz und Qualität der Gesundheitssysteme durch die Evaluation medizinischer Verfahren und die Evaluation von Versorgungsstrukturen;
- die Fortsetzung der auf eine Kostendämpfung zielenden Reformen.

Aus dieser Problemanalyse und Zielbestimmung zieht die EU die Konsequenz, dass die Gesundheitssysteme an die Erfordernisse einer dynamischen, wachstumsorientierten Ökonomie anzupassen sind. Um dieses Ziel zu erreichen, müssten die öffentlichen Finanzen nachhaltig konsolidiert und der soziale Schutz in der EU modernisiert werden. Damit erfährt die Sozialpolitik und mit ihr die Gesundheitspolitik insofern eine strategische Aufwertung, als sie nun systematisch in eine europäische Wirtschafts- und Wachstumspolitik integriert werden und den strategischen Umbau der europäischen Wirtschaft unterstützen sollen. Daraus ergibt sich aus der Perspektive der EU die Konsequenz, dass die Gesundheitssysteme an die Anforderung einer dynamischen, wachstumsorientierten Ökonomie anzupassen sind. In diesem Zusammenhang weist der Europäische Rat darauf hin, dass eine Reform der nationalstaatlichen Gesundheitssysteme notwendig ist, um auch in Zukunft eine hochwertige medizinische Versorgung gewährleisten zu können. Die OMK will also eine Effizienzsteigerung der Gesundheitssysteme durch eine stärkere Zusammenarbeit der Mitgliedstaaten und eine Stärkung der Koordinierungs- und Leitungsfunktion der EU erreichen.

Wodurch lassen sich die forcierten Bestrebungen, die Gesundheitspolitik in den Prozess der europäischen Integration einzubinden, erklären? Einen allgemeinen Zugriff bietet die These der funktionalen Verknüpfung einzelner Handlungsbereiche. Auch wenn die Integration zunächst auf wirtschaftliche Aspekte beschränkt sei, erzeuge die Schaffung eines Binnenmarktes „spillovers" in andere Handlungsfelder (Leibfried 2000). So wirft das Ziel der Marktintegration über kurz oder lang auch die Frage auf, wie mit Waren und Dienstleistungen des Gesundheitssektors auf dem Binnenmarkt zu verfahren sei, denn zum einen ist das Gesundheitswesen Teil der sozialen Absicherung der ökonomischen Integration, zum anderen werden die betreffenden Waren und Dienstleistungen durch wirtschaftliche Aktivitäten bereitgestellt. Der *spillover*-Ansatz lässt sich also auch auf die Integrationsprozesse in der Gesundheitspolitik anwenden.

Allerdings erklärt er nicht die von Kommission und Europäischem Rat angestrebte spezifische Form der Einbindung dieses Handlungsfeldes in die Lissabonner Wettbewerbsstrategie. Einen Zugang für die Erklärung der Anwendung der OMK auf die Gesundheitspolitik – gerade in diesen spezifischen Zusammenhang – bieten regulationstheoretisch orientierte Ansätze (z.B. Aglietta 2000; Boyer/ Saillard 2002). Sie betonen, dass die Veränderungen in einzelnen wohlfahrtsstaatlichen Politikfeldern in den Zusammenhang der sozialökonomischen, institutionellen und normativ-kulturellen Kontextbedingungen zu stellen sind. Eine Kernannahme des regulationstheoretischen Zugangs besteht darin, dass stabile kapitalistische Formationen sich durch eine Kohärenz von sozialökonomischen Basisstrukturen („Akkumulationsregime") und politisch-institutionellen Regulierungssystemen („Regulationsweise") auszeichnen (Hirsch/ Roth 1986). Übergänge zu einer neuen Formation in der Regel infolge umfassender Produktivitäts- und Legitimationskrisen der alten Konfigurationen in Gang kommen. Die gegenwärtige Periode wird als krisenhafter Übergang vom fordistischen (Sozialstaats-)Kapitalismus zu einem postfordistischen, angebotsorientierten Kapitalismus charakterisiert (z.B. Hirsch/ Roth 1986; Boyer 2000). Dieser Übergang tritt auf europäischer Ebene als „wettbewerbspolitische Restrukturierung" (Urban 2005) oder als „regulative Wettbewerbsmodernisierung" (Bieling/ Deppe 2003) in Erscheinung. Die Strategien der Schlüsselakteure zielen auf eine Transformation von Akkumulationsregime und Regulationsweise, die eine neue Kohärenz zwischen beiden Sphären herstellt und neue Produktivitäts- und Legitimationspotenziale zu aktivieren in der Lage ist. Der so vorangetriebene Prozess der Erneuerung erfasst also nicht nur den Bereich der Ökonomie, sondern bringt zugleich neue Instrumente und Mechanismen der institutionellen Regulation von Ökonomie und Gesellschaft hervor.

Diese übergreifende Reorganisationsdynamik erfasst sowohl die sozialökonomischen Basisstrukturen („Akkumulationsregime") als auch die politisch-institutionellen Regelsysteme („Regulationsweise") – und damit die politisch-institutionellen Arrangements sowohl in den Nationalstaaten als auch auf EU-Ebene. Aus regulationstheoretischer Perspektive wären auch die Veränderungen in der Gesundheitspolitik im Zusammenhang mit einer der bisherigen Formation zu analysieren. In einen solchen Zusammenhang eingebettet ließen sich die neue Integrationsdynamik sowie die zu konstatierende Ökonomisierung der Gesundheitspolitik als politikfeldspezifische Teilprozesse übergreifender wettbewerbspolitischer Restrukturierungsbemühungen in Europa begreifen, der die Europäische Union auf einen neuen, produktiveren und nach außen wettbewerbsfähigeren Integrationspfad bringen soll. Die Gesundheitssysteme und die Gesundheitspolitik, so ließe sich argumentieren, werden in diesem Handlungskontext aus einem doppelten Grunde wettbewerbspolitisch interessant und damit strategisch aufgewertet. Zum einen ist das Gesundheitswesen als weitgehend öffentlich – sei es über arbeitseinkommensbezogene Beiträge, sei es über Steuern – finanzierter Sektor ein

Teil des Systems sozialer Sicherung, dessen Ausgaben in der Perspektive angebotsorientierter Wirtschaftspolitik einen negativen Effekt auf die Wettbewerbsfähigkeit des Standorts und der dort ansässigen Unternehmen haben und daher im Kern unerwünscht sind. Zudem drohe in den kommenden Jahrzehnten, hervorgerufen und beschleunigt durch den demographischen Wandel und den medizinisch-technischen Fortschritt, ein erheblicher Ausgabenanstieg.[2] Zum anderen biete das Gesundheitswesen erhebliche Beschäftigungspotentiale und könne damit einen wichtigen Beitrag zur Überwindung der chronischen Beschäftigungskrise leisten.

6. Implementationsprobleme

Die bisherigen Erfahrungen zeigen, dass die Implementierung dieses neuen Regulierungsmechanismus mit einer Vielzahl von Problemen verknüpft ist, die unterschiedlicher Provenienz sind. Zunächst wirft die Anwendung der OMK erhebliche methodische Probleme auf. Erfahrungen mit Benchmarking- und *Best-Practice*-Verfahren in anderen Politikfeldern und Organisationen zeigen grundsätzlich, dass die Schwierigkeiten von Systemvergleichen mit der Komplexität der jeweiligen Handlungssysteme bzw. Politikfelder wachsen (z.B. Hill 2002; Straßheim 2003). Häufig kann die Wirkung einzelner Steuerungselemente nicht präzise erfasst werden, weil diese nur aufgrund besonderer Kontextbedingungen funktionieren. Zugleich löst die Übernahme systemfremder Elemente in der Regel nicht beabsichtigte und nicht vorhergesehene Nebenwirkungen und damit vielfältige Folgeprobleme aus. Aus demselben Grund lassen sich einzelne Elemente eines Systems nicht beliebig in einen anderen Zusammenhang übertragen.

In der Evaluation von Gesundheitssystemen sind diese grundsätzlichen Probleme angesichts der besonderen Beschaffenheit des Regulierungsgegenstands, der Gesundheit, besonders bedeutsam. Anders als etwa in der Alterssicherung oder der Arbeitslosenversicherung werden in Gesundheitssystemen nicht nur finanzielle Transfers vollzogen, sondern auch personenbezogene Dienstleistungen erbracht. Die zentralen Regulierungsinstrumente (z.B. Vergütungsformen, institutionelle Arrangements von Versorgungsinstitutio-

---

[2] Zur empirischen Tragfähigkeit dieser Sicht, die durchaus skeptisch zu bewerten ist, kann hier nicht argumentiert werden. Entscheidend ist in diesem Zusammenhang lediglich, dass die politischen Entscheidungsträger sich in ihrer überwältigenden Mehrheit diese Sicht zueigen machen.

nen) führen nicht „an sich" zu bestimmten Ergebnissen, sondern entfalten ihre Wirkung erst im spezifischen Systemkontext bzw. im Zusammenwirken mit anderen Systemelementen. Dies verschärft das benannte Transplantationsproblem.

Hinzu kommen Probleme, die aus der sozialen Komplexität des „Gutes" Gesundheit resultieren. Gesundheitsdienstleistungen sind auf die Behandlung von Krankheiten und/oder die Förderung von Gesundheit bezogen. Gesundheit und Krankheit sind ihrerseits Ergebnis einer Vielzahl von Einflussfaktoren, die kaum zu überblicken sind. Außerdem treten sie in je unterschiedlichen Kombinationen auf. Der Nutzen bestimmter Interventionen kann in den meisten Fällen, wenn überhaupt, erst nach einem langen Zeitraum zuverlässig beurteilt werden.

Angesichts der Heterogenität der Gesundheitssysteme und der sozialen Komplexität des Phänomens Gesundheit erweist es sich als schwierig, in einem Benchmarking-Verfahren zuverlässig bewährte Praxisbeispiele zu identifizieren, die sich als allgemein gültige Maßstäbe einer effektiveren und effizienteren Leistungserbringung bewähren könnten. Verschärft wird dieses Problem durch den unabweisbaren Umstand, dass in die jeweilige Definition von Indikatoren und *Benchmarks* stets konkrete Interessen und Machtverhältnisse einfließen (Tidow 1999). Die Auswahl von Indikatoren beinhaltet damit auch eine politische Entscheidung, welche die spätere Bewertung der Gesundheitssysteme beeinflusst.

Dabei ergeben sich mit Blick auf die Gesundheitspolitik besonders hohe Anforderungen an die Qualität der zugrunde gelegten Daten und Indikatoren. Es geht bei der Identifikation bewährter Praktiken darum, Strukturunterschiede und Veränderungen Im Hinblick auf ihre gesundheitlichen und ökonomischen Ergebnisse zu vergleichen und zu bewerten. Doch gegenwärtig sind selbst grobe Vergleiche der Ressourcen und der Inanspruchnahme von Versorgungsleistungen in den EU-Mitgliedstaaten aufgrund unterschiedlicher nationalstaatlicher Erhebungsmethoden und begrifflicher Abgrenzungen (Schneider 2002: 15ff.) nur mit starken Einschränkungen möglich. Noch stärker gilt dieses Problem für die Messung gesundheitlicher Ergebnisse („outcome"). Aber auch dort, wo solche Vergleichsdaten vorliegen, ist es nur schwer möglich, die gemessenen Ergebnisse den in den Gesundheitssystemen getroffenen Maßnahmen oder bestimmten Systemmerkmalen kausal zuzuordnen (Arbeitsgemeinschaft der Spitzenverbände 2002).

Weitere Implementierungsprobleme drohen aus Zielkonflikten, die mit den Vorgaben des Europäische Rats und der Europäischen Kommission verbunden sein können. Das Ziel, in der Krankenversorgung ein hohes Niveau des Sozialschutzes und einen ungehinderten Zugang zu Gesundheitsleistungen zu gewährleisten, impliziert ein hohes Niveau öffentlicher Ausgaben, das aus der Perspektive der Maastrichter Stabilitätskriterien allerdings der Notwendigkeit der Kostendämpfung zuwiderliefe und in dieser Logik die Wettbewerbsfähigkeit der EU schwächen würde. Umgekehrt kann die Orientierung am Ziel der Kostendämpfung eine Privatisierung von Krankenbehandlungskosten befördern, die ihrerseits ein hohes Niveau des Sozialschutzes und einen ungehinderten Zugang zu Versorgungsleistungen gefährden würde.

Wenn die anvisierten Ziele nicht zugleich erreichbar und Zielkonflikte absehbar sind, werden die politischen Entscheidungsträger beim gesundheitspolitischen *Agenda-Setting* früher oder später um die Definition von Prioritäten im Rahmen einer Hierarchie der gesundheitspolitischen Ziele nicht herumkommen. Da sowohl die Ausgaben der staatlich organisierten Gesundheitssysteme als auch der parafiskalischen öffentlich-rechtlichen Sozialversicherungen in die Berechnung der jährlichen Defizitquoten der öffentlichen Haushalte einbezogen werden, kann es kaum verwundern, dass die finanzielle Entwicklung der Gesundheitssysteme insbesondere mit Blick auf eine potenzielle Gefährdung des fiskalpolitischen Stabilitätsziels betrachtet wird. Daher dürfte die Einbindung der gesundheitspolitischen Koordinierung in die Stabilitätsvorgaben des Euro-Finanzregimes dazu beitragen, dass die konsolidierungspolitischen Ziele Vorrang vor den versorgungspolitischen erhalten.

Bereits die Mitteilung der Europäischen Kommission zur Zukunft des Gesundheitswesens und der Altenpflege weist denn auch konsequent in Richtung einer solchen Prioritätensetzung (Kommission 2001). Betont wird, dass gerade der Gesundheitspolitik eine

„entscheidende Bedeutung bei der Durchführung von Strategien zu(kommt), die nach Maßgabe der in den Grundzügen der Wirtschaftspolitik im Jahr 2001 aufgestellten Grundsätze ('Umschichtung der Staatausgaben zugunsten des Aufbaus von Sach- und Humankapital' sowie 'effizienterer Einsatz der öffentlichen Mittel durch institutionelle und strukturelle Reformen') auf Qualität und Nachhaltigkeit setzen" (Kommission 2001: 10).

Die wirtschaftspolitischen Prämissen einer auf die Konsolidierung der öffentlichen Finanzen und auf Preisstabilität zielenden Reformstrategie werden somit auch als Leitlinien der Gesundheitspolitik etabliert. Vor diesem Hintergrund erscheint es durchaus als konsequent, dass bei der Festlegung von Indikatoren und *Benchmarks* die Kostendämpfung Vorrang vor dem Ziel einer umfassenden und qualitativ hochwertigen Versorgung erhält (z.B. Arbeitsgemeinschaft der Spitzenverbände 2002). Mit einer solchen Prioritätensetzung würde die europäische Gesundheitspolitik an gesundheitspolitische Trends anknüpfen, die in den Nationalstaaten seit geraumer Zeit zu beobachten sind (siehe oben, Abschnitt 3).

Mit der Aufwertung konsolidierungspolitischer Ziele in der gesundheitspolitischen Agenda drohen sich jedoch soziale Barrieren für die Inanspruchnahme von Leistungen zu verfestigen und verschlechtern sich etwa die Bedingungen für die Finanzierung innovativer Versorgungsformen. Ein denkbarer Weg, der zu einer Entspannung des Konflikts zwischen konsolidierungs- und versorgungspolitischen Zielen führen könnte, bestünde in der Erschließung von Effizienzpotenzialen in den nationalen Gesundheitssystemen. Dies wäre durchaus mit den gesundheitspolitischen Koordinierungszielen auf europäischer Ebene kompatibel. Die Anwendung der OMK könnte so die Chancen zur Überwindung existierender Strukturdefizite und Innovationsblockaden erhöhen (z.B. Rosenbrock/ Gerlinger 2006). Die systematische Sammlung und vergleichende Auswertung von Informationen über die einzelnen Gesundheitssysteme im Zuge der Erstellung der Benchmarking-Berichte könnte helfen, das Erkennen systemspezifischer Defizite zu beschleunigen, und damit die Voraussetzungen für übergreifende Lerneffekte („policy-learning") verbessern. Insbesondere über diese Informationsvermittlungsfunktion könnte die OMK mithin als „Reformbeschleuniger" wirken.

Das deutsche Gesundheitssystem böte eine Vielzahl von Ansatzpunkten für solchermaßen beschleunigte Modernisierungsbemühungen. In der Gesundheitspolitik und -wissenschaft herrscht ein breiter Konsens, dass das System der gesetzlichen Krankenversicherung in Deutschland an erheblichen Effizienz- und Qualitätsmängeln leidet (z.B. Sachverständigenrat 2002). Dafür werden vor allem Strukturdefizite des Versorgungssystems verantwortlich gemacht. Zu den wichtigsten Defiziten zählen die Vernachlässigung der Krankheitsprävention, eine ausgeprägte Abschottung der Versorgungssektoren sowie eine Vernachlässigung der hausärztlichen Koordinierungsfunktion. Allen Reformbemühungen zum Trotz zeichnen sich diese Strukturdefizite des deutschen Gesundheitssystems durch eine große Beharrungskraft aus (Rosenbrock/ Gerlinger 2006). Der international vergleichende Blick könnte den

Druck zur Anpassung solcher als suboptimal erkannten Systemstrukturen an überlegene Vorbilder erhöhen. Freilich stehen dem die skizzierten Implementationsprobleme im Wege.

Angesichts deren Tragweite wundert es nicht, dass die OMK in der Gesundheitspolitik bisher nur zähe Fortschritte brachte. Bereits der Europäische Rat auf dem Gipfel in Barcelona (2002) erklärte es für erforderlich, zunächst Daten und Informationen über die nationalstaatlichen Gesundheitssysteme und -politiken zusammenzutragen, bevor Indikatoren und Leitlinien erarbeitet werden können (Europäischer Rat 2002). In der Mitteilung über die Straffung der OMK (Kommission 2003) beklagte die Kommission, „dass Fragen im Zusammenhang mit Gesundheitsversorgung und Langzeitpflege im Rahmen der Zusammenarbeit im Bereich Sozialschutz noch nicht eingehend untersucht wurden" und „bei der politischen Zusammenarbeit in diesem Bereich ganz spezifische Umstände und Schwierigkeiten zu berücksichtigen" seien (ebd.: 9). Zudem stellte sie mit Blick auf die OMK fest, „dass mit jedem neu hinzukommenden Element die Gefahr größer wird, dass die Komplexität zunimmt (...) und dass die allgemeinen Botschaften nicht mehr klar transportiert werden" (Kommission 2003: 6).

Angesichts der nur schleppenden Fortschritte bei der Umsetzung der Lissabon-Strategie beschloss der Europäische Rat auf seiner Frühjahrstagung 2005 in Brüssel Maßnahmen zur Neubelebung des Lissabon-Prozesses, der auch Veränderungen beim OMK-Verfahren beinhaltet (Europäischer Rat 2005). Diese Maßnahmen zur Neubelebung folgten im Wesentlichen den vorangegangenen Vorschlägen der Europäischen Kommission zur Straffung („streamlining") des OMK-Verfahrens, mit der die einschlägigen Arbeiten auf EU-Ebene vereinfacht und optimiert werden sollten. Das neue Konzept sah einen nunmehr dreijährigen Politikzyklus vor, der mit dem Jahr 2005 begann. Die Ziele und Reformstrategien für den Zeitraum auf den einzelnen Regelungsfeldern (einschließlich der Gesundheitsversorgung) sollten für den Zeitraum von drei Jahren, also zunächst bis 2008, unverändert bleiben. Im Kern läuft dieses novellierte Verfahren darauf hinaus, die Prozesse auf dem Gebiet des Sozialschutzes mit den Grundzügen der Wirtschaftspolitik und der Europäischen Beschäftigungsstrategie zu synchronisieren, und dies unter nochmaliger Aufwertung der wirtschafts- und beschäftigungspolitischen Ziele (Kommission 2003, 2004, 2005a, 2005b; Europäischer Rat 2005). Die skizzierten Tendenzen einer Indienstnahme der Gesundheitsversorgung für die wirtschaftspolitischen Primärziele der EU werden durch diese Integration der Teilbereiche des Sozialschutzes in einen einzigen Bericht weiter verstärkt.

Die Anwendung der OMK in der Gesundheitspolitik hat in der Praxis bisher nur geringe Fortschritte gemacht. Mittlerweile liegt zwar ein vorläufiger europäischer Indikatorensatz vor, mit dem die Entwicklung der Gesundheitssysteme in den erwähnten Zieldimensionen abgebildet werden soll (European Commission 2006). Das Problem der Vergleichbarkeit der Daten bleibt allerdings bestehen. Die meisten Indikatoren betreffen die Nachhaltigkeit der Finanzierung des Gesundheitswesens. Zu ihnen zählen die pro-Kopf-Gesundheitsausgaben, der Anteil der Gesundheitsausgaben am Bruttoinlandsprodukt sowie der Anteil der öffentlichen und privaten Gesundheitsausgaben an allen Gesundheitsausgaben (Schneider et al. 2007).

2007 wurde der erste gemeinsame OMK-Bericht zu den Feldern soziale Inklusion, Alterssicherung sowie Gesundheitsversorgung und Langzeitpflege veröffentlicht, der auf den nationalen Strategieberichten aller Mitgliedstaaten beruht (European Commission 2007). Er verweist auf die Gemeinsamkeit der Herausforderungen, die sich bei der Verfolgung der Hauptziele in den Mitgliedstaaten stellen, macht aber auch darauf aufmerksam, wie groß die Unterschiede zwischen den Mitgliedstaaten im Hinblick auf die ökonomische Leistungsfähigkeit, die soziale Sicherung sowie die Struktur und Entwicklung der Gesundheitssysteme sind.

7. Fazit und Ausblick

Zum gegenwärtigen Zeitpunkt lässt noch nicht zuverlässig abschätzen, welche konkreten Auswirkungen die Anwendung der OMK auf dem Feld der Gesundheitspolitik in den Mitgliedstaaten haben wird. Sichtbar ist aber schon jetzt, dass sie im Spannungsfeld unterschiedlicher Handlungslogiken und Entwicklungstrends steht.

Einerseits beinhaltet die OMK durchaus Chancen zur Erhöhung von Effektivität und Effizienz der Gesundheitssysteme und zur dafür notwendigen Überwindung von Innovationsblockaden. Dies gilt nicht zuletzt für das deutsche Gesundheitssystem und hier wiederum insbesondere für die oben skizzierten Probleme bei der Modernisierung der Versorgungsstrukturen. Würde das europaweite Benchmarking-Verfahren Merkmale wie etwa die Abschottung zwischen ambulantem und stationärem Sektor oder die starke Präsenz von Fachärzten in der ambulanten Versorgung als ineffizient identifizieren, könnte in Deutschland der Druck zum Umbau bzw. zur Anpassung der gewachsenen Systemstrukturen wachsen. Allerdings ist damit noch nicht gesagt, dass in Folge ein solcher Effekt auch eintreten muss, denn eine rechtliche Pflicht zur Umsetzung beinhaltet die OMK nicht.

Andererseits ist aber nicht zu verkennen, dass die Europäische Kommission und der Europäische Rat die OMK in der Gesundheitspolitik explizit in den Zusammenhang einer liberal geprägten Wirtschafts- und Finanzpolitik stellen. Es erscheint daher durchaus als möglich und wohl auch als wahrscheinlich, dass bei der Festlegung von Indikatoren und *Benchmarks* die Kostendämpfung Vorrang vor dem Ziel einer umfassenden und qualitativ hochwertigen Versorgung erhält. Eine Folge dieser Prioritätensetzung könnte darin bestehen, dass die Verknappung von Finanzmitteln für das Gesundheitswesen anhält, sich damit auch die Bedingungen für die Finanzierung innovativer Versorgungsformen verschlechtern und zudem soziale Barrieren für die Inanspruchnahme von Leistungen errichtet werden. Damit würde die europäische Gesundheitspolitik an gesundheitspolitische Trends anknüpfen, die in den Nationalstaaten bereits seit geraumer Zeit zu beobachten sind. Die OMK könnte sich so als Katalysator einer Entwicklung von Gesundheitspolitik in Europa erweisen, die unter dem Gesichtspunkt eines sozial undiskriminierten Zugangs zu Gesundheitsleistungen und auch der Schaffung eines effizienten Gesundheitssystems nicht wünschenswert ist.

Allerdings zeigen die Erfahrungen mit der Anwendung der OMK auf die Gesundheitspolitik auch, dass bisher nur geringe Fortschritte erzielt worden sind. Substanzielle Auswirkungen auf die Gestaltung der Gesundheitssysteme in den Mitgliedstaaten sind bisher ausgeblieben. Offenkundig verlaufen weder die Herausbildung eines gesundheitspolitischen Mehrebensystems noch die Indienstnahme der Gesundheitspolitik für wirtschafts- und wettbewerbspolitische Ziele als ein geradliniger Prozess. Bereits die Verständigung auf Indikatoren – und erst recht die auf *Benchmarks* – erweist sich als sehr konfliktträchtig. Die inhaltlichen und institutionellen Besonderheiten des Feldes der Gesundheitspolitik können sich weiterhin als Quellen für auftretende Blockaden und Zielkonflikte erweisen. Auch bei der Anwendung eines „weichen" Regulierungsmodus werden Steuerungspathologien des europäischen Institutionensystems sichtbar. Offenbar gibt es bei den Mitgliedstaaten eine weit verbreitete Abneigung, sich bei transnationalen Lernprozessen auf dem Feld der Gesundheitspolitik unter Druck setzen zu lassen, und sei dieser Druck auch nur informell.

Nicht zuletzt vor diesem Hintergrund hat die Europäische Kommission in den zurückliegenden Jahren verstärkt darauf gesetzt, die Institutionen der Mitgliedstaaten durch eine direkte Liberalisierung unter Druck zu setzen, die sich auch auf solche Bereiche erstreckt, die bisher – wie die Erbringung von Gesundheitsdienstleistungen – davon ausgenommen waren (Höpner/ Schäfer 2007). Den in der Gesundheitspolitik prominentesten Versuch stellte der Kommissionsvorschlag für eine Dienstleistungsrichtlinie dar. Unterstützt werden derartige Vorhaben durch die Rechtsprechung des EuGH, der zunehmend zu einer extensiven Interpretation der „vier Freiheiten" des Binnenmarkts neigt, die bereits Unterschiede in den Regulierungsbestimmungen der Mitgliedstaaten als ein Hindernis für den Binnenmarkt ansieht (Scharpf 2008). Welcher Stellenwert der Offenen Methode der Koordinierung für eine wettbewerbspolitische Indienstnahme der Gesundheitspolitik im europäischen Binnenmarkt künftig künftig zukommen wird, dürfte nicht zuletzt vom Erfolg dieser Liberalisierungsstrategie abhängen.

Bibliographie

Aglietta, Michel (2000): Ein neues Akkumulationsregime. Die Regulationstheorie auf dem Prüfstand, Hamburg.

Arbeitsgemeinschaft der Spitzenverbände der Krankenkassen (2002): Die offene Methode der Koordinierung im Bereich des Gesundheitswesens. Positionspapier der Arbeitsgemeinschaft der Spitzenverbände der Krankenkassen, Bonn (vervielfältigtes Typoskript).

Bieback, Karl-Jürgen (2002): Der rechtliche Rahmen einer gesetzlichen Reform der GKV, in: Paetow, H./ Fiedler, M./ Leonhardt, M. (Hg.): Therapien für ein krankes Gesundheitswesen. Orientierungspunkte für Versicherte, PatientInnen und Beschäftigte, Hamburg, 118-134.

Bieling, Hans-Jürgen/ Deppe, Frank (2003): Die neue europäische Ökonomie und die Transformation von Staatlichkeit, in: Jachtenfuchs, M./ Kohler-Koch B. (Hg.): Europäische Integration, 513-539.

Blank, Robert H./ Burau, Viola (2004): Comparative Health Policy, Basingstoke/ New York.

Busse, Reinhard/ Wismar, Matthias/ Berman, Philip C. (eds.) (2002): The European Union and Health Services. The Impact of the Single European Market on Member States, Amsterdam.

Boyer, Robert (2000): Is a Finance-led Growth Regime a Viable Alternative to Fordism? A Preliminary Analysis, in: Economy and Society 1 (1), 111-145.

Boyer, Robert/ Saillard, Yves (Hg.) (2002): Regulation Theory. The State of the Art, London/ New York.

de la Porte, Caroline/ Pochet, Phillippe (eds.) (2002): Building Social Europe through the Open Method of Co-ordination, Brussels.

Ebsen, Ingwer (2000): Öffentlich-rechtliches Handeln von Krankenkassen als Gegenstand des Wettbewerbsrechts? Probleme materialrechtlicher und kompetenzrechtlicher Koordinierung, in: Zeitschrift für Sozialreform 46 (4), 298-314.

EuGH – Europäischer Gerichtshof (2004): Urteil des Gerichtshofes vom 16. März 2004 „Wettbewerb – Unternehmen – Krankenkassen – Kartelle – Auslegung der Artikel 81 EG, 82 EG und 86 EG – Entscheidungen von Zusammenschlüssen von Krankenkassen, mit denen Höchstbeträge für die Kostenübernahme für Arzneimittel festgesetzt werden" in den verbundenen Rechtssachen C-264/01, C-306/01, C-354/01 und C-355/01, Brüssel. http://curia.eu.int.

Europäischer Rat (2000): Schlussfolgerungen des Vorsitzes. Europäischer Rat vom 23. und 24. März 2000, Lissabon.

Europäischer Rat (2002): Schlussfolgerungen des Vorsitzes. Europäischer Rat vom 15. und 16. März, Barcelona. Internet: http://ue.eu.int/ueDocs/cms_Data/docs/pressData/de/ec/71067.pdf.

Europäischer Rat (2005): Schlussfolgerungen des Vorsitzes. Europäischer Rat vom 22. und 23. März. Brüssel. Internet: http://ue.eu.int/ueDocs/cms_Data/docs/pressData/de/ec/.pdf.

European Commission (2006): Portfolio of Overarching Indicators and Streamlined Social Inclusion, Pensions, and Health Portfolios, Brussels, 7 June 2006, D (2006). http://ec.europa.eu/employment_social/social_inclusion/docs/2006/indicators_en.pdf.

European Commission (2007): Joint Report on Social Protection and Social Inclusion. Social Inclusion, Pensions, Healthcare and Long-Term Care, Luxemburg.

Freeman, Richard (2000): The Politics of Health in Europe, Manchester.

Gerlinger, Thomas (2009): Competitive transformation and the state regulation of health insurance systems. Germany, Switzerland and the Netherlands compared, in: Dingeldey, I./ Rothgang, H. (eds.): Governance of Welfare State Reform: A Cross National and Cross Sectional Comparison of Policy and Politics, London (i.E.).

Gerlinger, Thomas/ Urban, Hans-Jürgen (2006): Gesundheitspolitik in Europa. Über die Europäisierung und Ökonomisierung eines wohlfahrtsstaatlichen Politikfeldes, in: Wendt, C./ Wolf, Ch. (Hg.): Soziologie der Gesundheit, in: Kölner Zeitschrift für Soziologie und Sozialpsychologie, Sonderheft 46, 342-363.

Hill, Hermann (2002): Zur 'Methode der offenen Koordinierung' in der Europäischen Union, in: Sommermann, K.-P./ Ziekow, J. (Hg.): Perspektiven der Verwaltungsforschung: Beiträge zur wissenschaftlichen Arbeitstagung aus Anlass des 25-jährigen Bestehens des Forschungsinstituts für öffentliche Verwaltung vom 8. bis 10. Oktober in Speyer, Berlin, 139-162.

Hirsch, Joachim/ Roland Roth (1986) Das neue Gesicht des Kapitalismus. Vom Fordismus zum Post-Fordismus, Hamburg.

Hodson, Dermot/ Maher, Imelda (2001): The Open Method as a New Mode of Governance: The Case of Soft Economic Policy Co-ordination, in: Journal of Common Market Studies 39 (4), 719-746.

Höpner, Martin/ Schäfer, Armin (2007): A New Phase of European Integration. Organized Capitalisms in Post-Ricardian Europe. Max-Planck-Institut für Gesellschaftsforschung, MPIfG Discussion Paper 07/ 04, Köln.

Jachtenfuchs, Markus/ Kohler-Koch, Beate (Hg.) (2003): Europäische Integration. 2. Aufl., Opladen.

Jacobs, Klaus/ Wasem, Jürgen (2003): Weiterentwicklung einer leistungsfähigen und solidarischen Krankenversicherung unter den Rahmenbedingungen der europäischen Integration, Düsseldorf.

Knispel, Ulrich (2001): Zur Bedeutung des europäischen Wettbewerbsrechts für die gesetzliche Krankenversicherung, in: Gesundheit & Gesellschaft – Wissenschaft 1 (2), 7-13.

Kommission der Europäischen Gemeinschaften (2001): Die Zukunft des Gesundheitswesens und der Altenpflege: Zugänglichkeit, Qualität und langfristige Finanzierbarkeit sichern. KOM (2001) 723 endgültig, Brüssel.

Kommission der Europäischen Gemeinschaften (2003): Stärkung der sozialen Dimension der Lissabonner Strategie: Straffung der offenen Koordinierung im Bereich Sozialschutz. KOM (2003) 261 endgültig/ 2, Brüssel.

Kommission der Europäischen Gemeinschaften (2004): Modernisierung des Sozialschutzes für die Entwicklung einer hochwertigen, zugänglichen und zukunftsfähigen Gesundheitsversorgung und Langzeitpflege: Unterstützung der einzelstaatlichen Strategien durch die „offene Koordinierungsmethode". KOM (2004) 304 endgültig, Brüssel.

Kommission der Europäischen Gemeinschaften (2005a): Integrierte Leitlinien für Wachstum und Beschäftigung (2005-2008). KOM (2005) 141 endgültig, Brüssel.

Kommission der Europäischen Gemeinschaften (2005b): Zusammenarbeit für Wachstum und Arbeitsplätze. Ein Neubeginn für die Strategie von Lissabon. KOM (2005) 24 endgültig, Brüssel.

Leibfried, Stephan (2000): Nationaler Wohlfahrtsstaat, Europäische Union und 'Globalisierung'. Erste Annäherungen, in: Allmendinger, J./ Ludwig-Mayerhofer, W. (Hg.): Soziologie des Sozialstaats. Gesellschaftliche Grundlagen, historische Zusammenhänge und aktuelle Entwicklungstendenzen. Weinheim/ München, 79-108.

McKee, Martin/ Mossialos, Elias/ Baeten, Rita (eds.) (2002): The Impact of EU Law on Health Care Systems, Brussels.

OECD – Organisation for Economic Co-Operation and Development (2008): OECD Health Data, Paris.

Pierson, Paul/ Leibfried, Stephan (1998): Mehrebenen-Politik und die Entwicklung des „Sozialen Europa", in: Leibfried, St./ Pierson, P. (Hg.): Standort Europa. Sozialpolitik zwischen Nationalstaat und Europäischer Integration, Frankfurt a.M., 11-57.

Radaelli, Claudio M. (2003): The Open Method of Coordination: A New Governance Architecture for the European Union. Preliminary Report, Stockholm.

Rosenbrock, Rolf/ Gerlinger, Thomas (2006): Gesundheitspolitik. Eine systematische Einführung, 2., vollst. überarb. u. erw. Aufl., Bern.

Rothgang, Heinz/ Cacace, Mirella/ Grimmeisen, Simone/ Wendt, Claus (2005): The Changing Role of the State in Healthcare Systems, in: European Review 13, Suppl. 1: 187-212.

Sachverständigenrat für die Konzertierte Aktion im Gesundheitswesen,(2002): Gutachten 2000/2001: Bedarfsgerechtigkeit und Wirtschaftlichkeit, 3 Bde., Bd. I: Zielbildung, Prävention, Nutzerorientierung und Partizipation; Bd. II: Qualitätsentwicklung in Medizin und Pflege; Bd. III: Über-, Unter- und Fehlversorgung, Baden-Baden.

Scharpf, Fritz W. (1985): Die Politikverflechtungsfalle: Europäische Integration und deutscher Föderalismus im Vergleich, in: Politische Vierteljahresschrift 26 (4), 323-356.

Scharpf, Fritz W. (1999): Regieren in Europa. Effektiv und demokratisch?, Frankfurt a.M./ New York.

Scharpf, Fritz W. (2008): Der einzige Weg ist, dem EuGH nicht zu folgen, in: Die Mitbestimmung, H. 7 & 8, 18-23.

Schmucker, Rolf (2003a): Erweiterung und Vertiefung europäischer Gesundheitspolitik? Überlegungen zur gesundheitspolitischen Bedeutung der EU im „Europa der 25", unveröff. Ms., Frankfurt a.M.

Schmucker, Rolf (2003b): Europäischer Binnenmarkt und nationale Gesundheitspolitik. Zu den Auswirkungen der „vier Freiheiten" auf die Gesundheitssysteme der EU-Mitgliedsländer, in: Jahrbuch für Kritische Medizin, Bd. 38: Gesundheitsreformen – internationale Erfahrungen, Hamburg, 107-120.

Schneider, Markus (2002): Gesundheitssystemforschung und Gesundheitsstatistik in der Europäischen Union. Stand und Perspektiven im Hinblick auf die offene Methode der Koordinierung, in: Gesundheit & Gesellschaft Wissenschaft 2 (2), 5-21.

Schneider, Markus/ Hofmann, Uwe/ Köse, Aynur/ Biene, Peter/ Krauss, Thomas (2007): Indikatoren der OMK im Gesundheitswesen und in der Langzeitpflege. Gutachten für das Bundesministerium für Gesundheit, Augsburg.

Straßheim, Holger (2003). Der Ruf der Sirenen – Zur Dynamik politischen Benchmarkings. Eine Analyse anhand der US-Sozialreformen, in: Maier, M.L./ Hurrelmann, A./ Nullmeier, F./ Pritzlaff, T./ Wiesner, A. (Hg.): Politik als Lernprozess? Wissenszentrierte Ansätze in der Politikanalyse, Opladen, 227-244.

Tidow, Stefan (1999): Benchmarking als Leitidee. Zum Verlust des Politischen in der europäischen Perspektive, in: Blätter für deutsche und internationale Politik, 44 (3), 301-309.

Urban, Hans-Jürgen (2003): Europäisierung der Gesundheitspolitik? Zur Evolution eines Politikfeldes im europäischen Mehrebenen-System. Wissenschaftszentrum Berlin für Sozialforschung, Discussion Paper SP I 2003-303, Berlin.

Urban, Hans-Jürgen (2005): Wettbewerbskorporatismus und soziale Politik. Zur Transformation wohlfahrtsstaatlicher Politikfelder am Beispiel der Gesundheitspolitik. Studie Nr. 21 der Forschungsgruppe Europäische Integration an der Philipps-Universität Marburg, Marburg.

Wallace, William/ Wallace, Helen (eds.) (2005): Policy-Making in the European Union, Oxford.

Wendt, Claus (2003): Krankenversicherung oder Gesundheitsversorgung? Gesundheitssysteme im Vergleich, Wiesbaden.

Wille, Eberhard (2003): Die gesetzliche Krankenversicherung vor dem Hintergrund von Globalisierung und europäischer Integration, in: Knödler, H./ Stierle, M.H. (Hg.): Globale und monetäre Ökonomie, Heidelberg, 367-380.

Stefan Greß, Jürgen Wasem

Indikatoren zur Leistungsfähigkeit von Gesundheitssystemen und die Offene Methode der Koordinierung

1. Einleitung

Eine der wesentlichen Aufgaben der Offenen Methode der Koordinierung liegt in der Entwicklung von aussagefähigen Indikatoren, die in den verschiedenen Politikfeldern einen Vergleich zwischen den Mitgliedsländern ermöglichen. In der in diesem Beitrag genauer analysierten Gesundheitspolitik ist diese Aufgabe alles andere als trivial. Auf der Grundlage eines im Jahr 2006 vom zuständigen Sozialausschuss vorgelegten Indikatorensatzes hat die BASYS Beratungsgesellschaft für angewandte Systemforschung (Augsburg) im Auftrag des Bundesministeriums für Gesundheit Ende des Jahres 2007 ein erstes Gutachten vorgelegt, das die Position Deutschlands mit anderen Mitgliedsländern der Europäischen Union vergleicht. Das BASYS-Gutachten ist jedoch nicht der erste Versuch, die Leistungsfähigkeit des deutschen Gesundheitssystems im internationalen Vergleich darzustellen. Dieser Beitrag analysiert daher die wichtigsten einschlägigen Studien, deren methodische Vorgehensweise und die Studienergebnisse. Auf der Basis dieser Zusammenschau lässt sich die zentrale Fragestellung dieses Beitrags – inwiefern das derzeit vorliegende Indikatorenbündel der EU tatsächlich einen aussagefähigen Vergleich zwischen den Mietgliedsländern ermöglicht – qualifiziert beantworten.[1]

In diesem Beitrag werden zunächst in der gebotenen Kürze die Indikatoren auf der Finanzierungsseite dargestellt (Abschnitt 2). Weitaus problematischer ist jedoch die Analyse der Indikatoren auf der Leistungsseite. Unterschiedliche Forschungsansätze werden durch den WHO *World Health Report*, die Entwicklung von Qualitätsindikatoren durch die OECD und die Untersuchungen des Kieler Instituts für Gesundheits-System-Forschung repräsentiert (Ab-

---

[1] Dieser Beitrag basiert auf einer Expertise mit dem Titel „Effektivitäts-, Effizienz- und Qualitätsreserven im deutschen Gesundheitssystem", den die Autoren im Auftrag der Hans-Böckler-Stiftung erstellt haben.

schnitt 3). In Abschnitt 4 werden darüber hinaus die international vergleichenden Befragungen des Commonwealth Fund diskutiert. Anschließend erfolgen die bereits angesprochene Einordnung des derzeit vorliegenden Indikatorensets der EU sowie ein abschließendes Fazit.

2. Indikatoren auf der Finanzierungsseite

Das deutsche Gesundheitssystem gehört – gemessen an den gängigen Indikatoren – zu den ausgabenintensivsten Gesundheitssystemen der Welt. Im Jahr 2005 wurden 10,7 Prozent des Bruttoinlandprodukts für Gesundheitsleistungen ausgegeben. Der Durchschnitt der Gesundheitsausgaben in den OECD-Staaten lag 2005 bei 9% des BIP. Die Gesundheitsausgaben betrugen gemessen am BIP in Deutschland folglich knapp zwei Prozentpunkte mehr als im Durchschnitt der OECD-Staaten. Mit diesen Werten nimmt Deutschland nach den USA, der Schweiz und Frankreich einen Spitzenplatz unter den OECD-Staaten ein (vgl. Abbildung 1). Nur in den USA (15,3%), in der Schweiz (11,6%) und in Frankreich (11,1%) war der Anteil der Gesundheitsausgaben am BIP höher (OECD 2007).

Als Indikator für den Einsatz von Ressourcen dienen auch die Gesundheitsausgaben eines Landes pro Kopf der Bevölkerung (vgl. Abbildung 2). Bereinigt um Unterschiede in der Kaufkraft lag Deutschland im Jahr 2005 mit Pro-Kopf-Gesundheitsausgaben von 3.287 US-$ an der zehnten Stelle der OECD-Mitgliedstaaten. Der OECD-Durchschnitt der Gesundheitsausgaben betrug in 2005 2.759 US-$. Am höchsten sind die Pro-Kopf-Gesundheitsausgaben in den USA (6.401 US-$), in Luxemburg (5.352 US-$), in Norwegen (4.364 US-$) und in der Schweiz (4.177 US-$). Der Anstieg der Gesundheitsausgaben verläuft in Deutschland in den letzten Jahren jedoch vergleichsweise langsam. Mit 4% jährlich hat Deutschland – gemessen in um Unterschiede in der Kaufkraft bereinigten US-$ pro Kopf – im Zeitraum von 1996 bis 2005 die niedrigste Wachstumsrate aller OECD-Länder (OECD Health Data 2007).

Abb. 1: Anteil der Gesundheitsausgaben von OECD-Staaten am BIP (2005)

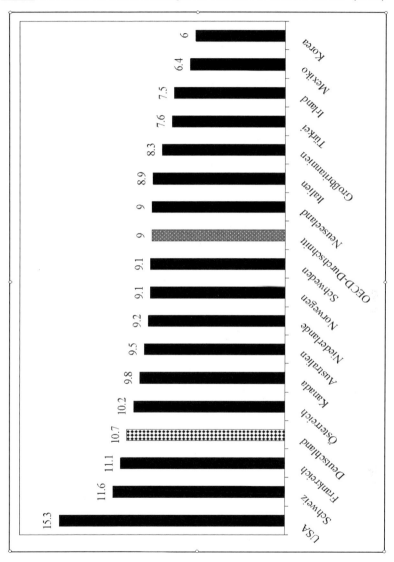

Quelle: (OECD 2007)

Abb. 2: Pro-Kopf-Gesundheitsausgaben von OECD-Staaten in US-$ KKP (2005)

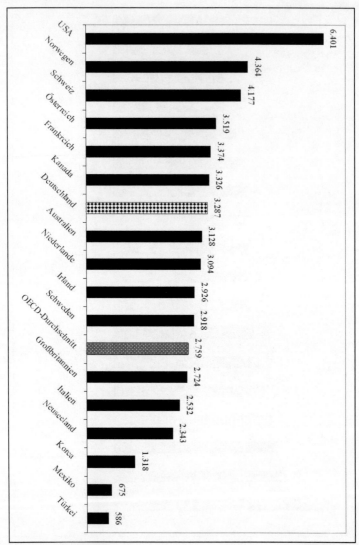

Quelle: (OECD 2007)

3. Indikatoren auf der Leistungsseite

Den Output zu messen, der mit den Ausgaben für Gesundheitsleistungen erzielt wird, ist alles andere als trivial. Im Gegensatz zum Input gibt es keine einheitliche Maßeinheit, in der die Leistungsfähigkeit von Gesundheitssystemen und der Gesundheitsstatus von Bevölkerungsgruppen gemessen werden kann. Verschiedene international tätige Organisationen, unter anderem die World Health Organization (WHO), die Organisation for Economic Cooperation and Development (OECD), die Europäische Union (EU), der Commonwealth Fund, die Bertelsmann-Stiftung und das European Observatory on Health Care Systems beschäftigen sich mit dem internationalen Benchmarking von Gesundheitsleistungen und Gesundheitssystemen (Wait 2004). Im Weltgesundheitsreport der World Health Organization (WHO) wurde im Jahr 2000 ein Vergleich der Leistungsfähigkeit der Gesundheitssysteme von 191 Staaten veröffentlicht. Das deutsche Gesundheitssystem ist in diesem Ranking bei der Gesamtzielerreichung auf Platz 14, findet sich also nicht auf den ersten Rängen wieder. Auch eine aktuelle Studie der OECD aus 2007 bescheinigt Deutschland eine eher mittelmäßige medizinische Versorgungsqualität. Zwei Studien des Kieler Instituts für Gesundheits-System-Forschung beurteilen die Effizienz des deutschen Gesundheitssystems hingegen als überdurchschnittlich. In den folgenden Abschnitten werden die oben genannten Veröffentlichungen und deren Methoden, Indikatoren zur Messung des *Outputs* von Gesundheitssystemen und die Ergebnisse für das deutsche Gesundheitssystem näher beschrieben und erläutert.

3.1. World Health Report der WHO

Im Jahr 2000 wurde der „World Health Report 2000 - Health Systems: Improving Performance" von der WHO veröffentlicht. Ziel dieser Studie sollte sein, neue Konzepte und Methoden zu entwickeln, die die empirische Grundlage für die Bewertung der Leistungsfähigkeit von Gesundheitssystemen bilden sollten (WHO 2000).

In diesem Bericht wurden die Gesundheitssysteme von 191 Staaten auf ihre Gesamtzielerreichung in verschiedenen Bereichen untersucht. Dabei gelten ein guter Gesundheitszustand der Bevölkerung, die soziale Gerechtigkeit und die Fairness der Finanzierung als die drei Hauptziele, die ein Gesundheitssystem nach Auffassung der WHO leisten soll. Folgende fünf Indikatoren wurden eingesetzt, die die Gesamtzielerreichung der Gesundheitssysteme und letztendlich deren Leistungsfähigkeit abbilden sollen:

- das Gesundheitsniveau einer Bevölkerung
- die Verteilung des Gesundheitsniveaus in einer Bevölkerung
- Patientensouveränität
- soziale Gerechtigkeit
- Fairness der Finanzierung eines Gesundheitssystems.

Die an der Untersuchung teilnehmenden Nationen wurden nach erreichten Ergebnissen bei den verschiedenen Indikatoren in Ranglisten gebracht.

Die Gesamtzielerreichung – „Overall goal attainment" – wurde durch Gewichtung und Addition der Ergebnisse der fünf untersuchten Indikatoren ermittelt. Im folgenden Abschnitt wird auf die einzelnen Indikatoren noch näher eingegangen. Die Indikatoren „Gesundheitsniveau der Bevölkerung", „Verteilung des Gesundheitsniveaus" und „Fairness der Finanzierung" wurden zu je 25% in die Gesamtwertung einbezogen, die Indikatoren „Patientensouveränität" und „Soziale Gerechtigkeit" zu je 12,5%. Die zugrunde gelegte Gewichtung ermittelte die WHO durch Internetbefragungen von 1.006 Personen aus 125 Ländern, bei der Hälfte der Befragten handelt es sich um WHO-Mitarbeiter. Deutschland erreicht in diesem Ranking der WHO bei der Gesamtzielerreichung Platz 14 von 191 Staaten (WHO 2000). In Tab. 1 sind die Platzierungen des deutschen Gesundheitssystems bei den fünf oben genannten Indikatoren, den Pro-Kopf-Gesundheitsausgaben und der Gesamtleistungsfähigkeit des Gesundheitssystems (dem Verhältnis von *Input* und *Output*) dargestellt. Im Folgenden werden die von der WHO verwendeten Indikatoren zur Messung der Gesamtzielerreichung der Gesundheitssysteme jeweils kurz erläutert.

Um den Gesundheitszustand der Bevölkerung zu messen und zu bewerten, inwiefern das Ziel eines guten Gesundheitszustands in der Bevölkerung erreicht ist, wird die *disability-adjusted life expectancy* (DALE) gemessen. DALE bedeutet übersetzt invaliditätsbereinigte durchschnittliche Lebenserwartung in Jahren. Es handelt sich dabei um ein Konzept, bei dem die Lebenserwartung in Jahren ab einem festgelegten Alter gemessen und um Abschläge für gesundheitliche Beeinträchtigungen korrigiert wird. Deutschland erreicht bei diesem Ziel mit durchschnittlich 70,4 Jahren in Gesundheit gelebten Jahren Rang 22 im internationalen Ranking.

Tab.1: Ranking des deutschen Gesundheitssystems im WHO World Health Report

Indikatoren/ Untersuchte Daten	Ranking des deutschen Gesundheitssystems
Gesundheitszustand der Bevölkerung (DALE)	22
Verteilung Gesundheitszustand	20
Patientensouveränität	5
Verteilung Patientensouveränität	3-38
Fairness der Finanzierung des Gesundheitssystems	6-7
Gesamtzielerreichung (Output)	**14**
Pro-Kopf-Gesundheitsausgaben	3
Gesamtleistungsfähigkeit des Gesundheitssystems	25

Quelle: Eigene Tabelle nach WHO (2000)

Der Indikator „Verteilung des Gesundheitszustands in der Bevölkerung" soll Gesundheitsunterschiede in einer Bevölkerung messen, die durch Gesundheitsrisiken in verschiedenen Alters- und Einkommensgruppen hervorgerufen werden. Wünschenswert ist eine gleichmäßige Verteilung des Gesundheitsniveaus in der Bevölkerung. Gerade in Entwicklungsländern leiden jedoch Menschen mit niedrigem Einkommen und Kinder sehr viel häufiger an Krankheiten als besser gestellte Bevölkerungsschichten. Deutschland erreicht bei diesem Indikator Rang 20.

Das Ziel „Responsiveness", kann passend mit „Patientensouveränität" übersetzt werden. Der Indikator „Patientensouveränität" soll deutlich machen, in wie weit ein Gesundheitssystem den Wünschen von Bürgern und Patienten entspricht und auf welche Art und Weise Patienten innerhalb des Gesundheitssystems behandelt werden. Aspekte der Patientensouveränität sind die Beachtung der Menschenwürde bei medizinischen Behandlungen, die Vertraulichkeit der ärztlichen Informationen, die Wahlfreiheit des Leistungserbringers, die Patientenautonomie, die Möglichkeit, soziale Kontakte zu pflegen (z.B. Besuchsmöglichkeiten von Angehörigen im Krankenhaus) und eine zeitnahe und höfliche Behandlung. Deutschland erreicht bei diesem Ziel im internationalen Vergleich der WHO Rang 5. Auch bei der Patientensouveränität sollte gemessen werden, ob bestimmte Bevölkerungsgruppen benachteiligt werden. Deutschland teilt sich bei diesem Indikator die Ränge 3-38 mit vielen weiteren Staaten, die bei diesem Indikator exakt den gleichen Wert hinter den Vereinigten Arabischen Emiraten und Bulgarien erreicht haben.

Der Indikator „Fairness der Finanzierung eines Gesundheitssystems" misst, inwieweit private Haushalte dem Risiko unterliegen, sich wegen der Inanspruchnahme von Gesundheitsleistungen zu verschulden oder Gesundheitsleistungen aufgrund der Kosten gar nicht in Anspruch nehmen zu können. In einem fair finanzierten Gesundheitssystem werden die Haushalte vor zu hohen Ausgaben für Gesundheitsleistungen geschützt. Bei diesem Ziel teilt sich Deutschland im internationalen Vergleich die Ränge 6 und 7 mit Irland.

Bei den Pro-Kopf-Gesundheitsausgaben liegt Deutschland in der Studie der WHO hinter den USA und der Schweiz auf Rang 3 (WHO 2000). Trotz der sehr hohen Gesundheitsausgaben (Platz 3), gehört das deutsche Gesundheitssystem nach den Ergebnissen der WHO-Studie nicht zu den leistungsfähigsten Gesundheitssystemen der Welt. Bei den Indikatoren „Patientensouveränität", „soziale Gerechtigkeit" und „Fairness der Finanzierung" liegt Deutschland auf den vorderen, aber nicht vordersten Plätzen, bei den Indikatoren „Gesundheitszustand der Bevölkerung" und „Verteilung des Gesundheitszustands" erhält Deutschland mittelmäßige Plätze, sodass Deutschland insgesamt nur Platz 14 als Gesamtziel erreicht.

Die Gesamtleistungsfähigkeit „Overall health system performance" des deutschen Gesundheitssystems bewertet die WHO mit Platz 25 von 191. Die Gesamtzielerreichung wurde in dieser Studie im letzten Schritt mit den finanziellen Aufwendungen, also dem Input in das jeweilige Gesundheitssystem, ins Verhältnis gesetzt. Deutschland liegt bei der Bewertung der Gesamtperformance auch hier nur im oberen Mittelfeld. Das leistungsstärkste Gesundheitssystem hat laut der WHO-Studie Frankreich, gefolgt von Italien und San Marino. Sierra Leone besitzt laut WHO das ineffektivste Gesundheitssystem, ebenso wie viele weitere afrikanische Entwicklungsländer (WHO 2000).

3.2. OECD-Qualitätsindikatoren

Ein Projekt zur Leistungsmessung und -verbesserung der Gesundheitssysteme in den OECD-Staaten wurde, unter anderem angeregt durch den World Health Report 2000, von der OECD im Jahr 2001 begonnen. Im Rahmen des Projekts veranstaltete die OECD zusammen mit dem kanadischen Gesundheitsministerium im November 2001 in Ottawa die Konferenz „Measuring Up – Improving Health Systems Performance in OECD-Countries". In 2002 wurde ein gleichnamiger Report veröffentlicht, der den aktuellen Stand der Leistungsbemessung der Gesundheitssysteme in den OECD-Staaten beschreibt. In dem Report sind die wichtigsten Konferenzbeiträge sowie Schwerpunkte der Roundtable-Gespräche auf Ministerebene zusammengefasst. Die verschiedenen Autoren befassen sich unter anderem mit der Entwicklung und Anwendung von Indikatoren zur Messung der Effizienz von Gesundheitssystemen und mit den Problemen und Schwierigkeiten, die bei der Messung der Leistungsfähigkeit von Gesundheitssystemen auftreten können. Die Konferenz wird als Meilenstein in der Arbeit der OECD bezogen auf die Frage der Leistung der verschiedenen Gesundheitssysteme angesehen (OECD 2001). Seitdem arbeitet die OECD an der Entwicklung von Indikatoren zur Messung von Qualität und Wirtschaftlichkeit und vergleicht die Gesundheitssysteme der 30 OECD-Mitgliedstaaten miteinander mit dem Ziel, die Gesundheitssysteme effizienter zu gestalten.

Das *Health Quality Indicators* Projekt der OECD hat das Ziel, auf Unterschiede zwischen den verschiedenen Nationen aufmerksam zu machen. Sie versucht zu erklären, wodurch diese Unterschiede verursacht werden und untersucht, was getan werden kann, um diese zu verringern und die Qualität der Gesundheitsversorgung in allen Staaten zu verbessern. Sie soll die Basis für weitere Untersuchungen bilden (Kelley/ Hurst 2006). Die derzeit aktuellste Veröffentlichung der OECD in diesem Zusammenhang hat den Titel „Health Care Quality Indicators Project – Data Collection Update Report" und wurde im Oktober 2007 veröffentlicht. In diesem Bericht wurden Qualitätsindikatoren untersucht, mit denen die Qualität und Effektivität von Gesundheitsleistungen bewertet werden kann. 32 Länder, darunter auch Deutschland, stellten der OECD Daten für die Studie zu Verfügung und ließen die Qualität und Effizienz ihrer Gesundheitsleistungen in verschiedenen Bereichen mit anderen Staaten vergleichen (Armesto et al. 2007).

Folgende Qualitätsindikatoren wurden von der OECD zur Messung des Outputs von Gesundheitsleistungen herangezogen (Armesto et al. 2007):

- Brustkrebs 5-Jahres-Überlebensraten
- Mammographieuntersuchungen
- Gebärmutterhalskrebs 5-Jahres-Überlebensraten
- Gebärmutterhalskrebs-Vorsorgeuntersuchungen

- Darmkrebs 5-Jahres-Überlebensraten
- nzidenz von Krankheiten, die durch Impfschutz verhindert werden können
- Umfang des Basisimpfschutzes
- Sterblichkeitsrate für Asthma (Alter 5-39)
- Todesfälle 30 Tage nach akutem Myokardinfarkt
- Todesfälle 30 Tage nach Schlaganfall
- Wartezeit auf Hüftoperationen
- Jährliche Grippeimpfungsquote bei über 65-Jährigen
- Raucher-Quote
- Augenuntersuchungen bei Diabetikern
- Hospitalisierungsrate bei Asthma.

Die Ergebnisse der jeweiligen Länder bei den verschiedenen Indikatoren wurden in der Veröffentlichung der OECD anders als im Gesundheitsreport der WHO nicht in Rangfolgen zusammengefasst. Die erreichten Ergebnisse per Indikator werden genannt, Rankings werden aber nicht aufgestellt. Es gibt in dieser Studie demnach auch kein zusammenfassendes Gesamtranking der Leistungsfähigkeit der verschiedenen Gesundheitssysteme.

Tabelle 2 wurde daher auf der Basis der Daten des OECD-Reports von den Autoren dieser Arbeit erstellt. Die Ergebnisse der verschiedenen Staaten wurden je Indikator in Reihenfolgen gebracht und die Platzierung Deutschlands ermittelt. Bei dem Ranking ist zu beachten, dass die für die verschiedenen Staaten zu Verfügung stehenden Daten nicht uneingeschränkt vergleichbar sind. Teilweise stammen sie aus unterschiedlichen Erhebungszeiträumen und es werden je nach Land zum Teil unterschiedliche Erhebungsmethoden angewendet. Bei der 5-Jahres-Überlebensrate nach Darmkrebs wird in manchen Ländern die Überlebensrate nach Geschlechtern oder nach der Lokalisation des Tumors getrennt betrachtet, in anderen Ländern wiederum nicht. Bei der Sterblichkeitsrate durch Asthma werden in den verschiedenen Ländern beispielsweise unterschiedliche ICD-Codes in die Statistik einbezogen, bei der Berechnung der Raucherquoten werden unterschiedliche Altersgruppen und unterschiedliche Rauchgewohnheiten (regelmäßige Raucher vs. Gewohnheitsraucher) miteinander verglichen. Auffällig an den deutschen Daten ist darüber hinaus, dass sie oftmals stark veraltet sind und mitunter auf regional begrenzten bzw. nicht repräsentativen Auswertungen beruhen, die eine Verallgemeinerung nur schwerlich zulassen.

Nicht bei jedem Indikator wurden alle teilnehmenden Länder miteinander verglichen, da nicht allen Staaten vergleichbare Daten zu Verfügung stellen konnten. Auch Deutschland konnte für manche Indikatoren keine vergleichbaren Daten zu Verfügung stellen. Bei diesen Indikatoren handelt es sich um Mammographieuntersuchungen, Wartezeit auf Hüftoperationen und Hospitalisierungsrate bei Asthma.

Im internationalen Vergleich schneidet Deutschland laut OECD bei den meisten Indikatoren eher mittelmäßig ab. Im folgenden Abschnitt werden die Ergebnisse der OECD-Studie für Deutschland kurz zusammengefasst. Tab. 2 verdeutlicht die Ergebnisse.

Die beobachtete 5-Jahres-Überlebensrate nach Brustkrebs beträgt danach in Deutschland 69%. Im Vergleich mit 17 anderen OECD-Ländern erreicht Deutschland damit Rang 15. Bei der 5-Jahres-Überlebensrate nach Gebärmutterhalskrebs ist das Ergebnis ähnlich: Deutschland belegt mit 62% Rang 15 von 19. Bei dem Anteil der Frauen, die an Vorsorgeuntersuchungen auf Gebärmutterhalskrebs teilgenommen haben, liegt Deutschland im Mittelfeld. Die 5-Jahres-Überlebensrate nach Darmkrebs entspricht in Deutschland mit 43 Prozent bei Männern und 45 Prozent bei Frauen etwa dem internationalen Durchschnitt.

Bei der Inzidenz von infektiösen Krankheiten, gegen die es einen Impfstoff gibt (Hepatitis B, Masern) liegt Deutschland laut OECD ebenfalls im Mittelfeld – bei Hepatitis B sogar im vorderen Mittelfeld. Die Impfrate bei zweijährigen Kindern ist in Deutschland im internationalen Vergleich sehr niedrig. Nach Aussage der OECD sterben im Jahr 0,16 von 100.000 Menschen im Alter von fünf bis 39 Jahren in Deutschland an Asthma – im internationalen Vergleich ein durchschnittlicher Wert.

Beim Indikator „Todesfälle im Krankenhaus 30 Tage nach akutem Myokardinfarkt" liegt Deutschland mit einer Rate von 11,9 Prozent im hinteren Mittelfeld der Vergleichsländer. Relativ gut schneidet Deutschland nach den Berechnungen der OECD-Studie beim Indikator „Todesfälle im Krankenhaus 30 Tage nach einen Schlaganfall" ab – sowohl bei der ischämischen Sterblichkeitsrate als auch bei der hämorrhagischen Sterblichkeitsrate. In Deutschland werden 41,7% der Menschen über 65 Jahre jährlich gegen Grippe geimpft – auch dies ist im internationalen Vergleich ein durchschnittlicher Wert. Die Raucherquote liegt in Deutschland bei 24,3%. Diese Quote entspricht etwa dem OECD-Durchschnitt. Im Gegensatz dazu ist der Anteil von Diabetikern, die routinemäßig an Augenuntersuchungen teilnehmen, im internationalen Vergleich in Deutschland relativ gering.

Trotz der angesprochenen Schwierigkeiten bei der Datenvergleichbarkeit lässt sich feststellen, dass das deutsche Gesundheitssystem bei keinem der untersuchten Indikatoren auf den vorderen Plätzen zu finden ist. Bestenfalls liegt Deutschland im vorderen Mittelfeld oder etwa im Durchschnitt der übrigen OECD-Staaten. Bei einigen Indikatoren liegt Deutschland sogar im internationalen Vergleich weit hinten – dies sind jedoch gerade die Indikatoren, die auf den am wenigsten repräsentativen Daten beruhen. Insgesamt bescheinigt also auch die Studie der OECD dem deutschen Gesundheitssystem allenfalls durchschnittliche Noten für die Qualität der Versorgung.

Tab. 2: Deutsche Platzierungen bei den OECD-Indikatoren

Indikator	Rang	Daten Deutschland	Quelle
Brustkrebs 5-Jahres-Überlebensrate	15 von 18	69%	Saarländisches Krebsregister (1993-1997)
Gebärmutterhalskrebs 5-Jahres-Überlebensrate	15 von 19	62%	Saarländisches Krebsregister (1993-1997)
Gebärmutterhalskrebs Vorsorgeuntersuchungen	11 von 19	55,9%	GKV-Routinedaten (2002)
Darmkrebs 5-Jahres-Überlebensrate	13 von 19	43% (m), 45% (w)	Saarländisches Krebsregister (1993-1997)
Inzidenz von Krankheiten, die durch Impfschutz verhindert werden können			
Masern	14 von 21	0,15/100.000	RKI (2004)
Hepatitis B	7 von 21	1,5/100.000	

OFFENE METHODE DER KOORDINIERUNG UND EUROPÄISCHES SOZIALMODELL 233

Impfrate von zweijährigen Kindern			
Masern	22 von 24	73%	Ergebnisse einer regionalen nichtrepräsentativen Befragung (1999)
Hepatitis B	15 von 17	73%	
Sterblichkeitsrate für Asthma (Alter 5-39)	10 von 20	0,16/ 100.000	Todesursachenstatistik (2003)
Todesfälle 30 Tage nach akutem Myokardinfarkt (Sterblichkeitsrate im Krankenhaus)	15 von 25	11,9%	Krankenhausdiagnosestatistik (1999)
Todesfälle 30 Tage nach Schlaganfall (Sterblichkeitsrate im Krankenhaus)			
Hämorrhagische Sterblichkeitsrate	6 von 21	21%	Krankenhausdiagnosestatistik (1999)
Ischämische Sterblichkeitsrate	8 von 21	10,9%	
Jährliche Grippeimpfungsquote bei über 65-Jährigen	9 von 21	63%	RKI (2005)
Augenuntersuchungen für Diabetiker	8 von 12	49%	Bundesgesundheitssurvey (1998)
Raucher-Quote	14 von 29	24,3%	Mikrozensus (2003)

Quelle: Eigene Tabelle nach Armesto et al. (2007)

3.3 Untersuchungen des Kieler Instituts für Gesundheits-System Forschung

Als eine Reaktion auf den Weltgesundheitsreport der WHO aus dem Jahr 2000 untersuchte das Kieler Institut für Gesundheits-System-Forschung (IGSF) die Leistungsfähigkeit der Gesundheitssysteme von Deutschland und 13 weiteren Ländern. Die Studie des IGSF wurde unter anderem vom Zentralinstitut der kassenärztlichen Versorgung in der Bundesrepublik Deutschland unterstützt. Die Studie steht dem Bericht der WHO sehr kritisch gegenüber und will mit ihrer Untersuchung die Aussage, dass im deutschen Gesundheitssystem mit hohen Kosten nur durchschnittliche Leistungen erzielt werden, als nicht haltbar widerlegen.

Im Folgenden werden die Studie des IGSF aus dem Jahr 2004 und eine weitere Studie des IGSF aus 2005, die die Leistungskataloge von Gesundheitssystemen vergleicht, beschrieben und deren Ergebnisse dargestellt.

Das IGSF macht die umfassende medizinische Versorgung in Deutschland für die hohen Gesundheitsausgaben verantwortlich. In Deutschland gäbe es danach kaum Wartezeiten und eine sehr hohe Arztdichte. Als Ursache für den hohen Anteil der Gesundheitsausgaben am BIP macht die Studie auch die finanzielle Belastung durch die Wiedervereinigung verantwortlich. Als Folge dessen lasse sich die hohe Ausgabenquote in Deutschland nur eingeschränkt mit den übrigen Ländern vergleichen.

Um die Effizienz des deutschen Gesundheitssystems mit der Effizienz von Gesundheitssystemen anderer Staaten zu vergleichen, werden in dieser Studie Daten für folgende Indikatoren ermittelt:

- Lebenserwartung bei der Geburt
- Lebenserwartung im 65. Lebensjahr
- Sterblichkeit im Säuglingsalter
- Müttersterblichkeit.

Bei der Lebenserwartung bei der Geburt liegt Deutschland mit 81,1 Jahren bei Frauen und 75,1 Jahren bei Männern etwa ein halbes Jahr unter dem Durchschnitt der 14 Vergleichsländer. Die Lebenserwartung im 65. Lebensjahr liegt in Deutschland mit 19,2 Jahren bei Frauen und 15,5 Jahren bei Männern ebenfalls etwa ein halbes Jahr unter dem Durchschnitt der 14 Vergleichsländer.

Bei der Säuglingssterblichkeit erhält Deutschland im Vergleich mit den 14 anderen Ländern einen guten Platz im vorderen Drittel, da die Säuglingssterblichkeit gering ist. Von 1.000 Säuglingen sterben in Deutschland 4,5 Säuglinge im ersten Lebensjahr. Der Durchschnitt der Vergleichsländer liegt bei 4,9 von 1.000 Säuglingen. Die Müttersterblichkeit ist in Deutschland laut IGSF mit 5,6 Todesfällen je 100.000 Lebendgeborenen besser als der Durchschnitt mit 6,1 gestorbenen Frauen je 100.000 Lebendgeborenen. Die Säuglingssterblichkeit ist in Japan am geringsten und in den USA am höchsten, die Müttersterblichkeit ist in Italien am geringsten und wiederum in den USA am höchsten. Diese Daten bestätigen laut IGSF nicht, dass die Leistungsfähigkeit des deutschen Gesundheitssystems als mittelmäßig oder unterdurchschnittlich beurteilt werden kann.

Auch Strukturmerkmale wie die Anzahl der Ärzte und die Anzahl der Beschäftigten in der Pflege sowie die Bettenzahl in Krankenhäusern fließen in die Bewertung dieser Studie mit ein. Die Arztdichte sei in Deutschland im Vergleich mit den 14 anderen Ländern überdurchschnittlich hoch, sowohl bei den Allgemein- als auch bei den Fach- und Zahnärzten. Die Zahl der Krankenhausbetten je 1.000 Einwohner liege in Deutschland mit 6,3 ebenfalls weit über dem Durchschnitt von 3,9. Diese Strukturqualität führe zu geringen Wartezeiten auf einen Termin für eine stationäre oder ambulante Behandlung. Deutsche Patienten seien bezogen auf die Wartezeit sehr zufrieden. In Deutschland gäbe es damit eine bedarfsgerechte Versorgung mit Gesundheitsleistungen an jedem Ort und zu jeder Zeit, was ein gewisses Überangebot an Versorgungsleistungen erfordere.

Im Jahr 2005 veröffentlichte das IGSF eine weitere Studie, in der die Gesundheitsleistungen in Deutschland und 13 weiteren Ländern verglichen werden. Die Leistungskataloge der Länder werden über einen Versorgungsindex bewertet. Um den Umfang von Leistungskatalogen zu bewerten, wählte das IGSF 25 Gesundheitsleistungen, z.B. (Fach-, Zahn-) Arztdichte, Bettenzahl, Verweildauer, Zuzahlungen, Zahnersatz, Wartezeit, Heil- und Hilfsmittel im Leistungskatalog, Höhe von Lohnfortzahlungen und Entgeltersatz. Diese Leistungen wurden jeweils mit Punkten bewertet. Mit einem Versorgungsindex von 116 Punkten liegt Deutschland laut IGSF vor Österreich (112) und den Niederlanden (109) auf dem vordersten Platz. Die USA haben mit 77 den geringsten Versorgungsindex (Beske/ Drabinski 2005: 191). Im Gegensatz zu den Studien der WHO und der OECD lobt das IGSF das deutsche Gesundheitswesen und hält dieses für überdurchschnittlich effizient.

3.4. Methodische Anmerkungen

Nach der Veröffentlichung des Weltgesundheitsreports 2000 wurde von vielen Seiten starke Kritik an den Methoden der WHO geübt. Die von der WHO zur Beurteilung der Leistungsfähigkeit von Gesundheitssystemen eingesetzten Indikatoren werden von Wissenschaftlern weltweit zum Teil stark kritisiert. Der größte Kritikpunkt am Weltgesundheitsreport 2000 ist die Methodik der Berechnung des DALE-Indikators. Die Erhebung der DALEs sei äußerst schwierig und berge methodische Probleme. Durch unterschiedliche Lebensgewohnheiten, unterschiedliche Ernährung und beispielsweise Drogenkonsum könne die Lebenserwartung beeinflusst werden. Diese Faktoren ständen zudem nur indirekt in Zusammenhang mit dem jeweiligen Gesundheitssystem. Auch weitere Faktoren könnten die Lebenserwartung unabhängig vom Gesundheitssystem verändern, sodass eine gerechte Vergleichbarkeit zwischen verschiedenen Ländern nicht fehlerfrei möglich sei (Michel et al. 2003). Auch lagen für den WHO-Report nur für wenige Länder Daten bezüglich Krankheits- und Invaliditätszahlen vor, durch die die in Krankheit verbrachten Lebensjahre eindeutig hätten bestimmt werden können. Fehlende Daten würden durch vielfältige statistische Methoden, z.b. über Regressionen oder Schätzungen ergänzt, weswegen die Datenqualität und Methodik der WHO stark bezweifelt werden sollten (Beske 2004, 30, bezogen auf WHO 2003). Daten aus 191 Ländern, die nicht auf einheitliche Art und Weise gewonnen wurden, vergleichbar zu machen, wird von den Kritikern für unmöglich gehalten.

Auch bei der Bestimmung des Indikators „Verteilung des Gesundheitsniveaus in der Bevölkerung" fehlten in vielen Ländern Daten. Deswegen wurde nur die Altersgruppe der Kinder bis fünf Jahren betrachtet. Teilweise waren die ausgewerteten Daten schon zehn Jahre alt. Die Verteilung des Gesundheitsniveaus in der Bevölkerung wurde für Staaten, für die keine Daten vorlagen, durch Regression ermittelt. Armut, Ausbildung und das Durchschnittsniveau der Kindersterblichkeit waren erklärende Variablen, die sozioökonomische Komponente fehlt bei der Betrachtung. Das Durchschnittsniveau der Kindersterblichkeit zu berechnen, sei für hoch industrialisierte Länder wie Deutschland unbedeutend, da die Kindersterblichkeitsrate in diesen Ländern sehr gering ist. Ein aussagekräftigerer Indikator wäre die Bestimmung des Gesundheitsunterschieds zwischen Menschen mit hohem und niedrigem Einkommen (Landmann Szwarcwald 2002) .

Starke Kritik wurde ebenfalls an dem Indikator *„Responsiveness"*, bzw. „Patientensouveränität" geübt. Da Daten für diesen Indikator auf Meinungsumfragen von Gesundheitsexperten basieren und Patienten selbst nicht in die Umfrage mit einbezogen wurden, halten Kritiker die Ergebnisse für wenig aussagekräftig. Die Befragungen wurden ausschließlich in Entwicklungsländern durchgeführt, allein deswegen seien ihre Ergebnisse nicht auf Industrieländer übertragbar (die Werte für die übrigen Länder wurden über Regression ermittelt). Philip Musgrove berichtet in seinem Artikel „Judging health systems, reflections on WHO's methods" aus 2003 sogar von Datenmanipulationen seitens der WHO. Die Ergebnisse dieses Indikators müssen seiner Meinung nach folglich sehr kritisch bewertet, wenn nicht sogar komplett verworfen werden (Musgrove 2003).

Die gleichen Kritikpunkte gelten für den Indikator „soziale Gerechtigkeit der Patientensouveränität", da zur Ermittlung der Daten ebenfalls Experten befragt wurden. Die Verteilungsgerechtigkeit beim Zugang zu Gesundheitsleistungen wird nicht betrachtet, sondern nur die soziale Gerechtigkeit im Allgemeinen. Soziale Ungerechtigkeiten in der Gesundheitsversorgung bilde der Indikator nicht ab, und gerade dieser Aspekt sei sehr wichtig, da gerade in armen Ländern immer noch große Ungerechtigkeiten beim Zugang zu medizinischer Versorgung beständen (Gwatkin 2000).

Der Indikator „Fairness der Finanzierung" wurde anhand von Haushalterhebungen in 21 der 191 Staaten ermittelt und für die übrigen 170 Staaten anhand von Regressionen errechnet. Die Übertragung der Ergebnisse von 21 Staaten auf die übrigen 170 Länder sei nicht repräsentativ. Die Definition des Indikators im Ganzen wird kritisiert, denn es werde nicht berücksichtigt, in welchem Umfang Patienten im Verhältnis zu ihren gezahlten Beiträgen Gesundheitsleistungen in Anspruch nehmen können. Die Definition des verfügbaren Einkommens, das für Gesundheitsausgaben bereit steht sei fraglich und problematisch zu ermitteln (Navarro 2000).

Die Gesamtzielerreichung der WHO, genannt „Overall health system attainment", bei der Deutschland Rang 14 erreicht, ist die gewichtete Summe der fünf Indikatoren. Die Gewichte wurde durch eine Internetbefragung von 1.600 Befragten, hauptsächlich Mitarbeiter der WHO gewonnen, weshalb die Repräsentativität wiederum fraglich sei. Diese Gesamtsumme von Indikatoren wird von Wissenschaftlern stark kritisiert. Ein weiterer Kritikpunkt ist, dass die Gewichtung der Indikatoren in allen Ländern gleich ist, obwohl diese in verschiedenen Ländern als unterschiedlich wichtig angesehen werden (Navarro 2000). Die Rangfolge der 191 Staaten sei stark von der Zuordnung der Werte zu den Gewichten abhängig. Der Gesamtindikator sei zu heterogen für die Aufstellung einer Rangordnung, da die Indikatoren inhaltlich und methodisch zu unterschiedlich seien. Ugá et al. fordern in ihrer Untersuchung aus 2001, dass aufgrund der Schätzungen von fehlenden Daten und der Kritik an der Methodik keine Rankings von Staaten aufgestellt werden sollen (Ugá et al. 2001).

Die Gesamtleistungsfähigkeit, „Overall health system performance" ist laut WHO die Gesamtzielerreichung im Verhältnis zu den eingesetzten Finanzmitteln. Auch dieser Gesamtindikator wird heftig kritisiert. Die Ausgabengrößen, die die WHO in ihren Berechnungen verwendet, berücksichtigten nicht die Unterschiede zwischen Gesundheitssystemen, z.b. die Unterschiede beim Leistungsumfang. Die Pro-Kopf-Ausgaben für die Gesundheit seien folglich nur eingeschränkt miteinander vergleichbar. Die gesamte Methodik der Berechnung, wie z.b. auch das Einbeziehen einer Produktionsgrenze in die Berechnung und die Heterogenität der Indikatoren werden kritisiert (Beske et al. 2004). Williams bezeichnet die Ergebnisse der WHO als nicht stichhaltig, denn die zur Berechnung der Indikatoren herangezogenen Daten seien völlig uneinheitlich und lückenhaft. Es existierten in dem Bericht zu viele ökonometrische Schätzungen anstelle von eindeutigen Daten. Die Methode der Schätzungen wird nicht erklärt, deshalb sei es unklar, ob sie methodisch konsistent sind. Williams vermisst im Report der WHO Entscheidungshilfen für die Gesundheitspolitik (Williams 2001). Szwarcwald wirft der WHO vor, theoretische Prinzipien der Statistik, Mathematik und Epidemiologie außer Acht gelassen zu haben (Landmann Szwarcwald 2002).

Da der Weltgesundheitsbericht 2000 von Wissenschaftlern sehr viel stärker kritisiert als gelobt wurde, veröffentlichte die WHO in 2003 eine eigene Bewertung ihres Berichts. In dem Report „Health Systems Performance Assessment. Debates, Methods and Empiricism" räumt die WHO ein, die Ziele, die sie mit ihrem Bericht aus 2000 verfolgen wollte, nämlich eine periodische Beurteilung der Gesundheitssysteme und Berichterstattung an die nationalen Entscheidungsträger, nur teilweise erreicht zu haben. Als eine Konsequenz wurde seit dem Gesundheitsbericht aus dem Jahr 2000 von der WHO kein Ranking der Gesundheitssysteme mehr veröffentlicht.

Die von der OECD in oben näher beschriebener Studie verwendeten Qualitätsindikatoren zur Beurteilung der Leistungsfähigkeit verschiedener Länder in der Gesundheitsversorgung sind laut eigener Aussage der OECD wichtige, wissenschaftlich zuverlässige Daten mit großer Bedeutung auf klinischer und politischer Ebene. Mit diesen Daten können Vergleiche zwischen verschiedenen Ländern gezogen werden. Gemäß Aussage der OECD sind sie jedoch nicht geeignet für die Leistungsbewertung ganzer Gesundheitssysteme. Nicht alle Länder haben Daten für alle Indikatoren übermittelt, aber alle teilnehmenden Länder haben der OECD Daten für mindestens fünf Indikatoren zu Verfügung gestellt. In Part II der Studie, „Data Comparability and Analysis", fasst die OECD die Methoden zur Datenauswertung zusammen. In diesem Zusammenhang bezieht sich die OECD auch auf Probleme bei der Datenbeschaffung und -auswertung und nennt mögliche Grenzen der Aussagekraft der untersuchten Daten. Zu jedem Problem, z.b. dem Fehlen von Daten, dem Zugrundelegen unterschiedlicher Studienpopulationen und unterschiedlichem Vorgehen bei der Kodierung von Diagnosen und Prozeduren, werden Empfehlungen gegeben, wie die Daten zu interpretieren sind bzw. was in Zukunft getan werden kann, um vergleichbarere und aussagekräftigere Daten zu erhalten. Nach der Beschreibung jedes einzelnen Indikators folgen in Part III der Studie jeweils Aussagen zur wissenschaftlichen Stichhaltigkeit der Daten bezüglich Validität, Reliabilität und Realisierbarkeit (Kelley/ Hurst 2006). Die OECD vergleicht die verschiedenen Staaten in Bezug auf die unterschiedlichen Indikatoren, stellt jedoch nicht wie die WHO in ihrem Gesundheitsbericht des Jahres 2000 Rankings für die Indikatoren oder ein Gesamtranking auf.

Das Kieler Institut für Gesundheits-System-Forschung hat in seinen eigenen Studien festgestellt, dass selbst ein Vergleich nur der hoch industrialisierten Länder viele Probleme mit sich bringt, unter anderem deswegen, weil nicht aus allen Ländern gleich aktuelle Statistiken vorliegen. Einen weltweiten Vergleich hält es für noch viel schwieriger, wenn nicht sogar für unmöglich (Beske et al. 2004). Die von Beske angewandte Methodik zur Beurteilung der Leistungsfähigkeit von Gesundheitssystemen ist äußerst zweifelhaft. Besonders die Methodik der Bestimmung des Versorgungsindexes ist zu kritisieren, mit der die Versorgung der untersuchten Staaten mit Geld- und Gesundheitsleistungen beurteilt werden. Die vom IGSF verwendeten Indikatoren in der 2005er-Studie berücksichtigen allenfalls die Strukturqualität von Gesundheitssystemen, die aber eher der *Input*-Seite als der *Output*-Seite zuzurechnen ist – sie mögen erklären, warum Deutschland einen hohen Ressourcenaufwand hat, zeigen jedoch nicht, ob damit ein hohen Niveau an Gesundheit realisiert wird. Die Prozess- und vor allem die Ergebnisqualität von Gesundheitssystem bleiben bei der Berechnung des Versorgungsindexes außen vor. Auch in der Studie von 2004 werden neben *Output*-Indikatoren (wie der Lebenserwartung) Inputindikatoren (wie die Arztdichte oder Krankenhausbettendichte) verwendet; die von Beske präsentierten Daten zu den *Output*-Indikatoren sind außerdem nur bedingt geeignet, die These eines weit überdurchschnittlichen Gesundheitssystems unter den Vergleichsländern zu untermauern.

4. International vergleichende Befragungen des Commonwealth Fund

Der folgende Abschnitt basiert auf zwei Studien des Commonwealth Fund aus den Jahren 2005 und 2007 (Sawicki 2005; Schoen et al. 2007; Schoen et al. 2005). Seit 1999 erhebt der Commonwealth Fund jährlich Daten zum Qualitätsvergleich verschiedener Gesundheitssysteme. Erstmals wurde in 2005 neben Australien, Kanada, Neuseeland, Großbritannien und den USA auch Deutschland in die Untersuchung mit einbezogen – im Jahr 2007 kamen außerdem noch die Niederlande dazu.

Die Studien basieren auf der Befragung von erkrankten, erwachsenen Patienten nach einem Krankenhausaufenthalt, nach einer Operation oder mit Gesundheitsproblemen in den sechs bzw. sieben Industrienationen. Als Ziel der Untersuchung gilt es herauszufinden, welche Erfahrungen die Patienten, die am meisten auf die Versorgung durch Gesundheitsleistungen angewiesen sind, mit dem jeweiligen Gesundheitssystem gemacht haben. Daraus sollen Rückschlüsse auf die Qualität der Gesundheitssysteme gezogen werden können. In Deutschland wurden bei beiden Untersuchungen jeweils rund 1.400 (2007) bzw. 1.500 Personen (2005) mit finanzieller Unterstützung des Instituts für Qualität und Wirtschaftlichkeit (IQWIG) telefonisch befragt. In diesem Abschnitt werden zentrale Ergebnisse der beiden Studien im Hinblick auf den Zugang zur Versorgung, zur Versorgungssituation insbesondere von chronisch Kranken und zur Zufriedenheit der Befragten mit dem jeweiligen Gesundheitssystem insgesamt zusammenfassend dargestellt.

Tab. 3 zeigt, dass in Deutschland 65 Prozent der Patienten bei Auftreten eines medizinischen Problems am gleichen oder nächsten Tag einen Arzttermin beim Hausarzt erhalten.

Laut der Studie berichtet die Hälfte der Befragten in Deutschland von Problemen, außerhalb der üblichen Sprech- und Öffnungszeiten von Arztpraxen behandelt zu werden. Dieser Wert entspricht dem internationalen Durchschnitt (vgl. Tab. 4). Die Wartezeiten auf Operationstermine bei elektiven Eingriffen sind laut der Studie in Deutschland am kürzesten (vgl. Tab. 5).

Komplikationen nach einem Krankenhausaufenthalt treten in Deutschland vergleichsweise selten auf (bei 10% der Befragten im Vergleich zu 14-20% der Befragten in den anderen Nationen). Bei den Fehlern in der medizinischen Versorgung und Pflege, sowie bei der Verabreichung von Arzneimitteln weichen die Werte in allen sechs Nationen nicht maßgeblich voneinander ab. Eine Übersicht über die Befragungsergebnisse ist in Tab. 6 dargestellt.

Tab. 3: Zugang zu medizinischer Versorgung (Hausarzt)

Möglichkeit, einen Arzttermin beim Hausarzt zu erhalten	D	AUS	CAN	GB	NL	NZ	USA
am gleichen Tag	55%	42%	22%	41%	49%	53%	30%
am nächsten Tag	10%	20%	14%	17%	21%	22%	19%
2-5 Tage	10%	26%	26%	26%	17%	17%	25%
6 Tage später oder gar nicht	20%	10%	30%	12%	5%	4%	20%

Quelle: Schoen et al. (2007)

Tab. 4: Zugang zu medizinischer Versorgung außerhalb der üblichen Praxisöffnungszeiten

Schwierigkeiten, außerhalb der üblichen Praxisöffnungszeiten behandelt zu werden	D	AUS	CAN	GB	NL	NZ	USA
sehr schwierig	25%	35%	38%	29%	12%	20%	38%
etwas schwierig	25%	29%	28%	26%	34%	28%	28%

Quelle: Schoen et al. (2007)

Tab.5: Wartezeiten für elektive Eingriffe

Anteil der Personen, die auf elektive Eingriffe warten mussten ...	D	AUS	CAN	GB	NL	NZ	USA
Weniger als ein Monat	**72%**	55%	32%	40%	47%	55%	62%
Mehr als sechs Monate	**3%**	9%	14%	15%	2%	4%	4%

Quelle: Schoen et al. (2007)

Tab. 6: Fehler in der medizinischen Versorgung

Fehler in der medizinischen Versorgung	D	AUS	CAN	GB	NZ	USA
In der Behandlung oder Pflege wurde ein Fehler gemacht	**13%**	13%	15%	10%	14%	15%
Ein falsches Medikament oder die falsche Dosis wurde verabreicht	**10%**	10%	10%	10%	9%	13%
Sowohl falsche Behandlung/ Pflege, als auch falsches Medikament/ Dosis	**19%**	19%	19%	17%	18%	22%
Bei Personen, die von Fehlern in der medizinischen Versorgung berichten,...						
verursachte der Fehler ernsthafte gesundheitliche Probleme.	**41%**	51%	46%	42%	54%	45%
trat das Problem außerhalb des Krankenhauses auf.	**63%**	63%	60%	67%	63%	77%
wurden diese nicht von ihren Ärzten darüber unterrichtet.	**83%**	70%	74%	72%	61%	75%

Quelle: Schoen et al. (2005)

Negativ im internationalen Vergleich fallen laut Commonwealth Fund die hohen Doppeluntersuchungsraten in Deutschland auf. Insgesamt 20% der Patienten geben an, dass bei ihnen unnötige Doppeluntersuchungen vorgenommen wurden. Privatpatienten berichten dabei häufiger über durchgeführte Doppeluntersuchungen (33%), als gesetzlich Versicherte (18%). In den USA wurden bei 18% der Patienten unnötige Doppeluntersuchungen vorgenommen, in den übrigen Ländern liegt dieser Wert zwischen 6 und 11% (Schoen et al. 2005). Die Verbindung von stationärer und ambulanter Behandlung in Deutschland sei vergleichsweise schlecht. 60% der deutschen Patienten kritisieren die schlechte Koordination bei der Krankenhausentlassung, in anderen Ländern kritisieren dies 33-41% der Befragten (vgl. Tab.7)

Tab.7: Probleme bei der Krankenhausentlassung

Probleme bei der Krankenhausentlassung	D	AUS	CAN	GB	NZ	USA
Keine klaren Anweisungen, nach welchen Symptomen Ausschau gehalten werden soll	23%	18%	17%	26%	14%	11%
Keine Kenntnisse über Ansprechpartner bei Fragen zur Behandlung	12%	9%	12%	12%	9%	8%
Krankenhaus hilft nicht mit Terminen zur Anschlussbehandlung	50%	23%	30%	19%	23%	27%
Schlechte Entlassungskoordination allgemein	60%	36%	41%	37%	33%	33%

Quelle: Schoen et al. (2005)

Die Versorgung chronisch Kranker in Deutschland hat positive und negative Aspekte. Es werden häufiger als in anderen Ländern Untersuchungen wie z.B. Blutdruckkontrolle bei Hypertonie und Fuß- und Augenkontrolle bei Diabetikern vorgenommen (vgl. Tab. 9), es erhalten aber sehr viel weniger Patienten Anweisungen, wie sie ihrer Krankheit zu Hause selbst entgegenwirken können (vgl. Tab. 8).

Tab. 8: Betreuung chronisch Kranker

Betreuung chronisch Kranker	D	AUS	CAN	GB	NZ	USA
Patienten, die einen Behandlungsplan für zu Hause erhalten	37%	50%	65%	45%	56%	58%
Krankenschwester ist in Behandlungsprozess involviert	47%	16%	19%	52%	36%	41%

Quelle: Schoen et al. (2005)

Tab. 9: Versorgung von Diabetikern

Versorgung von Diabetikern	D	AUS	CAN	GB	NZ	USA
Messung des glykosylierten Hämogölobins in den letzten sechs Monaten	91%	86%	90%	85%	79%	90%
Fußuntersuchung im letzten Jahr	65%	57%	52%	75%	66%	65%
Augenhintergrunduntersuchung im letzten Jahr	85%	73%	73%	83%	66%	85%
Messung des Cholesterinspiegels im letzten Jahr	95%	93%	91%	92%	87%	95%
Patienten, die alle vier oben genannten Untersuchungen erhalten haben	55%	41%	38%	58%	40%	55%

Quelle: Schoen et al. (2005)

Die Patienten in Deutschland bemängeln laut dieser Verbraucherstudie am stärksten die Kommunikation mit ihrem Arzt und wünschen sich, durch weitere Informationen zu Behandlung und Risiken mehr in den Behandlungsprozess einbezogen zu werden. Frauen sind mit der Kommunikation mit ihrem Arzt unzufriedener als Männer. Dieser Anteil entspricht in etwa dem der übrigen Länder. Auch die fehlende Aufklärung über Medikamente wird von 38%

der Patienten in Deutschland bemängelt. In den anderen Ländern beschweren sich 19-32% über unzureichende Aufklärung über Neben- und Wechselwirkungen (Schoen et al. 2005).

Im Jahr 2007 gaben 51% der Befragten (2005: 54%) in Deutschland an, dass sie eine fundamentale Veränderung des deutschen Gesundheitssystems für notwendig halten. 27% der Befragten (2005: 31%) waren der Meinung, dass das Gesundheitssystem komplett umstrukturiert werden müsse. Nur in den USA ist die Forderung nach einer kompletten Umstrukturierung des Gesundheitssystems mit 34% der Befragten höher als in Deutschland. In Australien (18%), in Neuseeland (17%), in Großbritannien (15%), in Kanada (12%), und vor allem in den Niederlanden (9%) ist dieser Anteil jeweils deutlich niedriger. Nur 20% (2005: 16%) der Befragten in Deutschland sind der Meinung, dass das deutsche Gesundheitssystem gut funktioniere und wenn überhaupt nur kleine Änderungen vorgenommen werden mussten. Dieser Anteil ist – wiederum mit Ausnahme der USA – ebenfalls kleiner als in den übrigen fünf Nationen. Auffällig ist die hohe Zufriedenheit der Befragten in den Niederlanden. Immerhin 42% der Befragten plädierten für allenfalls kleine Änderungen (vgl. Tab.10).

Tab. 10: Zufriedenheit der Bevölkerung mit dem Gesundheitssystem

Das Gesundheitssystem…	D	AUS	CAN	GB	NL	NZ	USA
… funktioniert gut, sollte minimal verändert werden.	20%	24%	26%	26%	26%	27%	16%
… benötigt fundamentale Veränderungen.	51%	55%	60%	57%	56%	52%	48%
… muss komplett umstrukturiert werden.	27%	18%	12%	15%	17%	20%	34%

Quelle: Schoen et al. (2007)

5. Indikatoren im Rahmen der Offenen Methode der Koordinierung

Die Europäische Union hat mit dem Beschluss des Europäischen Rats von Lissabon im Jahr 2000 die Offene Methode der Koordinierung (OMK) als Politikinstrument in denjenigen Politikfeldern beschlossen, die in der Kompetenz der Nationalstaaten liegen. Zu diesen Politikfeldern gehört auch die Gesundheitspolitik. Gegenstand dieses Prozesses – auf den im Detail an dieser Stelle nicht weiter eingegangen werden kann – ist unter anderem die Festlegung gemeinsamer Ziele und – für diesen Zusammenhang von besonderer Bedeutung – die Definition von Indikatoren, an denen die Erfüllung der gemeinsamen Zielsetzungen gemessen werden kann. Auf der Grundlage eines im Jahr 2006 vom zuständigen Sozialausschuss vorgelegten Indikatorensatzes hat die BASYS Beratungsgesellschaft für angewandte Systemforschung (Augsburg) im Auftrag des Bundesministeriums für Gesundheit Ende des Jahres 2007 ein Gutachten vorgelegt. Ziel dieses Gutachtens war es unter anderem, eine Abschätzung der Position Deutschlands im Vergleich zu den anderen Ländern der Europäischen Union vorzunehmen (Schneider et al. 2007).

Die angesprochenen Indikatoren werden aus dem Zielsystem der Europäischen Union im Hinblick auf die OMK in der Gesundheitsversorgung und der Langzeitpflege abgeleitet. Diese Ziele lauten:

1. Zugang zur Gesundheitsversorgung und Verminderung von Gesundheitsungleichheiten (Zugang)
2. Förderung der Qualität der Versorgung (Qualität)
3. Sicherung der langfristigen Finanzierbarkeit der Gesundheitsversorgung (Nachhaltigkeit)

Den drei Zielen wird jeweils ein hierarchisches Indikatorenportfolio zugeordnet. Zum einen wird in primäre, sekundäre und Kontextindikatoren unterschieden. Primäre Indikatoren sollen alle wesentlichen Dimensionen der Ziele erfassen und die Situation von bedeutenden Teilgruppen der Gesellschaft darstellen. Sekundäre Indikatoren sollen die primären Indikatoren im Hinblick auf die Aussagefähigkeit unterstützen. Kontextindikatoren sollen „das Indikatorportfolio in Bezug auf die Vergangenheit und wenn nötig im Hinblick auf zukünftige Tendenzen bewerten (Schneider et al. 2007: 3)."[2] Darüber hinaus

---

[2] Die Autoren des Gutachtens ergänzen außerdem noch Zusatzindikatoren, die aber nicht Bestandteil des offiziellen Indikatorensets der Untergruppe „Indikatoren" des Aus-

OFFENE METHODE DER KOORDINIERUNG UND EUROPÄISCHES SOZIALMODELL 247

wird noch in EU-Indikatoren und nationale Indikatoren unterschieden. EU-Indikatoren ermöglichen eine international vergleichende Bewertung während nationale Indikatoren lediglich die Beurteilung des Fortschritts von Mitgliedstaaten in der Zielerreichung zulassen. Wir beschränken uns hier auf eine Darstellung von Primärindikatoren, die EU-weit zur Verfügung stehen (vgl. Tab. 11). Danach stehen insgesamt sechs Primärindikatoren zur Verfügung – davon zwei zum Ziel „Zugang" (Säuglingssterblichkeit und Lebenserwartung) und vier zum Ziel „Nachhaltigkeit". Für das Ziel „Qualität" konnte kein primärer Indikator identifiziert werden.

Tab. 11: Ranking der Mitgliedstaaten der EU (EU 15) für die Indikatoren der OMK (nur Primärindikatoren, 2004)

	DE	AT	BE	DK	ES	FR	FI	GR	IT	IE	LU	NL	PT	SE	UK
Säuglingssterblichkeit	8	13	11	12	3	4	2	4	8	14	4	8	7	1	15
Lebenserwartung	7	7	7	12	2	7	12	4	3	11	14	5	15	1	5
Gesundheitsausgaben pro Kopf	4	2	6	9	13	3	12	14	11	8	1	5	15	7	10
Gesundheitsausgabenquote	1	3	4	9	14	1	15	8	11	12	12	7	6	5	10
Anteil öffentliche Gesundheitsausgaben	8	10	11	2	14	6	7	15	9	5	1	13	12	4	3
Anteil Selbstzahlung an den Gesundheitsausgaben	10	12	4	7	2	13	3	1	6	9	15	14	5	8	10

Quelle: Schneider et al. (2007)

---

schuss für Sozialschutz sind. Der Ausschuss für Sozialschutz setzt sich aus jeweils zwei Vertretern pro Mitgliedsland und zwei Vertretern der Kommission zusammen.

Die Übersicht in Tab. 11 zeigt, dass der Informationsgehalt der OMK-Indikatoren im Vergleich zu den Qualitätsindikatoren der OECD gering ist. Bezogen auf die EU 15 liegt Deutschland bei der Lebenserwartung und Säuglingssterblichkeit im Mittelfeld während die Gesundheitsausgaben sowohl pro Kopf als auch als Anteil am BIP vergleichsweise hoch sind.

Die von BASYS vorgelegte Übersicht zu den OMK-Indikatoren ist inhaltlich nur begrenzt aussagefähig. Methodisch ist hier vor allem der eingeschränkte Indikatorensatz zu kritisieren, der beispielsweise auf die vorliegenden Informationen der OECD nicht umfassend zugreift. Es ist mehr als zweifelhaft, ob die vorliegenden Indikatoren das Zielsystem der OMK – „Zugang", „Qualität", „Nachhaltigkeit" – umfassend abbilden kann. Das ist jedoch ein Problem des zuständigen Sozialausschusses der Europäischen Union und nicht eines, für das die Autoren des BASYS-Gutachtens verantwortlich sind.

6. Fazit

Indikatoren auf der Finanzierungsseite zeigen, dass die Gesundheitsausgaben in Deutschland vergleichsweise hoch sind. Gemessen am BIP geben nur die USA, die Schweiz und mittlerweile auch Frankreich mehr Geld für Gesundheit aus. Bei den Gesundheitsausgaben pro Kopf liegt Deutschland an zehnter Stelle unter den OECD-Staaten und damit kaufkraftbereinigt über dem OECD-Durchschnitt. Allerdings liegt der Ausgabenzuwachs in den letzten Jahren in Deutschland weit unterhalb des OECD-Durchschnitts.

Seit der Veröffentlichung des World Health Report 2000 der WHO wird zunehmend versucht, auch den Output von Gesundheitssystemen miteinander zu vergleichen. Die WHO hat den Output und die Performance (Verhältnis von Input und Output) des deutschen Gesundheitssystems nur als durchschnittlich beurteilt. In einer neueren Studie hat die OECD Qualitätsindikatoren entwickelt, die ausgewählte Versorgungsbereiche miteinander vergleichen. Auch in diesen Qualitätsindikatoren schneidet das deutsche Gesundheitssystem durchweg bestenfalls durchschnittlich ab. So ist der Anteil der Vorsorgeuntersuchungen kleiner als in anderen Ländern und die Überlebensrate nach lebensbedrohlichen Erkrankungen ist geringer.

Zu berücksichtigen ist, dass methodische Probleme den Vergleich des Outputs von Gesundheitssystemen erheblich erschweren. Insbesondere die WHO-Studie ist unter diesem Aspekt nur von eingeschränkter Aussagekraft.

Die OECD-Studie ist methodisch deutlich hochwertiger und macht darüber hinaus die bestehenden methodischen Schwierigkeiten transparent. Patientenbefragungen zeigen, dass deutsche Patienten die Vorteile des deutschen Gesundheitssystems – insbesondere geringe Wartezeiten und den einfachen Zugang zu ärztlichen Leistungen – schätzen. In den Patientenbefragungen des Commonwealth Fund wird aber auch deutlich, dass die deutschen Patienten mit der Verzahnung von ambulanter und stationärer Versorgung unzufrieden sind. Außerdem wünscht sich mit Ausnahme der USA in keinem anderen der untersuchten Länder ein so großer Anteil der Patienten grundlegende Reformen des Gesundheitssystems wie in Deutschland.

Die bisher vorgelegten OMK-Indikatoren sind inhaltlich allenfalls begrenzt aussagefähig. Methodisch ist hier vor allem der eingeschränkte Indikatorensatz zu kritisieren, der beispielsweise auf die vorliegenden Informationen der OECD nicht umfassend zugreift. Es ist mehr als zweifelhaft, ob die vorliegenden Indikatoren das Zielsystem der OMK – „Zugang", „Qualität", „Nachhaltigkeit" – umfassend abbilden kann.

Bibliographie

Armesto, S. G./ M. L. G. Lapetra/ L. Wei/ E. Kelley/ and the Members of the HCQI Expert Group (2007): Health Care Quality Indicators Project: 2006 Data Collection Update Report. Paris, OECD Health Working Papers No. 29.

Beske, F./ T. Drabinski (2005): Leistungskatalog des Gesundheitswesens im internationalen Vergleich. Band II: Geldleistungen. Kiel, Schmidt & Klaunig.

Beske, F./ T. Drabinski/ H. Zöllner (Hg.) (2004): Das Gesundheitswesen in Deutschland im internationalen Vergleich – Eine Antwort auf die Kritik. Schriftenreihe Band 100. Kiel, Fritz Beske Institut für Gesundheits-System-Forschung, Kiel.

Gwatkin, D. R. (2000): "Health Inequalities and the Health of the poor: What do we know? What can we do?" Bulletin of the World Health Organization 78(1): 3-18.

Kelley, E./ J. Hurst (2006): Health Care Quality Indicators Project – Initial Indicators Report. OECD Health Working Papers Nr. 22.

Landmann Szwarcwald, C. (2002): "On the World Health Organisation's measurement of health inequalities." J Epidemiol Community Health 56: 177-82.

Michel, K./ S. Schmax/ J. Stanowsky/ B. Wolf (2003): Economic Trend Report: Gesundheitswesen – Reformbedarf und Handlungsoptionen. Frankfurt am Main, Allianz Group Economic Research. 2.

Musgrove, P. (2003): "Judging health systems: reflections on WHO's methods." Lancet 361: 1817-20.

Navarro, V. (2000): "Assessment of the World Health Report 2000." Lancet 356: 1598-601.

OECD (2001): Canada conference 2001: "Measuring Up" – Improving health system performance in OECD countries, OECD.

--- (2007): Health at a Glance 2007: OECD Indicators. Paris, OECD.

Sawicki, P.T. (2005): "Qualität der Gesundheitsversorgung in Deutschland." Medizinische Klinik 100 (11): 755-68.

Schneider, M./ U. Hofmann/ A. Köse/ P. Biene/ T. Krauss (2007): Indikatoren der OMK im Gesundheitswesen und der Langzeitpflege. Gutachten für das Bundesministerium für Gesundheit. Augsburg, BASYS.

Schoen, C./ R. Osborn/ M.M. Doty/ M. Bishop/ J. Peugh/ N. Murukutla (2007): "Toward Higher-Performance Health Systems: Adults' Health Care Experiences In Seven Countries, 2007." Health Affairs 26 (6): w717-w34.

Schoen, C./ R. Osborn/ P.T. Huynh/ Michelle Doty/ K. Zapert/ J. Peugh/ K. Davis (2005): "Taking the Pulse of Health Care Systems: Experiences of Patients with Health Problems in Six Countries." Health Affairs Web Exclusive W5-521 (DOI 10.1377/ hlthaff.W5.509).

Ugá, A. D./ C. Maria de Almeida/ C. Landmann Szwarcwald/ C. Travassos/ F. Viacava/ J. Mendes Ribeiro/ N. do Rosário Costa/ P. Marchiori Buss/ S. Porto (2001): "Considerations on methodology used in the World Health Organization 2000 Report." Cad. Saúde Pública, Rio de Janeiro 17 (3): 705-12.

Wait, S. (2004): Benchmarking A Policy Analysis. London, The Nuffield Trust.

WHO (2000): The World Health Report 2000 Health Systems: Improving Performance, WHO.

Williams, A. (2001): "Science or Marketing at WHO – A Commentary on World Health 2000." Health Economics 10 (2): 93-100.

Friederike Botzenhardt[1]

Offene Methode der Koordinierung für Gesundheit und Langzeitpflege – sind quantifizierte Ziele der richtige Weg?

1. Einleitung

Die Offene Methode der Koordinierung (OMK) ist durch ein grundlegendes Spannungsverhältnis geprägt. Einerseits erfreut sie sich – insbesondere in der akademischen Szene der Politik- und Sozialwissenschaften – einer hohen Wertschätzung als innovatives Modell der supranationalen Zusammenarbeit in national autonom bestimmten Politikfeldern, andererseits kann aber die Brüsseler Praxis der OMK diese hohen Ansprüche derzeit nicht einlösen. Es überwiegen abstrakte, häufig stark bürokratisierte Erörterungen von Politikmodellen, und es fehlt – auch wenn einzelne Diskurse auf Expertenebene durchaus wahrgenommen werden – beinahe flächendeckend an politischer Relevanz der OMK für nationale Entscheidungsprozesse auf Kabinetts- und Ministerebene.

Dieses Spannungsverhältnis ist in den Normen, die die OMK in Art. 140 und 144 des EG-Vertrages regeln, bereits angelegt. Diese Bestimmungen sind Ausdruck eines für die Europäische Union nicht untypischen Kompromisses. Sie ermächtigen zunächst – entsprechend dem Wunsch Frankreichs, Belgiens und vieler südeuropäischer Mitgliedstaaten – zu einem formal hochrangigen Politikdialog und schaffen in diesem Zusammenhang sogar – für EU-Verhältnisse ungewöhnlich – eine im EG-Vertrag fixierte Grundlage für einen Sozialschutzausschuss. Dieser formalen Hochrangigkeit entsprechen aber – folgend den politischen Vorstellungen aus London, Berlin, Den Haag und vie-

---

[1] Die Autorin ist stellvertretende Leiterin des Referats „Grundsatzfragen der europäischen und internationalen Gesundheitspolitik" im Bundesministerium für Gesundheit und vertritt gesundheits- und pflegepolitische Belange der Bundesregierung im EU-Sozialschutzausschuss. Der Beitrag gibt ausschließlich die persönliche Auffassung der Autorin wieder.

len skandinavischen Hauptstädten – keine materiellen Kompetenzen zur Politiksteuerung von Sozial- und Gesundheitspolitik. Die ungelöste Grundfrage beeinflusst unmittelbar den konkreten Arbeitsgang der OMK, der nachfolgend beschrieben wird. Ein besonderer Schwerpunkt gilt dabei der derzeit diskutierten Einführung quantifizierter Ziele in der europäischen Sozial- und Gesundheitspolitik, denn diese Debatte ist paradigmatisch für die Zukunft der OMK.

2. Sachstand: Was ist bisher geschehen?

Die Offene Methode der Koordinierung (OMK) für Gesundheit und Langzeitpflege ist der jüngste Zweig der OMK Sozialschutz und soziale Eingliederung (im Folgenden als OMK Soziales bezeichnet) und befindet sich seit Herbst 2006 im Aufbau. Wie für die anderen Bereiche der OMK Soziales haben die EU-Mitgliedstaaten als Grundlage für die Zusammenarbeit gemeinsame Ziele vereinbart, an denen sie ihre Anstrengungen zur Verbesserung von Gesundheitsversorgung und Langzeitpflege ausrichten wollen:[2]

„**1. Zugang**
Zugang für alle zu angemessener Gesundheitsversorgung und Langzeitpflege, Sicherstellung, dass Pflegebedürftigkeit nicht in Armut und finanzielle Abhängigkeit führt, Verringerung von Ungleichheiten beim Zugang (...).

2. Qualität
Gewährleistung von hoher Qualität bei Gesundheitsversorgung und Langzeitpflege, u.a. durch Entwicklung von Qualitätsstandards (...).

3. Finanzielle Nachhaltigkeit
Erschwinglichkeit und finanzielle Nachhaltigkeit angemessener, hochwertiger Gesundheitsversorgung und Langzeitpflege durch Förderung eines rationellen Ressourceneinsatzes, guter *Governance* und Koordination zwischen verschiedenen Systemen und öffentlichen wie privaten Einrichtungen (...)."

Wie manifestiert sich nun bisher die Arbeit in der OMK Gesundheit und Langzeitpflege in der (Verwaltungs-)Praxis? Seit 2006 hat die Entwicklung der Gesundheits- und Pflegesicherung Eingang in die verschiedenen Berichtsformate der OMK Soziales gefunden (Nationale Strategieberichte der Mitgliedstaa-

---

[2] Vgl. http://ec.europa.eu/employment_social/spsi/common_objectives_en.htm

ten und jährliche Gemeinsame Sozialschutzberichte von EU-Kommission und Rat).[3] Darüber hinaus hat der auf EU-Ebene zuständige Sozialschutzausschuss (Social Protection Committee, SPC) bislang einige wenige spezifische Studien verabschiedet, beispielsweise ein Papier zu Ungleichheiten in der Gesundheitsversorgung, welches Eingang in den letzten Sozialschutzbericht gefunden hat, und eine Bestandsaufnahme zur Langzeitpflege in den Mitgliedstaaten der EU.[4]

Auf Seiten der EU-Kommission ist die Generaldirektion Soziales, Beschäftigung und Chancengleichheit federführend für die OMK Soziales, einschließlich Gesundheit und Langzeitpflege.

In der praktischen Arbeit in der OMK Gesundheit und Langzeitpflege und im Sozialschutzausschuss stellen sich immer wieder Abgrenzungsfragen zu den vielfältigen Aktivitäten der allgemeinen EU-Gesundheitspolitik, die vornehmlich in der Zuständigkeit der Generaldirektion für Gesundheit und Verbraucherschutz liegen. Es liegt hier im Interesse der Mitgliedstaaten, zu einer verbesserten Abstimmung und Zusammenarbeit der beiden Generaldirektionen zu kommen, um Inkonsistenzen und Doppelarbeit zu vermeiden.

3. Aussagekräftige Indikatoren zum Vergleich der EU-Gesundheitssysteme?

Ein zentraler Bestandteil der OMK Soziales ist das Indikatorenportfolio, das für alle Bereiche der OMK Indikatoren zur Messung und Überwachung der Reformfortschritte in den Mitgliedstaaten mit Blick auf die gemeinsam vereinbarten Ziele enthält. Der Indikatorensatz für den Gesundheitsbereich ist nach eingehenden Beratungen in der Indikatoren-Unterarbeitsgruppe des SPC und im SPC selbst im April 2008 verabschiedet worden.[5] Das Gesundheitsportfolio ist noch nicht vollständig. Die Entwicklung von aussagekräftigen Indikatoren für die Langzeitpflege steht noch aus. Aber auch bei den Gesundheitsindikatoren selbst ist noch viel Arbeit zu leisten, z.B. im Bereich Qualität der

---

[3] Die einschlägigen Berichte finden sich unter: http://ec.europa.eu/employment_social/spsi/joint_reports_en.htm; sowie unter: http://ec.europa.eu/employment_social/spsi/strategy_reports_en.htm.

[4] Siehe European Commission: Long-term care in the European Union, Brüssel April 2008, http://ec.europa.eu/employment_social/spsi/docs/social_protection/ltc_final_2504_en.pdf.

[5] Siehe European Commission: Portfolio of overarching indicators and streamlined social inclusion, pensions, and health portfolios, Brüssel April 2008 (update), http://ec.europa.eu/employment_social/spsi/docs/social_inclusion/2008/indicators_ update2008_en.pdf.

Versorgung, wo bislang in Ermangelung EU-weit vergleichbarer Daten nur ein Ausschnitt abgebildet ist.

Bei einem Vergleich der EU-Gesundheitssysteme im Rahmen der OMK muss berücksichtigt werden, dass die Gesundheitssysteme in den Mitgliedstaaten der EU historisch gewachsen und sehr unterschiedlich gestaltet sind. Diese große Vielfalt der Gesundheitssysteme wird ausdrücklich im EU-Regelwerk respektiert, welches die Gestaltung der Gesundheitssysteme der Verantwortung der Mitgliedstaaten zuweist. Die große Vielfalt und Komplexität der Gesundheitssysteme macht es erforderlich, bei einem Vergleich besonders sorgfältig vorzugehen. Vor allem der Zugang zur und die Qualität der Gesundheitsversorgung sind schwierig zu messen.

Das Gesundheitsportfolio sieht jeweils eine Reihe von Indikatoren zu den drei Zielen Zugang, Qualität und Nachhaltigkeit vor.[6] Für jedes Ziel wurde ein Leitindikator festgelegt, der im so genannten *Overarching Portfolio* - das sind die Leitindikatoren für die gesamte OMK Soziales - ausgewiesen wird. Die Zugänglichkeit der Gesundheitsversorgung soll mit dem Indikator „unmet need for medical treatment" (in etwa: unerfüllter Bedarf nach medizinischer Behandlung), die Qualität mit dem Indikator „gesunde Lebenserwartung" und die Nachhaltigkeit mit den Gesundheitsausgaben pro Kopf gemessen werden. Die Auswahl der Leitindikatoren ist insofern problematisch, als mit „unmet need" und der gesunden Lebenserwartung zwei Selbsteinschätzungsindikatoren gewählt wurden. Das heißt, sie basieren auf Befragungen von Personen und deren subjektiver Einschätzung, z.B. zum eigenen Gesundheitszustand oder zur Dringlichkeit einer medizinischen Behandlung.

So ist zum Beispiel die Frage, ob dringender medizinischer Bedarf nicht erfüllt worden ist (*unmet need*), für die Gestaltung der nationalen Gesundheitspolitik zweifellos sehr wichtig. Für den internationalen Vergleich ist dieser Indikator jedoch wenig geeignet. Unterschiedliche Lebenseinstellungen und eine unterschiedliche Wahrnehmung des eigenen Gesundheitszustands sorgen dafür, dass die Ergebnisse der einzelnen Mitgliedstaaten nicht miteinander verglichen werden können. Hinzu kommen unterschiedliche Systemvoraussetzungen, die die Erwartungshaltung der Bevölkerung an ihr Gesundheitssystem prägen. So ist in Deutschland die freie Arztwahl fester Bestandteil der

---

[6] Vgl. ebd., S. 40ff.

GKV-Versorgung. Wartezeiten sind im internationalen Vergleich sehr gering, während in anderen Mitgliedstaaten der EU der Zugang zum Gesundheitssystem ausschließlich über den Hausarzt erfolgt und Wartelisten für bestimmte Operationen zum normalen Prozedere der Versorgungssteuerung gehören. Auch die Selbstbeteiligung fällt im internationalen Vergleich sehr niedrig aus. All dies sind Vorzüge des deutschen Systems, die mit einem Indikator, der ausschließlich auf subjektiver Wahrnehmung innerhalb des eigenen Staates beruht, nicht abgebildet werden können.

Jeglicher quantitativer Vergleich von Gesundheitssystemen muss auf Basis von validen und international vergleichbaren Indikatoren erfolgen. Hierfür sind nur objektive Daten uneingeschränkt geeignet. Für das Gesundheitsportfolio der OMK ist daher vereinbart worden, den Indikator „unmet need" nur in Verbindung mit der Häufigkeit der Arztkontakte auszuweisen und zu interpretieren. Die gesunde Lebenserwartung soll aus ebendiesen Erwägungen stets mit der tatsächlichen Lebenserwartung verbunden werden.[7] Beide Indikatoren sind darüber hinaus als so genannte nationale Indikatoren eingestuft worden. Damit wird klargestellt, dass diese Indikatoren Auskunft über Entwicklungen in den einzelnen Mitgliedstaaten der EU geben, jedoch keinen direkten internationalen Vergleich zulassen.

Die Entwicklung von Indikatoren für den Vergleich der Gesundheitssysteme auf EU-Ebene ist eine fortlaufende Aufgabe. Die verwendeten Indikatoren müssen ständig auf ihre Aussagekraft überprüft und gegebenenfalls durch besser geeignete Indikatoren ersetzt werden. Darüber hinaus besteht für viele Bereiche noch Forschungsbedarf, weil noch keine belastbaren Indikatoren mit ausreichender Datenqualität vorhanden sind (wie z.B. für die Langzeitpflege und diverse Aspekte der Versorgungsqualität).

Die Qualität und internationale Vergleichbarkeit der Indikatoren ist deshalb so wichtig für die OMK, weil insbesondere die EU-Kommission darauf zielt, auf Basis der Indikatoren zu scheinbar objektiven Bewertungen zu kommen und daraus Politikempfehlungen an die Mitgliedstaaten abzuleiten und zu legitimieren. Welche Bedeutung Indikatoren erlangen können, illustrieren die Maastricht-Kriterien der Europäischen Währungsunion.

---

[7] Vgl. ebd., S. 42-45.

4. Möglichkeiten und Grenzen der Offenen Methode der Koordinierung

Die Stärke der OMK liegt vor allem darin, für die EU-Mitgliedstaaten eine Plattform für den Austausch von Erfahrungen und bewährten Praktiken zu etablieren und das Voneinander-Lernen zu befördern. Die Mitgliedstaaten können Anregungen für Politikgestaltung erhalten und zugleich ihre nationale Situation in den EU-Kontext einordnen. Besonders nützlich ist dafür das Instrument der *peer reviews* und anderer thematischer Seminare, die einen Expertenaustausch zu zum Teil sehr differenzierten Fragestellungen ermöglichen.[8] Eine große Chance der übergreifenden OMK Soziales, die verschiedene für den sozialen Zusammenhalt relevante Politikbereiche integriert, liegt zudem in Sektor übergreifenden Analysen, wie z.b. der OMK-Studie zu Kinderarmut und Wohlbefinden von Kindern.[9] Gerade bei segmentierten Politikansätzen kann das sehr hilfreich sein – um ein Problem in seiner Gänze in den Fokus zu rücken.

Für die OMK Gesundheit und Langzeitpflege ist jedoch Skepsis gegenüber der geplanten Überwachung und Bewertung der Reformfortschritte der Mitgliedstaaten angebracht. Dieser Ansatz steht in einem ständigen Spannungsverhältnis zu der alleinigen Verantwortung der Mitgliedstaaten für die Organisation und Gestaltung ihrer Gesundheits- und Pflegesysteme. Die Gestaltung der Gesundheitssysteme der Mitgliedstaaten ist eine Kernverantwortung der nationalen Ebene, die im EU-Regelwerk ausdrücklich respektiert wird. Nach Artikel 152 Abs. 5 EGV wird die Verantwortung der Mitgliedstaaten für die Festlegung ihrer Gesundheitspolitik sowie für die Organisation des Gesundheitswesens und die medizinische Versorgung gewahrt. Dies gilt auch für die im Vertrag von Lissabon vorgesehene Regelung (Art. 168 Abs. 7 AEUV). Vorgaben für nationale Reformen im Rahmen der OMK würden dieser Kompetenzabgrenzung zwischen der Europäischen Union und den Mitgliedstaaten widersprechen.

---

[8] Für eine Übersicht zu den diversen Aktivitäten im Zusammenhang mit *peer reviews* der OMK Soziales siehe http://www.peer-review-social-inclusion.net.
[9] Siehe European Commission / Social Protection Committee: Child poverty and wellbeing in the EU – current status and way forward, Brüssel 2008, http://ec.europa.eu/employment_social/spsi/docs/social_inclusion/2008/child_poverty_en.pdf

5. Quantifizierte Ziele in der europäischen Gesundheitspolitik?

In der OMK Soziales wird derzeit über eine Vertiefung der Methode, unter anderem durch die Festlegung quantifizierter Ziele für die Reformpolitik der Mitgliedstaaten, debattiert. Die Europäische Kommission hat eine Mitteilung zur „Verstärkung" der OMK vorgelegt, in der sie die Festlegung von quantifizierten Zielen vorschlägt.[10] Absicht ist, durch quantifizierte Ziele eine stärkere Verbindlichkeit und Sichtbarkeit der OMK zu erreichen und den Einfluss der Kommission über Empfehlungen an die Mitgliedstaaten, etwa wie im Rahmen der Lissabon-Strategie durch die dort jährlich ausgesprochenen länderspezifischen Empfehlungen, zu vergrößern. In absehbarer Zukunft könnte sich die Frage der Verwendung quantifizierter Ziele auch in der Europäischen Gesundheitsstrategie 2008-2013 stellen. Zur Europäischen Gesundheitsstrategie hat die Europäische Kommission im Oktober 2007 ein Weißbuch veröffentlicht.[11]

5.1. In der Europäischen Union bereits festgelegte quantifizierte Ziele

Quantifizierte Ziele werden in verschiedenen Diskursprozessen der EU im nicht-harmonisierten Bereich bereits angewandt:

- Das bekannteste quantifizierte Ziel der *Lissabonstrategie* ist das Ziel eines Investitionsniveaus in Forschung und Entwicklung von 3% des BIP. Im wirtschaftspolitischen Bereich konzentrieren sich die Hauptziele der Lissabon-Strategie, niedergelegt in den makro- und mikroökonomischen Leitlinien, ansonsten vornehmlich auf qualitative Ziele.[12]

- In den *Beschäftigungspolitischen Leitlinien* der Lissabon-Strategie und in der *Beschäftigungsstrategie* finden sich mehr quantifizierte Zielvorgaben, z.B. eine Gesamtbeschäftigungsquote von 70%, eine Mindestquote von

---

[10] Vgl. Mitteilung der Kommission "Ein erneuertes Engagement für ein soziales Europa: Verstärkung der offenen Koordinierungsmethode für Sozialschutz und soziale Eingliederung", KOM(2008) 418 endg., S. 4ff.
[11] Weißbuch - Gemeinsam für die Gesundheit: Ein strategischer Ansatz der EU für 2008 bis 2013, KOM (2007) 630 endg.
[12] Siehe Europäische Kommission: Integrierte Leitlinien für Wachstum und Beschäftigung 2008 bis 2010, Brüssel 2007, Grundzüge der Wirtschaftspolitik, S. 9ff.
http://ec.europa.eu/growthandjobs/pdf/european-dimension-200712-annual-progress-report/200712-annual-report-integrated-guidelines_de.pdf

60% für die Frauenbeschäftigung und von 50% für die Beschäftigung älterer Arbeitnehmer bis 2010. Auch für die Schaffung von Kinderbetreuungsplätzen werden Quotenziele gesetzt (z.B. bis 2010 Plätze für mindestens 90% der Kinder zwischen drei Jahren und dem Schulpflichtalter).[13]

- Die *EU-Nachhaltigkeitsstrategie* sieht eine Reihe von quantifizierten Zielen vornehmlich im Umweltbereich vor, z.b. entsprechend den Kyoto-Verpflichtungen eine Reduzierung der Treibhausgasemissionen bis 2012 um 8% gegenüber 1990 (EU-15) oder die Erhöhung des Anteils erneuerbarer Energien auf mindestens 12% des Stromverbrauchs bis 2010.[14] Im Gesundheitsbereich sind hingegen keine quantifizierten Ziele, sondern qualitative Ziele gesetzt worden (z.B. Dämpfung der Zunahme von durch die Lebensweise bedingten chronischen Krankheiten oder Abbau von Diskrepanzen im Gesundheitsbereich zwischen den Mitgliedstaaten).

5.2. Wozu quantifizierte Ziele?

Quantifizierte Ziele sollen im Unterschied zu einer „weichen" Definition von qualitativen Zielen mit einer konkreten Zielvorgabe den Erfolg bestimmter Politikmaßnahmen messbar und überprüfbar machen. Die Befürworter quantifizierter Ziele versprechen sich von quantitativen Zielvorgaben eine höhere Transparenz der nationalen *Governance*. Ein quantifiziertes Ziel ist dabei besonders plakativ und in der Diskussion mit der Öffentlichkeit besonders „kampagnenfähig", die Sichtbarkeit von politischen Maßnahmen soll so erhöht werden.

In Diskursprozessen der Europäischen Union sind für die angestrebte Überwachung der Reformfortschritte der Mitgliedstaaten insbesondere auf EU-Ebene festgelegte Ziele, die für die einzelnen Mitgliedstaaten gelten sollen, relevant - und umstritten. Aber auch die Frage, ob die Mitgliedstaaten über die OMK dazu angehalten werden sollen, sich nationale, quantifizierte Ziele zu setzen, wird kontrovers diskutiert. Mit solchen quantitativen Zielvorgaben würde die Bewertung von Reformfortschritten der Mitgliedstaaten scheinbar objektiviert, würden Empfehlungen der Europäischen Kommission legitimiert, die eigentlich außerhalb ihres Kompetenzbereichs liegen. Der Deutsche Bun-

---

[13] Ebd., Beschäftigungspolitische Leitlinien, S. 27ff.
[14] Rat der Europäischen Union: Die erneuerte Strategie für nachhaltige Entwicklung, Ratsdok. 10917/06 vom 26. Juni 2006, Brüssel 2006, S. 7ff.
http://ec.europa.eu/sustainable/docs/renewed_eu_sds_de.pdf

destag hat in seiner Entschließung zur EU-Gesundheitsstrategie die Gefahr einer Verwischung der Kompetenzgrenzen zwischen den Mitgliedstaaten und der EU im nicht-harmonisierten Bereich konstatiert und die Wahrung der nationalen Autonomie der Gesundheitssysteme angemahnt.[15]

Quantifizierte Ziele können nützlich sein, wenn klar zu definierende, gut abgrenzbare und gut messbare Aufgabenstellungen damit verbunden sind. Das Ziel muss dabei von der Politik gut zu beeinflussen sein, der Wirkungszusammenhang klar und eindeutig (hohe Korrelation von Politikinput und Ergebnis). Ein Beispiel hierfür ist das oben angeführte Forschungsziel der Lissabon-Strategie (jährliche Ausgaben für Forschung in Höhe von 3% des BIP), wenngleich auch bei diesem Ziel "kreative" Bilanztechniken zum Zielerreichungsgrad beitragen können.

Quantifizierte Ziele sind für die OMK Soziales insgesamt, vor allem aber für die Gesundheits- und Pflegepolitik, nicht zu empfehlen. Hierfür sind verschiedene Gründe ausschlaggebend:

(1)   Komplexität der Zielgröße „Gesundheit"

Das übergreifende Ziel, den Gesundheitszustand der Menschen zu verbessern bzw. auf hohem Niveau zu sichern oder die Lebenserwartung bei guter Gesundheit zu erhöhen ist hochgradig komplex. Vielfältige Determinanten und Variablen spielen eine Rolle bei der Beeinflussung des Gesundheitszustands und der Lebenserwartung, neben der Gesundheitsversorgung im Rahmen des Gesundheitssystems sind dies z.B. Lifestyle-Faktoren wie Ernährung und Bewegung, Tabak- und Alkoholkonsum und Umgebungsbedingungen wie Umweltverschmutzung oder Lärmbelastung. Eine sehr wichtige Rolle spielen außerdem sozioökonomische Faktoren: niedrige Einkommen und materielle Entbehrung, schlechte Wohnbedingungen und mangelnde Kenntnis über gesundheitsschädliches Verhalten. Die Wirkungszusammenhänge zwischen diesen Einflussgrößen und dem Output, z.B. näherungsweise gemessen in der Entwicklung der Lebenserwartung, sind noch weitgehend unklar. Zudem beeinflussen sich die einzelnen Faktoren gegenseitig. Hinzu kommt, dass in vielen Fällen geeignete Indikatoren oder Datensätze nicht zur Verfügung stehen und erst entwickelt werden müssten. Die Qualität der Gesundheitsversorgung ist wesentlich schwerer zu ermitteln und zu messen als

---

[15] Vgl. BT-Entschließung zur EU-Vorlage „Weißbuch: Gemeinsam für die Gesundheit: Ein strategischer Ansatz der EU für 2008-2013" (BT-Drs. 16/9412 vom 3. Juni 2008), S. 4.

z.B. die Frauenbeschäftigungsquote oder der Anteil der Forschungsausgaben am BIP.

(2) Komplexität der Gesundheits- und Pflegesysteme

Gesundheits- und Pflegesysteme sind in sich hoch komplexe Systeme mit einer Vielfalt von Aufgaben, Regulierungen und Akteuren mit eigenen wirtschaftlichen Interessen. Die Beeinflussung eines solchen Gebildes durch die Politik mit dem Ziel einer Verbesserung der Gesundheitsversorgung ist deutlich anspruchsvoller und vielschichtiger als z.B. Reformen der Rentensysteme, die – wenngleich ebenfalls mit großen politischen Widerständen verbunden – mit der Veränderung weniger zentraler Stellschrauben bewerkstelligt werden können. Zudem kann die Leistungsfähigkeit des Gesundheitssystems stets aufgrund des hohen Einflusses individueller Lebensführungsentscheidungen auf die Gesundheit nur einen Teil der Gesundheitsergebnisse erklären.

(3) Heterogenität der Gesundheits- und Pflegesysteme in der EU

Die Systeme in den einzelnen EU-Mitgliedstaaten sind historisch gewachsen. Sie folgen sehr unterschiedlichen Organisationsprinzipien (zentral gesteuerte, steuerfinanzierte Gesundheitsdienste nach dem Beveridge-Modell gegenüber beitragsfinanzierten, dezentralen Systemen nach dem Bismarck-Modell, jeweils mit einer Vielzahl an Mischtypen). Sie haben darüber hinaus unterschiedlich umfassende Leistungskataloge und eine höchst unterschiedliche Ressourcenausstattung, somit insgesamt sehr unterschiedliche Ausgangsniveaus. Mindestens so groß wie im Gesundheitsbereich ist die Vielfalt beim Umgang mit dem Pflegerisiko, das in einigen Mitgliedstaaten noch weitgehend traditionell in den Familien abgefedert, in anderen Mitgliedstaaten überwiegend durch kommunale soziale Dienste, in wieder anderen über Versicherungssysteme abgedeckt wird – und dies wiederum in sehr unterschiedlichem Ausmaß. Die Grenzen zu den Gesundheitssystemen sind fließend, sowohl was die Leistungen, als auch was Personal und Einrichtungen angeht. Die große Heterogenität der Systeme setzt der internationalen Vergleichbarkeit enge Grenzen. Ein gültiger, von allen akzeptierter, internationaler Vergleich der Leistungsfähigkeit der Systeme wäre aber eine elementare Voraussetzung für die Definition EU-weiter, quantifizierter Zielvorgaben.

(4) Schwierigkeit der Zieldefinitionen

Vor dem Hintergrund von Komplexität und Heterogenität des Gesundheitsthemas wird offenkundig, dass sich die klare Definition und Abgrenzung von wenigen, für alle Beteiligten akzeptablen und verbindlichen Zielen äußerst schwierig gestalten dürfte. Bei dieser Sachlage besteht die Gefahr, dass aufgrund des politischen Drucks der EU-Ebene nicht sachgerecht und nach gründlicher wissenschaftlicher Analyse entschieden wird, sondern das zum Ziel erklärt wird, was bereits messbar ist, wofür also bereits Indikatoren vereinbart worden sind. Anhand der Messbarkeit würde dann über politische Prioritätensetzungen entschieden und - bildlich gesprochen - „das Pferd von hinten aufgezäumt". Dies wäre insbesondere angesichts der geschilderten methodischen Schwächen und der mangelnden internationalen Vergleichbarkeit der OMK-Leitindikatoren für Gesundheit unverantwortlich. Zudem sind die auf EU-Ebene vereinbarte Indikatoren das Ergebnis eines politischen Verhandlungsprozesses und besitzen somit eine weitaus geringere Objektivität, als ihnen im öffentlichen Diskurs zugeschrieben wird.

(5) Kompetenzüberschreitung der EU-Ebene

Die Legitimierung von Empfehlungen der EU-Kommission an die Mitgliedstaaten durch nur scheinbar objektiv überprüfbare, quantifizierte Zielvorgaben missachtet die ausdrückliche Regelungskompetenz der Mitgliedstaaten für die Gestaltung ihrer nationalen Gesundheits- und Pflegesysteme. Hierzu ein hypothetisches Beispiel: Vorstellbar wäre die Vorgabe von Korridors für anzustrebende Mindest- oder Höchstausgaben für Gesundheits- bzw. Pflegesicherung als Anteil am BIP. Eine solche Zielvorgabe wäre zweifellos ein eklatanter Eingriff in die Steuerungshoheit der Mitgliedstaaten.

Grundsätzlich birgt die Vereinfachung und Zuspitzung des Handlungsbedarfs auf wenige plakative Ziele die Gefahr, dass die Energie derjenigen, die politisch Verantwortung tragen, in die möglichst positive Darstellung der Leistungsfähigkeit bei diesen Zielen gelenkt wird. Statt wirklich Transparenz zu erzeugen, wird den Bürgerinnen und Bürgern eine Illusion der Einfachheit vermittelt. Eine Reduzierung auf bestimmte Aspekte birgt das Risiko von Fehlsteuerungen. Simplifizierung trübt den Blick auf differenzierte Zusammenhänge. Gerade im Gesundheits- und Pflegebereich ist aber aufgrund der Vielzahl der Einfluss nehmenden Akteure und der vielschichtigen Aufgabe, eine gute Versorgung zur Verfügung zu stellen, eine differenzierte und variable Herangehensweise unerlässlich. Reformmaßnahmen und deren Bilanz sind nicht von den Kontextbedingungen in den jeweiligen Mitgliedstaaten zu trennen. Deshalb sind insbesondere quantifizierte Ziele abzulehnen, die die Ebene der Gesundheits- und Pflegesysteme betreffen.

Auch der Deutsche Bundestag bewertet die Ansätze der Europäischen Kommission, in verschiedenen gesundheitspolitisch relevanten Diskursprozessen quantifizierte Ziele festzulegen und die Mitgliedstaaten dadurch politisch zu binden, sehr kritisch. Nach seiner Auffassung sind für Deutschland europäisch festgelegte, quantifizierte Ziele in der Gesundheitspolitik nicht akzeptabel und unvereinbar mit der originären Zuständigkeit der Mitgliedstaaten für die Gesundheitspolitik. Der Deutsche Bundestag hat die Bundesregierung aufgefordert, „entschlossen gegen die Versuche der Europäischen Kommission vorzugehen, mit der Offenen Methode der Koordinierung zu Gesundheit und Langzeitpflege quantifizierte Ziele festzulegen (...)."[16]

6. Schlussfolgerungen

Die OMK Gesundheit und Langzeitpflege bietet den EU-Mitgliedstaaten durchaus einiges an Potenzial, den Expertenaustausch auf europäischer Ebene zu forcieren und von der Vorstellung und Verbreitung bewährter Praktiken für die Gestaltung eigener Reformpolitik auf nationaler Ebene zu profitieren. Entsprechend der gegebenen Kompetenzabgrenzung zwischen Europäischer Union und den Mitgliedstaaten kann dies jedoch nur auf freiwilliger Basis erfolgen.

Der Beitrag einer guten Gesundheits- und Pflegeabsicherung zur Stärkung des sozialen Zusammenhalts in Europa kann über die OMK verdeutlicht und kommuniziert werden. Die Überwachung und Bewertung von Reformfortschritten zu den gemeinsamen Zielen der OMK Gesundheit und Langzeitpflege muss jedoch die Verantwortung der Mitgliedstaaten für die Gestaltung und Organisation der nationalen Gesundheits- und Pflegesysteme beachten. Eine Entwicklung hin zu einer „verdeckten Harmonisierung" durch Vorgaben und Empfehlungen der EU-Kommission würde demgegenüber die geltende Kompetenzabgrenzung verletzen.

In diesem Zusammenhang sind Ansätze, quantifizierte Zielvorgaben in die OMK-Prozesse zu integrieren, äußerst kritisch zu bewerten. Auch die Frage,

---

[16] Vgl. BT-Entschließung zur EU-Vorlage "Weißbuch: Gemeinsam für die Gesundheit: Ein strategischer Ansatz der EU für 2008-2013 (BT-Drs. 16/9412 vom 3. Juni 2008), S. 6.

ob die Mitgliedstaaten sich auf nationaler Ebene quantifizierte Ziele setzen wollen, und wenn ja welche, muss in der alleinigen Kompetenz der nationalen Ebene und ohne Druck aus Brüssel entschieden werden. Für die Bereiche Gesundheit und Pflege ist eine differenzierte Herangehensweise über qualitative Ziele vorzuziehen, die den unterschiedlichen Reformvoraussetzungen, den institutionellen Rahmenbedingungen und den Erfahrungen in den einzelnen Mitgliedstaaten Rechnung trägt.

Der Anspruch, über die OMK eine systematische Koordinierung der Gesundheitspolitiken der Mitgliedstaaten im Sinne einer Gesamtsteuerung zu etablieren, z.b. über quantifizierte Zielvorgaben, geht angesichts der geltenden Kompetenzregeln, aber auch angesichts noch stark divergierender Ausgangsbedingungen in den einzelnen Mitgliedstaaten, zu weit und ist derzeit nicht einlösbar. Der Versuch läuft Gefahr, sich in einer abstrakten "Parallelwelt" bürokratischer und selbstreferenzieller Prozesse zu verlieren – ohne konkrete Resultate in der Politikgestaltung der Mitgliedstaaten. Viel versprechender ist der Weg über eine schrittweise Weiterentwicklung der europäischen Integration durch eine punktuelle, problembezogene Zusammenarbeit von EU-Mitgliedstaaten. Ein Austausch zu gemeinsamen, spezifischen Problemlagen und Zusammenarbeit in konkreten Einzelprojekten dürften je nach Sachlage auch eher Relevanz für Entscheidungen der Ministerebene entwickeln – mit konkreten Ergebnissen in der Umsetzung.

IV.

Ausgewählte Handlungsfelder und Steuerungsfragen der Offenen Methode der Koordinierung

Jenny Preunkert, Sascha Zirra

Soziale Eingliederung in Deutschland, Frankreich und Italien

1. Einleitung

Der Schutz der Bürger und Bürgerinnen vor Armut und anderen sozialen Risiken ist innerhalb der EU ein originäres Aufgabenfeld der Nationalstaaten. So heißt es im Vertrag der Europäischen Gemeinschaften, dass die „anerkannten Befugnisse der Mitgliedstaaten, die Grundprinzipien ihres Systems der sozialen Sicherheit festzulegen", bei allen europäischen Maßnahmen unberührt bleiben müssen (Art. 137 EG-Vertrag). Gleichwohl stellten die Staats- und Regierungschefs im Jahr 2000 auf dem Gipfeltreffen in Lissabon fest, dass:

„die Zahl der Menschen, die in der Union unterhalb der Armutsgrenze und in sozialer Ausgrenzung leben, (...) nicht hingenommen werden (kann). Es muß [sic!] etwas unternommen werden, um die Beseitigung der Armut entscheidend voranzubringen" (Europäischer Rat 2000).

Sie definierten soziale Ausgrenzung somit als ein europäisches Problem, das den Umbau der EU in den wettbewerbsfähigsten und dynamischsten wissensbasierten Wirtschaftsraum gefährden kann. Als Antwort auf das Spannungsfeld aus national fest verankerten Wohlfahrtskompetenzen und dem Ziel, Armut und soziale Ausgrenzung gemeinsam zu bekämpfen, entschieden sich die Staats- und Regierungschefs, die nationalen Reformbemühungen durch die Einführung der Offenen Methode der Koordinierung im Bereich der sozialen Eingliederung (OMK/ Inklusion) zu stärken. Unter einer Offenen Methode der Koordinierung ist ein mehrdimensionales, reflexives Regulierungsverfahren zu verstehen (vgl. Trubek/ Trubek 2007), bei dem sich die Regierungen gemeinsame Ziele setzen, die sie selbständig und autonom in ihren Staaten umsetzen (de la Porte et al. 2001). Ihre Planung zur Implementierung der Ziele legen sie in so genannten Nationalen Aktionsplänen bzw. Nationalen Strategieberichten dar. Unterstützt werden diese Bemühungen auf europäischer Ebene durch Benchmarking- und *Peer Review*-Verfahren.

In diesem Beitrag werden die Auswirkungen der OMK im Bereich soziale Eingliederung in Deutschland, Frankreich und Italien für die Jahre 2000 bis 2005 untersucht.[1] Dabei wird argumentiert, dass die OMK/ Inklusion vor allem zu einem individuellen Lernen führte, während institutionelle Lernprozesse oftmals von den nationalen Leitbildern und Kommunikationsstrukturen behindert wurden. Der Vergleich der drei Staaten erscheint aus zwei Gründen besonders aufschlussreich: Erstens gelten diese drei Staaten als besonders schwer reformierbar (vgl. Kitschelt/ Streeck 2003). Daher ist zu untersuchen, in welchem Umfang die OMK/ Inklusion helfen konnte, diese Reformblockaden zu überwinden. Denn auch wenn alle drei hier untersuchten Staaten der konservativen Wohlfahrtsstaatenfamilie zugerechnet werden (vgl. Esping-Andersen 1999), unterscheiden sich sie erheblich in ihrem organisatorischen Aufbau und ihrem Handlungsansatz: Während im zentralistischen Frankreich interdisziplinäre Programme zur Bekämpfung von Armut auf nationaler Ebene bestehen, sind die Kompetenzen im föderalen Deutschland auf viele Schultern verteilt. Ferner existierte hier im Untersuchungszeitraum keine explizit so genannte Politik der sozialen Eingliederung, da die Regierung Armut als ein bekämpftes Phänomen bewertete und soziale Ausgrenzung mit Hilfe von Arbeitsmarktpolitik reduziert werden sollte. Schließlich ist Italien ein fragmentiertes Feld, in dem ein starkes, wirtschaftliches Nord-Süd-Gefälle besteht. Entscheidende Akteure im Kampf gegen soziale Ausgrenzung sind die lokalen Behörden und die Familie.

Für die Analyse werden zunächst die bestehenden Diskussionen rekapituliert und herausgearbeitet, was von einer OMK erwartet werden kann. Darauf aufbauend wird ein eigener Ansatz entwickelt. Danach wird die OMK/ Inklusion auf europäischer Ebene betrachtet und dargelegt, warum bei ihr Impulse in Bezug auf den nichtstaatlichen Sektor wahrscheinlicher sind als auf das staatliche Handeln, ohne dass hier eine automatische und zwangsläufige Kausalbeziehung vorliegt. Anschließend werden die drei hier untersuchten Nationalstaaten betrachtet und ihre Gemeinsamkeiten und Unterschiede her-

---

[1] Die Studie beruht auf 51 nicht-standardisierten Experteninterviews, die im Rahmen eines DFG-Projektes an der Otto-Friedrich-Universität Bamberg in Deutschland, Italien, Frankreich und Brüssel durchgeführt wurden. Wir danken Günter Bechtle und Marianna Colacicco für die Unterstützung bei den italienischen Interviews. Unser spezieller Dank gilt den Interviewpartnern in der Europäischen Kommission, bei europäischen und nationalen Sozialpartnern und Nichtregierungsorganisationen sowie auf Bundes, Landes- und Gemeindeebene in Deutschland, Frankreich und Italien; und der DFG, für die Unterstützung des Forschungsprojekts von Mai 2005 - Oktober 2007.

ausgearbeitet. Da das Verfahren gemäß seiner Zielsetzung und seiner beiden Handlungsstränge nicht nur die Reformen der Regierungen beeinflussen, sondern auch den nichtstaatlichen Sektor und die lokalen Ebenen stärken soll, werden diese beiden Bereiche anschließend getrennt voneinander untersucht. So wird zunächst der Einfluss der OMK/ Inklusion auf die Regierung und dann auf die übrigen Akteure und Organisationen des Feldes analysiert, wie die OMK/ Inklusion in den Feldern wahrgenommen, bewertet und organisiert wird.

2. Transnationale Lernprozesse oder nationale Beharrungskräfte?

In der wissenschaftlichen Debatte ist umstritten, welche Wirkungen ein freiwilliges und sanktionsfreies Verfahren wie die OMK haben kann (vgl. Marlier et al. 2007). Es lassen sich dabei drei Positionen unterscheiden: Erstens gilt die OMK als ein ‚dritter Weg' zwischen nationaler Autonomie und supranationaler Vergemeinschaftung (Arrowsmith et al. 2004). Hierbei wird zwischen *top-down* und *bottom-up* Verfahren unterschieden (Trubek/ Trubek 2005a/b). Die top-down Wirkungsmechanismen stehen vor allem im Zentrum der Analysen von Jacobsson (2004), Hemerijck und Visser (2003). Diese soziologisch-konstruktivistischen Ansätze betonen, dass mit Hilfe eines OMK-Prozesses neue, gemeinsame Wahrnehmungsmuster auf europäischer Ebene entstehen, die die nationale Problemdefinition beeinflussen. Daneben werden von Zeitlin (2005a/b) besonders mögliche *bottom-up* Prozesse einer OMK herausgearbeitet. Gemäß seiner Argumentation werden durch die Vorgaben einer OMK nationale Reformdiskurse angestoßen, d.h. die Inhalte eines OMK-Prozesses werden in einem laufenden nationalen Diskurs thematisiert (1), mithilfe von europäischen Finanzierungsinstrumenten neue Modelle experimentell erprobt (2) oder infolge der OMK neue Kommunikationsstrukturen und „institutional capacities" aufgebaut (3) (vgl. auch Ferrera/ Sacchi 2005). Da es keine Sanktionsmechanismen gibt und nicht angenommen werden kann, dass die Auswirkungen quasi automatisch bzw. zwangsläufig erfolgen, ist jedoch bei diesen Ansätzen offen, ob und wann die Instrumente und Vorgaben einer OMK von den nationalen Akteuren aufgegriffen und genutzt werden.

Dieser optimistischen Position steht eine skeptische Sichtweise gegenüber, nach der die OMK ein wenig effizienter Handlungsansatz und ein symbolischer Prozess ohne Wirkung ist (vgl. Radaelli 2003). Hierbei lassen sich vor allem zwei sich ergänzende Kritikpunkte herausarbeiten: Erstens werden die institutionellen Beharrungskräfte und Eigenlogiken der nationalen Politiksysteme betont (Heidenreich/ Bischoff 2008). Es wird bezweifelt, dass die sanktionsfreien Instrumente einer OMK helfen können, die fest verankerten nationalen Strukturen in Frage zu stellen und zu verändern (Citi/ Rhodes 2007; Scharpf 2002). Zweitens wird problematisiert, dass eine OMK primär nur individuelle Lernprozesse anstoßen kann (Hartlapp 2006), da nur einzelne Beamte in die europäischen Prozesse eingebunden sind. Es wird betont, dass diese Lernerfahrungen nicht zwangsweise zu einem nationalen Wandel führen müssen (Kröger 2006). Offen bleibt bei diesem Ansatz allerdings, wie die festgestellten Auswirkungen erklärt werden (vgl. z.B. Jacobsson/ West 2006, Armstrong 2006). Aufbauend auf den hier vertretenen Positionen erscheint es daher wichtig, ein Modell zu entwickeln, wie es von individuellen Lernprozessen zu einem institutionellen Lernen kommen kann und an welche nationalen Bedingungen dies geknüpft ist.

Drittens gibt es erste empirische Studien, in denen die Möglichkeiten wie auch die Grenzen einer OMK herausgearbeitet werden. Dabei wird zum einen dargelegt, dass sich die Wirkungsmechanismen von verschiedenen OMKs unterscheiden können (vgl. Borrás/ Greve 2004: 330, Jacobsson 2004a: 84, Hartwig/ Meyer 2002). Zum anderen wird deutlich, dass es jeweils zu einer spezifischen Nutzung der OMK-Prozesse in den Nationalstaaten kommt (vgl. Zeitlin et al. 2005). Die Auswirkungen der OMK/ Inklusion wurden bisher allerdings nur in einzelnen Staaten untersucht. So zeigte sich für Irland, dass die OMK/ Inklusion dazu beitrug, das Verhältnis zwischen den nichtstaatlichen Akteuren und der Regierung zu stärken (O'Donnett/ Moss 2005: 340). Oder es wurden einzelne Instrumente der OMK/ Inklusion und ihre Auswirkungen auf zwei Staaten betrachtet. Beispielsweise arbeitete Jacobsson (2005: 124-129, 130-133) heraus, dass für die Nationalen Aktionspläne der OMK/ Inklusion die Kontakte zwischen der Regierung und den nichtstaatlichen Organisationen in Schweden und Dänemark verbessert wurden. Gleichwohl wies sie darauf hin (Jacobsson 2005: 126), dass in beiden Staaten die „Nationalen Aktionspläne" (NAP)/ Inklusion als Regierungsberichte gelten und die nationalen Folgen noch nicht einschätzbar sind.

Es kann festgehalten werden, dass die OMK/ Inklusion in den Nationalstaaten unterschiedliche Ergebnisse erzielt. In vielen Einzelfallstudien wurde der Einfluss von einzelnen Instrumenten bisher gut untersucht. Offen blieb jedoch, welche Folgen die OMK/ Inklusion mit all ihren Instrumenten hatte.

Auch wurde bisher die vergleichende Perspektive und der zeitliche Verlauf nur begrenzt berücksichtigt.

3. Zwischen individuellem und institutionellem Lernen

Folgend der einschlägigen Debatte kann die OMK als ein europäischer Prozess gelten, mit dessen Hilfe die nationalen Reformen und Debatten beeinflusst werden sollen. Um die Auswirkungen dieses Verfahrens verstehen zu können, bedarf es eines Ansatzes, der klärt, wie nationale Strukturen verändert werden und welchen Einfluss externe Entwicklungen wie die OMK/ Inklusion hierbei haben können. In diesem Aufsatz soll hierfür der organisationssoziologische Feldbegriff eingeführt werden (DiMaggio/ Powell 1991, Fligstein 2001). Unter einem sozialen Feld verstehen wir einen sozial konstruierten Raum, in dem mehrere individuelle und/oder kollektive Akteure gemeinsam Lösungen für ein kollektives Problem suchen (DiMaggio/ Powell 1991, Fligstein 2001, Friedberg 1995). Kennzeichnend für ein Feld ist seine soziale Ordnung, die definiert werden kann als „construction over time of a social definition of reality such that certain ways of action are taken for granted as the ‚right' if not the only way to do things" (Scott/ Meyer 1994: 234). Die soziale Ordnung strukturiert das Feld nach innen, zugleich begrenzt sie es aber auch, indem sie Regeln enthält, welche Akteure, Organisationen, Themen und Interaktionen als Teil des Feldes gelten. Durch diese Grenzziehung wird das Feld in sich geschlossen und autonom von anderen Feldern. Dies bedeutet jedoch nicht, dass ein Feld starr und unbeweglich ist; vielmehr müssen soziale Ordnungen, um langfristig zu bestehen, flexibel und dynamisch sein, sodass sie immer wieder an neue Herausforderungen angepasst werden können (Scott 1994, Fligstein/ Stone Sweet 2002).

Die nationalen Sozialstaaten werden somit als geschlossene Felder verstanden, für welche die OMK eine externe Umwelt darstellt. Die OMK Prozesse können daher keinen unmittelbaren Einfluss auf deren interne Debatten und Maßnahmen haben. Wohl aber kann es eine mittelbare Beeinflussung geben, da der europäische Prozess die nationalen Entwicklungen irritieren kann (vgl. Luhmann 2002). Denn es kann sowohl zu individuellen als auch zu institutionellen Lernprozessen kommen. Individuelles Lernen meint hierbei, dass die beteiligten Akteure und Organisationen die OMK/ Inklusion nutzen, um die eigenen Ordnungsvorstellungen zu hinterfragen und modifizieren, den eigenen Handlungsansatz effizienter zu gestalten oder eigene Position im Feld zu stärken. Institutionelles Lernen bedeutet dagegen, dass die soziale Ordnung zumindest in Teilen in Frage gestellt und durch das geplante Zusammenspiel in eine bestimmte Richtung verändert wird, was auch als „Evolution ohne Führung durch Anpassungsverbesserungen" (Luhmann 2000: 351) bezeichnet werden kann. Hierbei kann es zu einer Veränderung der kollektiven Leitbilder (kognitives Lernen), des kollektiven Handlungsansatzes (regulatives Lernen) oder der feldspezifischen Kommunikationsstrukturen (strategisches Lernen) kommen.

Dieser evolutionärer Wandel der sozialen Ordnung wird dabei von den Akteuren und Organisationen angestoßen, wobei stets offen bleibt, ob der von ihnen gewünschte Zustand erreicht werden kann. Hierbei zeigt sich das ambivalente Verhältnis zwischen individuellen und institutionellen Lernen. Voraussetzung für institutionelle Lernprozessen ist, dass von den Akteuren und Organisationen des Feldes eine Diskrepanz zwischen der institutionellen Ordnung und der erfahrenen Wirklichkeit konstatiert wird und sie die Ressourcen und die Legitimation haben, die kollektiven Ordnungsvorstellungen entsprechend zu ändern (vgl. Weick/ Westley 1996). Demzufolge ist es wahrscheinlich, dass individuelle Lernprozesse dem institutionellen Lernen voraus gehen (vgl. Bourdieu 1993). Umgekehrt muss nicht jedes individuelle Lernen zu einem kollektiven Wandel führen, vielmehr kann es geschehen, dass die neuen Erkenntnisse nicht anschlussfähig an die bestehende Ordnung sind, oder die Lernprozesse des einzelnen Akteurs ohne Bedeutung für die kollektive Ordnung bleiben (Kopp-Malek 2004: 29).

Auf Basis dieses Handlungsansatzes lassen sich zur Wirkungsweise der OMK in den drei konservativen Wohlfahrtsstaaten zwei Hypothesen ableiten:

- Eine OMK/ Inklusion kann zu individuellen Lernprozessen führen, bei denen die Akteure und Organisationen die eigenen Vorstellungen in Frage stellen, lernen effizienter zu handeln, oder die eigenen Positionen besser im Feld durchzusetzen.

- Wenn die OMK/ Inklusion als Chance für das eigene Feld wahrgenommen wird und sich die entsprechenden Akteure und Organisationen bei den kollektiven Zusammenspielen durchsetzen, können diese individuellen Lernerfahrungen zu institutionellen kognitiven, regulativen und strategischen Lernprozessen führen.

4. Form und Gestalt der OMK/ Inklusion

Die OMK/ Inklusion wurde auf dem Gipfeltreffen der Staats- und Regierungschefs in Lissabon im Jahr 2000 ins Leben gerufen, wobei sie an die Erfahrungen mit den Armutsprogrammen in den 80er und 90er Jahren anknüpften (vgl. Armstrong 2003). Auch wurden für die Konzeption der OMK/ Inklusion Papiere der Kommission aufgegriffen, in denen bereits Ende der 90er Jahre erste OMK-Modelle sowie erste Ziele für ein solches Verfahren entwickelt worden waren. Das Verfahren baute folglich auf bestehenden Strukturen auf und war nicht allein das Ergebnis der Aushandlungsprozesse auf dem Gipfel. Ferner resultierte der Prozess aus einem Zusammenspiel von nationalen Delegierten, Kommission und Vertretern der nichtstaatlichen Netzwerke mit unterschiedlichen Vorstellungen, Ideen und Interessen. Gemeinsam ist allen Beteiligten, dass sie die sozialpolitischen Themen in den europäischen und den nationalen Feldern präsenter und stärker machen wollen. Daneben sind sie aber auch bemüht, die Interessen ihrer Organisation durchzusetzen. Hierbei versucht besonders die Generaldirektion Beschäftigung und Soziales (im Folgenden GD), ihre Position primär durch Vorarbeiten durchzubringen.

> Before the commission comes to public and draft, the commission has developed this practice for working within an open method of coordination of letting the member states have an advance look at its thinking in form of an outline. In formal terms, it has been nothing. In reality it is very important. So that when the commission comes and publishes its draft for a joint council report, the member states have already seen broadly what is in it. So there shouldn't be any surprises (EU12).

Dagegen blockieren die nationalen Delegierten vor allem mit Hilfe ihrer Vetomöglichkeit bzw. der Androhung eines Vetos für ihre Regierungen unliebsame Entscheidungen. Schließlich werden auch nichtstaatliche Akteure und Organisationen in die Prozesse eingebunden. Allerdings werden für diesen zivilen Dialog bestehende Kontakte genutzt, weshalb es neue NGOs schwerer haben, in die Kommunikationsprozesse eingebunden zu werden, als die durch die EG finanziell unterstützen Europäischen Netzwerke und die (nur bedingt interessierten) europäischen Sozialpartner. Auch muss die Wirkung der nichtstaatlichen Organisationen insofern als eingeschränkt gelten, als dass sie nur eine konsultative Funktion haben.

Fragt man nach den Zielen der OMK/ Inklusion, so ist festzustellen, dass im Ausschuss für Sozialschutz darauf verzichtet wurde, einen konkreten Handlungsansatz zu entwickeln, der Modellcharakter für die nationalen Systeme hätte (vgl. Behning 2004). Vielmehr wurden verschiedene Aspekte aufgezählt, die zusammen eine Politik der sozialen Eingliederung ausmachen (vgl. Palier 2004). Das Grundgerüst der OMK/ Inklusion waren bis 2005 daher vier ergebnisorientierte Ziele:

1. Förderung der Teilnahme am Erwerbsleben und des Zugangs Aller zu Ressourcen, Rechten, Gütern und Dienstleistungen
2. Vermeidung der Risiken der Ausgrenzung
3. Maßnahmen zugunsten der sozial am stärksten gefährdeten Personen
4. Mobilisierung aller Akteure

Diese waren ein Kompromiss aus den verschiedenen nationalen Ansätzen, wobei sich die Regierungen gegen ihre weitere Konkretisierung aussprachen. Daher wurde auch kein abschließendes Modell entwickelt, das klärt, welche Aspekte eine europäische Politik der sozialen Eingliederung umfasst. Auch blieb unklar, wie soziale Ausgrenzung bekämpft werden soll. Vielmehr wurden einzelne Gruppen identifiziert, die als besonders schutzbedürftig gelten (u. a. Rat 2002a). Allerdings waren sie mehr als der kleinste gemeinsame Nenner der nationalen Konzepte. Denn der europäische Ansatz wurde um eine organisatorische Dimension erweitert (vgl. Europäische Kommission 2002, 2005). Eine Politik der sozialen Eingliederung bedeutete demnach nicht nur, dass der allgemeine Lebensstandard gehoben oder die Chancengleichheit gewahrt wird. Darunter wird auch ein breiter *Governance*-Ansatz gefasst, in dem alle relevanten Akteure zusammenarbeiten. Hierzu kam es, da die Mehrheit der Regierungen entweder die Kompetenzen bereits delegiert hatte oder sich ihrer Kapazitätsgrenzen bewusst war. Ferner bestand ein erklärtes Ziel der Kommission darin, auch weitere Akteure und Organisationen in das Verfahren einzubinden.

Im Einklang mit den Zielen ergab unsere Analyse der Instrumente, dass die OMK/ Inklusion auf zwei Handlungssträngen beruht: Erstens sind die Nationalen Aktionspläne/ Nationalen Strategieberichte und der damit verbundene Benchmarking-Prozess sowie die *Peer Reviews* auf europäischer Ebene zu nennen. Dabei sind allerdings nicht nur die Ziele qualitativ und relativ allgemein gehalten, auch die Indikatoren lassen einen Interpretationsspielraum, da einige Mitgliedstaaten gegen ein Ranking votierten. Aus demselben Grund wurde auch bei den europäischen Evaluierungsverfahren auf das Instrument der Empfehlungen verzichtet.

Dieser Bericht stellt nicht den Anspruch, die Effektivität der Sozialsysteme in den verschiedenen Mitgliedstaaten zu bewerten. Er konzentriert sich vielmehr auf die Analyse der verschiedenen Ansätze (...). Der Bericht untersucht die NAP (Eingliederung), indem er sich auf die Qualität der Analyse, die Klarheit der Ziele, die Prioritäten und Zielvorgaben konzentriert sowie auf den Umfang eines strategischen und integrierten Ansatzes. In dieser Weise bekundet der Bericht das politische Engagement der Mitgliedstaaten, den neuen Prozess zur Förderung der sozialen Eingliederung anzuwenden, um ihre Bemühungen zu verstärken im Kampf gegen Armut und soziale Ausgrenzung (Europäische Kommission 2002: 5).

Sämtliche Instrumente, die mit den Aktionsplänen zusammenhängen, ließen den Regierungen im Untersuchungszeitraum einen großen Interpretationsspielraum und eigneten sich nur bedingt, einen nationalen Handlungsdruck aufzubauen. Dabei waren sie das Ergebnis eines Kompromisses zwischen der Kommission und solchen Regierungen einerseits, die eine soziale Dimension vorantreiben wollten, und jenen Mitgliedstaaten andererseits, die sich zwar bereit erklärten an dem Prozess teilzunehmen, gleichzeitig aber ein wirkungsvolles Analyseinstrument der eigenen Sozialpolitik verhindern wollten. Die skeptischen Regierungen fürchteten entweder, dass die Ergebnisse in den nationalen Debatten von der Öffentlichkeit und/oder der Opposition gegen sie verwendet würden, oder sie sahen in einem solchen Verfahren eine ungerechtfertigte Kompetenzausdehnung der europäischen Ebene.

Der andere Handlungsstrang war das Gemeinsame Aktionsprogramm zur Bekämpfung von sozialer Ausgrenzung. In ihm enthalten waren Maßnahmen zur Unterstützung der staatlichen Bemühungen und zur Stärkung des nichtstaatlichen Sektors. Sie unterschieden sich vom ersten Handlungsstrang, indem sie problembezogen waren, d.h. durch sie wurden konkretere, dafür punktuelle Analysen der nationalen Politik möglich. Ferner wurde hier darauf geachtet, dass der nichtstaatliche Sektor eingebunden war, bzw. konzentrierten sich eigene Instrumente ausschließlich auf nichtstaatliche und lokale Organisationen und Behörden. Das Aktionsprogramm baute teilweise auf den seit den Armutsprogrammen bestehenden Strukturen auf, weshalb es auch oft als eine Fortführung derselben gewertet wurde. Des Weiteren war seine Gestalt von einem relativen Desinteresse der Regierungen an ihm geprägt, die ihm nur eine untergeordnete Bedeutung zuschrieben, sowie von einem hohen Engagement auf Seiten der Kommission und deren nichtstaatlicher Partner, die darin eine Möglichkeit sahen, die eigenen Einflussmöglichkeiten auf nationaler Ebene auszubauen.

Insgesamt kann festgehalten werden, dass bei der OMK/ Inklusion zum einen solche Instrumente vorliegen, von denen ausgegangen wird, dass sie politisch wirken können, und die man daher relativ allgemein, breit interpretierbar und unkritisch gehalten hat. Zum anderen sind im Aktionsprogramm Maßnahmen festgehalten, die problembezogen und kritisch wirken.

5. Die nationalen Felder und ihre institutionellen Ordnungen

Da die OMK/ Inklusion in den drei Staaten jeweils vor dem Hintergrund der aktuellen Entwicklungen umgesetzt wurde, ist eine Offenlegung ihrer sozialen Strukturen und deren Reformprozesse notwendig. So unterscheiden sie sich sowohl in den Zielen als auch in ihren Aufbau. In Deutschland verwendete die Regierung bis 2005 den Begriff der sozialen Ausgrenzung entweder synonym mit dem der Armut, welche aufgrund der sozialen Sicherungssysteme als ein weitgehend bekämpftes Problem betrachtet wurde (Eichenhofer 2003). Oder soziale Eingliederung wurde mit einer Integration in den Arbeitsmarkt gleichgesetzt, wofür die Arbeitsmarktpolitik verantwortlich gemacht wurde (Bonß/ Ludwig-Mayernhofer 2000). Die aktuellen Reformen konzentrierten sich daher auch auf die Verringerung von verdeckter Armut und eine Integration von erwerbsfähigen Erwerbslosen in den Arbeitsmarkt. Soziale Ausgrenzung sollte somit als Nebeneffekt von anderen Politikbereichen bekämpft werden. Auch in Italien existierte in unserem Untersuchungszeitrum keine eigenständige Politik der sozialen Eingliederung, wenn auch aus anderen Gründen. Zwar hatte die Mitte-Links-Regierung im ersten Jahr der OMK/ Inklusion versucht, das bestehende wirtschaftliche und soziale Nord-Süd-Gefälle abzubauen und den allgemeinen Lebensstandard mit Hilfe einer nationalen OMK zu heben (vgl. Ferrera/ Sacchi 2005). Allerdings wurden diese Bemühungen durch eine ebenfalls von ihr initiierte Verfassungsreform und einen Regierungswechsel zunichte gemacht. Die neue Mitte-Rechts-Regierung konzentrierte sich auf die traditionellen Werte und betonte die Verantwortung der Familie und der lokalen Behörden. Eine nationale Politik zur Bekämpfung von sozialer Ausgrenzung galt nun als eine Kompetenzüberschreitung des Nationalstaates (vgl. Borghi/ Van Berkel 2007). Nur in Frankreich wurde eine eigenständige Politik der sozialen Eingliederung als notwendig und erstrebenswert gehalten, auch wenn ihr Erfolg noch umstritten ist (vgl. OECD 2007). Zentral war hierbei der Begriff der sozialen Kohäsion. Darunter wurde die Einbindung der Bürger in das Kollektiv durch den Staat verstanden, der für einen gewissen Lebensstandard sowie die Sicherung der Zugangsmöglichkeiten seiner Bürger zu verschiedenen gesellschaftlichen Bereichen, insbesondere dem Arbeitsmarkt, Sorge zu tragen hat (Ughetto/ Bouget 2002). Die Regierung versuchte durch staatliche Förderprogramme und Gesetzesinitiativen im Rahmen des sozialen Kohäsionsplans, soziale Ausgrenzung zu bekämpfen. Darüber hinaus wurde soziale Kohäsion bei der Reform des Budgetrechts zu einem Querschnittsthema im Bereich der Staatsfinanzen erklärt, d.h. die staatlichen Ausgaben werden seit dem Jahr 2006 auch im Hinblick auf soziale Risiken betrachtet und evaluiert.

Aufbauend auf diesen unterschiedlichen Wahrnehmungsschemata und Handlungsansätzen zeigten sich auch bei der Organisation der Felder große Unterschiede: Das deutsche Feld ist subsidiär, d.h. die lokalen Ebenen wie auch die Wohlfahrtsverbände übernehmen viele gesamtgesellschaftliche Aufgaben, wofür sie auch vom Staat unterstützt werden können. Besonderes Kennzeichen des Feldes ist hierbei die fest institutionalisierte vertikale wie horizontale Zusammenarbeit. Frankreich war dagegen bis 2005 trotz einiger Dezentralisierungstendenzen ein zentralistisch ausgerichtetes Feld. Dementsprechend galten sowohl die lokalen Behörden als auch die NGOs eher als zweitrangig. Hinzu kam, dass es eine fest verankerte Aufgabenteilung gab, d.h. es existierte nur im begrenzten Maße eine vertikale oder horizontale Zusammenarbeit. In Italien kann von einem fragmentierten Feld gesprochen werden. Auch hier übernehmen die lokalen Behörden wie auch die NGOs wichtige Aufgaben, allerdings ohne dass es im Untersuchungszeitraum zu einer nationalstaatlichen Koordinierung kam oder fest institutionalisierte Kommunikationsprozesse existierten.

Zusammenfassend kann festgehalten werden: Die drei hier untersuchten Felder unterscheiden sich grundsätzlich in ihren Leitbildern, den damit verbundenen Handlungsansätzen und ihrer Organisation. In zwei Feldern (Deutschland und Italien) gab es – wenn auch aus unterschiedlichen Gründen – keine eigenständige Politik der sozialen Eingliederung. Auch lag in diesen beiden Feldern die Bekämpfung von sozialer Ausgrenzung in den Händen von vielen Akteuren und Organisationen. Allerdings unterscheiden sie sich auch. Denn in Deutschland gab es nationale Maßnahmen, mit denen zumindest implizit bestimmte Aspekte von sozialer Ausgrenzung bekämpft wurden. Auch existierte sowohl eine vertikale als auch eine horizontale Zusammenarbeit zwischen den verschiedenen Organisationen. Dagegen wurde keiner der italienischen Reformpläne umgesetzt. Zudem arbeiteten die einzelnen Organisationen weitgehend autonom ohne nationale Koordinierung. In Frankreich existierte dagegen eine Politik der sozialen Kohäsion, die zentralistisch organisiert war. Aufbauend auf diesen Ergebnissen werden nun im Folgenden die Auswirkungen zunächst auf das staatliche, dann auf das nichtstaatliche Handeln untersucht.

6. Auswirkungen auf die Debatten und Maßnahmen der Regierung

Die OMK wird als ein multidimensionales Lernverfahren verstanden (vgl. Marlier et al. 2005). Gleichzeitig zeigte unsere Analyse der OMK/ Inklusion auf europäischer Ebene auch, dass die Regierungen solche Instrumente verhinderten, die ihre eigene Politik kritisch hinterfragt hätten. Ferner wurde offensichtlich, dass eine Politik der sozialen Eingliederung in allen drei Staaten unterschiedlich definiert und organisiert ist. Daher ist zu fragen, ob, und wenn ja welche Effekte das Verfahren auf Regierungsebene erzielen konnte. Dafür wird im Folgenden zunächst analysiert, wie die OMK/ Inklusion von den Regierungen wahrgenommen und bewertet wurde. Des Weiteren wird diskutiert, wie der Prozess organisiert war, ob es durchsetzungsstarke Beamte und Beamtinnen gab, die ihre Impulse umsetzen konnten. Darauf aufbauend werden abschließend die festgestellten individuellen und institutionellen Auswirkungen der OMK/ Inklusion diskutiert.

6.1. Die Wahrnehmung der OMK/ Inklusion durch die staatlichen Behörden

Unsere Studie zeigte bisher, dass sich die drei von uns untersuchten Felder bezüglich ihrer Ziele und Handlungsansätze maßgeblich voneinander unterscheiden. Im Folgenden wird nachgewiesen, dass die Regierungen die OMK/ Inklusion jeweils auf Basis dieser Ordnungsvorstellungen interpretierten und daher ihren Nutzen für die eigene Arbeit und die eigene Sozialpolitik ganz verschieden einschätzen.

Entsprechend den bestehenden Leitbildern wurde die OMK/ Inklusion vom deutschen Sozialministerium wie auch den Bundesländern als Instrument zur Bekämpfung von Armut verstanden. Die unmittelbar an dem Verfahren arbeitenden Beamten und Beamtinnen sahen in ihm durchaus einen Nutzen für die eigene Arbeit. Bezogen auf seine Relevanz für die deutsche Sozialpolitik an sich schlossen sie sich jedoch der Skepsis der politischen Spitze an. So wurde in unseren Interviews der hohe Sozialschutz in Deutschland hervorgehoben und betont, dass der Prozess primär für andere Staaten mit einem niedrigeren Lebensstandard gedacht sei. Hinzu kam, dass große Teile des Sozialministeriums die europäischen Organe als inhaltliche Gegenspieler betrachteten, d.h. nach ihrer Sichtweise trieb vor allem die Kommission eine wirtschaftliche Integration auf Kosten von Sozialstandards voran.

> Deutschland ist mit Abstand die widerspenstigste Nation. Wir müssen immer sehr viel und lange sprechen. Das dauert manchmal bis zu zehn Stunden (EU16).

Auch sahen sie den Sozialstaat als zentrale Stütze der nationalen Gesellschaft an und wollte ihn unangetastet von der EU in den Händen der nationalstaatlichen bzw. der lokalen Behörden lassen.

In Italien verbanden die federführenden Beamten anfangs große Erwartungen mit dem Prozess, da sie hofften, dadurch den sozialpolitischen Debatten neue Impulse geben zu können.

> So everyone in Italy was speaking about the deficit of 3%, the debt of 60%. Thus, there was a general interest in these indicators because it was very important in order to enter the Euro area. But this leading role in the social inclusion process was not there (I 12).

Allerdings wurden sie im Lauf der Zeit desillusioniert und kritisierten in unseren Interviews das Verfahren als unwichtig und relativ wirkungslos. Zwar wurde die OMK/ Inklusion von der Mitte-Links-Regierung als ein mögliches Vorbild für einen nationalen *Governance*-Ansatz gewertet, nach dem Regierungswechsel wurde jedoch eine Kehrtwende vollzogen. Denn die damalige Berlusconi-Regierung stand der OMK/ Inklusion skeptisch gegenüber.

> But the minister Mr. Maroni is a representative of the Lega Nord, and in that way of a party that is not much EU-oriented in the parliament (I 19).

Sie sah in ihren Vorgaben und Instrumenten zentralisierende Maßnahmen, die der tief verankerten Vorrangstellung von Familie und den lokalen Stellen diagonal gegenüberstehen. Der Prozess wurde daher als nicht anschlussfähig an die bestehende Ordnung bewertet.

In Frankreich wurde die OMK/ Inklusion primär als ein administrativer Prozess wahrgenommen. Die daran beteiligten Beamtinnen und Beamten, denen auch im nationalen Kontext die Aufgabe zukommt, neue Maßnahmen zur Bekämpfung von sozialer Ausgrenzung zu entwickeln bzw. die bestehenden zu verbessern, werteten das Verfahren als eine Chance, die eigene Arbeit zu reflektieren. Dagegen stand die politische Spitze der OMK/ Inklusion im Bezug auf das nationale Feld skeptisch gegenüber. Für sie war der eigene Wohlfahrtsstaat ein Teil des nationalen Selbstverständnisses, der keinen europäischen Einflüssen ausgesetzt werden sollte, zumal die EU als ein (zu) wirtschaftsfreundliches Gebilde wahrgenommen wurde. Dafür sah die Regierung den Prozess auf europäischer Ebene als eine Chance an, die soziale Dimension Europas zu stärken.

Es zeigte sich, dass sowohl die Wahrnehmung wie auch die Beurteilung des Prozesses durch die Regierungen Gemeinsamkeiten und Differenzen aufweisen. In allen drei Staaten wurde die OMK/ Inklusion als ein europäisches und damit für den nationalen Bedarf zweitrangiges Verfahren gewertet. Am positivsten schätzten sie die jeweils unmittelbar daran beteiligten Beamten und Beamtinnen ein. Allerdings lassen sich hier auch Unterschiede ausmachen. So sahen die französischen Beamten in dem Prozess eine Bereicherung für die eigene Arbeit, dagegen waren die italienischen Beamten enttäuscht. In Deutschland wurde zwar der Nutzen für die eigene Arbeit, jedoch auch die Grenzen im gesamten Feld hervorgehoben. Schließlich herrschte in allen drei Staaten in der politischen Spitze eine gewisse Skepsis gegenüber einer nationalen Implementierung des Verfahrens, da sie hierin eine Verletzung der eigenen Kompetenzen (Deutschland und Frankreich) oder der lokalen Behörden (Italien) sahen.

6.2. Organisation der OMK/ Inklusion innerhalb der Regierung

Nachdem im letzten Abschnitt deutlich wurde, dass die OMK/ Inklusion innerhalb der Regierungen nicht per se als ein nützlicher Prozess galt, soll nun ihre Organisation untersucht werden. Dabei wird der Frage nachgegangen, welche Durchsetzungsmöglichkeiten die an dem Verfahren beteiligten Beamten hatten.

Organisiert wurde die OMK/ Inklusion im Untersuchungszeitrum innerhalb der deutschen Regierung auf Basis der national bestehenden Kompetenzverteilung. Während die Vorbereitung zu den Sitzungen des Sozialschutzkomitees sowie die Federführung für die NAPs beim Sozialministerium lag, war das Bundesministerium für Familien, Senioren, Frauen und Jugend für das Aktionsprogramm zuständig; die Bundesländer besetzten über den Bundesrat einen Delegiertenposten im Sozialschutzkomitee. Deutschland war damit der einzige der drei Staaten, in dem ein lokaler Vertreter unmittelbar auf europäischer Ebene präsent war. Erklären lässt sich dies durch das föderale System, in dem die Bundesländer durch den Bundesrat auf nationaler Ebene Gestaltungskompetenzen haben und damit auch in der Verantwortung für nationale Entscheidungen stehen. Bei der Arbeit für die OMK/ Inklusion selbst bestand durchweg eine Aufgabenteilung zwischen den federführenden Beamten, die keine inhaltliche Verantwortung für die nationale Umsetzung der OMK/ Inklusion hatten, und den nationalen Experten/ Kompetenzträgern, die nur mittelbar über die Koordinierungsstellen in das Verfahren eingebunden waren.

> Wir koordinieren den NAP, d.h., wir sind für nichts zuständig, was da drin steht, zumindest nicht fachlich. (...) Wenn es jetzt beispielsweise um Sozialhilfe ginge, dann würde ich sagen: O.k., Frau (...), Sie sind fachlich zuständig, jetzt sagen Sie mir, was machen Sie an der Stelle. Und wir schreiben das dann zusammen, das gilt für die anderen Themen auch (D22).

Dies hatte zur Folge, dass die Beamten, die Erkenntnisse durch die Lernverfahren der OMK/ Inklusion gewannen, kaum Chancen hatten, diese auch auf nationaler Ebene umzusetzen (vgl. auch Büchs/ Friedrich 2005).

In Frankreich teilten sich formal das Büro des Premierministers und eine sozialpolitische Direktion die Verantwortung für die OMK/ Inklusion. Faktisch wurde der Prozess von der administrativen Ebene der National Zentralen Sozialpolitischen Direktion (DARES) organisiert. Die federführenden Beamten und Beamtinnen erstellten in Zusammenarbeit mit den Fachexperten aus den anderen Direktionen die NAPs und bereiteten die Sitzungen des Sozialschutzkomitees vor und nach (vgl. Kröger 2006). Darüber hinaus war auch die politische Spitze dieser Direktion an der Delegation für das SPC beteiligt. Da die Delegierten häufig wechselten, waren sie auf die Zuarbeit ihrer Beamten und Beamtinnen angewiesen.

> (...) we know what is important (...) we know the policies but the cabinets of the ministers don't know many things (F2).

Somit erfolgte auch hier eine enge Einbindung der national durchsetzungsstarken Administration, während die politische Spitze nur punktuell beteiligt wurde.

In Italien wurden die Positionen personen- und nicht aufgabengebundenen vergeben, was dazu führte, dass die federführenden Beamten im Lauf des Prozesses infolge von Arbeitsplatzwechseln immer weniger in die sozialpolitischen Debatten eingebunden waren.

Auch stellte Italien insofern eine Besonderheit dar, als ihre Delegiertenposten von regierungsfernen Personen wahrgenommen wurden: Im Sozialschutzkomitee vertraten Italien eine Wissenschaftlerin und ein Mitarbeiter der Rentenversicherungsanstalt, die jedoch nur über begrenzte Kontakte zur Regierung verfügten.

Wir liefern Meinungen, die sich auf eine individuelle und subjektive Basis stützen, außer in den wichtigsten Sachen, wo man in Kontakt steht zum Ministerium für die Arbeit und Sozialpolitik oder zum Gesundheitsministerium (I14, Übersetzung durch die Verfasserin).

Den NAP erstellten eine Beamtin und ein kleiner Mitarbeiterstab aus dem Arbeitsministerium (vgl. Ferrera/ Sacchi 2005). Dagegen waren das Sozialministerium wie auch die lokalen Behörden maximal auf der Basis von persönlichen Kontakten involviert. Diese Organisation des Verfahrens führte dazu, dass die Akteure und Akteurinnen, die den Prozess im nationalen Feld weisungsungebunden implementierten, kaum an den sozialpolitischen Debatten beteiligt waren und folglich diese auch nicht beeinflussen konnten, während umgekehrt die nationalen Kompetenzträger den Prozess kaum bis gar nicht kannten.

Gezeigt wurde, dass die OMK/ Inklusion auf Basis der jeweiligen Wahrnehmung und Beurteilung auf der einen Seite und den feldspezifischen Kompetenzverteilungen auf der anderen Seite organisiert wurde. Dies bedeutet für Deutschland und besonders Italien, dass die nationalen Kompetenzträger nur indirekt bzw. kaum in den Prozess eingebunden waren, während die federführenden Beamten nur geringe sozialpolitische Kompetenzen im nationalen Feld hatten. Dagegen fand in Frankreich eine Zusammenführung der Verantwortung bei der OMK/ Inklusion und den nationalen Kompetenzen auf administrativer Ebene statt. Alle drei Staaten stimmten jedoch darin überein, dass die OMK/ Inklusion als ein administrativer Prozess gewertet wurde und die politischen Spitzen daher in keinem Land langfristig und tiefer gehend an ihr beteiligt waren.

6.3. Effekte der OMK/ Inklusion

Die OMK/ Inklusion wurde nach unseren Erkenntnissen unterschiedlich wahrgenommen und organisiert. Diese feldspezifische Implementierung führte dazu, dass es in Deutschland und Italien nur zu individuellen Lernprozessen kam. Einzig in Frankreich konnten diese individuellen Lernerfahrungen in das kollektive Zusammenspiel eingebracht werden und institutionelle Resultate erzielen.

In Deutschland griffen die federführenden Beamten die Erkenntnisse aus den OMK/ Inklusion *Peer Reviews* oder Benchmarking auf und nutzten diese für die eigene Arbeit. Beispielsweise wurde im zweiten Armuts- und Reichtumsbericht der eigene Ansatz in expliziter Anlehnung an die OMK/ Inklusion entwickelt.

> Armut bezieht sich demnach auf die Ungleichheit von Lebensbedingungen und die Ausgrenzung von einem gesellschaftlich akzeptierten Lebensstandard. Dies entspricht dem Ansatz der „social exclusion" bzw. der „social inclusion" in der Armutsbekämpfungspolitik der EU (BMGS 2005: 7).

Allerdings konnten die Beamten ihre Erkenntnisse nur unzureichend in die staatlichen Debatten einbringen. Vielmehr galt die OMK/ Inklusion als nicht anschlussfähig an den deutschen Handlungsansatz zur Bekämpfung von Armut.

> Aber wir haben eben Schwierigkeiten zu sagen, wir wollen die Armut bis 2010 halbieren. Also, das beruht ein bisschen auf schlechten Erfahrungen, die man mit quantitativen Zielen gemacht hat, und es fehlt einfach die Tradition (D23).

Somit fand weder ein kognitiver noch ein normativ-regulativer, institutioneller Wandel statt. Vielmehr beschränkten sich die federführenden Beamten auf eine formal korrekte Umsetzung der europäischen Vorgaben.

> Also es wird formal schon ernst genommen von der Bundesregierung, (...) Und die nehmen das schon sehr ernst im BMGS. Die machen auch diese Koordination und die Federführung sehr, sehr gut (D18).

Auch wurde die OMK/ Inklusion weitgehend auf der Basis schon vorliegender Kommunikationsstrukturen organisiert, sodass hier die bestehenden Governance-Strukturen reproduziert wurden.

In Frankreich führte die OMK/ Inklusion anfangs primär zu individuellen Lernprozessen in der federführenden Direktion. So nutzte die Administration die Erkenntnisse des europäischen Austausches, um das eigene Problembewusstsein zu schärfen, auch wenn viele Leitbilder und Instrumente als unantastbar galten.

> For example, the commission suggests topics such as the situation of ethnic minorities and immigrants which can be quite difficult topics for us since we are not used to make these distinctions according to ethnic origin but in the European context you cannot oppose to these distinction since we have these problems here in France with immigrants. So, (...) I think today we speak about ethnic problems in the context of social inclusion in a slightly different way than 10 years ago (F17).

Auch verbesserte sie mit Hilfe des Prozesses die eigene Handlungsfähigkeit und griff die Erkenntnisse aus der OMK/ Inklusion zur Stärkung ihrer eigenen Position in den administrativen Debatten auf. Schließlich wurden auf administrativer Ebene die Kontakte zwischen den Direktionen für die NAP/ Inklusion ausgebaut und intensiviert. Später flossen diese Lernerfolge auch in die aktuellen Debatten und Regierungsprojekte und hierbei besonders in das neue Budgetrecht ein. So konnten die Beamten durch den Umgang mit den Laeken-Indikatoren rasch Indikatoren für das neue Budgetrecht entwickeln.

> In this context, the OMC and the selection of indicators for social inclusion and other issues have an important role and can help us to select indicators on the national level. Generally when we have to choose an indicator – if we have one, which has already been selected on the European level – it is a good argument (F17).

Ferner nutzten sie die NAP/ Inklusion, um auf administrativer und damit politisch unproblematischer Ebene nationale Ziele zu formulieren, die später bei der politisch brisanten Umsetzung des Budgetrechts aufgegriffen wurden. Dies führte dazu, dass der Bereich soziale Kohäsion bei der Implementierung des neuen Budgetrechts zum Vorbild für andere wurde. Es fand somit ein institutionelles Lernen statt, welches vielen beteiligten Beamten im Feld oftmals gar nicht bewusst ist.

> In fact for the impact of the SPC in general I discovered we had many of these kinds of votings. So you are doing something without knowing and we have had impact without knowing (EU22).

Die OMK/ Inklusion konnte somit einen regulativen Wandel im französischen Feld beeinflussen. Gleichzeitig ergaben unsere Interviews auch, dass die OMK/ Inklusion nur als Katalysator auf bereits angestoßene Prozesse einwirkte, da die politische Spitze das Verfahren nicht weiter aufgriff. Auch wurde an den bestehenden Leitbildern festgehalten und der Prozess auf Basis der bestehenden Aufgabenteilung organisiert. So kam es zwar zu einer Modifizierung des Governance-Ansatzes innerhalb der Regierung, im gesamten Feld blieben jedoch bislang marginalisierte Akteure und Organisationen, wie die lokalen Behörden, weiterhin außen vor.

Ähnlich wie in Deutschland, wenn auch aus anderen Gründen, kam es auch in Italien unter Berlusconi kaum zu einer Irritation der Diskussionen innerhalb der Regierung durch den Prozess. Die an dem Verfahren beteiligten Akteure versuchten zwar, die Instrumente der OMK/ Inklusion zu nutzen, um nationale Sozialpolitik zu stärken, nationale Kommunikationsstrukturen aufzubauen und das Wissen über das Verfahren zu verbreiten. Diese Bemühungen waren jedoch in unserem Untersuchungszeitraum nicht erfolgreich. Vielmehr hatten die entscheidenden Stellen in der Regierung kein Interesse an der OMK und wenig Wissen über das Verfahren.

> And the NAP has always been a more bureaucratic obligation than a real planning instrument for the government. NAP Inclusion is a bureaucratic exercise of compiling data and facts in a way that Italy looks good (I 19).

Allerdings wurde die OMK/ Inklusion zur Legitimation einer geplanten Reform herangezogen. Die Regierung stellte in ihrem Weißbuch aus dem Jahr 2003 ein transregionales Lernverfahren vor, wobei sie sich explizit auf die OMK/ Inklusion bezog. Gleichwohl waren diese Diskussionen nur von kurzer Dauer und das angedachte Lernverfahren wurde nicht weiter verfolgt. Um dieses Paradox zwischen marginaler Beachtung im Alltag und der expliziten Bezugnahme im Weißbuch verstehen zu können, muss zwischen der OMK/ Inklusion als abstraktem Handlungsansatz und dem konkreten Prozess unterschieden werden. Auf abstrakter Ebene wurde die OMK/ Inklusion als Argument zur Legitimierung der eigenen Pläne aufgegriffen, wobei besonders ihr Polyzentrismus, ihr subsidiäres System sowie die fehlenden Sanktionsmöglichkeiten als Vorbild für das eigene transregionale Verfahren hervorgehoben wurden. Der konkrete Prozess wurde dagegen als zentralistisches Verfahren gewertet, das nicht anschlussfähig an die nationale Ordnung ist.

Abschließend ist festzuhalten, dass die OMK/ Inklusion in Deutschland zwar individuellen Lernprozessen bei den Beamten führte, diese jedoch ihre Erfahrungen nicht in die kollektiven Debatten einbringen konnte. In Italien wurde die OMK/ Inklusion unter Berlusconi nur strategisch aufgegriffen, um ein Weißbuch zu rechtfertigen, ohne dass dies zu einem institutionellen Lernen führte. Dagegen wurde für Frankreich gezeigt, dass die Beamtinnen und Beamten den eigenen Ansatz in Teilen in Frage stellten und die OMK/ Inklusion als Argument zu Stützung der eigenen Position aufgriffen. Daraus ergab sich, dass die sozialpolitische Position im Budgetrecht gestärkt und effizient durchgesetzt werden konnte.

6.4. Zwischenfazit

Insgesamt waren vor allem drei Faktoren für Erfolg oder Misserfolg entscheidend: Erstens bedurfte es eines Problembewusstseins. Hierbei zeigte sich ein deutlicher Unterschied zur Misfitthese. Diesem Theorieansatz folgend sind die Chancen für einen Lernprozess umso höher, je größer der Unterschied zwischen den nationalen Gegebenheiten und den angestrebten Zielen ist (vgl. Börzel/ Risse 2003, López-Santana 2006). Nach unseren Resultaten war jedoch nicht ein messbarer Unterschied zwischen den Zielen und den nationalen Gegebenheiten entscheidend, sondern ob von den Akteuren ein Handlungsbedarf wahrgenommen wurde. Zweitens zeigte sich, dass die OMK/ Inklusion nicht zwangsläufig als Chance beurteilt wurde. Die OMK/ Inklusion wurde von vielen beteiligten Akteuren und Organisationen als ein „two level game" (Büchs 2008) verstanden und entsprechend bewertet. Damit weisen unsere Ergebnisse auf ein bislang kaum thematisiertes Problem der OMK-Prozesse hin: Die europäische Ebene gilt nicht per se als Chance und als Helfer, sondern es kann inhaltliche wie auch machtstrategische Vorbehalte geben. Gerade in Deutschland und Frankreich wurde die Umsetzung der OMK/ Inklusion nicht nur von einer inhaltlichen Skepsis, sondern auch von Ebenenkonflikten geprägt, d.h. die Ziele der OMK/ Inklusion wurden sowohl als Angriff auf die eigenen Sozialstandards als auch als Eingriff in die eigenen nationalen Kompetenzen gewertet und daher von vielen Sozialpolitikern und -politikerinnen abgelehnt. Wegen dieser Vorbehalte sind auch Sanktionen im Rahmen des Verfahrens nicht möglich (zu den Debatten über harte und weiche Instrumente Trubek/ Mosher 2003 und Trubek/ Trubek 2005a). Denn die Gefahr besteht, dass der Prozess endgültig von einigen Mitgliedstaaten abgelehnt werden könnte. Drittens wurde deutlich, dass die OMK/ Inklusion durchsetzungsstarke Akteure und/oder Organisationen braucht, damit ihre Impulse wirksam in die nationalen Debatten eingebracht werden. An dieser Stelle wurde offensichtlich, dass die OMK/ Inklusion nur bedingt ein offenes Verfahren ist. Vielmehr hat es den Anschein, dass zentralistisch organisierte Staaten wie Frankreich über bessere organisatorische Voraussetzungen verfügen wie etwa die dezentral organisierten Länder Deutschland und Italien (vgl. Büchs/ Friedrich 2005 für Deutschland). Nur in Frankreich wurden die zentralen Beamten in die OMK/ Inklusion eingebunden, und nur hier war es den federführenden Beamten möglich, die Erkenntnisse im nationalen Kontext umzusetzen.

7. Auswirkungen auf den nichtstaatlichen Sektor

Gemäß dem vierten Ziel soll die OMK/ Inklusion zu einer Aktivierung aller Akteure im Kampf gegen soziale Ausgrenzung beitragen. Dies kann auf zwei Weisen geschehen: Erstens werden Regierungen angehalten, bei der Erstellung der NAP/ Inklusion in einen Dialog mit den NGOs zu treten. Zweitens beinhaltet das Gemeinsame Aktionsprogramm zur Bekämpfung von sozialer Ausgrenzung zahlreiche Maßnahmen, die auf nichtstaatliche Organisationen und deren Netzwerke ausgerichtet sind. Bezogen auf die Einbindung des nichtstaatlichen Sektors in die NAP/ Inklusion zeigte sich in unseren Interviews, dass die Regierungen die NGOs auf Basis der bestehenden Beziehungen konsultierten und die OMK/ Inklusion keine neuen Kommunikationsstrukturen zwischen den nichtstaatlichen Organisationen und der Regierung anregen konnte. Damit wird auch verständlich, warum der Einfluss der NGOs auf die staatlichen wie die gesamtgesellschaftlichen Debatten durch die OMK/ Inklusion nicht wuchs. Gleichwohl muss auch angemerkt werden, dass diese Reproduktion der bestehenden Beziehungen aufgrund der nichthinterfragten Gültigkeit der feldspezifischen Aufgabenteilung von den NGOs meistens kaum kritisiert oder bemängelt wurde. Dieser Abschnitt konzentriert sich daher auf die Nutzung des Aktionsprogramms durch die NGOs. Dafür wird im Folgenden zunächst die Wahrnehmung des Prozesses durch die Nichtregierungsorganisationen in den drei Staaten dargelegt. Anschließend wird der Frage nachgegangen, wie sich der nichtstaatliche Sektor für die Teilnahme an der OMK organisierte. Darauf aufbauend werden die Kopplungsmechanismen und die Auswirkungen analysiert.

7.1. Wahrnehmung durch die nichtstaatlichen Organisationen

Es wurde bereits gezeigt, dass die Nutzung der OMK/ Inklusion davon abhängt, inwieweit die entscheidenden Organisationsstellen soziale Ausgrenzung als ein relevantes Problem wahrnahmen und das Verfahren als ein nützliches Hilfsmittel zur Bekämpfung beurteilten. In diesem Abschnitt wird nun diskutiert, wie die Mitarbeiter der NGOs das Aktionsprogramm bewerten, ob es als Chance gilt.

Die Mehrheit der deutschen Wohlfahrtsverbände hinterfragte die im Untersuchungszeitraum vorherrschende öffentliche Meinung, dass Armut in Deutschland ein weitgehend bekämpftes Phänomen sei. Die EU galt den Mitarbeitern der NGOs dabei seit den ersten europäischen Aktionsprogrammen in den 80er Jahren als ein wichtiger Impulsgeber bei der Entwicklung von neuen Armutsbegriffen und eigenen Modellen. Die OMK/ Inklusion wurde mit ihrem Aktionsprogramm als eine Fortführung dieser Debatten verstanden, wobei den früheren Maßnahmen eine größere Bedeutung für die nationalen Debatten zugeschrieben wurde. In Italien waren die NGOs traditionell zentrale Organisationen im Kampf gegen soziale Ausgrenzung. Die OMK/ Inklusion galt dabei als eine von mehreren Lernchancen, um das eigene Handeln zu verbessern und die eigenen Kontakte auszubauen. Hinzu kam, dass auch die italienischen NGOs bereits positive Erfahrungen mit dem Europäischen Sozialfonds und den früheren Aktionsprogrammen gesammelt hatten. Dagegen spielten in Frankreich die NGOs im Untersuchungszeitraum nur eine untergeordnete Rolle im Kampf gegen soziale Ausgrenzung. Ihre Haltung gegenüber dem Prozess kann als ambivalent beschrieben werden. Auf der einen Seite nahmen sie die OMK/ Inklusion als eine Möglichkeit wahr, eine europäische Zivilgesellschaft zu stärken. Auf der anderen Seite werteten sie den Prozess auf nationaler Ebene primär als Regierungsprojekt, für dessen Umsetzung sie keine Verantwortung tragen. Auch konnten sie kaum einen Nutzen für die eigene Arbeit erkennen.

Zusammenfassend kann festgehalten werden: Auch im nichtstaatlichen Bereich wurde die OMK/ Inklusion auf Basis der eigenen Leitbilder, Erfahrungen und Debatten analysiert und evaluiert. Dies führte dazu, dass der Prozess von vielen italienischen und deutschen NGOs als große Lernchance gewertet wurde. Die französischen NGOs dagegen sahen seinen primären Nutzen in der Stärkung der europäischen Zivilgesellschaft. Im Folgenden ist nun zu klären, wie sie die Nutzung des Aktionsprogramms organisierten und damit die wahrgenommenen Lernchancen auch tatsächlich nutzten.

7.2. Einbindung und Beteiligung an der OMK/ Inklusion

Die NGOs konnten sich unmittelbar an dem Aktionsprogramm beteiligen. Gleichwohl wird im Folgenden deutlich, dass auch die Projekte des Aktionsprogramms auf Basis der bestehenden Strukturen organisiert wurden. In Deutschland beteiligte sich eine Vielzahl der NGOs an den Projektangeboten. Zentral war hierbei die Nationale Armutskonferenz, als deutscher Ableger des European Anti-Poverty Networks. Denn sie war in unserem Untersuchungszeitraum die entscheidende Stelle, die die Ergebnisse aus den europäischen Debatten und die Informationen zu den EU-Fördermöglichkeiten im nationalen Feld verbreitete. Auf nationaler Ebene galt ihr Einfluss als begrenzt, da es bereits zuvor ein institutionalisiertes Kommunikationssystem zwischen den NGOs gegeben hatte. Zusätzlich beteiligten sich einige NGOs noch an den transnationalen und nationalen Projekten des Programms. Besonders aktiv waren hierbei die Mitarbeiter der großen Wohlfahrtsverbände. Gleichzeitig werden damit aber auch die Grenzen des Programms deutlich: Zum einen waren nur einzelne Akteure an den Projekten beteiligt, sodass sich die OMK nur punktuell auswirken konnte. Zum anderen partizipierten kleine oder lokal organisierte NGOs nur in geringerem Maße an dem Programm, da ihnen oftmals die Ressourcen dazu fehlten.

In Frankreich wurden im nichtstaatlichen Bereich große Unterschiede zwischen dem Engagement einzelner Personen und der Beteiligung von Organisationen offenbar. Denn auf der einen Seite waren einzelne französische Akteure oftmals die treibenden Kräfte in den europäischen Netzwerken. Auf der anderen Seite beteiligten sich die französischen NGOs kaum an den Maßnahmen des Aktionsprogramms. Der nationale Ableger des EAPN wurde daher nur von den unmittelbar daran beteiligten Akteuren als Schnittstelle zwischen der europäischen und der nationalen Ebene verstanden. Für die Mehrheit seiner Mitgliedsorganisationen war es ein nationales Netzwerk, das angesichts der bestehenden nichtstaatlichen Dachverbände und Netzwerke nur einen marginalen Zusatznutzen für die nichtstaatlichen Kommunikationsprozesse hatte.

Auch die Mitarbeiter der italienischen NGOs engagierten sich rege im Aktionsprogramm. Ähnlich wie in Deutschland war in Italien der nationale Ableger von EAPN eine wichtige Schnittstelle zwischen den Ebenen aber auch zwischen den nationalen und lokalen Organisationen. Durch dieses Netzwerk wurden lokale, regionale, kirchliche und säkulare Organisationen in die europäischen und die nationalen Debatten eingebunden und ein vertikales und horizontales Kommunikationssystem aufgebaut. Daneben beteiligten sich zahlreiche NGO-Mitarbeiter an den transnationalen wie nationalen Projekten. Allerdings stieß auch ihr Engagement an Grenzen.

> In fact some NGOs (...) do not have the staff (...) and the involvement highly depends on the interest of a member organisation and personal interest (F14).

Denn es konnten sich oftmals nur große oder mittlere NGOs leisten, die Gelder zu beantragen, während viele kleine NGOs die sich ihnen bietenden Chancen oft nicht wahrnehmen konnten, da ihnen die personellen und finanziellen Ressourcen fehlten.

Zusammenfassend kann festgehalten werden, dass die Beteiligung der NGOs an dem Aktionsprogramm auf Basis der bestehenden Kommunikationsstrukturen erfolgte und von den Ressourcen der jeweiligen Organisation abhing. Gemeinsam war allen drei Feldern, dass der jeweilige nationale Ableger von EAPN die entscheidende Schnittstelle zwischen den Ebenen war. Gleichzeitig differierte gerade die Nutzung dieser nationalen Netzwerke. Während in Italien der nationale Ableger als eine wichtige Plattform für sämtliche NGOs und als wichtige Schnittstelle zur europäischen Ebene genutzt wurde, galt er bei den deutschen NGOs als wichtige Schnittstelle zwischen den Ebenen, wohingegen auf nationaler Ebene auf die bereits bestehenden Strukturen verwiesen wurde. Schließlich sahen die französischen NGOs in ihm nur einen sehr begrenzten Nutzen zusätzlich zu den bereits bestehenden nationalen Kommunikationsstrukturen. Unterschiede zeigten sich ferner auch beim Engagement im Rahmen des Aktionsprogramms. Die italienischen NGOs engagierten sich rege an dem Aktionsprogramm. In Deutschland waren vor allem die Wohlfahrtsverbände beteiligt, während in Frankreich nur einzelne Personen in den Prozess involviert waren.

7.3. Effekte auf die nichtstaatlichen Debatten und Kontakte

Aufbauend auf den bisherigen Ergebnissen wird im Folgenden nachgewiesen, dass vor allem die italienischen und deutschen NGOs durch den Prozess profitieren konnten, während es in Frankreich nur zu vereinzelten individuellen Lernprozessen kam. Die deutschen NGOs nutzten die Erkenntnisse aus den europäischen Debatten, um die eigenen Leitbilder zu reflektieren und weiterzuentwickeln. Darüber hinaus dienten die transnationalen Projekte gerade den kleineren NGOs als Kontaktmöglichkeit zu anderen NGOs, um so neue Handlungsansätze für die eigene Arbeit kennen zu lernen. Auch die großen Wohlfahrtsverbände verwendeten diese Informationsmöglichkeiten, betonten jedoch, dass sie bereits zuvor internationale Kontakte gehabt hätten.

> Also wir haben natürlich unsere Kontakte zu unseren Pendants, (...), aber die hätten wir auch ohne OMK gehabt. Insgesamt, was ich auch so erlebe, ist es etwas anders bei Selbsthilfegruppen. Also es gibt ja jetzt seit einiger Zeit diesen Gipfel der Armen [Treffen von Menschen mit Armutserfahrungen, die Verf.], wo Selbsthilfegruppen, aber auch Menschen, die konkret von Armut betroffen sind, zusammen kommen und sich austauschen. Und das ist was Neues (D18).

Schließlich wurde mit der nationalen Armutskonferenz eine Plattform geschaffen, die die verschiedenen Nichtregierungsorganisationstypen (z.B. die Wohlfahrtsverbände mit den Selbsthilfegruppen) zusammenbrachte.

> (...) es gibt eben so Blöcke, es gibt die Wohlfahrtsverbände, die Selbsthilfegruppen, verschiedene Initiativen, (...), bevor es das alles gab, (...), sind die getrennt marschiert. Jetzt gibt es einen Ort, eine Plattform in der nationalen Armutskonferenz, wo ein Austausch möglich ist, wo auch gemeinsame Planungen bis hin zu Strategieentwicklungen möglich sind (D18).

Auch wurden auf nationaler Ebene Projekte durchgeführt, mit denen der Dialog mit den lokalen Behörden punktuell gestärkt wurde.

Dagegen kam im französischen Sektor nur zu individuellen Lernprozessen. So konnten einzelne NGO-Mitarbeiter über das französische EAPN von den europäischen Debatten profitieren. Mit Hilfe der europäischen Konzepte und des transnationalen Austauschs reflektierten sie die französischen Probleme und die Rolle der NGOs in Frankreich durchaus kritisch. Allerdings konnten sie sich in ihren Organisationen kaum durchsetzen.

> The (...) French national NGOs (...) are interested quite properly in what happens in France first and what happens in Europe second (EU12).

Vielmehr wurde von den französischen NGOs mehrheitlich zwischen der OMK/ Inklusion als europäischem Prozess und der eigenen nationalen Arbeit unterschieden. Sie sahen daher in den europäischen Maßnahmen kaum einen Nutzen für die eigene Arbeit.

In Italien wurden die Erfahrungen aus den transnationalen Prozessen in den nationalen und organisationsinternen Debatten aufgegriffen, und darauf aufbauend die eigenen Leitbilder sowie der eigene Handlungsansatz reflektiert und weiterentwickelt. Daneben nutzten die NGOs die Finanzmittel des Aktionsprogramms, um die eigene Handlungsfähigkeit und damit die eigene Position im Feld zu stärken.

> The NGOs are interested in the action programme that comes from the same institutional problem as the government's and regions' lack of coordination (...) (EU14).

Sie führten die nationalen Projekte durch, wodurch die OMK/ Inklusion auf lokaler Ebene präsenter wurde und sich die Zusammenarbeit zwischen den lokalen Behörden und den NGOs besserte.

> In these days they are closing the program to hold 15 meetings in Italian cities to promote the strategy to fight the poverty involving more municipalities than the national government (I 19).

Ähnlich wie in Deutschland knüpften die Akteure an bestehende Strukturen an. So hatten die NGOs bereits vor dem Jahr 2000 die Ressourcen des Europäischen Sozialfonds für die eigene Arbeit verwendet. Schließlich half der nationale Ableger von EAPN den NGOs, ihre Zusammenarbeit untereinander zu verbessern. Beispielsweise kam es zu einer verstärkten Kontaktaufnahme zwischen den kirchlichen und den säkularen NGOs.

Insgesamt kann festgehalten werden, dass in Italien der Prozess aufgegriffen wurde, um lokale und europäische Beziehungen auf- und auszubauen und den eigenen Handlungsansatz zu hinterfragen bzw. effizienter zu gestalten. In Deutschland nutzten zahlreiche NGOs die Definitionen, Modelle und Analysen der europäischen Ebene, um die bestehenden Leitbilder in Frage zu stellen, und im geringem Maß, um Kontakte zu anderen NGOs zu knüpfen, während in Frankreich kaum Effekte erzielt werden konnten.

7.4. Zwischenfazit

Die vorliegende Studie ergab, dass die nichtstaatlichen Akteure und Organisationen die OMK/ Inklusion auf Basis der bestehenden Ordnung wahrnehmen und umsetzen. So wurde das Aktionsprogramm vor allem von den italienischen und deutschen NGOs genutzt, die sich als wichtige Instanzen im nationalen Kampf gegen soziale Ausgrenzung verstehen, und das Programm als Chance wahrnahmen, die eigene Handlungsfähigkeit zu steigern. Ferner erwies es sich als hilfreich, wenn die NGOs bereits zuvor Kontakte zur europäischen Ebenen gehabt und von dort Hilfe für die eigene Arbeit erfahren hatten. Wir stimmen daher der These von Kröger (2006) zu, dass eine OMK nicht nur von früheren Strukturen geprägt wird, sondern auch umso erfolgreicher ist, je mehr sie an bestehende Debatten und Kontakte anknüpfen kann. Unsere Resultate für Frankreich weisen aber auch nach, dass die bestehende Ordnung eine erfolgreiche Umsetzung der OMK/ Inklusion im nichtstaatlichen Bereich verhindern kann. Denn die nichtstaatlichen Organisationen reproduzierten in dem Prozess die bestehende und nicht hinterfragte Rollenverteilung, weshalb die Mehrheit der Beteiligten den Prozess als ein Regierungsprojekt mit geringem Nutzen für die NGOs wertete. Hinzu kommt, dass zwischen der nationalen und der europäischen Ebene differenziert wurde. Die nichtstaatlichen Organisationen waren zwar auf der einen Seite stolz darauf, dass einzelne nichtstaatliche Akteure die OMK/ Inklusion auf europäischer Ebene vorantreiben. Auf der anderen Seite griffen sie für nationale Problemstellungen nur in begrenztem Maße auf die Möglichkeiten der OMK zurück. Dieses Ergebnis weist – entgegen der These von Behning (2003) – darauf hin, dass das Design der OMK/ Inklusion eine verstärkte Nutzung durch den nichtstaatlichen Sektor fördern kann, jedoch nicht muss. Vielmehr erwiesen sich die nationalen Rahmenbedingungen als entscheidender Faktor dafür, ob und in welcher Form es zu einer erfolgreichen Umsetzung kommt, während das Design der OMK/ Inklusion diese Tendenzen nur verstärken kann.

8. Schlussfolgerungen

In diesem Beitrag wurden die Auswirkungen der OMK/ Inklusion auf die drei konservativen Wohlfahrtsstaaten Deutschland, Frankreich und Italien verglichen. Dabei zeigte sich, dass sich die drei nationalen Felder sowohl in ihren Leitbildern und ihrem Handlungsansatz als auch in ihrem Aufbau und ihrer Organisation grundlegend unterscheiden. Dies wirkte sich auch auf die Organisation und die Nutzung der OMK/ Inklusion aus. Im Einklang mit Esping-Andersen et al. (2002: 13) kann daher festgehalten werden, dass die OMK aufgrund der hohen Pfadabhängigkeit nationaler Ordnungen keinen radikalen Wandel auslösen konnte. Vielmehr konnten zwar in allen drei Staaten sowohl auf Seiten der Regierung als auch im nichtstaatlichen Sektor individuelle Lernprozesse angestoßen werden. Damit bestätigt sich unsere These, dass die OMK/ Inklusion dazu beitragen kann, dass einzelne Akteure und Organisationen die eigenen Ordnungsvorstellungen in Frage stellen, das eigene Handeln effizienter gestalten, Kontakte aufbauen und die eigenen Durchsetzungschancen erhöhen. Gleichwohl wurde auch deutlich, dass dieses individuelle Lernen nicht automatisch zu institutionellem Lernen führt. Es bestätigte sich, dass die OMK/ Inklusion auf Basis der bestehenden sozialen Ordnung wahrgenommen, organisiert und daher auch umgesetzt wird. Insgesamt lassen sich vier Faktoren benennen, die für einen Erfolg der OMK/ Inklusion entscheidend sind. Erstens müssen nationale Akteure Problemstellungen erkennen. Da Armut von der deutschen Regierung als ein bekämpftes Phänomen gesehen wurde, gingen von der OMK/ Inklusion kaum Impulse aus. Zweitens muss die OMK/ Inklusion als Chance gewertet werden. Gerade innerhalb der deutschen und der französischen Regierungen gab es jedoch große inhaltliche und strategische Vorbehalte gegenüber der OMK/ Inklusion. Diese wurde tendenziell als ein Versuch der europäischen Organe gesehen, die sozialpolitischen Kompetenzen der EU zu erweitern. Drittens hängt der Erfolg einer OMK von der Existenz durchsetzungsstarker Akteure und Organisationen ab, die den Prozess wirkungsvoll und nachhaltig umsetzen können. Denn während die zentralistische Organisation des französischen Felds eine Einflussnahme der OMK/ Inklusion auf die Arbeit der nationalen Administration begünstigte, erwiesen sich der deutsche Föderalismus und die italienische Fragmentierung als Hindernis innerhalb der Regierung (vgl. auch Kröger 2006). Viertens unterstützen bereits bestehende Kontakte die Wirkung der OMK. Beispielsweise baut der Erfolg des Aktionsprogramms in den deutschen und italienischen Zivilgesellschaften auch maßgeblich auf den Erfahrungen der NGOs mit früheren Programmen auf (de la Porte/ Pochet 2005). Gleichwohl wurde auch offensichtlich, dass alle vier Faktoren keine Erfolgsgarantie darstellen, sondern lediglich die Chance einer erfolgreichen Umsetzung erhöhen. Auch wurde deutlich, dass das Design der OMK/ Inklusion mit seiner starken Fokussierung auf die Zivilgesellschaft zwar die nationale Umsetzung beeinflussen kann, aber nicht notwendigerweise muss.

Bibliographie

Armstrong, Kenneth A. (2003): Tackling Social Exclusion through OMC: Reshaping the Boundaries of EU Governance. In: Börzel, T.A./ Chichowski, R.A. (eds.): State of the Union: Law. Politics and Society. Bd. 6. Oxford, 170-194.

Armstrong, Kenneth A. (2006): The 'Europeanisation' of Social Exclusion: British Adaptation to EU Co-ordination. In: British Journal of Politics and International Relations 8, 79-100.

Arrowsmith, James, Keith Sisson und Paul Marginson (2004): What can 'Benchmarking' Offer the Open Method of Co-ordination? In: Journal of European Public Policy 11 (2): 311-328. [Special issue "The Open Method of Co-ordination in the European Union".]

Behning, Ute (2003): Implementing the 'New Open Method of Coordination' in the Field of Social Inclusion. In: Transfer. European Review of Labour and Research 9 (4), 737-42.

Behning, Ute (2004): Die 'neue Methode der offenen Koordination': Versuche der integrationstheoretischen Klassifizierung einer neuen Form des sozialpolitischen Regierens in der Europäischen Union. In: Österreichische Zeitschrift für Politikwissenschaft (ÖZP) 2004 (2), 127-136.

Börzel, Tanja A./ Risse, Thomas (2003): Conceptualizing the Domestic Impact of Europe. In: Featherstone, K./ Radaelli, C. (eds.): The Politics of Europeanisation. Oxford, 57-80.

Borrás, Susana und Bent Greve (2004): Concluding remarks: New method or just cheap talk? In: Journal of European Public Policy 11 (2), 329-336.

Bonß, Wolfgang/ Ludwig-Mayerhofer, Wolfgang (2000): Arbeitsmarkt. In: Allmendinger, J./ Ludwig-Mayerhofer, W. (Hg.): Soziologie des Sozialstaats. Weinheim/ München, 109-144.

Borghi, Vando/ von Berkel, R. (2007): New Modes of Governance in Italy and Netherlands: The Case of Activation Policies. In: Public Administration, Vol. 85 (1), 83-101.

Bourdieu, Pierre (1993): Sozialer Sinn. Kritik der theoretischen Vernunft. Frankfurt a.M.

Büchs, Milena (2008): The Open Method of Coordination as a 'Two-Level Game'. In: Policy & Politics 36 (1), 21-37.

Büchs, Milena/ Friedrich, Dawid (2005): Surface Integration. The National Action Plans for Employment and Social Inclusion in Germany. In: Zeitlin, J./ Pochet, Ph./ Magnusson, L. (eds.): The Open Method of Co-ordination in Action. The European Employment and Social Inclusion Strategies. Frankfurt a.M./ Brussels, 249-285.

Bundesministerium für Gesundheit und Soziale Sicherung (2005b): Lebenslagen in Deutschland. Der zweiter Armuts- und Reichtumsbericht der Bundesregierung. Bonn.

Citi, Manuele/ Rhodes, Martin (2007): New Modes of Governance in the EU: Common Objectives versus National Preferences. European Governance.

De la Porte, Caroline/ Pochet, Philippe (2005): Participation in the Open Method of Co-ordination. The Cases of Employment and Social Inclusion. In: Zeitlin, J./ Pochet, Ph./ Magnusson, L. (eds.): The Open Method of Co-ordination in Action. Frankfurt a.M./ Brussels, 353-390.

De la Porte, Caroline/ Pochet, Philippe/ Room, Graham (2001): Social benchmarking, policy making and new governance in the EU. In: Journal of European Social Policy, 11 (4): 291-307.

DiMaggio, Paul/ Powell, Walter (1991a): Introduction. In: Powell, W./ DiMaggio, P. (eds.): The New Institutionalism in Organizational Analysis. Chicago/ London, 1-38.

Eichenhofer, Eberhard (2003): Sozialrecht. Tübingen.

Esping-Andersen, Gøsta (1999): Social Foundations of Postindustrial Economies. Oxford.

Esping-Andersen, G.,/Gallie, D./ Myles, J./ Hemerijck, A. (2002): Why We Need a New Welfare State. Oxford.

Europäische Kommission (2002): Gemeinsamer Bericht über die soziale Eingliederung 2001, Office for Official Publications of the European Communities, Luxemburg.

Europäische Kommission (2005): Der Europäische Sozialfonds – Europa, in Menschen investieren.

Europäischer Rat (2000): Council Conclusions of 19 and 20 June 2000 in Santa Maria da Feira, Brüssel.

Ferrera, Maurizio/ Sacchi, Stefano (2005): The Open Method of Co-ordination and National Institutional Capabilities: The Italian Case. In: Zeitlin, J./ Pochet, Ph./ Magnusson, L. (eds): The Open Method of Co-ordination in Action: The European Employment and Social Inclusion Strategies. Frankfurt a.M./ Brussels, 137-172.

Fligstein, Neil (2001): Social Skill and the Theory of Fields. In: Sociological Theory 19 (2), 105-125.

Fligstein, Neil/ Stone Sweet, Alec (2002): Constructing Polities and Markets: An Institutionalist Account of European Integration. In: American Journal of Sociology 107 (5), 1206-1243.

Friedberg, Erhard (1995): Ordnung und Macht: Dynamiken organisierten Handelns. Wien.

Hartlapp, Miriam (2006): Über Politiklernen lernen. Überlegungen zur Europäischen Beschäftigungsstrategie. Discussion Paper. Wissenschaftszentrum Berlin für Sozialforschung, http://skylla.wz-berlin.de/pdf/2006/i06-114.pdf.

Hartwig, Ines/ Meyer, Christph O. (2002): Towards Deliberative Network Governance? Theorizing Socio-Economic Policy Coordination in the European Union. GOVECOR Working Paper.

Heidenreich, Martin/ Bischoff, Gabriele (2008): The Open Method of Coordination. A way to the Europeanization of social and employment policies? In: Journal of Common Market Studies (im Erscheinen).

Hemerijck, Anton/ Visser, Jelle (2003): Policy Learning in European Welfare States. Unveröffentlichtes Manuskript. Universities of Leyden and Amsterdam.

Jacobsson, Kerstin (2004): Between Deliberation and Discipline: Soft Governance in EU Employment Policy. In: Mörth, U. (ed.): Soft Law in Governance and Regulation: An Interdisciplinary Analysis. Cheltenham, U.K.,/ Northampton, MASS, 81-102.

Jacobsson, Kerstin (2005): Trying to reform the „best pupils in the class"? The Open Method of Coordination in Sweden and Denmark. In: Zeitlin, J./ Pochet, Ph./ Magnusson, L. (eds.) The Open Method of Coordination in Action: The European Employment and Social Inclusion Strategies. Frankfurt a.M./ Brussels, 107-136.

Jacobsson, Kerstin/ West, Charlotte (2007): Europeanization of Employment Policy Making in the Baltic States. (Unveröffentlichtes working paper.)

Kitschelt, Herbert/ Streeck, Wolfgang (2003): From Stability to Stagnation: Germany at the Beginning of the Twenty-First Century. In: West European Politics 26 (4), 1-34.

Kopp-Malek, Tanja (2004): Über das Lernen in und von Organisationen. Einblicke in Diskussionen zum Forschungsfeld "organisationales Lernen". In: Michael, F./ Hillebrandt, F. (Hg.). Adaption und Lernen von und in Organisationen. Beiträge aus der Sozionik. Wiesbaden, 23-40.

Kröger, Sandra (2006): When Learning Hits Politics Or: Social Policy Coordination Left to the Administrations and the NGOs? In: European Integration online Papers, 10 (3).

López-Santana, Mariely (2006): The domestic implications of European soft law: framing and transmitting change in employment policy. In: Journal of European Public Policy 13 (4), 481-499.

Luhmann, Niklas (2000): Organisation und Entscheidung. Opladen/ Wiesbaden.

Luhmann, Niklas (2002): Die Politik der Gesellschaft. Frankfurt a.M.

Marlier, Eric/ Atkinson, Tony/ Cantillon, Bea/ Nolan, Brian (2007): The EU and Social Inclusion. Facing the challenges. Bristol.

O'Donnell, Rory/ Moss, Brian (2005): Ireland: The Very Idea of an Open method of Co-ordination. In: Zeitlin, J./ Pochet, Ph./ Magnusson, L. (eds.): The Open Method of Coordination in Action: The European Employment and Social Inclusion Strategies. Frankfurt a.M./ Brussels, 311-352.

OECD (2007): OECD Economic Surveys 2007.

Palier, Bruno (2004): Social Protection Reforms in Europe: Strategies for a New Social Model. CPRN [Canadian Policy Research Networks] Social Architecture Papers, Research Report F|37 Family Network.

Radaelli, Claudio M. (2003): The Open Method of Coordination: A new governance architecture for the European Union? Sieps-Report 2003 (1).

Rat der Europäischen Union (2002a): Beschluss des Rates vom 18. Februar 2002 über die Leitlinien für beschäftigungspolitische Maßnahmen der Mitgliedstaaten im Jahr 2002. 2002/177/EG.

Scharpf, Fritz W. (2002): The European Social Model: Coping with the Challenges of Diversity. In: Journal of Common Market Studies 40 (4), 645-670.

Scott, Richard (1994): Conceptualizing Organisational Fields. In: Derlien, H.-U./ Gerhardt, U./ Scharpf, F. (Hg.): Systemrationalität und Partialinteresse. Baden-Baden, 203-221.

Scott, W. Richard/ Meyer, John W. (1994): The Rise of Training Programs in Firms and Agencies: An Institutional Perspective. In: Scott, W.R./ Meyer, J.W. (eds.): Institutional Environments and Organizations. Thousand Oaks CA, 228-254.

Trubek, David M./ Mosher, James S. (2003): New Governance, Employment Policy and the European Social Model. In: Zeitlin, J./ Trubek, D.M. (eds.): Governing Work and Welfare in a New Economy: European and American Experiments. Oxford, 33-58.

Trubek, David M./ Trubek, Louise G. (2005a): The Open Method of Coordination and the Debate over 'Hard' and 'Soft' Law. In: Zeitlin, J./ Pochet, Ph./ Magnusson, L. (eds.): The Open Method of Coordination in Action: The European Employment and Social Inclusion Strategies. Frankfurt a.M./ Brussels, 83-103.

Trubek, David M./ Trubek, Louise G. (2005b): Hard and Soft Law in the Construction of Social Europe: the Role of the Open Method of Co-ordination. In: European Law Journal 11 (3): 343-64.

Trubek, David M./ Trubek, Louise G. (2007): New Governance and Legal Regulation: Complementarity, Rivalry or Transformation. In: Columbia Journal of European Law 13, 539-564.

Ughetto, Pascal / Bouget, Dennis (2002): France: the impossibile new social compromise? In: Andersen, J.G./ Clasen, J./ van Orschot, W./ Halvorsen, K. (eds.): Europe's new state of welfare. Unemployment, employment policies and citizenship. Bristol, 91-105.

Weick, Karl E./ Westley, Frances (1996): Organizational learning: Affirming an Oxymoron. In: Clegg, S. R./ Hardy, C./ Nord, R. (eds.): Handbook of Organization Studies. London, 440-458.

Zeitlin, Jonathan (2005a): Introduction: The Open Method of Coordination in Question. In: Zeitlin, J./ Pochet, Ph./ Magnusson, L. (eds.): The Open Method of Coordination in Action: The European Employment and Social Inclusion Strategies. Frankfurt a.M./ Brussels, 19-33.

Zeitlin, Jonathan (2005b): Conclusion: The Open Method of Coordination in Action: Theoretical Promise, Empirical Realities, Reform Strategy. In: Zeitlin, J./ Pochet, Ph./ Magnusson, L. (eds.): The Open Method of Coordination in Action: The European Employment and Social Inclusion Strategies. Frankfurt a.M./ Brussels, 447-503.

Zeitlin, Jonathan/ Pochet, Philippe Pochet/ Magnusson, Lars (eds.) (2005): The Open Method of Coordination in Action: The European Employment and Social Inclusion Strategies. Frankfurt a.M./ Brussels.

Gabriele Bischoff

Das „Voneinanderlernen" verbessern – Debatten und Vorschläge im Rahmen der ersten Trio-Präsidentschaft 2007/2008

1. Einleitung

Der Europäische Rat führte im Jahr 2000 einen neuen Koordinationsansatz (Offene Methode der Koordinierung, OMK) ein, der dazu beitragen sollte, die Lissabon-Ziele besser zu erreichen. Mit diesem neuen Ansatz sollten „gute und beste Praktiken" (*Good and Best Practices*) verbreitet und eine größere Konvergenz hinsichtlich der wichtigsten EU-Ziele erreicht werden. Die OMK soll die Mitgliedstaaten darin unterstützen, eigene Lösungen zu entwickeln.

Die OMK-Prozesse in den Bereichen Beschäftigung, Sozialschutz und soziale Eingliederung haben in den letzten Jahren an Bedeutung und Akzeptanz gewonnen. Gerade auch im Vergleich mit den beiden anderen Säulen europäischer Sozialpolitik, der Gesetzgebung in Form sozialer Mindeststandards (gemäß Art. 137 EGV) sowie dem sozialen Dialog (gemäß Art. 138, 139 EGV).[1]

Auch die Trio-Präsidentschaft (Deutschland, Portugal, Slowenien, 2007-08) hat sich mit der OMK beschäftigt und Initiativen auf den Weg gebracht, die OMK-Potentiale besser zu nutzen und die Instrumente zu verbessern. Der Schwerpunkt lag dabei auf der Verbesserung des „Voneinanderlernens". Dieser Artikel beschreibt Diskussionsprozesse, die von der Europäischen Kom-

---

[1] Der Soziale Dialog wurde auf europäischer Ebene in einer Zeit entwickelt, in der es ziemlich schwierig war, sozialpolitische Richtlinien zu verabschieden. Der Kommissionspräsident, J. Delors, auch „Vater" des Europäischen Sozialen Dialogs genannt, versuchte damit, dem Gesetzgebungsprozess einen neuen Impuls zu geben. Der Soziale Dialog wird auch als Instrument für die funktionale Subsidiarität gesehen, um beiden Seiten in der Industrie – den Arbeitgebern und den Gewerkschaften – die Möglichkeit zu geben, ihre eigenen Lösungen in den Bereichen zu entwickeln, in denen sie entsprechende Kompetenzen haben. Die OMK wurde in den Bereichen als neues Instrument eingeführt, in denen Gesetze nicht möglich bzw. nicht sinnvoll sind.

mission, der Trio-Präsidentschaft und der deutschen Präsidentschaft initiiert wurden, um auszuloten, ob und wie das Voneinanderlernen verbessert werden kann[2]. Besonderes Interesse gilt dem Prozess des „Voneinanderlernens", hier vorrangig im Rahmen der *Peer Reviews* und der Thematischen Seminare.

2. OMK und „Voneinanderlernen" im Rahmen der europäischen Sozialpolitik

Die europäische Beschäftigungs- und Sozialpolitik stützt sich auf drei Säulen: die von der europäischen Gesetzgebung festgelegten sozialen Mindeststandards, die Koordinationsmechanismen (insbesondere die OMK-Prozesse in den Bereichen Beschäftigungspolitik sowie Sozialschutz und soziale Eingliederung) und den Sozialen Dialog.

In den letzten Jahren wurde es zunehmend schwieriger, den rechtlichen Besitzstand (sozialen Acquis) Europas substantiell zu verbessern und sich im Rat auf neue soziale Mindeststandards zu einigen. Dies trifft insbesondere für die neueren Gesetzesvorhaben (Richtlinien und Verordnungen) zu. Mehrere Präsidentschaften hatten in den letzten Jahren versucht, Mehrheiten bzw. Einstimmigkeit zu erzielen, um neue sozialpolitische Richtlinien und Verordnungen im Rat zu verabschieden oder existierende Gesetzesvorhaben substantiell – mit dem Ziel des sozialen Fortschritts – zu überarbeiten. Ohne bzw. mit wenig Erfolg (wie im Beispiel der Richtlinien zur Zeitarbeit/ Leiharbeit und Übertragbarkeit von Betriebsrenten oder zur Arbeitszeit). Entweder waren Kompromisse gar nicht möglich oder nur auf einem Niveau, das wenig substantielle Verbesserungen nach sich zog.

Auch im sozialen Dialog wurden in den letzten Jahren keine verbindlichen Vereinbarungen mehr abgeschlossen, die an den Rat weiter geleitet wurden und so europaweit verbindliche Standards gesetzt haben. Mit dem neuen gemeinsamen, mehrjährigen Arbeitsprogramm der Sozialpartner wurden innerhalb der letzten Jahre neue Instrumente und Verfahren erprobt, allerdings ohne dabei neue Sozialstandards zu etablieren, die in ganz Europa bindend sind. Bei der neuen Generation von Sozialpartner-Übereinkommen verlässt

---

[2] Diese Debatten wurden im Ausschuss für Sozialschutz (Social Protection Committee, SPC) geführt, auf Grundlage gemeinsamer Diskussionspapiere der Europäischen Kommission und der deutschen Präsidentschaft sowie in Form einer schriftlichen Befragung der Mitgliedstaaten.

man sich vor allem darauf, dass die nationalen Verbände diese freiwillig umsetzen und anwenden. Bisher existiert kein transparentes und methodisch entwickeltes *Monitoring*-System für die Umsetzung dieser freiwillig umzusetzenden Vereinbarungen.

Im Gegensatz hierzu weisen die anderen beiden Säulen, die Offene Methode der Koordination (OMK) in den Bereichen Beschäftigung und Sozialschutz (Alterssicherung, Gesundheit und Langzeitpflege) sowie im Bereich soziale Eingliederung, mehr Dynamik auf. Die Erfahrungen der Mitgliedstaaten mit der OMK, auch jener Staaten wie Deutschland, die anfangs ziemlich kritisch waren, ist weitgehend positiv und lässt darauf schließen, dass bei der Modernisierung der Sozialschutzsysteme und bei der Anpassung der Beschäftigungspolitik an vorhandene Herausforderungen, wie z.B. an die demographischen Veränderungen und die Herausforderungen der Wissensgesellschaft, gemeinsam vereinbarte Ziele und der Austausch bei der Umsetzung dieser Ziele hilfreich sein können.

Die OMK bietet Spielraum für nationale Lösungsvorschläge vor allem in den Bereichen der Sozialpolitik, in denen soziale Mindeststandards in Form von europäischen Gesetzen vom Vertrag ausgeschlossen werden, in denen sich die Mitgliedstaaten aber mit ähnlichen Problemen und Herausforderungen konfrontiert sehen. Sie ist nicht geeignet, um die Mindeststandards in den Bereichen zu ersetzen, in denen eine europäische Gesetzgebung möglich und sinnvoll ist.

Jüngere Untersuchungen zeigen, dass die OMK bisher nicht dazu geführt hat, "hard law" (Richtlinien/ Verordnungen) im sozialen Bereich durch Koordinierungsprozesse zu ersetzen (Faulkner et al. 2005). Sie wirkt bisher ergänzend zu den bestehenden Säulen Gesetzgebung und sozialer Dialog.

Gleichwohl besteht inzwischen größerer Klärungsbedarf hinsichtlich des Mehrwerts der Koordinierungsverfahren und der Interdependenz mit den anderen Säulen der europäischen Sozialpolitik:

„(...) greater clarity is required as to the rational and added value of EU policy co-ordination as a technique of social governance" (Armstrong 2007, 11).

Im Rahmen der OMK wurde dem „Voneinanderlernen" größere Aufmerksamkeit zu Teil. Nicht nur von Seiten der Wissenschaft, sondern auch in den nationalen Arbeits- und Sozialministerien. Wieso war die Aufmerksamkeit so hoch?

Die Mitgliedstaaten sehen sich neuen Herausforderungen und Problemen gegenüber und müssen daher nach neuen Lösungen und Ideen suchen, um neue Herausforderungen wie beispielsweise die anhaltende Langzeitarbeitslosigkeit zu lösen. Die OMK bietet hier neue Möglichkeiten, ohne die nationalen Entscheidungswege zu offensichtlich und zu direkt zu beeinträchtigen. Sie kann als „Verstärker für Reformen" wirken (Visser 2005).

„Voneinanderlernen" umfasst in erster Linie, Informationen zu verbreiten, in zweiter Linie aber auch, sich über die Übertragbarkeit von erfolgreich umgesetzten Lösungen auszutauschen.

All dies geschieht auf freiwilliger Basis, eingebettet in gemeinsam und kollektiv definierte Problembeschreibungen (Kaufmann 2003, 324) und in einem vereinbarten Rahmenwerk aus gemeinsamen Zielen, die in der Agenda von Lissabon und der europäischen Sozialagenda definiert sind.[3]

Hemerijck und Visser (2007) beschreiben dies als „revision of cognitive and normative orientations as a result of information based on the interpretation and/or observation of policy experience of others" (S. 38).

Das „Voneinanderlernen" wurde zunächst als Prozess des *Lernens von Anderen* eingeführt, entwickelte sich dann aber auch zu einem Prozess des *Lernens mit Anderen*.

Lernen wird in der OMK als organisierter Weg gesehen, um:

a) die Akteure in den Mitgliedstaaten zu animieren, nach unterschiedlichen Verfahrensweisen und Lösungen für gemeinsame Probleme zu suchen und zu prüfen, wie diese Lösungen entwickelt und umgesetzt wurden;

b) verstehen zu können, in welchem Kontext eine Maßnahme in einem anderen Mitgliedsland entwickelt wurde, und um die Möglichkeiten einer Übertragung analysieren zu können;

c) Lehren aus dieser „Lernübung" zu ziehen und sie zu kommunizieren (im Ministerium, an die Sozialpartner etc.).

---

[3] Im Vergleich zum bilateralen Austausch, den es schon immer zwischen den Mitgliedstaaten gab, z.B. im Rahmen der deutsch-französischen Freundschaft.

3. Die Trio-Präsidentschaft

Im September 2006 änderte der Rat der Europäischen Union seine Verfahrensregeln dahingehend, dass alle 18 Monate die drei für die Amtsübernahme bestimmten Präsidentschaften in enger Zusammenarbeit mit der Kommission und nach entsprechenden Beratungen einen Programmentwurf der Aktivitäten des Rats für diese Amtsperiode erarbeiten.[4] So sollte mehr Kontinuität erreicht werden.

Die erste Trio-Präsidentschaft nach der Neuregelung – bestehend aus Deutschland, Portugal und Slowenien – reichte daher ein gemeinsames Programm für einen Zeitraum von 18 Monaten ein, das den Zeitraum von Januar 2007 bis Juni 2008 abdeckte.[5]

Ziel dieser Zusammenarbeit war es, die Kontinuität durch Identifikation mit und Kommunikation von gemeinsamem Strategierahmen, von Prioritäten und von Arbeitsprogramm zu verbessern. Man verständigte sich darauf, innerhalb dieses 18-monatigen Zeitrahmens enger zusammen zu arbeiten, um die identifizierten Projekte und Themen zusammen weiter zu entwickeln.

Um dies zu erreichen, haben die drei Präsidentschaften von Deutschland, Portugal und Slowenien in ihrem ersten Trio-Präsidentschafts-Programm die Frage aufgegriffen, wie man das „Voneinanderlernen" im Rahmen der OMK verbessern kann. Die Potentiale des „Voneinanderlernens" seien – nach Meinung der Präsidentschaften – im Rahmen der Beschäftigungsstrategie und der OMK bislang noch nicht ausreichend genutzt worden und die Leistungsfähigkeit dieses Instruments könnte und sollte verbessert werden. Mit dem neuen Dreijahreszyklus, beginnend 2008, sollte diesen Prozess verbessert und die Verbindung zwischen Sachverständigen und Praktikern erleichtert werden. Besondere Aufmerksamkeit wurde der Einbeziehung der Sozialpartner und der Zivilgesellschaft in die OMK-Prozesse gewidmet. Bei der Entwicklung ihres Programms berücksichtigte die Trio-Präsidentschaft auch die Arbeit früherer Präsidentschaften und der Kommission.

---

[4] Ratstreffen Allgemeine Angelegenheiten und Externe Beziehungen, 15.9.07 (12255/06).
[5] Ratsdokument 17079/06.

4. Ergebnisse vorheriger Präsidentschaften

Frank Vandenbroucke, damals Minister für Soziales und Renten (in der belgischen Regierung) warnte bereits während der letzten belgischen EU-Ratspräsidentschaft davor, den Kontext guter Beispiele zu vernachlässigen: "If we are insensitive to context, the 'open method' will lose credibility and the whole exercise is unlikely to be successful".[6]

2003 hob auch der Kok-Bericht hervor, dass von der EU und den nationalen Behörden mehr getan werden muss, um den Austausch von Informationen zwischen allen beteiligten Interessensgruppen zu unterstützen.

"Dieser *Peer Review* ist ein wertvolles Instrument, um beispielhafte Verfahren feststellen und verbreiten zu können. Allerdings ist die Zahl der jährlich geprüften Verfahren begrenzt und die Schlussfolgerungen werden nicht im größeren Kreis erörtert. Hier bleibt für die EU und die einzelstaatlichen Behörden noch einiges zu tun, um den Informationsaustausch zwischen allen Beteiligten zu verbessern. Dies setzt bis zu einem gewissen Grad einen kulturellen Wandel voraus, um ein Umfeld zu schaffen, in dem sich Regierungen und Unternehmen selbst als lernende Organisationen verstehen, die bereit sind, andere Ideen aufzugreifen und vorbildliche Verfahren zu übernehmen" (Kok 2003, 59).

Als Antwort hierauf wurde 2004 das Programm „Voneinanderlernen" (Mutual Learning Programme, MLP) ins Leben gerufen, das das frühere, 1999 gestartete *Peer-Review*-Programm mit einbezog.

Die luxemburgische Präsidentschaft hat das Thema aktiv als Priorität ihrer EU-Ratspräsidentschaft aufgegriffen und eine Konferenz „Taking Forward the EU Social Inclusion Process" (den sozialen Eingliederungsprozess der EU voranbringen) sowie eine Studie zum Thema initiiert, um der Debatte Impulse zu geben. Die Autoren dieser Studie haben herausgearbeitet, dass ein kontinuierliches *Monitoring* und eine Bewertung des Prozesses fehlen und dass das „Voneinanderlernen" nicht aktiv genug und nicht auf systematische Art und Weise verfolgt wird (Merlier et al. 2007, 239). Daher betonten sie, dass ein kontextbasierter Ansatz sinnvoll und notwendig sei. Die institutionelle Lösungsstruktur, in der ein "gutes Beispiel" eingebettet ist, kann ausschlaggebend sein, wenn man verstehen will, warum eine Lösung erfolgreich ist. Die

---

[6] In seiner Einleitung zu " Why We Need a New Welfare State" (Warum wir einen neuen Wohlfahrtsstaat brauchen), hgg. v. Esping-Andersen (2002).

Präsidentschaft entwickelte Ideen dazu, wie die Arbeit mit *Indikatoren* verbessert werden kann, um das Voneinanderlernen zu verstärken:

„Good (and bad) practices in terms of processes should be more systematically identified, especially in areas of social policy monitoring and statistical capacity building" (Merlier et al. 2007, 245f.).

Auch die österreichischen und finnischen Präsidentschaften 2006 stellten die Bedeutung des sozialen Zusammenhalts in den Vordergrund und gaben der sozialen Dimension einen prominenteren Platz in der überarbeiteten Agenda von Lissabon.

Die erste Bewertung[7] des Programms „Voneinanderlernen" (*Mutual Learning Program*, MLP) im Bereich der Beschäftigungspolitik erfolgte 2006. Diese hob die *Peer Reviews* als zentrale Elemente der OMK – als von den Mitgliedstaaten geschätzte und erfolgreiche Instrumente – heraus, im Gegensatz zu den Themenseminaren, die nicht so positiv bewertet wurden. *Peer Reviews* seien der „jewel in the crown" der OMK[8], obgleich auch bei ihnen Verbesserungspotential vorhanden sei, beispielsweise beim *Follow-up*, einem zentralen Schwachpunkt der *Peer Reviews*. Kritisiert wurde außerdem die unterschiedliche Beteiligung der Mitgliedstaaten, ohne dass ein grundsätzliches Muster erkennbar sei, welche Länder sich grundsätzlich stärker oder schwächer beteiligten.[9]

5. Deutsche Präsidentschaft: Kommunikative Bewertung der OMK/ des „Voneinanderlernens"

Im Rahmen der Trio-Präsidentschaft zielte die deutsche EU-Ratspräsidentschaft 2007 auf eine stärkere Kohärenz von Wirtschafts-, Beschäftigungs- und Sozialpolitik und plädierte einerseits für eine Verbesserung des „Voneinanderlernens" im Rahmen der OMK im Bereich der Beschäftigungs- und Sozialpolitik und unterstrich andererseits die besondere Rolle der Sozialpartner

---

[7] Einschließlich eines Fragebogen an die Mitglieder des Beschäftigungskomitees (Employment Committee, EMCO) 2006, Diskussionen/Bestandsaufnahme im EMCO im Sept. und Nov. 2006.
[8] Bestandsaufnahme des Voneinanderlernen-Programms: Anmerkung vom ausführenden Konsortium (ÖSB/IES/BICEPS) 2006, 27.
[9] Anmerkung für EMCO Treffen 13./14.11.2006 Verstärkung des Voneinanderlernen-Programms, S. 2.

im Kontext von Beschäftigungs- und Sozialpolitik, die deshalb stärker in die OMK einbezogen werden sollten.

Auf Basis der Ergebnisse bereits vorhandener Auswertungen startete die Europäische Kommission zusammen mit der deutschen Präsidentschaft auch im Ausschuss für Sozialschutz (SPC) eine Debatte darüber, wie das „Voneinanderlernen" im Rahmen der Offenen Methode der Koordination im Bereich Sozialschutz und soziale Eingliederung verbessert werden könnte.[10]

Zentrale Fragen waren:

1. Würden Sie es für sinnvoll halten, eine mehr kontext- und prozessorientierte Präsentation von guten Beispielen zu haben, um das „Voneinanderlernen" zu verbessern?
2. Wie kann die analytische Arbeit der Untergruppe Indikatoren (Indicators' Sub-Group, ISG) des Ausschusses für Sozialschutz verbessert werden, um ein vollständigeres Bild der politischen Strategien zu zeichnen?
3. Wäre es sinnvoll die Ergebnisse der *Peer Reviews* im Ausschuss für Sozialschutz (SPC) zu diskutieren?
4. Sehen Sie einen Mehrwert im Austausch von Erfahrungen bezüglich der nationalen Anwendung von Wissen und Erfahrungen bei Beteiligung unterschiedlicher Interessensgruppen, wenn es darum geht, das Lernen auf europäischer Ebene mit dem auf nationaler Ebene besser zu verzahnen?

Auf der Basis der Antworten[11] entwickelte die Europäische Kommission zusammen mit der deutschen Präsidentschaft eine Liste von Vorschlägen für den Ausschuss für Sozialschutz, die als Arbeitsprogramm für eine weitere Verbesserung des Voneinanderlernens im Rahmen des Sozialschutzes und

---

[10] Beim informellen Treffen des Ausschusses für Sozialschutz im Mai 2007 in Erfurt, auf der Basis eines gemeinsamen Papiers und Fragenkatalogs. Im Anschluss an die Debatte hatten die Mitgliedstaaten die Möglichkeit, schriftlich Kommentare einzureichen.

[11] Die folgenden Mitgliedstaaten reichten Antworten auf die Follow-up-Fragen im Vorfeld der Debatte am 22. Mai 2007 ein: Belgien, Bulgarien, Deutschland, Finnland, Frankreich, Großbritannien, Italien, Luxemburg, Niederlande, Österreich, Polen, Portugal, Schweden, Ungarn und Zypern. Die Zusammenfassung und die Vorschläge für den Ausschuss für Sozialschutz wurden vom Sekretariat in enger Zusammenarbeit mit der deutschen Präsidentschaft erarbeitet.

der sozialen Eingliederung der OMK dienen soll. Einige der Ergebnisse werden hier dargestellt[12] und kommentiert.

5.1. Wie man Gute Beispiele präsentiert – Kontext- und Prozess informationen

Aufbauend auf den Empfehlungen der luxemburgischen Präsidentschaft wurde die Bedeutung der Kontextinformationen, wie etwa über länderspezifische Bedingungen (z.B. sozioökonomischer Hintergrund, Größe und Struktur des Arbeitsmarktes, makro-ökonomische Strategien und Steuerpolitik) von vielen Mitgliedstaaten als wichtig empfunden, um besser verstehen zu können, warum bestimmten Maßnahmen in einem Land funktionieren. Außerdem sollten kausale Zusammenhänge zwischen der politischen Herangehensweise und den Ergebnissen herausgearbeitet werden. Zusätzlich regten einige Mitgliedstaaten mehr Hintergrundinformationen über die politischen Strategien der Umsetzung an (z.b. die Rolle des Sozialen Dialogs, föderale oder zentrale Steuerung). Mitgliedstaaten wiesen zudem darauf hin, dass Informationen über Hindernisse und nicht praktikable Lösungen in Bezug auf „Voneinanderlernen" mindestens genauso hilfreich sein könnten wie die Rezeption „guter Lösungen". Diese konzeptionelle Änderung von *Best Practice* über *Good Practice* (gute Praxis) bis hin zum Lernen über Blockaden/ Hindernisse ist ein Hinweis dafür, dass bereits ein gewisser Grad an Vertrauen erzeugt wurde. Dies wäre am Anfang des Prozesses nicht möglich gewesen, da viele Akteure den neuen Methoden und Lernsituationen bzw. -bedingungen sehr kritisch gegenüberstanden.

Einige Mitgliedstaaten forderten mehr Mitbestimmung bei der Initiierung und Auswahl der Diskussionsthemen und wollten mehr Raum für aktuelle Problemstellungen der nationalen Reformagenden, anstatt nur dem vorgeschlagenen Arbeitsprogramm des Ausschusses für Sozialschutz zu folgen.

---

[12] Alle Vorschläge und Ideen entstammen den Erkenntnissen des Diskussionspapiers im Ausschuss für Sozialschutz „Proposals generated from the summary of MS replies and on the follow-up questions on how to enhance mutual learning within OMC Social Protection and Social Inclusion" (Vorschläge, die aus der Zusammenfassung der Antworten des Mitgliedstaaten generiert wurden), erarbeitet von der Europäischen Kommission in Zusammenarbeit mit der deutschen Präsidentschaft 2007.

Dies könnte ein Ansatzpunkt für den Übergang von einer Arbeitsprogrammgesteuerten Arbeit zu einer pro-aktiveren Rolle der Mitgliedstaaten sein. Wird bei drängenden Themenstellungen auf der Reformagenda eines bestimmten Mitgliedstaates ad-hoc ein *Peer Review* angestoßen, ist dies eine aktive Verbindung einer nationalen Agenda mit der europäischen Agenda. Dies wirft jedoch auch neue Fragen auf, wie z.B. welche Rolle die Europäische Kommission in einem solchen Prozess spielt, wenn die Agenda stärker von den Mitgliedstaaten bestimmt wird.

Ein eher prozessorientierter Ansatz bei dem man sich nicht in erster Linie auf die Ergebnisse konzentriert, sondern auf den gesamten Prozess, wurde auch als nützlich gesehen. Eine Konzentration auf den Prozess würde bedeuten, mehr über die Bedingungen zu erfahren, unter denen bestimmte Lösungen in den Mitgliedstaaten zustande kommen. Wobei man beim Erfahrungsaustausch das Augenmerk auch auf die politischen Hürden lenken muss, denen man begegnet, und auf die Kompromisse, die im Verlauf des Prozesses eingegangen wurden und die die Ergebnisse beeinflusst haben.

An den Sozialschutzausschuss (SPC)[13] wurden folgende Vorschläge adressiert:

- Herausarbeiten, wie die Ergebnisse erzielt wurden. Dabei sollten auch mögliche Konflikte, Fehler und Hindernisse herausgestellt werden, denen man begegnet ist
- Die Ausarbeitung einer gemeinsam vereinbarten Struktur (Fragebogen) für schriftliche Präsentationen von Good Practice (guter Praxis) - einschließlich Fragen zu Kontext und Prozess
- Eine umfassende Prüfung der von den Mitgliedstaaten angewandten Strategien
- Mehr Mitbestimmungsrecht für den Ausschuss für Sozialschutz bei der Wahl der zu priorisierenden Strategien für *Peer Reviews*. Die Mitgliedstaaten sollten die *Follow-up*-Verfahren verbessern

---

[13] Auf Basis des dem Ausschuss für Sozialschutz präsentierten Papiers, der darauf folgenden Debatte im Ausschuss für Sozialschutz im Mai 2007 und den schriftlichen Rückmeldungen der Mitgliedstaaten wurde eine Auswahl von Vorschlägen erarbeitet und dem Ausschuss für Sozialschutz zugestellt.

- Ein stärker analytischer Bezugsrahmen könnte bereitgestellt werden, der zu einem effektiven Verfahrensaustausch beiträgt und die Entwicklung der Ergebnisfindung beschreibt
- Kleinere Gruppen könnten für *Peer Reviews* sinnvoll sein; ein gutes "Clustering" (Zusammenstellen) von Ländern sollte unterstützt werden.

5.2 *Follow-up* bei den Ergebnissen der *Peer Reviews* und eine bessere Verbreitung der Ergebnisse

Um eine stärker politisch ausgerichtete Debatte im Ausschuss für Sozialschutz anzufachen und um die Wissensbasis des Ausschusses zu verbessern, halten es die meisten Mitgliedstaaten für sinnvoll, die wichtigsten Erkenntnisse aus den *Peer Reviews* im Ausschuss für Sozialschutz darzustellen und zu diskutieren. Diese Ergebnisse könnten vom gastgebenden Mitgliedstaat in enger Zusammenarbeit mit den anderen Teilnehmern und der Kommission skizziert werden, Sachverständige könnten hinzu gezogen werden.

Der Ausschuss für Sozialschutz könnte politische und operative Schlussfolgerungen aus den wichtigsten Ergebnissen ziehen, die nachfolgend Bestandteil des Gemeinsamen Berichts werden könnten. Zudem wurde erwähnt, dass dies in das Arbeitsprogramm des Ausschusses eingegliedert werden sollte, dass aber der eingeschränkte Zeitrahmen der Ausschusssitzungen berücksichtigt werden muss.

Vorschläge für den Ausschuss für Sozialschutz

- Die wichtigsten Ergebnisse der *Peer Reviews* sollten von den Teilnehmern erarbeitet und dem Ausschuss für eine politische Diskussion vorgestellt werden. Die Kommission könnte Schlussfolgerungen aus vorhergehenden *Peer Reviews* präsentieren. Das Resultat dieser Debatte könnte für strategische Analysen, Berichte, Meinungsäußerungen, Reden und Forschungspläne genutzt werden. *Follow-up*-Maßnahmen sollten innerhalb des Ausschusses vereinbart werden.
- Die wichtigsten Schlussfolgerungen aus den *Peer Reviews* und den gesammelten Erfahrungen hinsichtlich der Übertragbarkeit der von den teilnehmenden Ländern geprüften Maßnahmen sollten von der die *Peer Reviews* ausführenden Institution im Rahmen des Gemeinschaftsprogramms

für Beschäftigung und soziale Solidarität (PROGRESS) sowie des Ausschusses für Sozialschutz in einem jährlichen Ergebnisbericht zusammengefasst werden. Dieser kann dem Ausschuss für Sozialschutz präsentiert und auch bei öffentlichen Konferenzen vorgestellt werden.

5.3. Die Rollen der unterschiedlichen Akteure in der OMK und die Beteiligung der Hauptinteressensgruppen

Schon der Kok-Bericht 2003 unterstrich, dass die OMK mehr Unterstützung und „Identifikation" der Mitgliedstaaten mit dem Prozess brauche; auch die Ergebnisse müssten sichtbarer werden. Dies könnte zum Beispiel durch eine präzisere Definition der nationalen Ziele und eine stärker problemorientierte Berichterstattung erreicht werden. Ein größeres Mitbestimmungsrecht für die Mitgliedstaaten bei der Initiierung und Auswahl der Diskussionsthemen würde ihnen mehr Verantwortung für den Prozess geben. Die Mitgliedstaaten sollten sich auch mehr auf den *Follow-up*-Prozess bei den europäischen Seminaren konzentrieren und die Ergebnisse in die richtungweisenden Debatten auf nationaler Ebene einbringen.

Der Austausch über gute Lösungen für OMK-Implementierungsstrukturen wurde von den meisten Mitgliedstaaten als nützlich erachtet. Entscheidend ist die Verbreitung der Ergebnisse und der Lernprozesse im Rahmen eines OMK-Verfahrens, d.h. in der Reflexion und Darstellung dessen, was man gelernt hat.

Eine breitere Beteiligung der Interessensgruppen ist notwendig, um die „Identifikation" mit dem Prozess zu verbessern. Während einige Mitgliedstaaten auf die Notwendigkeit hinwiesen, die Teilnahme der Interessensgruppen zu verstärken, um der OMK mehr Transparenz und Sichtbarkeit zu geben, wenden sich andere Mitgliedstaaten zum gegenwärtigen Zeitpunkt gegen eine stärkere Einbindung der Sozialpartner oder Nichtregierungsorganisationen. Diese Mitgliedstaaten verstehen die OMK vorrangig als Arena zwischen den Mitgliedstaaten und der Kommission. Die Beteiligung unterschiedlicher Interessensgruppen - insbesondere der Sozialpartner - wurde von manchen Mitgliedstaaten auch deshalb in Frage gestellt, weil sie befürchten, dass so Debatten und Konflikte so von der nationaler Ebene auf die europäische Ebene übertragen werden und instrumentalisiert werden könnten. Dies könne die OMK in der Folge mehr behindern als bereichern.

Vorschläge für den Ausschuss für Sozialschutz

- Die Schaffung von mehr und besser strukturierten „Lern-Netzwerken", um eine bessere Identifikation auf nationaler Ebene zu erzielen, sowie die Schaffung eines aktionsorientierten Lernzyklus' innerhalb der nationalen Ministerien. Das Monitoring und die Auswertungsmodalitäten für die Umsetzung der Politik in den Mitgliedstaaten sollten in der Dokumentation der Sachverständigen für die *Peer Reviews* systematisch angesprochen werden.

- Die Vorschläge der Mitgliedstaaten für *Peer Reviews*, die sich auf Themen wie Entscheidungsstrukturen und Umsetzung (z.b. Verbreitung von Wissen) beziehen, sollten unterstützt werden und die Initiativen in jedem Jahresprogramm für *Peer Reviews* eingebracht werden. Innovative Instrumente wie z.b. der Austausch von Personal im Rahmen des PROGRESS-Programms sollten getestet werden.

6. Ausblick

In folgenden Bereichen könnten kurz- und mittelfristig Verbesserungen erreicht werden:

6.1. Den Politischen Kontext der Beispiele stärker in Lernprozesse integrieren

Selbst wenn es eine Arena für das Lernen (*Peer Reviews*) gibt und die Teilnahme freiwillig ist und die Akteure motiviert sind zu lernen (vorhandene europäische Agenda, Druck Probleme zu lösen), sind die Ergebnisse dieses Lernens (Interpretation der Beispiele) von der Erfahrung und den Normen beeinflusst werden, die die Lernenden mitbringen[14].

Nichtsdestoweniger würde reflexives Lernen implizieren, dass die Teilnehmer (Lernenden) nicht nur die vorliegenden Beispiele analysieren, sondern auch über den jeweiligen Kontext, in dem sich die Beispiele befinden, reflektieren und über mögliche funktionelle Äquivalente (Schmid 2006) in ihrer eigenen politischen Umgebung nachdenken.

---

[14] D.h. unterschiedliche Wohlfahrtssysteme bzw. Wegabhängigkeiten spielen eine Rolle.

6.2. Mit den Reformen der Prozesse und Instrumente des „Voneinanderlernens" fortfahren – vom Vergleichen und "imitieren" hin zum „reflexiven Lernen"

Obwohl der belgische Minister Frank Vandenbroucke bereits 2002 betonte, dass es notwendig sei, auch den Kontext[15] zu berücksichtigen, dauerte es noch eine Weile, bis dies im Rahmen der OMK-Steuerung aufgegriffen wurde.

Dies kann darauf zurück geführt werden, dass innerhalb der OMK das „Voneinanderlernen" als ein „Learning by doing"-Lernprozess eingeführt wurde, was auch bedeutet, dass Potentiale, Defizite und methodische Probleme im Verlauf des Prozesses erkannt und bearbeitet wurden.

Anfangs konzentrierte sich die Debatte auf das Lernen durch Präsentation von „Best Practices" und später dann „Good Practices", dies wurde aber bald als „naives und unrealistisches" Konzept kritisiert (Schmid 2006).

Zur Verbesserung braucht die OMK ein ausgereifteres Lernkonzept. Die Debatte im Ausschuss für Sozialschutz im Mai 2007 und die Antworten der meisten Mitgliedstaaten in den Fragebögen, die in diesem Artikel dargestellt wurden, zeigen, dass eine gemeinsame Realisierung möglich und die Bereitschaft vorhanden ist, daran weiter zu arbeiten.

6.3. Ministerien zu lernenden Organisationen entwickeln

Charakteristische Merkmale von lernenden Organisationen sind laut Güldeberg[16] eine normative Bereitschaft zu lernen (Wille), strategisches Lernvermögen (Fähigkeit) und operative Lerninstrumente (praktisches Wissen).

Die OMK bietet zwar eine Bühne zum Lernen und hält dafür Instrumente bereit, gleichwohl muss dabei jedoch über die strategische Lernfähigkeit von Regierungen und Ministerien nachgedacht werden.

Der Kok-Bericht fordert von den Mitgliedstaaten kulturelle Veränderungen, in denen Regierungen und Unternehmen sich selbst als lernende Organisationen verstehen, die offen für gute Ideen von Anderen sind und gerne Best Practices untereinander austauschen (Kok 2003, 59). Die Welt der Politik kann jedoch nicht als besonders lernfreundliche Umgebung angesehen wer-

---

[15] Einleitung zu "Why We Need a New Welfare State" (Warum wir einen neuen Wohlfahrtsstaat brauchen), herausgegeben von Esping-Andersen 2002.
[16] Siehe Erpenbeck/ Heyse 1999.

den. Auch wenn nicht bezweifelt werden soll, dass Lernen hier dennoch möglich ist.

Deshalb zielt die Debatte um „Identifikation" mit der Lissabon-Strategie auf die Verbesserung der Einstellung zum Lernen (Wille) auf Seiten der Mitgliedstaaten und auf eine Verbesserung der Lernfähigkeit.

Bislang wissen wir aber nicht viel darüber, wie die Ministerien auf nationaler Ebene „lernen". Welche Akteure fördern das Lernen in den Ministerien und welche Anreize gibt es für das Lernen in den Mitgliedstaaten? Gibt es Lern-Netzwerke auf nationaler Ebene und welche Strukturen und Ressourcen werden hierfür bereitgestellt?

Es würde sich lohnen, diesen Fragen stärker nachzugehen.

6.4. Eine Verzahnung der europäischen Agenda mit den nationalen Agenden etablieren

Die Verbindung zwischen der europäischen und der nationalen Ebene ist die „Achillessehne der OMK" (Heidenreich/ Bischoff 2008). Deswegen ist die Nachbearbeitung der *Peer Reviews* ausgesprochen wichtig.

Ein Vorschlag, der aus den Debatten im Ausschuss für Sozialschutz und den Fragebögen abgeleitet wurde, zielt darauf ab, das *Follow-up*, also die Nachbereitung, zu verbessern, indem in den Peer Review-Sitzungen Schlussfolgerungen aus den Ergebnissen der Debatten gezogen werden. Diese Reflektion über das, „was man gelernt hat", könnte dann für Debatten in der Kommission oder auch in anderen Kontexten verwendet werden.

Zudem könnten die ausführenden Institutionen das zusammenfassen, was über die Übertragbarkeit der Maßnahmen gelernt und in den Ausschusssitzungen diskutiert wurde.

Der Beschäftigungsausschuss (Employment Committee, EMCO) hat dazu bereits interessante Vorschläge diskutiert:

- *Peer Reviews* sollten besser mit den Themenseminaren verbunden werden. Die Themenseminare könnten im Anschluss an mehrere *Peer Reviews* stattfinden und die Erkenntnisse der *Peer Reviews* mit einbeziehen, sodass die Ergebnisse eines jeden *Peer Reviews* (unter anderem) Input für ein oder mehrere Themenseminare wären.

- Die Verbreitung der Ergebnisse der *Peer Reviews* und thematischen Seminare sollte verbessert und Debatten auf nationaler Ebene sollten unterstützt werden. Aufforderungen zur Einreichung von Vorschlägen für die Verbreitung und *Follow-up*-Aktivitäten könnten für Sozialpartner und Nichtregierungsorganisationen geöffnet werden. Dies würde mehr Interessensgruppen einschließen und eine größere Anzahl von qualitativ hochwertigen Vorschlägen für die Verbreitung auf nationaler Ebene mit sich bringen. Zudem könnte eine umfassendere Verbreitung der Informationen über die Aktivitäten eines Programms durch zusätzliche Kanäle in Betracht gezogen werden.[17]

Ein bedeutender Schritt ist das Interesse einiger Mitgliedstaaten, zusätzliche ad-hoc *Peer Reviews* zu drängenden Themen der nationalen Reformagenda anzustoßen.

Dies kann als neuer Ausdruck der Bereitschaft gewertet werden zu lernen, sowie die Lern-Agenda autonom zu definieren und zu bestimmen.[18] Solche neuen Formen des spontanen, reflexiven Lernens könnten einen großen Schritt für die Nutzung des OMK-Verfahrens bedeuten, um bessere Lösungen für drängende nationale Probleme zu finden und damit die nationalen Agenden mit der europäischen Agenda zu verzahnen.

6.5. Vertrauen stärken und Lern-Netzwerke ausbauen

Anfangs, als man mit den *Best Practices* begann, waren einige der Akteure recht skeptisch, was die neuen Methoden, die Lernumgebungen und Lernsituationen anging. Der Mehrwert des Verfahrens wurde mitunter in Frage gestellt. Innerhalb des *Doing learning*-Prozesses und aufgrund des Wechsels zur *Good Practice* kamen nicht nur immer mehr Akteure hinzu, es entwickelte sich auch eine Art mehr oder weniger organisiertes Lern-Netzwerk innerhalb der Arbeit des Beschäftigungsausschusses (EMCO). Diese organisierte Form des Lernens sorgte für mehr Vertrauen zwischen den Teilnehmern dieser Prozesse, zwischen denen, die die Beispiele vorstellten, und denen, die diese Informationen empfingen bzw. untersuchten. Vertrauen ist eine wichtige Voraussetzung für Lernprozesse.

---

[17] Bestandsaufnahme des Voneinanderlernen-Programms: Anmerkung vom ausführenden Konsortium (ÖSB/IES/BICEPS) 2006, 28.

[18] Das PROGRESS–Programm könnte hierfür die notwendigen Ressourcen bereitstellen.

Es reicht jedoch nicht aus, nur neue Anreize fürs Lernen zu schaffen. Hemerijck und Visser (2007) weisen deshalb darauf hin, dass die am Lernprozess Beteiligten auch in einer Position sein müssen, das Gelernte umsetzen zu können oder zumindest müssen sie in der Lage sein, die politischen Entscheidungsträger zu überzeugen, dies zu tun. Deswegen muss mehr darüber nachgedacht werden, wie man geeignete *Change Agents* in den Ministerien bzw. Entscheidungsträger identifiziert und zu den *Peer Reviews* einlädt.

Zudem lässt sich Vertrauen nur schwer aufbauen, wenn die Teilnehmer miteinander um Ressourcen konkurrieren. Deswegen ist es einfacher, Vertrauen in den Bereichen aufzubauen, in denen die Mitgliedstaaten nicht untereinander konkurrieren (z.B. soziale Eingliederung) als in den Bereichen, in denen ein starker Wettbewerb im Rahmen des Binnenmarktes existiert (z.B. im Gesundheitssektor).

6.6. Dekontextualisiertes versus kontextualisiertes Lernen: mehr Raum für Kontext- und Prozessorientierung

Aufbauend auf den Konsens, dass kontextualisiertes Lernen bessere Ergebnisse liefert, stellt sich die Frage, wie dies am besten konzeptionell angegangen werden sollte.

Ein Ansatz ist die Stärkung der analytischen Kapazitäten des Prozesses (Merlier et al. 2007, Zeitlin 2005), d.h. durch stärker kontextualisierte Indikatoren, umfassende Fallstudien oder Mikrosimulationsmodellierung. Hemerijck und Visser (2007) schlagen in ihrem Diskussionspapier vor, dass das Lernen ein tief greifendes Verständnis des Kontextes beinhalten muss, was auch Anstoß für dieses Programm war. Das heißt dass z.B. Daten über Ergebnisse und Verfahrensweisen gesammelt werden, die zu diesen Ergebnissen führen, oder dass untersucht wird, ob die Verfahren, die zu solchen Ergebnissen führen, tatsächlich funktionieren, etc. Laut Hemerijck und Visser werden diese Bedingungen aber selten erfüllt (2007, 46).

Vorschläge, nach denen der Schwerpunkt eher beim Prozess anstatt in erster Linie bei den Ergebnisse liegen sollte, weisen in die gleiche Richtung.

Andere Autoren wie Scharpf (2002) argumentieren, dass das Lernen nur zwischen Mitgliedstaaten mit ähnlichem historischen Hintergrund und institutioneller Aufstellung funktionieren kann (Hartlapp 2006, 20). Dies würde jedoch den Umfang des Lernen einschränken und bezieht sich eher auf das „adaptive Lernen" als auf das „reflexive Lernen", bei dem neue Ideen für Lösungen diskutiert werden und der Lernprozess darauf ausgerichtet ist zu verstehen, warum eine bestimmte Lösung gewählt wurde (und nicht eine andere), warum sie funktionieren könnte (oder eben nicht) und zu reflektieren, ob die Lösung im eigenen Kontext funktionieren könnte (oder nicht) und warum.

6.7. Die Einbeziehung weiterer Interessensgruppen ist wesentlich, nicht nur hinsichtlich der Teilnahme und der Transparenz, sondern auch um bessere Ergebnisse zu erzielen

Die Kommission hat immer wieder dafür plädiert, alle relevanten Stakeholder (Interessensgruppen) einzubeziehen und sich insbesondere für die Einbeziehung der Sozialpartner im Rahmen der Beschäftigungsstrategie stark gemacht.

Auch der Kok-Bericht hat dies aufgegriffen und mit einer Forderung nach „Reformpartnerschaften" unterlegt. Die rechtliche Basis hierfür ist der Verweis in Art. 130 EG-Vertrag, dass der Beschäftigungsausschuss (EMCO) bei der Erfüllung seines Auftrags die Sozialpartner anhört (de la Porte/ Pochet 2005, 363). Daneben gibt es keine Vorgaben, wie und wo die Sozialpartner einzubinden sind. Die Frage, ob die Sozialpartner und/oder Nichtregierungsorganisationen in den Lernprozess eingebunden werden sollten, wird nach wie vor kontrovers diskutiert, auch wenn die erste Trio-Präsidentschaft dies als eine Frage von Transparenz und Identifikation ansah. Zu alledem ist die Einbindung aller Interessensgruppen – laut Zeitlin – auch eine Frage von Effektivität, die von der Beteiligung eines größtmöglichen Spektrums an Akteuren und Interessensgruppen auf allen Ebenen abhängig ist (vgl. Zeitlin 2005, 449).

Allerdings sind manche Mitgliedstaaten nicht davon überzeugt, dass dies zum gegenwärtigen Zeitpunkt sinnvoll oder wünschenswert ist. Sie argumentieren, dass einer der Erfolgsfaktoren für die *Peer Reviews* „die relativ kleine Größe und die Tatsache ist, dass die Teilnehmer (sowohl die Sachverständigen als auch die Beamten) eng mit dem betroffenen Politikbereich verbunden oder direkt involviert sind und ein Interesse an offenen, oft auch kritischen, Diskussionen und Debatten darüber haben, was funktioniert, warum und unter welchen Umständen."[19] Ihrer Ansicht nach ist das wesentliche Element der ge-

---

[19] Bestandsaufnahme des Voneinanderlernen-Programms: Anmerkung vom ausführenden Konsortium (ÖSB/IES/BICEPS) 2006, 28.

genwärtigen *Peer Reviews* die „Offenheit" der Teilnehmer. Eine Einbindung anderer Teilnehmergruppen könnte sozusagen „das Kind mit dem Bade ausschütten". Unterschiedliche Traditionen hinsichtlich der Einbindung anderer Interessensgruppen oder auch unterschiedliche Kulturen, was das Vertrauen zwischen Regierung und Sozialpartner angeht, könnten Gründe hierfür sein. Außerdem bestimmen die Regierungen gern selbst, welche Informationen aus internen europäischen Debatten und Verhandlungen in die nationale politische Arena eingespeist werden. Eine Einbindung weiterer Interessensgruppen in die *Peer Reviews* könnte diese Möglichkeiten einschränken (Zeitlin 2005, 481).

Noch kontroverser wird die Frage diskutiert, ob man die nationalen Parlamente bzw. Mitglieder des Europäischen Parlaments einbinden sollte, sodass die Koordination nicht nur in „bürokratischen, hoch professionalisierten, nicht demokratisch legitimierten und politisch kaum kontrollierbaren Entscheidungsfindungsausschüssen" stattfindet bzw. nur in Form bilateraler Beziehung zwischen der Kommission und Ratsvertretern" (European Parliament 2003). Das Europäische Parlament hat starkes Interesse an einer Teilnahme seinerseits bekundet – bislang jedoch ohne Erfolg.

Hier bedarf es neuer Initiativen und Ideen, wie Parlamente, Sozialpartner und Nichtregierungsorganisationen eingebunden werden könnten, ohne die Dynamik und Substanz der Lernprozesse in den *Peer Reviews* zu zerstören.

Die Reform der OMK wird nicht durch einen großen Reform-Vorschlag zu erreichen sein. Vielmehr spricht einiges dafür, dass die EU-Kommission weiter auf sukzessive Verbesserung der Instrumente und Verfahren setzen wird. Ganz im Sinne des „learning by doing learning".

Bibliographie

Armstrong, Kenneth. (2007) Social Governance After Lisbon: The Ambiguities of Policy Co-ordination. In: European Union Studies Association (EUSA) Biennial Conference 2007 (10th), May 17-19, 2007, Montreal, Canada. (auch unter: http://aei.pitt.edu/7684/01/armstrong-k-06e.pdf).

De la Porte, Caroline/ Pochet, Philippe (2005): Participation in the Open Method of Co-ordination. The Cases of Employment and Social Inclusion (pp. 353-389). In: Zeitlin, J./ Pochet, P./ Magnusson, L. (eds.): The Open Method of Co-ordination in Action. The European Employment and Social Inclusion Strategies, Frankfurt a.M./ Brussels.

European Parliament (2003): Report on analysis of the open coordination procedure in the field of employment and social affairs, and future prospects. Rapporteur: Miet Smet, A5-0143/2003.

Erpenbeck, John/ Heyse, Volker (1999): Die Kompetenzbiographie, Münster/ New York.

Falkner, Gerda/ Treib, Oliver/ Hartlapp, Miriam/ Leiber, Simone (2005): Complying with Europe: EU Harmonisation and Soft Law in the Member States, Cambridge.

Hartlapp, Miriam (2006): Über Politiklernen lernen. Überlegungen zur Europäischen Beschäftigungsstrategie, WZB Discussion Paper.

Heidenreich, Martin/ Bischoff, Gabriele (2008): The Open Method of Coordination. A way to the Europeanization of social and employment policies? (Published soon).

Hemerijck, Anton/ Visser, Jelle (2007): Europe's Semi-Sovereign Welfare States learn. Position Paper, Brussels, August 2007.

Kaufmann, Franz-Xaver (2003): Varianten des Wohlfahrtsstaats. Der deutsche Sozialstaat im internationalen Vergleich, Frankfurt a.M.

Kok, Wim (2003): Jobs, Jobs, Jobs. Creating more employment in Europe. Report of the Employment Taskforce. Brussels.

Marlier, Eric/ Atkinson, Anthony B./ Cantillon, Bea/ Nolan, Brian (2007): The EU and Social Inclusion. Facing the Challenges, Bristol.

Schmid, Günther (2006): Die deutsche Arbeitsmarktpolitik im Lichte der Lissabon-Strategie (unveröffentlichter Vortrag vom 9.3.2006).

Visser, Jelle (2005): The OMC as Selective Amplifier for National Strategies of Reform. What the Netherlands Want to Learn from Europe. (pp. 173-215). In: Zeitlin, J./ Pochet, P. / Magnusson, L. (eds.): The Open Method of Co-ordination in Action. The European Employment and Social Inclusion Strategies, Frankfurt a.M./ Brussels.

Zeitlin, Jonathan (2005): The Open Method of Co-ordination in Action. Theoretical Promise, Empirical Realities, Reform Strategy (pp. 447-503), in: Zeitlin, J./ Pochet P./ Magnusson, L. (eds.): The Open Method of Co-ordination in Action. The European Employment and Social Inclusion Strategies, Frankfurt a.M./ Brussels.

Volker Schmitt

Die Offene Methode der Koordinierung im Bereich Alterssicherung: Über Ziele zu Gemeinsamkeiten

1. Vorbemerkung

In den 90er Jahren hat Jacques Delors den Begriff vom „triangle politique" geprägt. Danach sollte auf europäischer Ebene die Sozialpolitik gleich neben der Wirtschafts- und Finanzpolitik sowie der Beschäftigungspolitik stehen. Ein Konzept, das sich auch in der im März 2000 vereinbarten Lissabonstrategie wieder findet, wenn auch ohne Kompetenzverlagerung von den Mitgliedstaaten auf die EU-Ebene.

Durch die Neuausrichtung des Lissabon-Prozesses im Jahr 2005 liegt deren Fokus nun primär auf der Wachstums- und Beschäftigungspolitik.[1] Daneben steht die Offene Methode der Koordinierung (OMK) für den Bereich Sozialschutz und soziale Eingliederung, die nun nicht mehr integraler Bestandteil der Lissabonstrategie ist. Beide Prozesse sollen sich aufeinander beziehen. Im EU-Jargon „feeding-in" und „feeding-out" genannt. Eine Untersuchung, inwieweit dies in den Nationalen Reformprogrammen für den Lissabonprozess und den Nationalen Strategieberichten im Rahmen der OMK des Jahres 2006 umgesetzt worden ist, hat jedoch gezeigt, dass in den Nationalen Reformprogrammen dieser Bezug meist nur schwach ausgeprägt ist.[2]

2. Die Offene Methode der Orientierung

Mit diesem Verfahren vereinbarten die Staats- und Regierungschefs auf dem Gipfel von Lissabon erstmals die Zusammenarbeit von Finanz- und Sozialpolitik auf europäischer Ebene. Mit Hilfe der OMK wird eine verstärkte Kooperation zwischen den Mitgliedstaaten durch den Austausch von Erfahrungen und bewährten Verfahren angestrebt. Die OMK beruht auf der freiwilligen Koope-

---

[1] Vgl. Rat der Europäischen Union (2005): Schlussfolgerungen des Vorsitzes vom 22. und 23. März 2005, Brüssel, Rdnr. 4ff.; EU Kommission (2005a).
[2] Vgl. Begg/ Marlier (2007), S. 4.

ration zwischen den Mitgliedstaaten und soll diesen als Hilfe bei der schrittweisen Entwicklung ihrer eigenen Politiken dienen. Die wesentlichen Elemente der offenen Methode der Koordinierung können wie folgt zusammengefasst werden:[3]

- die Vereinbarung von gemeinsamen politischen Zielsetzungen und Leitlinien auf europäischer Ebene;
- die systematische Berichterstattung der EU-Mitgliedstaaten über Maßnahmen und Fortschritte bei der Verwirklichung dieser Ziele;
- Analyse und Bewertung dieser Berichte auf europäischer Ebene, gegebenenfalls mit Hilfe von Indikatoren. Diese Bewertung erfolgt gemeinsam durch die Europäische Kommission und den Rat und führt zur Erstellung „Gemeinsamer Berichte", die wiederum dem Europäischen Rat vorgelegt werden.

Die OMK ist somit ein eigenständiges, nicht rechtliches Einwirkungsverfahren zur mittelbaren Gestaltung der nationalen Sozialschutzsysteme. Es unterwirft die einzelstaatlich verantwortlichen Akteure einem transnationalen Steuerungsprozess. Man kann dieses Verfahren als „Führen mit Zielen" („management by objectives") bezeichnen. Durch die verstärkte politische Kooperation und den regelmäßigen Austausch von Erfahrungen, Innovationsideen und bewährten Verfahren soll ein höheres Maß an Transparenz und Selbstverpflichtung in den nationalen Sozialpolitiken hinsichtlich der gemeinsam formulierten Ziele erreicht werden.[4] Da die Systeme der Mitgliedstaaten zum Gegenstand des Vergleichs gemacht werden, wird die offene Methode der Koordinierung automatisch zum *Best Practice*-Verfahren. Zwar bleiben die Kompetenzen der Mitgliedstaaten in Bezug auf die Ausgestaltung ihrer Sozialschutzsysteme erhalten; das Subsidiaritätsprinzip soll damit in vollem Umfang gewährt werden. Gleichzeitig wird aber durch die vergleichende Bewertung unterschiedlicher Grundansätze bzw. Verfahrensweisen und technischer Ausgestaltungen der Systeme eine bisher ausschließlich nationale Domäne der politischen Kompetenz in einen europäischen Kontext überführt.[5] Die Mitgliedstaaten können auf diese Weise unter Druck geraten, konkrete sozialpolitische Maßnahmen – oder sogar ihre bisherigen sozialpolitischen Grundent-

---

[3] Vgl. Schlussfolgerungen des Vorsitzes des Europäischen Rates am 23. und 24. März 2000, Lissabon, Rdnr. 7 und 37ff.
[4] Vgl. Devetzi/ Schmitt (2002), S. 235.
[5] Vgl. Eichenhofer (2001).

scheidungen – einer durch die offene Koordinierungsmethode sensibilisierten Öffentlichkeit gegenüber zu rechtfertigen.

Die OMK im Bereich Alterssicherung fügt sich in die bereits bestehenden Prozesse auf europäischer Ebene ein.[6] Für die Ausgestaltung der Indikatoren im Bereich Alterssicherung bestehen schon Vorgaben durch die Arbeiten anderer Ausschüsse auf europäischer Ebene. Allerdings heißt das nicht, dass diese vorgegebenen Indikatoren uneingeschränkt und ungeprüft zu übernehmen seien. Aussagekraft und Systemneutralität für den spezifischen Bereich Alterssicherung sind erneut zu untersuchen und – trotz der bereits geleisteten Vorarbeiten – eigene Anforderungen an die Indikatoren zu formulieren.

Ein wesentlicher Unterschied zu den bisherigen Verfahren der OMK, wie z.B. im Bereich der Beschäftigungspolitik, besteht im unterschiedlichen Zeithorizont. Im Bereich der Arbeitsmarktpolitik herrschen eher kurz- bis mittelfristige Zeitvorstellungen vor, während für die Alterssicherung sehr lange Zeiträume relevant sind. Gleiches gilt für die unterstellten Wirkungszusammenhänge bei der finanziellen Tragfähigkeit. Während Änderungen in der Anpassungsdynamik oder eine Gewichtsverlagerung zur zweiten oder dritten Säule der Alterssicherung in Prognoserechnungen zu einer unmittelbaren Verringerung der Ausgaben der öffentlichen Rentensysteme durch die Alterssicherung führen, stehen Erkenntnisse über deren Auswirkungen auf die Versicherten bezüglich der Einkommensverteilung, der Lebensstandardsicherung und der Armutsvorsorge erst zu einem sehr viel späterem Zeitpunkt zur Verfügung.

Mit der OMK im Bereich Alterssicherung hat sich die Europäische Union ein anspruchsvolles Ziel gesetzt. Schließlich sind in der Europäischen Union Staaten mit ganz unterschiedlich ausgestalteten Sozialsystemen vertreten, die sich in ihrer primären Zielsetzung unterscheiden. Während beispielsweise in einigen Ländern die Armutsvermeidung das vornehmliche Ziel der staatlichen Alterssicherung ist, steht in Deutschland die Lebensstandardsicherung im Vordergrund. Auch lässt sich eine ganz unterschiedliche Schwerpunktsetzung in den einzelnen Säulen der Alterssicherung und im Zusammenspiel mit steuerfinanzierten sozialen Sicherungsnetzen erkennen. Ob eine seriöse Vergleichbarkeit gänzlich unterschiedlicher Systeme überhaupt gelingt, wird wesentlich von den verwendeten Vergleichsinstrumenten, den Indikatoren, abhängen.

---

[6] Siehe ausführlicher Devetzi/ Schmitt (2002) und Schulte (2002).

Seit 2006 sind die bestehenden OMK-Prozesse im Bereich der Sozialen Teilhabe, im Bereich Alterssicherung sowie im Bereich der Gesundheit und Langzeitpflege in einen gemeinsamen Prozess der OMK für Sozialschutz und soziale Eingliederung zusammengefasst worden (im EU-Jargon „streamlining" genannt). Hierzu sind die zuvor vereinbarten Ziele der einzelnen OMK-Prozesse zusammengefasst worden. Dabei wird in übergeordnete Ziele und die spezifischen Ziele für die einzelnen Politikbereiche unterschieden.[7]

3. Politisches Benchmarking anhand gemeinsamer Ziele

3.1. Politisches Benchmarking

Ein intensiver Austausch von Ideen und Konzepten war schon früh eine wesentliche Grundlage politischer Entscheidungen. Die OMK geht jedoch als Form eines politischen Benchmarking wesentlich weiter. Als einem politischen Benchmarking wird ein Politikstil bezeichnet, der Entscheidungen im Rückgriff auf *Best Practice* formuliert und begründet. Unter *Best Practice* ist dabei die Politik zu verstehen, die ein vorgegebenes Ziel am besten erfüllt. Die Definition des besten Verfahrens oder der besten Maßnahme erfolgt dabei anhand der gewählten Zielvorgaben. Der hierzu notwendige Erfahrungsaustausch zielt darauf ab, das ‚Nachahmen von Politiken' zu institutionalisieren.[8] Die Ablösung des *Learning by Doing* durch das *Learning by Seeing*[9] stellt dabei neue Anforderungen an die politische Präferenzbildung: Statt der Rücksichtnahme auf Interessenkonstellationen und ideologische Positionen ist nun die Fähigkeit gefordert, durch kontinuierlichen Vergleich eine Kultur des Lernens zu etablieren.[10]

Dabei werden dem Benchmarking im politischen Entscheidungsprozess die in Abb. 1 dargestellten Eigenschaften zugesprochen. So wird das Benchmarking als ideologiefrei und quasi-objektiv betrachtet und als eine wissenschaftliche Methode anerkannt. Die Ergebnisse des Benchmarkings verfügen somit für die politischen Akteure über eine sehr hohe Legitimation. Ein weiterer Vorteil des Benchmarkings ist, dass die politischen Akteure selbst für sehr komplexe Vergleiche, die ein erhebliches spezialisiertes Wissen erfordern, keine

---

[7] Vgl. EU Kommission (2005b).
[8] Vgl. Hermerijck (2001).
[9] Vgl. Heinze/ Schmid/ Strünck (1999), S. 166ff.
[10] Vgl. Strassheim (2001), S. 4.

Hilfe von Spezialisten benötigen. Die Ergebnisse des Benchmarkings sind eindeutig und die politisch verwertbare Aussage ist klar benannt.

Abb. 1: Idealistische Funktion des Benchmarkings im politischen Entscheidungsprozess

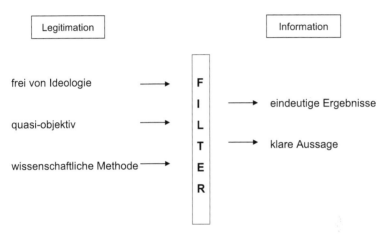

Quelle: eigene Darstellung

3.2. Die Legitimation des politischen Benchmarkings

Die in Abb. 1 vorgestellte Sichtweise ist jedoch äußerst idealistisch. Betrachtet man die vereinbarten Ziele im Bereich Alterssicherung, stellt man schnell fest, dass diese sehr allgemein gehalten sind.

Gemeinsame Ziele der Mitgliedstaaten im Bereich Alterssicherung sind folgende:[11]

- ein angemessenes Renteneinkommen für alle und den Zugang zu Renten, die es den Menschen erlauben, im Ruhestand einen angemessenen Lebensstandard zu bewahren, im Geist der Solidarität und Generationengerechtigkeit;
- die Sicherstellung der finanziellen Tragfähigkeit der öffentlichen und privaten Altersversorgungssysteme angesichts der angespannten öffentlichen

---

[11] Vgl. EU Kommission (2005b), S. 6f.

Haushaltslage und der Alterung der Bevölkerung und im Kontext der an drei Punkten ansetzenden Strategie zur Bewältigung der finanziellen Auswirkungen einer alternden Bevölkerung, vor allem durch: Verlängerung des Arbeitslebens und Förderung des aktiven Alterns, einen angemessenen und sozial gerechten Ausgleich von Beiträgen und Leistungen und die Förderung der Erschwinglichkeit und Sicherheit kapitalgedeckter und privater Systeme;

- transparente Altersversorgungssysteme, angepasst an die Bedürfnisse und Erwartungen von Frauen und Männern, die Anforderungen der modernen Gesellschaft, die Zwänge der demografischen Alterung und des Strukturwandels, dass die Menschen die zur Ruhestandsplanung erforderlichen Informationen erhalten und dass Reformen auf der Basis eines möglichst breiten Grundkonsenses durchgeführt werden.

In einem idealistischen *Benchmark*-Verfahren, das Ansprüchen an Wissenschaftlichkeit und Objektivität gerecht wird, geht man davon aus, dass auf der politischen Ebene die Ziele vereinbart werden. Gemeinsam mit der Wissenschaft werden hierzu aussagekräftige Indikatoren gebildet, anhand derer sich der Grad der Erreichung der vereinbarten Ziele analysieren lässt.[12] Der konkrete Fall der OMK im Bereich Alterssicherung weicht jedoch deutlich von diesem idealisierten Benchmarking-Verfahren ab. Welche Regierung würde sich schon gegen angemessene Renten aussprechen? Die Frage ist nur, was von den jeweiligen Mitgliedstaaten unter „Angemessenheit" verstanden wird. Daher kommt den verwendeten Indikatoren die Aufgabe zu, die vereinbarten Ziele nachträglich zu konkretisieren.

Im Fall der OMK findet die Auswahl und Definition von Indikatoren auch nicht im Rahmen eines wissenschaftlichen Diskurses statt, sondern werden von Vertretern der Mitgliedstaaten vereinbart.[13] Der Prozess der Indikatorenbildung unterliegt damit zwangsläufig einem politischen *Bargaining*-Prozess. Im Rahmen der Verhandlungen werden gegenseitig Interessen soweit austariert, bis (im Erfolgsfall) allseits akzeptierte Indikatoren vereinbart werden.[14] Die Entscheidungsfindung ist für Dritte nicht transparent. Vergleiche (bzw. Benchmarkings), die sich an ein primär wissenschaftliches Publikum richten,

---

[12] Vgl. Schmitt (2005).
[13] Die Arbeiten zu den Indikatoren sind auf technischer Ebene für den Bereich Angemessenheit sowie Transparenz und Modernisierung der Alterssicherungssysteme im Unterausschuss Indikatoren des Sozialschutzausschusses angesiedelt. Die Indikatoren zur finanziellen Nachhaltigkeit werden in der Arbeitsgruppe Alterung des Wirtschaftspolitischen Ausschusses vereinbart.
[14] Vgl. Gehring (1996).

müssen Ergebnisse in einem Diskussionsprozess über die verwendete Methode legitimieren und dort auch bestehen. Von einer quasi-objektiven und wissenschaftlichen Methode kann somit im Fall der OMK nicht gesprochen werden.

Auch das dritte Argument für die Legitimation von politischem Benchmarking muss zurückgewiesen werden. Natürlich liegen der OMK normative Vorstellungen zugrunde. Das politische Benchmarking erfüllt somit keine der Eigenschaften, die in Abb. 1 als Legitimation aufgeführt werden. Es ist weder frei von Ideologie, noch quasi-objektiv. Die wesentlichen Argumente für Wissenschaftlichkeit sind ebenfalls nicht gegeben. Das ändert jedoch nichts an der Tatsache, dass Benchmarking ein Informationsfilter für die politische Akteure ist und in der Öffentlichkeit zur Legitimierung herangezogen und akzeptiert wird, wie im konkreten Fall der OMK im Bereich Alterssicherung.

3.3. Ergebnisse des Benchmarkings

Die Stärken des Benchmark-Verfahrens, die den Erfolg im politischen Entscheidungsprozess begründen, stellen gleichzeitig die Schwächen dieser vergleichenden Analyse dar. Indem die Entscheidungsgrundlage des Benchmark-Verfahrens als quasi-objektiv beschrieben wird und systematisch Nebeneffekte der verglichenen Maßnahmen ausgeblendet werden, lassen sich einmal als „Best Practice" legitimierte Entscheidungen im politischen Prozess schwer hinterfragen oder gar revidieren. Leicht interpretierbare Informationen erhält man entweder durch eine restriktive Begrenzung der aussagefähigen Indikatoren oder durch das finale Gewichten und Zusammenfassen vielfältiger Teilergebnisse in ein Ranking, d.h. in eine einzelne Rangliste. Eine Beschränkung der Indikatoren geht allerdings zwangsläufig mit einer Ausblendung von Randbedingungen und Reformfolgen einher. So fließt in die Bewertung nur ein, was zuvor mittels Indikatoren gemessen wurde. Nicht anhand von Indikatoren überprüfte Phänomene spielen für die Ermittlung der besten Politik keine Rolle und können so auch kaum bei der Umsetzung in das eigene System berücksichtigt werden.[15] So wird im Bereich der OMK Alterssicherung gegenwärtig defacto der gesamte Zielbereich um die Modernisierung und Transparenz von Alterssicherungssystemen ausgeblendet.

Die bisherigen Ergebnisse im Bereich der OMK Alterssicherung spiegeln die Komplexität der Alterssicherungssysteme wider. In Abb. 2 wird das Ranking

---

[15] Siehe hierzu die von Strassheim durchgeführte historisch-qualitative Fallstudie der amerikanischen Sozialreformen (so Strassheim (2001), S. 9ff).

der einzelnen Mitgliedstaaten anhand von vier zentralen Indikatoren abgebildet. Das Armutsrisiko der Älteren steht für die heutige Angemessenheit der Alterssicherungssysteme. Die langfristige Sicherung der Angemessenheit wird anhand der Modellrechung zur Änderung der Lohnersatzrate bis 2050 abgebildet. Die finanzielle Tragfähigkeit wird entsprechend anhand der Modellrechnung zu den Änderungen der Altersicherungsausgaben im Verhältnis zum BIP abgebildet. Die Beschäftigungsquote Älterer ist eines der Lissabon-Ziele und wesentlich für die Nachhaltigkeit der Alterssicherungssysteme, sowohl was die Ansprüche der Versicherten als auch die Finanzierung betrifft.

Die Botschaft ist eindeutig: Ein Klassenbester lässt sich nicht ganz so einfach bestimmen.

4. Die OMK im Bereich Alterssicherung – ein neuer Vergleichsstandard

Bedeutung und Einfluss der OMK auf die nationalen Politiken hängen von zwei Elementen ab:

- dem Agenda-Setting, d.h. der Definition von gemeinsamen Zielen und dem auf europäischer Ebene vereinbarten Arbeitsplan, sowie
- einer möglichst großen öffentlichen Rezeption.

Im Vergleich mit dem Bereich Arbeitsmarkt oder der Armutsforschung haben sich international noch keine Standards für die vergleichende Betrachtung von Alterssicherungssystemen etabliert. So werden bei internationalen Studien entweder nur partielle Gesichtspunkte betrachtet[16] oder sie umfassen nur wenige Staaten.[17] Vor allem kommt diesen Vergleichen in der öffentlichen politischen Diskussion nur eine geringe Bedeutung zu. Gerade daher hat die OMK im Bereich Alterssicherung schon heute gute Chancen zum Standard für das politische Benchmarking von Alterssicherungssystemen in Europa zu werden, obwohl sie noch gar nicht vollständig definiert ist und, wie aus Abb. 2 hervorgeht, die Ergebnisse auch nicht eindeutig sind. Die Ergebnisse verfügen somit in der politischen Debatte schon über die Legitimität, die sich ein Vergleich im wissenschaftlichen Diskurs erst erwerben muss.

---

[16] So zum Beispiel Gruber/ Wise (1999); OECD (2007).
[17] So zum Beispiel die Studie der OECD „Ageing and Income" (vgl. OECD (2001)).

Abb. 2: Ranking der Mitgliedstaaten

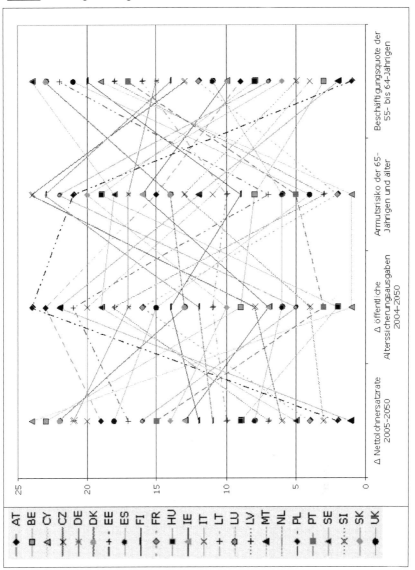

Quelle: EUROSTAT, EPC (2006), SPC (2006); eigene Darstellung

Eine Überprüfung von Erfolg oder Misserfolg ist in Bereichen mit einem sehr langen Zeitregime, wie zum Beispiel in der Alterssicherung, in kurzer Frist nicht oder nur eingeschränkt möglich. Darüber hinaus existiert in der öffentlichen Debatte oft kein Benchmarking mit vergleichbarem Gewicht. Verstärkt wird die Bedeutung der OMK im Bereich Alterssicherung noch durch die Zusammenarbeit mit der OECD bei den Modellrechnungen zur theoretischen Lohnersatzrate. Zum einen kann die Bildung eines internationaler Standards gefördert werden. Zum anderen wird hierdurch der Einfluss der Mitgliedstaaten auf die Indikatorenbildung eingeschränkt.

Die Komplexität eines Vergleichs der Alterssicherungssysteme und die daraus resultierenden, nicht eindeutigen Ergebnisse schränken die öffentliche Rezeption jedoch ein. Um der OMK im Bereich Sozialschutz zu einer größeren Wirkung zu verhelfen, spricht sich die Kommission für die Vereinbarung quantitativer Ziele aus.[18] Aufgrund des sehr langen Zeitregimes im Bereich Alterssicherung ist jedoch fraglich, inwieweit ein solches Vorgehen im Bereich Alterssicherung sinnvoll ist und von den Mitgliedstaaten mitgetragen wird.

Der Erfolg der OMK birgt auch Risiken. Verfügt in einem Politikfeld ein Benchmarking über ein Monopol, besteht die Gefahr, dass eine einmal getroffene Entscheidung, so zum Beispiel die vereinbarten Indikatoren, für einen langen Zeitraum nicht mehr zu ändern ist – unabhängig davon, wie aussagekräftig und methodisch umstritten diese sein mögen. Die politische Rationalität kann alle, die im Rahmen des Benchmarkings schlecht abgeschnitten haben, daran hindern, eine Überarbeitung der Indikatorenauswahl vorzunehmen, da der Vorwurf der Manipulation sofort im Raume stünde. Auch diejenigen, die von der Indikatorenauswahl profitieren, wären nicht bereit, ihre Stellung als Klassenbester aufzugeben.

Bedenklich ist ebenfalls, dass Veränderungsdruck mit dem Hinweis auf *Best Practices* häufig durch ein Herauslösen der einzelnen Politikfelder aus dem jeweiligen nationalen Kontext erreicht wird. Hierdurch erklärt sich auch die für politisches Benchmarking charakteristische „Blindheit" gegenüber der Komplexität der Meso- und Mikroebene und den Nebenfolgen von *Best Practice*. Besonders Akteure auf multinationaler Ebene laufen Gefahr, die Komplexität der nationalen Systeme zu unterschätzen. Benchmarking wird dann primär zu

---

[18] Vgl. EU Kommission (2007) und EU Kommission (2008).

einem Prozess der Informationsfilterung in einer komplexen Welt und ist nicht mehr ein Mittel zur Problemlösung.[19] Damit die OMK wirklich zu einer Methode des *Learning by seeing* werden kann, bedarf es eines Prozesses der ständigen Hinterfragung der Ergebnisse. Es müssen sowohl die möglichen Nebenfolgen als auch der Kontext der beobachteten Ergebnisse hinterfragt werden.[20] Trotz der Schwierigkeiten, Politikstrategien direkt zu kopieren, können Benchmarkings zu einem geschärften Problembewusstsein beitragen und Anstrengungen zur bestmöglichen Erfüllung der definierten Ziele hervorrufen.[21] Die OMK wird dabei zwangsläufig einen Teil ihres Veränderungspotentials und Charmes für die politischen Akteure einbüßen müssen.

Bibliographie

Begg, Iain/ Marlier, Eric (2007): "Feeding in" and "Feeding out", and Integrating Immigrants and Ethnic Minorities, Brussels.

Cox, Robert Henry (1999): Ideas, Policy Borrowing and Welfare Reform. In: Cox, R. H./ Schmid, J. (Hg.): Reformen in westeuropäischen Wohlfahrtsstaaten – Potentiale und Trends, WIP Occasional Paper 5/1999, 14-27.

Devetzi, Stamatia/ Schmitt, Volker (2002): Die offene Methode der Koordinierung im Bereich Alterssicherung in der EU – eine kritische Bestandsaufnahme, DRV 4/5 2002, 234-248.

Eichenhofer, Eberhard (2001): Offene Koordinierung – neue Methode europäischer Rechtsangleichung, Vortrag HU Berlin, 15.11.2001.

European Economy (2006): The impact of ageing on public expenditure: projections for the EU25 Member States on pensions, health care, longterm care, education and unemployment transfers (2004-2050), Report prepared by the Economic Policy Committee (EPC) and the European Commission Special Report N° 1/ 2006.

Europäische Kommission (2005a): Zusammenarbeit für Wachstum und Arbeitsplätze. Ein Neubeginn für die Strategie von Lissabon, KOM (2005) 24 endgültig.

---

[19] Cox (1999) S. 14.
[20] Vgl. Strassheim (2001), S. 20.
[21] Vgl. Schmid (1999), S. 9.

Europäische Kommission (2005b): Zusammenarbeiten, zusammen mehr erreichen: ein neuer Rahmen für die offene Koordinierung der Sozialschutzpolitik und der Eingliederungspolitik in der Europäischen Union, KOM (2005) 706 endgültig.

Europäische Kommission (2007): Modernisierung des Sozialschutzes im Interesse einer größeren sozialen Gerechtigkeit und eines stärkeren wirtschaftlichen Zusammenhalts: die aktive Einbeziehung der arbeitsmarktfernsten Menschen voranbringen, KOM (2007) 620 endgültig.

Europäische Kommission (2008): Ein erneuertes Engagement für ein soziales Europa: Verstärkung der offenen Koordinierungsmethode für Sozialschutz und soziale Eingliederung, KOM (2007) 418 endgültig.

Gehring, Thomas (1996): Arguing und Bargaining in internationalen Verhandlungen. Überlegungen am Beispiel des Ozonschutzregimes. In: von Prittwitz, V. (Hg.): Verhandeln und Argumentieren. Dialog, Interesse und Macht in der Umweltpolitik. Opladen, 207-238.

Gruber, Jonathan/ Wise, David A. (eds.) (1999): Social Security and Retirement around the World. Chicago.

Hauser, Richard (2002): Armut und Soziale Ausgrenzung. In: Fachinger, U./ Rothgang, H./ Viehbrock, H. (Hg.): Die Konzeption sozialer Sicherung. Baden Baden.

Hermerijck, Anton (2001): The self-transformation of the European social model(s). In: Esping-Andersen, G./ Gallie, D./ Hermerijck, A./ Myles, J. (eds.): A new welfare architecture for Europe? Report submitted to the Belgian Presidency of the European Union. Brussels, 203-261. (http://www.socsci.aau.dk/ ccws/students/ Esping-A.report_2001_.PDF)

OECD (2001): Ageing and Income, Paris.

OECD (2007): Pension at a Glance, Paris.

Rat der Europäischen Union (2000): Schlussfolgerungen des Vorsitzes vom 23. und 24. März in Lissabon.

Rat der Europäischen Union (2005): Schlussfolgerungen des Vorsitzes vom 22. und 23. März 2005 in Brüssel.

Schmid, Günther (1999): Von den Nachbarn lernen – Reflexionen über eine Grauzone zwischen Bildungsreisen und komparativen Analysen. In: Cox, J./ Schmid, G. (Hg.): Reformen in westeuropäischen Wohlfahrtsstaaten – Potentiale und Trends. Tübingen: WIP Occasional Paper Nr. 5/1999, 5-13.

Schmitt, Volker (2005): Gestaltung der europäischen Alterssicherungssysteme mit Hilfe von Benchmarkingprozessen und Indikatoren. In: Sozialer Fortschritt 5/6, 121-126.

Schulte, Bernd (2002): Die Methode der offenen Koordinierung – eine neue politische Strategie in der europäischen Sozialpolitik auch für den Bereich des Sozialschutzes. In: Zeitschrift für Sozialreform (ZSR), Jg. 48 (1), 1-28.

Sozialschutzausschuss (2006): Current and prospective theoretical pension replacement rates. Report on Work in Progress, Report by the Indicators Sub-Group (ISG) of the Social Protection Committee, Brussels.

Strassheim, Holger (2001): Der Ruf der Sirenen – Zur Dynamik politischen Benchmarkings. Eine Analyse anhand der US-Sozialreformen, WZB Discussion Papers FS II 01-201.

Wirtschaftspolitischer Ausschuss (2001): Budgetary challenges posed by ageing populations, EPC/ECFIN/655/01-EN.

Wirtschaftspolitischer Ausschuss (2002): Reform challenges facing public pension systems, EPC/ECFIN/237/02.

Verzeichnis der Autorinnen und Autoren

Abig, Constanze, Dr.
Friedrich-Schiller-Universität Jena, Rechtswissenschaftliche Fakultät

Bischoff, Gabriele
Deutscher Gewerkschaftsbund, Bundesvorstand, Berlin

Botzenhardt, Friederike
Bundesministerium für Gesundheit, Berlin

Busch, Klaus, Prof. Dr.
Universität Osnabrück, Fachbereich Sozialwissenschaften

Devetzi, Stamatia, Prof. Dr.
Hochschule Fulda, Fachbereich Sozial- und Kulturwissenschaften

Gerlinger, Thomas, Prof. Dr. Dr.
Goethe-Universität Frankfurt am Main, Institut für Medizinische Soziologie

Greß, Stefan, Prof. Dr.
Hochschule Fulda, Fachbereich Pflege und Gesundheit

Hacker, Björn
Universität Osnabrück, Fachbereich Sozialwissenschaften

Hornung-Drauss, Renate
Bundesvereinigung der Deutschen Arbeitgeberverbände, Berlin

Platzer, Hans-Wolfgang, Prof. Dr.
Hochschule Fulda, Fachbereich Sozial- und Kulturwissenschaften

Preunkert, Jenny
Carl von Ossietzky Universität Oldenburg, Department of Social Sciences

Schulte, Bernd, Dr.
Max-Planck-Institut für ausländisches und internationales Sozialrecht, München

Schmitt, Volker
Bundesministerium für Arbeit und Soziales, Berlin

Stephan, Antje, Dr.
Forschungsinstitut Betriebliche Bildung, Nürnberg

Wassem, Jürgen, Prof. Dr.
Universität Duisburg-Essen, Wirtschaftswissenschaftliche Fakultät

Zirra, Sascha
Carl von Ossietzky Universität Oldenburg, Department of Social Sciences

ibidem-Verlag

Melchiorstr. 15

D-70439 Stuttgart

info@ibidem-verlag.de

www.ibidem-verlag.de
www.ibidem.eu
www.edition-noema.de
www.autorenbetreuung.de